제3판

현대경영학의 이해

정기만 · 장영광

신영사

머리말

전문가가 아닌 전문가를 여러 분야에서 우리는 종종 본다. 대표적으로 교육 분야가 그중 하나가 아닐까 싶다. 교육에 관한 주제가 나오면 온 국민이 전문가인 듯하다. 모두가 관심을 갖는 분야이기 때문이다.

경영도 그런 분야 중 하나로 생각된다. 너 나 할 것 없이 '경영'을 이야기한다. '경영학적 사고'도 강조된다. 경영자의 자질과 능력 문제가 끊임없이 언론에 오르내린다. 똑같이 소셜미디어를 활용하는 두 사람의 경영자가 있는데, 한 사람에게는 환호하고 한 사람에게는 곱지 않은 시선이 주어진다. 전자는 리더십이 재조명되고 후자는 경영자로서의 능력을 의심하는 목소리도 있다. 무엇이 경영이고 어떻게 하는 것이며, 어떤 것이 그 대상일까? 어떻게 경영하는 것이 잘하는 것일까? 본서는 이러한 광범위한 의문에 대한 작지만 분명한 답을 하고자 하는 의도에서 집필되었다.

현대 기업은 자신을 둘러싸고 있는 환경에서 벗어나 독립적으로 존재할 수 없다. 경영이라는 것을 이해하는 것은 이러한 기업을 둘러싼 환경의 이해에서 출발한다. 그런데 이러한 경영환경은 끊임없이 변화하고 있다. 환경이 변화하는 속도와 영역은 과거와는 비교할 수 없을 정도이다. 이러한 환경의 변화 속성에 대응하기 위하여 매일매일 새로운 혁신적인 경영학 기법 및 이론이 다양하게 개발되고 있으며 그 타당성 여부가 검증되어 오고 있다. 최근에는 인공지능이 세상을 흔들어놓고 있다.

이렇듯 새로운 이론과 주장이 지속적으로 출현하면서 이에 대응하여 전통적이고 본질적인 경영학의 이론과 주장들이 새롭게 재조명되고 있기도 하다. 이는 오랫동안 이론들이 다듬어지고 현장에 적용되어 오면서 논리적 근거와 실용적 합리성이 인정되었기 때문으로 보인다.

본서는 이러한 다양한 상황 변화에 대한 고민의 관점에서 저술되었다. 경영학의 기본 이론을 간결하고 쉽게 설명하면서도 가능한 한 빠뜨리지 않고 대부분을 언급하였다. 아울러 이러한 이론들이 단지 이론에서 머무르지 않고 현장에서 어떻게 응용되고 있는지를 알 수 있도록 다양한 현장 사례를 제시하고 있다. 따라서 본서를 통하여 '경영'이 무엇인지, 무엇을 어떻게 하는 것인지 독자들이 쉽게 이해하고 정리할 수 있을 것이라고 기대한다.

본서가 발행되기까지 많은 분들의 도움이 있었다. 대학 교육현장에서 함께하는 동료와 선후배 교수님들의 도움말과 가르침이 큰 힘이 되었다. 눈높이에 맞는 사례가 되도록 도움을 준 우리 학생들에게도 고맙다는 말을 전한다. 무엇보다도 본서의 출간을 허락해주신 우리나라 사회과학 서적의 산실인 신영사의 권영섭 사장님, 그리고 탁월한 편집으로 졸고의 가독성을 크게 높여주신 박지영 편집국장님을 비롯한 편집진 여러분께도 진심으로 감사의 말씀을 전한다. 끝으로 독자 여러분의 행운을!

2024. 2.
저자

차 례

Part Ⅰ 경영학의 개요

제 1 장 경영학의 개관

Part Ⅱ 기업과 기업환경

제 3 장 기업의 종류와 생멸

제 4 장 경영과 환경

제 5 장
경영자와 CSR

Part Ⅲ 경영의 기능적 영역들

제 6 장
인적자원의 확보와 유지

제 7 장
자금의 조달과 운용

제 8 장
제품 및 서비스의 생산과 판매

Part Ⅳ 경영의 프로세스

제 9 장 계획의 수립

제 10 장 조직 구축과 개선, 운용

제12장
경영통제와 그 수단

Part V 전략적 경영

제13장
전략적 경영의 실제

PART

I 경영학의 개요

CHAPTER

1 경영학의 개관

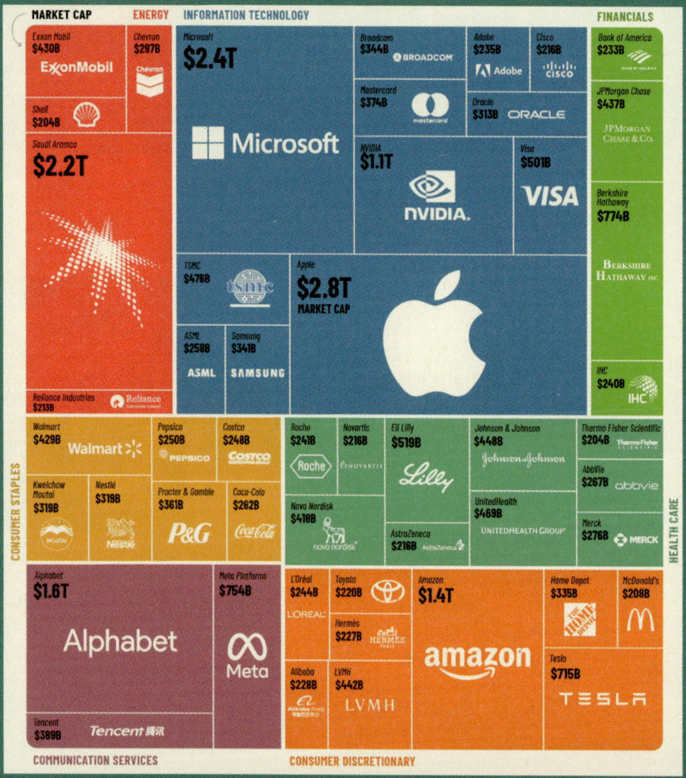

2023년 8월 시가총액 기준 세계 50대 기업. 어떤 기업이 경영을 잘하고 있을까? 네모 크기는 시가총액과 비례하고 산업군에 따라 다른 색으로 표시했다. (자료 : Visualcapitalist.com)

2023년 세계 50대 기업

주가에 주식수를 곱하면 한 기업의 시가총액이 계산된다. 그래서 시가총액은 곧 그 기업의 가치가 된다. 엄밀히 말하면 주식시장 기준의 기업가치이나 이 이상의 기업가치를 대변하는 객관적인 기준은 없기 때문에 시가총액으로 기업가치를 따진다.

2023년 8월 기준 시가총액으로 세계 50대 기업을 보면 Apple, Microsoft, Saudi Aramco, Amazon, Alphabet, Nvidia 순으로 가치가 크다. 정보기술 분야 기업 수가 가장 많고 소비재, 건강관리 분야 순으로 포함된 기업이 많다.

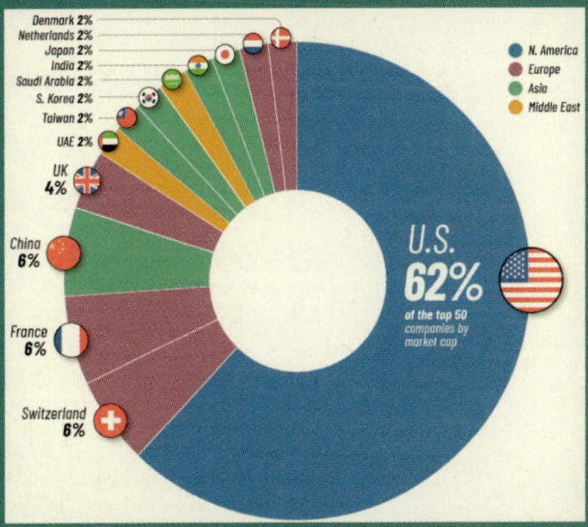

국가별로 보면, 미국이 전체의 62%를 차지하여 절대적으로 많고 이어서 중국, 프랑스, 스위스가 각 6%로 같고 우리나라는 2% 수준이다. 삼성이 34위다.

(Visualcapitalist, 2023.8.20)

1.1 우리는 모두 조직에 속해 있다

조직이란 무엇인가?

인간은 사회적 동물이다(Man is by nature a social animal). 고대 그리스 철학자 아리스토텔레스(384~322 B.C.)가 한 말을 굳이 인용하지 않더라도 우리 인간은 사회생활을 해나가는 데 있어서 적어도 하나 이상의 조직에 속해서 살아간다. 태어나면서 본인의 뜻과 상관없이 가족이라는 조직의 일원이 되며, 유치원에 가면 유치원이라는 새로운 조직에 추가적으로 속하게 된다. 가족이나 초등학교, 중학교 등과 같이 자신의 의지와 관계없이 태생적으로 어느 조직에 속하게 되는 경우도 있고, 동아리나 직장, 친목모임 등과 같이 자신의 선택에 의하여 특정조직에 속하는 경우도 있다. 또한 학교나 학원, 회사 등과 같은 공식적인 조직에 속하기도 하고 친한 친구끼리 만드는 사적 모임이나 스터디 그룹과 같은 비공식적인 조직에 속하기도 한다.

가족은 간단하지만 조직의 특성을 잘 보여준다. 본인의 의지에 의해서 형성되는 부부관계, 본인 의지와 무관한 부모자식간의 관계가 혼재한다. (자료 : PNGFuel)

이러한 예에서 보듯이 조직(organization)이란 어떤 역할이나 기능을 수행할 수 있도록 협동하는 체계라 정의할 수 있다. 조직은 개개의 요소, 즉 개인들이 일정한 질서하에 결합하여 하나를 이루는 것이며, 이때의 결합된 집단 또는 공동체가 일정한 목적을 달성하기 위해서, 지휘관리와 역할분담이 정해져 있을 때 비로소 조직으로 본다. 사람들이 단순히 모여 있기만 하거나 또는 목적이 동일하더라도 지휘관리와 역할분담이 없으면 조직으로 볼 수 없다. 예를 들어 버스 정류장에 사람들이 모여 있다고 해서 이를 조직이라 볼 수는 없다. 또한 그 버스 정류장에 모인 사람들이 우연히 동일한 버스를 탈 목적을 가지고 있다 하더라도 그들간에 지휘관리체계가 없고 역할분담된 것이 없으므로 조직이 되지 못하는 것이다.

사회의 수많은 집단 혹은 공동체들은 자신들의 목적달성을 위하여 합리적으로 조직되어 있으며 그 집단에 속한 사람들은 해당조직 속에서 일정한 역할이 부여되는데, 이러한 방식에 의해 집단의 사회적 역할에 참여하고, 집

표 1-1
김민국 학생의 가족이 속한 각 조직들

구 분	속한 조직	조직의 목표	비 고
아버지	가족 대현자동차(주) 등산동호회	화목 안전한 자동차 생산 친목과 건강	
어머니	가족 (주)고모생명 진달래초교 동창회	화목 이익 극대화 친목	
나	가족 대한대학교 게임동아리 '밤새지 마'	화목 우수인재 육성 취미, 오락	
동생	가족 세올고등학교 대상학원	화목 자유, 정의, 진리 우수한 대입 성적	

단의 구성원이 됨으로써 사회와 연결되는 것이다.

〈표 1-1〉을 보자. 이 표는 대한대학교 1학년 김민국 학생의 가족구성원이 속한 조직과 각 조직의 목표를 보인 것이다. 아버지와 어머니는 결혼을 하면서 자의에 의해서 한 조직을 새로 만든 것이며, 본인과 동생은 자신의 의지와 관계없이 가족이라는 조직에 속하게 되었다. 나머지 조직들, 아버지의 회사와 동호회, 어머니의 직장과 동창회, 본인 대학과 동아리, 동생의 학교와 학원 조직은 자신의 의지에 의하여 해당조직에 속하게 된 것이다. 자의에 의하든 아니든 관계없이 이러한 모임이나 단체를 통칭하여 조직이라고 부를 수 있다.

모든 조직은 목표를 가지고 있다. 명시적이든 묵시적이든 목표가 없는 조직은 없다. 예를 들면 학교는 학생들을 교육하고자 하며 구체적인 교훈을 갖고 있다. 기업은 '고객만족' 등과 같은 목표를 명시적으로 내세우기도 한다. 그러나 가족과 같은 조직은 조직이라는 느낌이 쉽게 와닿지 않고 가정의 목표라는 개념 역시 낯설다. 하지만 모든 가정에는 가훈이 있거나 묵시적이라 하더라도 이와 유사한 것이 있다.

Self Q&A

여러분은 동아리에 가입했거나 가입을 고려해본 적이 있는가? 가입했다면 왜 가입했는가? 동아리를 그만뒀다면 왜 그랬는가? 본질적인 이유를 생각해보자.

조직은 네 가지 특징을 갖는다

조직의 가장 큰 특징은 목표(objective)가 있다는 점이다. 조직구성원은 조직의 목표를 달성하기 위하여 노력하며, 그러한 노력을 하는 과정중이거나 또는 그 결과가 나타날 때 자신이 속한 조직에 소속감을 느끼게 된다. 특히 어떤 조직에 참여할 것인지를 본인이 결정할 수 있는 경우에는 그 조직이 무엇을 지향하고 있는지, 즉 목표가 무엇인지가 큰 영향을 미친다.

조직의 두 번째 특징은 조직에 위계구조(hierarchy)가 있다는 것이다. 예를 들면 기업은 「사장-이사-부장-과장-사원」 등과 같은 조직구조가 있다. 가정이나 학교도 마찬가지이며 심지어 개인적인 친목모임을 보더라도 「회장-부회장-총무」식으로 위계구조가 짜여 있다. 각 위계단계를 맡는 사람에게는 조직의 목표를 달성하는 데 필요한 권한과 의무, 책임이 주어진다.

조직의 세 번째 특징은 조직의 모습과 조직운영에 대한 내용을 정한 규정(regulations)이나 규칙(rules)이 있다는 것이다. 이 규정에는 조직의 목표, 위계구조에 관한 것은 물론이고 조직의 운영방침과 방향 등 세부적인 내용이 담긴다. 규정은 문서화하는 것이 일반적인데, 공식적인 조직일수록 그 내용이 체계적이고 세밀하다.

마지막으로 조직의 존재는 목표의 달성 여부에 영향을 받는다. 친목을 추구하는 모임에서 즐거움을 느끼지 못하는 사람은 그 친목모임 조직에 나가지 않을 것이고, 그러다 보면 조직은 저절로 와해될 것이다. 이익을 추구하는 기업도 마찬가지다. 그래서 조직의 목표를 달성하려는 구성원들의 노력은 조직의 유지·발전 및 성장에 매우 중요하다.

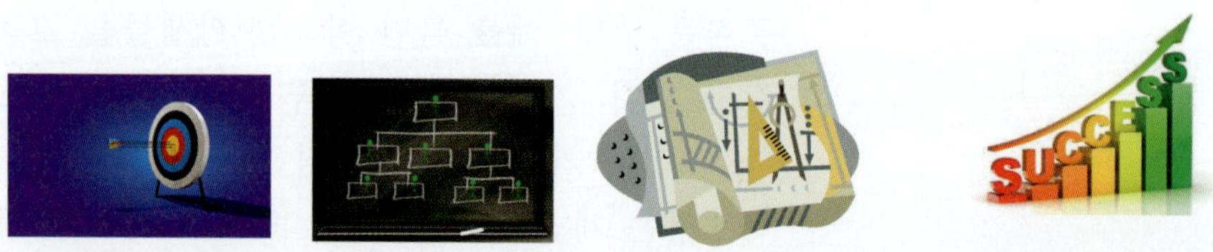

목표가 있다 | 위계가 있다 | 규정/규칙이 있다 | 목표달성 여부가 조직의 존재 여부를 결정한다

□ 그림 1-1
조직의 특징

Self Q&A

각자가 속한 조직(학교, 동아리, 종교 등) 중 하나를 대상으로, 위에서 배운 조직의 특징 네 가지가 무엇인지 생각해보자.

조직에는 여러 종류가 있다

조직은 분류기준에 따라 여러 가지로 나눠볼 수 있다.

먼저 조직의 공식화 정도에 따라 공식조직과 비공식조직으로 나눌 수 있다. 공식조직은 공식적인 목표를 추구하기 위한 인위적 조직으로서 제도화된 공식적인 규범을 근간으로 하여 만들어진다. 학교, 회사, 군대, 시민단체 등을 예로 들 수 있는데, 각 조직은 인재양성, 이윤창출, 국가수호, 시민정신 함양과 같은 공식적인 목표를 가진다. 이들 조직의 학칙, 정관, 법률, 운영규정 등을 공식적 규범의 예로 볼 수 있다.

공식조직(오른쪽)과 비공식조직(왼쪽)의 성격을 잘 보여주는 그림 (자료 : clipart.email)

비공식조직은 공식조직에 속한 구성원들이 취미나 공통의 관심사를 기반으로 공식조직 내에서 자발적으로 형성한 집단(자발적 결사체)을 말한다. 공식조직과 비공식조직은 서로 반대의 개념처럼 보이지만 조직의 구조적인 면에서 보면 그렇지 않음에 유의할 필요가 있다. 비공식조직은 공식조직의 구성원 중 일부로 만들어지기 때문이다. 예를 들어, 〈표 1-1〉의 김민국 학생은 대한대학교라는 공식조직의 구성원인데, 같은 대학 학생들끼리 영어 스터디그룹을 만들었다면 이는 비공식조직이 된다. 이때 대한대학교(공식조직)와 스터디그룹(비공식조직)이 상호 배타적이지는 않은 것이다. 비공식조직은 공식조직 구성원간의 친밀감을 높이고 공식조직에서 느끼는 스트레스나 긴장감을 해소시켜 공식조직에 긍정적인 영향을 미치게 된다. 그러나 조직관리에서 문제가 되기도 한다. 공식조직의 업무에 사적 관계가 개입되고 파벌이나 연고주의가 작용하면 공식조직 시스템을 흔들게 된다. 비공식조직의 역기능이 나타날 수 있는 것이다.

조직은 그 조직이 영리를 추구하는지의 여부에 따라 영리조직과 비영리조직으로 나눌 수 있다. 영리조직은 소유주나 주주를 위해서 자본의 이익을 추구하는 단체를 말하며, 비영리조직(NPO : non-profit organization)은 자본의 이익을 추구하지 않고 그 자본으로 어떠한 목적을 달성하는 단체를 말한다. 영리조직의 가장 대표적인 조직은 기업이다. 비영리조직은 다시 '사회 전체의 이익(公益)'을 목적으로 하는 단체와 '공동의 이익(共益)'을 목적으로 하는 단체로 구분할 수 있다. 전자의 예로는 학교·병원·사회복지시설을 운영하는 조직이 있으며, 후자의 예로는 동창회나 동호회가 있다.

최근에는 두 조직 성격간의 경계가 애매한 경우도 나타난다. 영리조직이 이익만을 추구하다가 어려움에 빠지기도 하고 비영리조직이 재정적 뒷받침이 되지 않아 당초의 목표를 달성하지 못하는 경우도 있다.

경영이란 무엇인가?

조직은 당초에 세운 목표를 달성해야만 존립이 가능하다. 그래서 조직은 조직의 목표를 달성하기 위하여 계획을 세우고 실행을 하며 그 결과를 평가한다. 이러한 활동을 경영이라고 할 수 있다. 즉 '경영 또는 관리(management)'는 조직의 목표달성에 필요한 제반 활동, 과정 또는 수단이다.

조직의 리더는 조직의 목표를 달성하기 위하여 조직을 경영한다. 기업과 같이 영리를 추구하는 조직이든, 학교나 공공기관처럼 비영리기관이든 예외가 없다. 기업경영, 학교경영, 병원경영, 국가경영, 심지어 '포장마차 경영'이라는 말은 그래서 기업이나 학교, 병원, 국가, 포장마차 각각의 조직에서 목표/목적을 달성하기 위한 활동을 한다는 의미이다.

그렇다면 조직체의 목표달성을 위하여 구체적으로 어떤 일을 어떻게 해야 할까? 이에 대한 대답이 본 책의 주요 내용이다.

□ 그림 1–2
조직과 경영

경영은 효율적이면서 효과적으로 해야 한다

경영이 조직의 목표를 달성하고자 하는 제반 활동이라면 효율성과 유효성(또는 효과성) 개념은 목표를 달성하고자 하는 조직의 성과를 평가하는 것과 연관되어 있다. 효율성과 유효성은 드러커(Peter Drucker)가 제안한 개념으로서 조직과 경영을 논함에 있어서 매우 중요한 개념 중의 하나이다.

효율성(efficiency)은 투입(input)과 산출(output)을 대비시킨 것으로 최소한의 투입으로 최대한의 산출을 얻는 것에 관한 것인 반면, 유효성(effectiveness)은 올바른 목표의 선택과 달성 여부에 관한 것이다. 전자가 자원의 사용을 최소화하는 능력, 즉 '일을 옳게 함(do things right)'이라면, 후자는 조직의 목표달성에 도움이 되는 활동을 하는 능력, 즉 '옳은 일을 함(do right things)'을 의미한다.

ㅁ 그림 1-3
효율성과 유효성

	효율성 (efficiency)	유효성 (effectiveness)
평가대상	자원의 사용 정도	목표의 달성 정도
의 미	일을 올바르게 함 (Do things right)	옳은 일을 함 (Do right things)
지향하는 것	최소한의 자원 투입으로 최대한의 산출	목표의 최대한 달성
조직의 목표달성과의 관계	목표달성을 위한 수단 ☞ 효율성이 높으면 목표달성이 쉽다	목표를 달성하는 것 ☞ 유효성이 높아야 목표달성이 된다

성공적인 조직이라면 효율성이 높고 유효성도 높다.
조직의 목표를 달성하기 위해서는 효율적이고 효과적인 경영을 해야 한다.

미국 조지아주 에모리대학 연구진과 세계보건기구(WHO) 공동 연구진에 의하면, 하루 평균 탄산음료 250㎖ 이상 섭취하는 사람들은 탄산음료를 전혀 마시지 않은 사람에 비해 조기 사망 위험이 26% 더 높았다. 또 심혈관 질환으로 사망할 위험은 52% 더 높았다.

따라서 효율적인 경영이 투입된 양(인적자원, 자본, 장비, 시간 등)에 비해 상대적으로 많은 산출을 내는 경영이라면, 유효한 경영은 조직이 지향하고 있는 목표를 제대로 달성하는 것이다. 예를 들어, 어떤 음료회사가 새로운 탄산음료를 개발했는데, 새로운 공법을 적용하여 판매원가가 경쟁회사보다 20% 이상 저렴하다고 가정해보자. 이는 효율성이 높아졌다고 할 수 있다. 그러나 음료시장에서 탄산음료시장은 침체 또는 축소되고 건강 또는 천연과즙 음료시장이 확대되고 있음을 감안한다면 새로운 탄산음료를 생산하고자 하는 경영의사결정은 잘못된 것으로 유효한 경영이 되지 못하는 것이다. 이처럼 효율성이 일종의 '수단'의 특성을 갖고 있다면 유효성은 조직의 '최종 목표'의 특성을 갖는다.

효율적인 경영은 했으나 유효한 경영을 하지 못한 사례의 하나로 미국 자동차 회사가 인용된다. 1970년대 오일쇼크가 발생했을 때 소비자들은 연비가 좋은 차를 원하게 되었고 일본차들은 이러한 경향에 제대로 부응했다. 즉 일본차 업체가 유효한 경영을 한 반면, 미국 업체들은 자신들이 상대적으로 경쟁력이 있고 효율성이 높은 중대형차 생산을 고집하면서 어려움에 빠지게 되었던 것이다. 당시 미국 자동차 업계는 자신들 브랜드에 대한 소비자의 신뢰가 확고할 것이라는 믿음하에 오판을 하였던 것이다.

▌미국 자동차회사도 오일 쇼크에 대응하지 않을 수 없었다. 미국을 상징하는 머슬카인 포드 머스탱(Mustang). 오일 쇼크 이전엔 V8 7.0L 엔진에 큰 차체를 자랑했지만(위), 환경 변화에 대응하여 저출력 소형차로 바꿀 수밖에 없었다(아래).

한편 최근에는 효율성 및 유효성 개념에 새로운 관점이 도입되고 있다. 즉 지금까지는 효율성 및 유효성을 논할 때 일방향으로의 효용극대화 측면에 대해서만 관심을 가졌다. 투입(input)이 먼저 실행되면 이에 따라 산출(output)이 나오게 되는데, 이러한 한 번의 과정에 대해 투입과 산출의 비율을 따지는 것이 효율성이고, 산출이 당초 목표로 했던 것인가를 따지는 것이 유효성이다. 그러나 환경경영이 강조되면서 일방향이 아닌 순환구조(circular system)상에서 이들 개념을 보고자 하는 움직임이 나타나고 있다. 이는 유럽 일부 국가에서 환경보호를 목적으로 폐기물 회수 법률을 제정하여, 기업들로 하여금 생산물을 스스로 회수하여 처리하게 함으로써 도입된 개념이다. 환경경영이 강조되면서 선도적인 기업에서는 이미 효율성과 유효성을 '환경효율성(eco-efficiency)', '환경유효성(eco-effectiveness)' 관점에서 평가하고 있는 것이다.

기업과 경영을 연결지어 보자

전통적으로 경영의 주 대상은 기업이었다. 기업은 국민경제의 중요한 한 축을 이루면서, 영리를 목적으로 경영활동을 수행하는 개별경제의 단위이다. 그렇다면 '기업경영'이라고 말할 때 기업과 경영은 어떤 관계일까? 기업과 경영을 비교 설명하면 다음과 같다.

▌경영이란 무엇일까? 이 퍼즐은 경영(management)이 무엇인지 상징적으로 보여주고 있다. 회사, 리더, 팀, 그리고 성공을 관통하는 키워드가 경영인 것이다.

첫째, 기업이 목적을 설정하면, 경영은 그 목적을 실현하기 위한 수단이다.
둘째, 기업은 소유단위이지만, 경영은 작업단위이다.
셋째, 기업은 수익성 또는 이윤을 추구하지만, 경영은 생산성 또는 경제성을 추구한다.

경영에 있어 효율성과 유효성도 중요하지만 경영은 일반적으로 생산성과 경제성을 추구한다. 그 이유는 효율성과 유효성이 높으면 이는 더 바랄 나위 없는 최선의 상황이 되지만 유효성은 의사결정 당시에는 그 달성 여부를 쉽게 판단하기 어려운 면이 있기 때문이다(앞에서 예로 든 미국 자동차회사의 경우처럼 더 좋은 중대형차를 만들겠다고 내린 의사결정의 유효성 여부는 시간이 지나봐야 알 수 있다). 반면, 생산성은 효율성에 질의 개념이 포함되기 때문에 단순히 투입-산출의 과정에 초점을 두는 효율성 개념을 보완해주는 측면이 있다. 한편 경제성이 추구되는 이유는 동일한 산출을 하고자 할 때 경영자는 그 투입비용을 최소화하고자 하는 동기를 갖기 때문이다. 예를 들어, TV 생산을 하는 데 있어 차별화 없이 가격경쟁이 치열해지는 상황인 경우, 경쟁에서 이기기 위해서는 동일한 TV 한 대를 생산하는 데 투입되는 비용을 줄일 수 있는 다양한 방법, 즉 경제성을 확보할 수 있는 방법을 강구하게 되는 것이다.

하나 더 효율성과 유효성, 경제성, 생산성 용어 비교

- 효율성(efficiency) : 투입 대비 산출의 비율. 투입-산출의 '과정'에 초점을 둠
- 유효성(effectiveness) : 목표달성 정도를 따지는 것으로 '산출'에 초점을 둠
- 경제성(economy) : '투입'에 중점을 둔 것으로 동일한 산출을 위한 최소의 비용인가의 문제에 초점을 둠
- 생산성(productivity) : 효율성에 질(quality)의 개념을 추가한 것

1.2 경영의 요소

경영을 하기 위한 요소에는 크게 목적, 인적자원, 물적자원, 전략 및 정보 등이 있다. 전통적으로 재화를 생산하기 위한 투입요소로는 인적자원(노동)과 물적자원(자본)을 들었다. 이에 더하여 경영에서는 이러한 자원을 어떤 목적으로 사용할 것인지 '목적'이 명시되어야 하고 또한 어떻게 활용할 것인지에 관한 '전략'이 요구된다.

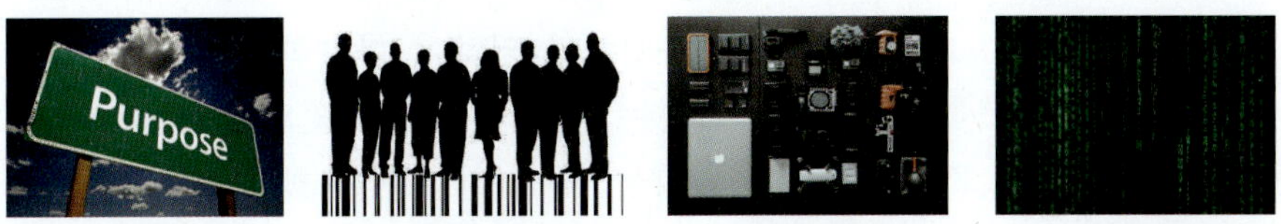

목적 인적자원 물적자원 전략/정보

□ 그림 1-4
경영의 요소들

목 적

경영을 하기 위해서는 목적(purpose)이 분명하게 제시되어야 한다. 경영이 조직의 목적을 달성하기 위한 것이라면 경영의 목적은 조직의 목적이 될 것이다. 기업의 경우 경영자는 '세계 제일'이나 '고객만족 극대화' 등의 목적을 설정할 수 있다.

기업은 이윤을 추구하는 조직인데 어떻게 이런 목적설정이 가능할까? 이윤추구는 기업이 명시적인 목적으로 설정하지 않더라도 기업 존립의 기초가 된다. 기업은 궁극적으로는 이윤을 목적으로 하면서 그 과정에서 '세계 제일'이나 '고객만족 극대화' 등을 추구한다. 즉 '세계 제일'이나 '고객만족 극대화'를 달성함으로써 이윤을 획득하는 것이다.

기업의 목적에는 최고경영자의 경영철학이 담긴다. 이 때문에 기업의 정책이나 방침 등은 목적에서 출발하게 되고 모든 의사결정은 목적에 근거하여 이루어진다. 또한 조직구성원들이 경영목적을 적극적으로 수용하면 그 조직은 예상외로 큰 성과를 거두기도 한다. 그 결과 경영의 목적은 중장기적으로 조직의 특성 자체를 형성하게 된다. 예를 들어 현재 국내 재계에서 선두를 달리는 삼성의 경우 일찍이 최고경영자가 '세계 제일'을 주창했는데, 그 당시에는 국내에서조차도 그룹 소속 회사들이 각 산업분야에서 결코 최고라고 하기 힘들었다. 그러나 그룹 전체가 '세계 일류'를 추구하면서 조직구성원들의 행동양식이 달라졌으며 스스로 자긍심을 갖게 되었다. 최근에는 국내에서는 물론이고 세계적으로도 선두권인 제품을 속속 내놓고 있다.

인적자원 : 사람

목적을 수립했으면 이를 달성할 자원이 필요하다. 첫 번째 투입자원으로는 노동력을 제공하는 사람, 즉 인적자원(human resources)이 있다. 현대 경영에 있어서 인적자원의 중요성은 갈수록 강조되고 있다. 노동력에 주로 의존하는 기업은 물론이고 초현대화된 자동화 제조설비를 갖춘 기업이라 하더라도 그 시설을 운영, 관리하는 것은 사람이다. 최고경영자들은 우수한 인재를 영입하고 육성하기 위하여 다양한 노력을 기울인다. 성공한 기업들의 공통점 중의 하나는 인재의 중요성을 일찍부터 이해하고 있었다는 점이다. 세계 유수의 기업을 세운 창업주와 최고경영자(CEO)들은 하나같이 인재의 중요성을 강조했고, 이를 경영이념에 반영하였다. 이러한 사례들은 뒷부분에서 다시

강철왕 카네기(Andrew Carnegie)의 묘비. 한때 세계 제일의 부호였던 그는 인적자원의 중요성을 알고 있었다. 그는 스티븐스 공대(Stevens Institute of Technology)에서의 연설에서 자신의 묘비에 "자신보다 더 나은 사람을 섬기는 방법을 알고 있는 사람, 여기에 잠들다(Here lies a man who knew how to enlist in his service better men than himself)"라는 문장을 새기고 싶다고 말했다. 실제로 그렇게 되지는 않았다.

언급될 것이다.

기업의 미래 경쟁력의 원천이 되는 연구개발의 성과도 연구개발인력에 의해 좌우된다. 그래서 우수한 인재를 채용하기 위한 많은 노력이 이루어지고 있으며 채용 후에도 계속해서 교육훈련 등을 실시한다. 특히 기업 간의 경쟁이 치열해지면서 인적자원으로서의 최고경영자의 중요성이 부각되고 있다. 최고경영자는 전 조직원의 능력을 극대화하고 조정할 뿐만 아니라 현재의 시장상황을 정확히 파악하고 미래를 예측하여 이에 대한 대비를 하는 의사결정을 하기 때문이다. 실제로 기업의 경영권이 후손에게 상속되는 경우가 많은 우리나라의 경우 창업주의 뒤를 이은 재벌 2, 3세들 중 경영능력에 문제가 있어 어려움을 겪은 사례를 종종 볼 수 있다.

물적자원 : 자본

경영을 하기 위해서는 물적자원, 즉 자본(capital)이 필요하다. "사업을 하고 싶어도 자본이 있어야 뭘 하지" 하는 식으로 자본은 우리가 일상생활에서도 흔히 사용하는 말이다. 땅과 건물을 사거나 빌리는 것, 기업활동에 필요한 자산을 구입하는 것, 사람을 채용하는 것 등에서 출발하여 모든 기업활동은 자본이 있어야 가능하다.

경영활동을 하기 위하여 자본을 조달하는 방법에는 자기자본으로 조달하는 방법과 타인에게서 빌리는 방법이 있다. 자본조달에서 중요한 것은 저렴하게 그리고 오랫동안 쓸 수 있는 자본을 조달하는 것이다.

좁은 의미의 자본은 화폐, 즉 돈을 의미하지만 자본 중에는 실물자본도 있다. 새로이 사업을 시작하려 할 때 돈을 제공하는 사람도 있고 물건을 직접 제공하는 사람도 있다. 물건으로 제공된 물적자원은 그에 상응하는 화폐가치로 환산하여 회계처리한다.

전략과 정보

사람과 자본을 준비했으면 이를 하나로 엮어내어 경영목적을 달성할 전략이 필요하다. 전략(strategy)은 기업 내의 모든 자원을 경영목적 달성을 위하여 조직화하고 이를 실행에 옮기는 것을 말한다. 기업이 우수한 사람과 풍부한 자본을 보유하고 있다 하더라도 잘 짜인 전략이 없다면 크게 빛을 발하지 못하는 경우가 많다. 경영전략을 잘 수립한 기업만이 치열한 경쟁에서 살아남을 수 있다.

한편 전략적 의사결정을 하기 위해서는 정보가 필요하다. 정보(information)는 의사결정에 도움을 주는 자료를 말한다. 정확하고 충분한 정보 없이는 정확한 의사결정을 내릴 수 없다. 경쟁력을 갖춘 기업은 정보전쟁에서 앞서 나가는 경우가 많다. 그래서 기업들은 정보 확보에 총력을 기울이고 있으며 정보 전담부서를 두는 경우도 많다.

1.3 경영활동은 순환되는 과정으로 이루어진다

구체적인 경영활동은 어떤 과정을 거치며 무엇을 대상으로 할까? 먼저 어떤 과정으로 전개되는지 알아보자. 경영은 실제로 현장에서의 관리활동이기 때문에 실제 업무 중심으로 말할 때에는 '관리'라고 하는 경우가 많다. 이하에서는 경영의 과정, 즉 관리의 순환과정 측면에서 살펴보자.

관리의 순환과정은 PDS 사이클로 전개된다

경영은 조직의 목적을 달성하기 위한 활동이나 과정을 말한다. 실제로 이루어지는 경영활동은 조직, 예컨대 기업의 목표달성을 위하여

- 계획을 세우고(**P**lan)
- 이를 실행하며(**D**o)
- 실행결과를 평가하고(**S**ee) 이를 다시 계획에 피드백하는

□ 그림 1-5
관리의 순환과정 Ⅰ

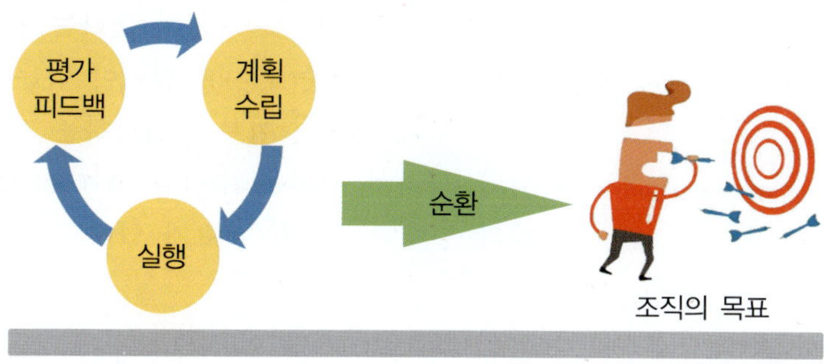

일련의 연속적인 과정으로 이루어진다. 이를 관리의 순환과정 또는 경영의 순환과정(business management cycle)이라고 한다. 관리의 순환과정은 각 단계의 머리글자를 따서 PDS 사이클이라고도 부른다. '경영'활동은 1회만 하고 끝마치는 활동이 아니기 때문에 순환과정이라고 한다. [그림 1-5]에서 보는 바와 같이 계속되는 순환과정은 단순한 순환이 아니라 당초 세웠던 계획의 실행결과를 새로운 계획에 계속적으로 피드백하면서 조직의 목표를 달성하기 위한 방향으로 순환된다. 관리의 순환과정은 경영관리의 순환과정 등의 명칭으로도 불린다.

계획수립

계획수립(planning)은 조직이 달성하려는 미래의 목표를 정하고, 이 목표를 달성하기 위하여 조직구성원이 어떤 일을, 어떻게 해야 하는지를 정하는 경영활동이다. 계획은 미래에 관한 것이지만 과거의 자료가 많은 참고가 된다. 따라서 기업은 연속되는 기업활동에서 자료의 관리에도 신경을 써야 한다.

수립된 계획에 따라 경영활동이 이루어지므로 계획은 정확성 및 정밀성을 갖추어야 한다. 그러나 조직을 둘러싼 환경은 계획수립 당시에 예측한 것과는 전혀 다른 방향으로 전개될 수도 있다. 이럴 때에는 당초 수립했던 계획이 차질을 빚게 된다. 그래서 계획은 미래의 예측하지 못한 환경변화에 대응하기 위하여 유연성을 갖는 것이 중요하다.

계획을 수립할 때에는 수립되는 대상기간에 따라 단기계획, 중기계획, 장기계획 등으로 나눌 수 있다. 통상적으로 단기계획은 1년 이내의 일상적인 조직활동에 대한 계획을 말하며, 중기계획은 1~2년 정도의 전술적인 면이 강한 계획이다. 장기계획은 전략적 계획으로서 3년 이상의 기간을 대상으로 수립되는 계획을 말한다.

한편 계획은 미래의 경영활동에 대한 계획이라는 점 외에도 실행된 경영활동의 평가시 평가기준이 된다는 중요한 의미가 있다. 즉 평가를 하기 위해서는 어떤 기준(표준)이 있어야 하는데, 평가활동이라는 것이 당초 계획했던 것에 대한 성취 여부를 판단하는 것이므로 계획이 평가의 기준이 되는 것이다. 따라서 계획을 수립할 때에는 계획의 실행 후 그 실행결과를 평가할 때의 상황도 고려할 필요가 있다.

실 행

계획이 수립되었으면 이를 실행(do)한다. 실행단계에서는 계획수립단계에서 계획된 그대로 실천하면 된다. 계획에 나타난 바에 의하여 조직화하고 리더의 지휘와 조정에 따라 과업을 수행한다.

평가와 피드백

경영활동의 순환과정에서 마지막에 위치하는 평가(see)는 경영활동의 실행결과가 당초 수립되었던 계획과 얼마나 일치하는지를 판단하는 활동이다. 평가결과는 다음의 계획수립시에 피드백(feedback)되어 반영된다.

계획과 결과를 비교하는 평가결과는 크게 두 가지가 있을 수 있다. 하나는 계획보다 성과가 나은 경우이고, 다른 하나는 성과가 계획에 미치지 못하는 경우이다. 전자의 경우에는 양호한 성과에 대한 보상과 칭찬이 주어져야 할 것이며, 후자의 경우에는 무엇보다 그 원인분석이 선행되어야 한다.

결과가 나온 뒤의 평가도 중요하지만 이때에는 이미 확정된 결과에 대한 평가만 가능할 뿐 결과의 수정이 불가능하다. 따라서 평가활동이 궁극적으로 당초 수립된 목표를 달성하려는 활동임을 감안한다면 평가활동은 처음 단계에서부터 이루어져야 한다. 그렇게 함으로써 실행내용이 계획과 달라지는 상황이 파악되면 적시에 이를 교정할 수 있기 때문이다.

구체적인 활동기준의 관리의 순환과정도 있다

앞서 설명한 관리의 순환과정은 「계획수립-실행-평가」의 3단계로 나타내었다. 이러한 3단계 순환과정은 직관적으로 이해하기가 쉬운 반면 실행단계에서 이루어지는 활동이 무엇인지를 나타내주지 못한다. 3단계 순환과정을 좀 더 세분화하면 [그림 1-6]과 같이 4단계 순환과정으로 나타낼 수 있다.

□ 그림 1-6
관리의 순환과정 Ⅱ

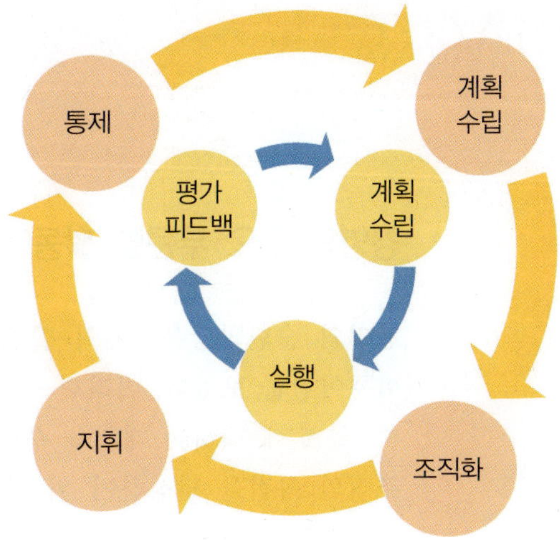

즉 관리의 순환과정은

- 계획을 수립하고
- 계획을 실천하기 위한 조직을 갖추고(또는 조직을 재구성하고)
- 리더의 지휘에 따라 실제적인 과업을 수행하고
- 계획된 대로 과업이 수행될 수 있도록 통제활동을 수행하고 이를 다시 계획에 피드백하는

일련의 연속적인 과정으로 이루어진다. 3단계 순환과정과 비교하여 달라진 점은 PDS 사이클의 '실행' 부문이 4단계 순환과정에서는 '조직화'와 '지휘' 활동으로 나누어졌다는 것이다. 마지막 단계인 '평가와 피드백'은 사실상 '통제'와 동일한 활동이다.

3단계인 PDS 사이클은 관리의 일반적인 형태를 보이는 반면, 4단계 순환과정은 활동을 구체적으로 명시하고 있기 때문에 경영학에서 관리의 순환과정을 설명할 때에는 후자를 인용하는 것이 일반적이다. 따라서 본 책도 제Ⅳ부에서 관리의 순환과정을 설명할 때 4단계 구분방법에 의할 것이다.

1.4 경영의 부문별 활동

경영의 주요 부문별 활동에는 네 가지가 있다

관리의 순환과정은 「계획-실행-평가」 또는 「계획수립-조직화-지휘-통제」로 이루어짐을 보았다. 이러한 순환과정은 무엇을 대상으로 이루어지는 것일까? 즉 '무엇'에 대하여 계획을 수립하고 실행하며 평가하는 것일까? 그것은 바로 조직의 목적을 달성하기 위하여 수행해야 할 구체적인 과업 또는 업무이다.

기업을 예로 들면, 관리의 순환과정의 대상이 되는 과업으로는 필요한 자금을 조달하고, 사람을 채용하며, 제품이나 서비스를 생산하여 판매하고, 이러한 활동을 수치로 정리하는 것 등이 있다. 이러한 일들은 기업의 주요 부문 또는 기능(function) 분야라고 할 수 있다. 이를 간단히 정리하면 다음과 같다.

- 인적자원관리 : 사람의 선발, 교육, 배치, 과업부여 및 평가
- 생산·운영관리 : 제품이나 서비스의 생산 또는 창출
- 마케팅관리 : 제품이나 서비스의 홍보, 판매
- 재무관리 : 조직이 필요한 자금의 조달 및 운용

참고로 기업 경영에 있어서 빠질 수 없는 또 하나의 업무부문으로 회계가 있는데, 이는 앞의 네 기능분야(인적자원관리, 생산·운영관리, 마케팅관리, 재무관리)와 병립하는 분야가 아니라 네 분야의 활동결과가 요약 또는 집중되는 부문이다. 성격이 조금 다르다고 할 수 있다. 한편 기업의 주요 기능분야인 이러한 활동은 사실 기업에 국한되는 것만은 아니다. 비영리조직이나 공공기관도 업무를 기능별로 분화하면 이와 유사하다.

본 책 제Ⅲ부에서는 이러한 각 업무부문 또는 기능부문에서 어떠한 관리활동이 이루어지는지 알아볼 것이다.

각 부문별 목표와 기업 전체 목표는 일치해야 한다

이들 각 경영부문에는 나름대로의 부문별 목표가 있을 수 있지만 궁극적으로는 기업 전체의 목표/목적에 부합되는 목표를 수립해야 한다. 예컨대 어느 기업이 '세계 일류'라는 기업목표를 세웠다면 인적자원부문은 '세계적인 경쟁력을 갖춘 인재 양성'이라는 목표를 세울 수 있고, 생산부문에서는 '세계 제일의 제품 개발'이라는 목표를 정할 수 있다. 각 기능분야가 추구하는 목표와 기업 전체가 추구하는 목표가 조화로워야 하는 것이다.

각 부문별 기능을 대상으로 관리의 순환과정이 이루어진다

관리의 순환과정이 3단계 혹은 4단계인가의 여부와 관계없이 각 부문별 기능부문에서는 관리의 순환과정활동이 일어난다. 마케팅의 판매활동을 예로 들면 판매계획을 수립하고[계획수립], 이에 필요한 인력이나 조직을 구성한 후[조직화], 리더의 지휘에 따라 실행에 옮기며[지휘], 계획대로 과업이 추진되

□ 그림 1-7
경영의 각 기능분야와 관리의 순환과정의 관계

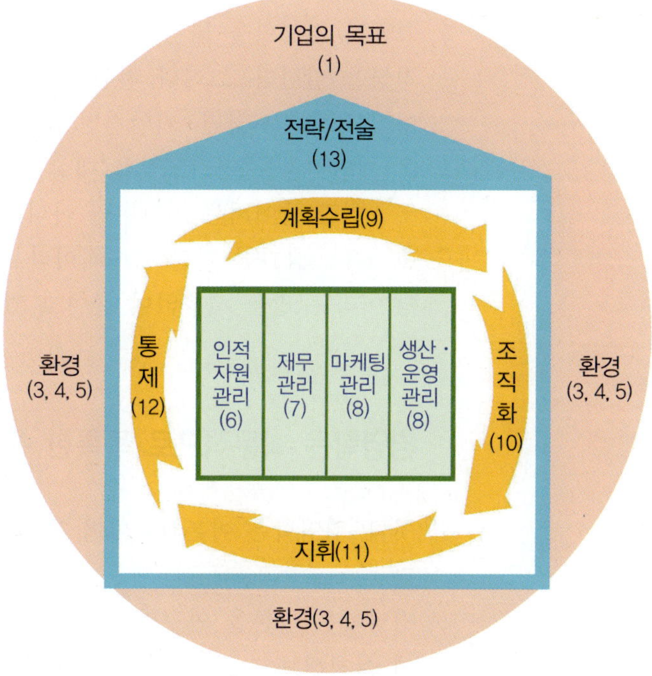

※ ( ) 속의 숫자는 본 책의 장(章)을 나타냄

는지에 대한 통제활동[통제]을 하게 된다. 이러한 관리의 순환과정은 생산관리부문, 마케팅관리부문, 재무관리부문 역시 마찬가지이다. [그림 1-7]을 보면 이러한 관계가 잘 나타나 있다.

관리의 순환과정이 순차적(또는 수직적)이라면 각 부문별 활동은 수평적이다. 또한 관리의 순환과정이 경영에 있어서 '어떻게(How)'를 의미한다면 부문별 기능은 경영이라는 활동에 있어서 그 대상이 되는 '무엇(What)'을 의미한다.

1.5 경영학은 융합적 실용학문이다

경영학을 정의해보자

경영학(business administration)은 경영에 대한 체계적인 연구를 하는 학문분야이다. 모든 조직이 '경영'을 하기 때문에 경영학의 대상도 모든 조직이 된다. 그래서 경영학을 넓은 의미로 인식할 때에는 모든 조직체를 대상으로 하는 경영을 말한다. 그러나 전통적으로 경영의 주된 대상은 기업이었다. 그래서 아직도 '경영' 하면 '기업경영'을 떠올리는 경우가 많다. 좁은 의미의 경영학은 기업이라는 영리조직을 대상으로 한다.

최근 들어서는 기업뿐만 아니라 거의 모든 조직에 '경영' 개념이 도입되고 있다. 심지어 가장 보수적이라고 할 수 있는 학교나 종교기관까지도 '경영'이라는 말을 서슴없이 붙이고 있는 실정이다.

경영학은 학문적으로 독특한 특성이 있다

첫째, 경영학은 이론과학이며 동시에 실천과학이다. 경영학은 단지 이론에서만 머무르는(theoretical) 학문이 아닌 실제 현장에 적용되는(practical) 학문이다. 경영학은 이론을 연구만을 하는 대상이 아니라 연구의 결과를 실제로 현장에 실천해보고 적용하는 학문이다. 실천해본 결과는 다시 이론의 발전에 피드백된다. 이론을 개발하기 위해서는 과학적 접근이 필요하다. 경제학이나 사회학, 법학 등과 마찬가지로 사회의 틀 내에서 일어나는 현상을 연구하는 학문이기 때문에 사회과학의 한 분야로 간주된다.

둘째, 경영학은 종합학문이다. 경영학은 유기체와 같은 조직을 대상으로 하기 때문에 조직체의 목적달성에 도움이 될 만한 모든 타 학문분야를 응용하여 적용한다. 경제학, 사회학, 심리학, 인류학, 정치학 등 제반 학문지식을 응용하고 통합하는 응용학문, 통섭학문의 특성도 지니고 있다. 조직이라는 것이 궁극적으로 인간에 의해 만들어지기 때문에 인간을 대상으로 하는 모든 학문이 경영학의 원천(source)이 될 수 있는 것이다.

셋째, 보편성과 특수성을 동시에 추구하는 학문이다. 경영학은 근본적으로는 모든 조직을 대상으로 적용가능한 경영방식을 모색하는 보편성을 추구한다. 그러나 현실적으로 이러한 방식의 적용은 제한적일 수밖에 없기 때문에 시대와 환경의 변화에 따라 개별 상황에 가장 적합한 경영방식을 찾는 특수성도 있다. 이러한 양면성은 다음 장에서 배우는 경영학의 역사에도 투영되어 있다.

본 책에서 배우는 것들은 다음과 같다

본 책은 크게 5부로 구성되어 있다. 먼저 제 I 부에서는 경영학을 이해하기 위한 기초적인 개념들을 배운다. 제1장에서는 조직과 경영이란 무엇인지 배웠다. 제2장에서는 경영학이 어떻게 발전되어 왔는지 그 역사에 대하여 배운다. 향후의 경영학 발전 방향에 대한 시사점을 얻을 수 있을 것이다.

제 II 부에서는 기업과 기업환경에 대하여 배운다. 제3장에서는 기업의 종류와 변화 양태에 대하여 배우고, 제4장에서는 기업경영에 영향을 미치는 환경에 대하여 배운다. 제5장에서는 경영자와 기업의 사회적 책임에 대하여 배운다.

제 III 부에서는 경영의 기능에 대하여 다룬다. 제6장에서는 인적자원관리에 대하여 배우고, 제7장에서는 자금 조달과 운용을 다루는 재무관리에 대하여 배운다. 제8장에서는 제품 및 서비스의 생산과 판매를 다루는 생산·운영관리와 마케팅관리에 대하여 배운다.

제 IV 부에서는 관리의 순환과정에 대하여 다룬다. 관리의 순환과정은 계획수립, 조직화, 지휘, 통제의 순으로 이루어진다. 먼저 제9장에서는 계획수립에 대하여 배우고, 제10장에서는 조직화, 제11장에서는 지휘, 제12장에서는 경영통제 및 그 수단에 대하여 배운다.

제 V 부 제13장에서는 특별한 주제로 전략적 경영에 대하여 배운다.

경영의 전반적인 체계와 본 책의 구성은 [그림 1-7]에 정리하였다.

마무리 사례

트위치도 '망 사용료'에 백기? … 통신업계 "경영 실패 탓"

아마존이 운영하는 실시간 영상 송출(스트리밍) 플랫폼 '트위치'가 한국시장에서 철수한다. 트위치 측은 한국의 망 사용료가 타국의 10배가 넘는 수준이라며 사업을 영위하기 어렵다는 입장이다. 이에 국내 통신업계는 논란 확대를 우려하면서도 트위치의 주장에 당황스럽다는 반응이다.

9일 통신업계에 따르면 트위치는 지난 6일 공지를 통해 "내년도 2월 27일부로 한국에서 사업운영을 종료하기로 결정했다"며 "한국에서 트위치를 운영하는 데 드는 비용이 심각한 수준으로 높다. 대부분의 다른 국가에 비해 10배가 더 높은 네트워크 수수료(망 사용료)로 운영이 불가능한 상황에 이르렀다"고 밝혔다. 트위치의 결정에 따라 한국의 트위치 유저들은 유료상품을 구매할 수 없고 실시간 영상 송출 사업자(스트리머)들도 수익창출이 불가능해진다.

한국시장 철수에 앞서 트위치는 한국에서만 화질을 낮추는 등 차등 서비스를 제공해왔다. 지난해 9월 망 사용료 부담을 이유로 한국에서는 최대 영상 해상도를 1,080p에서 720p로 축소했다. 같은 해 11월에는 다시보기 서비스에 해당되는 주문형 비디오(VOD) 서비스도 중단했다.

이를 두고 국내 통신사업자로 구성된 한국통신사업자연합회(KTOA)는 트위치코리아에 동영상 화질 저하 조치에 대한 이유를 문의했으나 답변을 받지 못했다. 또 스트리머와 트위치 플랫폼 간 수익배분 비중을 조정하면서 스트리머와 시청자의 이탈이 잦아졌다. 트위치는 2021년 글로벌 스트리머 990만명을 기록했으나 올해를 기준으로 700만명까지 감소했다. 이는 2022년 10월 트위치가 스트리머와 플랫폼 간의 수익배분 비중을 기존 70 : 30에서 50 : 50으로 조정하면서 스트리머의 수익이 크게 줄어 분쟁이 발생했기 때문이다.

트위치는 코로나19 팬데믹 당시 비대면 사업이 각광을 받자 성장을 거듭했다. 그러나 엔데믹 시대를 맞아 수익성은 크게 감소했다. 실제로 지난 3월 CEO를 바꾸면서 임직원 400명 이상을 해고했고 지난 11월에는 최고수익책임자 등 고위 임원 2명이 물러났다. 트위치가 단순히 한국에서만 수익이 감소한 것이 아니라 사업이 전반적으로 약세를 보인다는 의미다. 경제전문지 포브스는 "트위치는 생방송 플랫폼이기 때문에 유튜브처럼 광고수익을 쉽게 내기 어렵다"고 지적했다. 다시보기 서비스 위주의 유튜브는 광고표출에 대한 시청자의 불만이 덜하지만 트위치는 생방송 중심이기에 광고표출이 이뤄진다면 시청자의 불만에 부딪칠 가능성이 높기 때문이다.

트위치의 한국 사업 철수에 대해 통신업계는 공식적인 반박문이나 입장문을 내지는 않았다. 다만 트위치의 주장에 대해 매우 당황스러운 분위기다. 통신업체 한 관계자는 "한국의 망 사용료가 타국가에 비해 10배 비싸다라는 주장이

나오지만 사업자간 계약사항을 외부에 노출해서는 안 된다"면서도 "망 사용료는 이용량이 늘어난다고 무조건 올라가는 구조는 아니다. 콘텐츠 제공사의 기여 등을 고려해 여러 조건을 따져 계약한다. 그러나 트위치는 그러한 요청을 하지도 않았다"고 말했다.

다른 관계자는 "트위치의 한국시장 철수는 경영상의 실패다. 망 사용료는 핑계에 불과하다"면서 "한국 스트리머와 시청자를 잃어가는 상황에서 네이버라는 신규 사업자가 진출하니 경계하는 분위기도 있었다. 사업 철수라는 상황을 면피하기 위해 한국의 망 사업자 핑계를 대는 게 아니겠느냐"고 지적했다.

다만 통신업계는 넷플릭스와 망 사용료 분쟁을 빚었다가 화해 분위기가 조성된 상황에서 확전을 자제하는 분위기다. 사업을 철수하는 업체의 일방적인 주장에 공식적으로 논박한다면 분쟁을 빚을 수 있기 때문으로 풀이된다.

(스트레이트뉴스, 2023.12.9)

핵심용어

- 조직
- 조직의 특징
- 경영
- 관리
- 효율성, 유효성
- 환경효율성, 환경유효성
- 경제성
- 경영의 요소
- 목적
- 인적자원
- 물적자원
- 전략
- 정보
- 관리의 순환과정
- PDS 사이클
- 기업경영의 주요 기능분야

요 약

- 조직은 어떤 역할이나 기능을 수행할 수 있도록 협동하는 체계이다. 모든 조직은 목표를 정한 후, 위계구조를 만들고 조직운영에 대한 내용을 정한 규정이나 규칙에 따라 목표를 달성하려 한다. 따라서 조직의 존속 여부는 목표의 성취 여부에 좌우된다.
- 효율적인 경영이 투입된 양에 비해 상대적으로 많은 산출을 내는 경영이라면, 유효한 경영은 조직이 지향하고 있는 목표를 제대로 달성하는 것이다.
- 환경경영이 중요시되면서 환경효율성과 환경유효성 개념이 대두되고 있다.
- 기업과 경영의 관계를 보면, 기업이 목적을 설정하면 경영은 그 목적을 실현하기 위한 수단이 된다. 기업은 수익성 또는 이윤을 추구하지만, 경영은 생산성 또는 경제성을 추구한다.
- 경영은 조직의 목표달성에 필요한 제반 활동, 과정 또는 수단이다. 경영을 하기 위한 요소에는 크게 목적, 인적자원, 물적자원, 전략 및 정보 등이 있다.
- 경영활동은 조직, 예컨대 기업의 목표달성을 위하여 계획을 세우고(plan), 이를 실행하며(do), 실행 결과를 평가하고(see), 이를 다시 계획에 피드백하는 일련의 연속적인 과정으로 이루어진다. 이를 관리의 순환과정(business management cycle)이라고 한다. 관리의 순환과정은 「계획수립-조직화-지휘-통제」로도 나타낼 수 있다.
- 기업경영의 주요 기능분야로는 인적자원관리, 생산·운영관리, 마케팅관리, 재무관리 등이 있으며 이를 정리, 집계하는 회계 등이 있다. 이들 각 부문의 목표는 기업 전체의 목표와 조화를 이룬다. 또한 이들 각 부문에서는 관리의 순환과정에서 볼 수 있는 활동이 수행된다.

연습문제

1. 조직이란 무엇이며 어떤 특징이 있는가?
2. 경영이 무엇인지 정의를 내리되, 정의 각 항목에 대하여 구체적으로 설명하라.
3. 경영과 조직의 관계를 설명하라.
4. 효율성과 유효성이 어떻게 다른지 보기를 들어 설명하라.
5. 경영의 요소 네 가지가 경영활동에서 어떤 의미가 있는지 설명하라.
6. 기업경영의 주요 기능분야를 제시하고 이들과 관리의 순환과정의 관계를 설명하라.

미니 프로젝트

대학생활의 윤활유 중 하나는 MT(Membership Training)이다. MT 가는 것이 어떻게 진행되는지 경영 또는 관리의 순환과정에 근거하여 정리해보자.

(자료 : 블로그 '버스이야기')

CHAPTER

2 경영학의 역사적 전개과정

스타벅스 '경동1960점'은 경동시장에 위치한 60년 전 폐극장을 현대적으로 재구성한 매장으로 지역 상인과의 상생을 위한 커뮤니티 스토어이다. (자료 : 스타벅스)

2.1 경영학적 이론이 나타나기 전까지의 상황
2.2 경영학 이론이 태동하다 : 고전적 경영학
2.3 경영학 연구 : 인간의 행동에 관심을 갖다
2.4 경영학에 계량적 기법을 도입하다
2.5 현대 경영학 이론은 통합적인 특징을 갖는다
2.6 현장에서는 새로운 기법들이 계속 시도된다

스타벅스의 '인간중심 경영'

커피숍을 단순한 먹거리 장소가 아닌 문화로 개념을 바꾸는 데 일조한 스타벅스. 이렇게 성공적으로 회사를 키워낸 사람은 1986년부터 스타벅스를 지키고 있는 하워드 슐츠(Howard Schultz) 회장이다.

미국 시애틀에 있는 스타벅스 1호점

스타벅스는 처음부터 인간에게 중심을 둔 기업이념을 확고히 한 기업이었다. 물론 혼란도 있었다. 이 회사는 지나친 확장정책으로 인하여 지난 2007년 어려움에 빠지게 되었다. 이때 스타벅스는 '인간중심의 경영', '직원 사랑'의 이념을 저버렸다는 비판에 직면하게 된다.

슐츠 회장은 경영위기 이듬해인 2008년 8년 만에 다시 경영에 복귀해 '인간중심의 경영'이라는 기업이념부터 재정비했고 소비자들의 사랑을 되찾았다. 그가 미국인이 가장 존경하는 기업인 가운데 한 사람이 되었음은 물론이다. '인간중심'이라는 경영이념을 지키고 단순히 이윤창출만이 아닌 인문학적 가치가 있는 경영을 구현해냈기 때문이다. (관련 자료 종합)

2.1 경영학적 이론이 나타나기 전까지의 상황

경영 혹은 관리(management)는 언제부터 시작되었을까? 이 질문에 대하여 명쾌하게 답을 하는 사람은 아직 없다. 아니, 한마디로 대답하는 것은 애초부터 불가능해 보인다. 제1장 본문에서 설명한 바와 같이 관리과정은 계획(plan)을 세우고, 이를 실천(do)하며, 이를 점검(see)하여 피드백하는 것으로 이루어지는데, 이는 인류가 출현했을 때부터 이미 실행되었으리라 짐작할 수 있기 때문이다. 그래서 경영의 역사적 연원을 연구한 학자 중 한 사람인 렌(Daniel Wren) 교수는 기원전 5000년경 고대 수메르인(Sumerian)들이 그들의 정부조직과 상업활동에 대한 '관리'를 한 기록이 있다고 주장하기도 했다.

중국 산시성 북부에 있는 만리장성 부분의 위성 이미지. 왼쪽 위에서 오른쪽 아래로 흐르는 것은 강이고 왼쪽 아래에서 오른쪽 위, 대각선 방향으로 이어지는 실선처럼 보이는 것이 만리장성이다. (자료 : NASA)

또한 많은 학자들은 이집트의 피라미드나 중국의 만리장성 축조가 수많은 인적 및 물적 자원의 투입을 필요로 했기 때문에 당시에는 비록 '경영'이라 부르지는 않았지만 경영 개념 없이는 그러한 토목공사가 불가능했다고 본다. 14세기에 크게 만개했던 이탈리아 베니스의 무역거래도 경영관리활동이 이루어졌던 사례로 인용된다.

이와 같은 다양한 사례에서 보듯이, '경영' 또는 '관리'라는 활동은 수천 년 동안 인간의 활동과 함께해 왔다. 그러나 20세기가 되기 전에 경영학의 발전사에 큰 획을 긋는 두 개의 사건이 발생하는데, 그중 하나는 스미스가 주창한 분업이라는 개념이고 다른 하나는 산업혁명이다.

근대경제학의 아버지라 불리는 애덤 스미스. 그는 독특하게도 자신의 옆모습을 좋아했던 것 같다. 그의 대부분의 사진이나 초상화가 옆모습이다. 오른쪽 그림은 그의 1776년 저서인 『국부론』의 표지.

1776년 애덤 스미스(Adam Smith)는 그의 저서 『국부론』(The Wealth of Nations)에서 분업(division of labor)의 장점을 설파했다. 그에 의하면 핀을 만들 때 혼자서 처음부터 끝까지 일을 다 하면 하루에 1인당 10개 정도의 핀을 만드는 데 비하여, 10여 명이 핀 작업을 분화하고 전문화하여 작업하면 하루에 무려 48,000개 정도의 핀을 만들 수 있었다고 한다.

또 하나의 중요한 사건은 18세기에 영국에서 시작된 산업혁명(industrial revolution)이다. 산업혁명은 인력에 의해 이루어지던 재화 생산을 기계로 대체하게 했고, 가내수공업 형태의 생산방식을 공장에서의 대량생산방식으로 바꾸는 계기가 되었다. 본격적으로 체계적이고

□ 그림 2-1
경영학의 역사적 전개

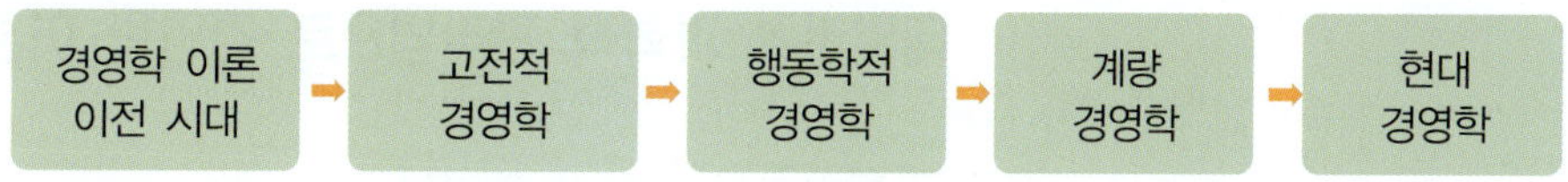

구체적인 이론에 근거한 경영 혹은 관리의 필요성을 요구하게 된 것이다.

그러나 19세기가 다 가도록 이렇다 할 경영학 이론은 나타나지 않다가 마침내 1911년 근대 경영학 이론이 사실상 최초로 등장하게 된다. 이후 전개된 경영학 이론의 큰 틀을 정리하면 [그림 2-1]과 같다. 다음에서는 경영학의 이론이 어떻게 전개되어 왔는지에 대하여 구체적으로 살펴본다.

2.2 경영학 이론이 태동하다 : 고전적 경영학

경영에 대한 고전적 접근 또는 고전적 경영학(classical approaches to management)은 1911년 테일러의 과학적 관리론에서 출발한다. 고전적 경영학에서는 '인간은 이성적 또는 합리적이다'라고 가정한다. 고전적 경영학은 접근방법이 비인간적이라는 측면에서 비판을 받고 있지만 책상 위에서 만들어진 이론이 아닌 실제 현장에서의 경험을 바탕으로 하여 성립된 이론이라는 점에서 가치가 있다. 이러한 비판의 대상이 되는 것과 경영학 이론 형성의 토대가 된 점에 대한 긍정적 평가가 공존하는 것은 당시의 시대적 환경에 따라 현장 중심, 실질적인 업무 중심으로 성과를 개선해보고자 했던 목표의식에 따른 불가피한 측면이 있다.

고전적 경영학의 세 가지 핵심이론은 [그림 2-2]와 같다.

□ 그림 2-2
고전적 경영학의 핵심이론

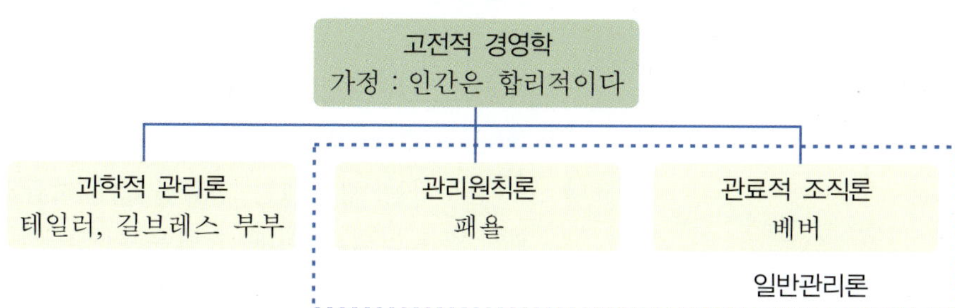

테일러가 과학적 관리법으로 경영학 이론 시대를 열다

테일러의 과학적 관리법

과학적 관리의 아버지라고 불리는 테일러(1856~1915). 그의 과학적 관리론은 그 효과가 실증되면서 곧 전 세계로 전파되었다.

테일러(Frederick Taylor)는 미국 펜실베이니아주의 베들레헴(Bethlehem)이라는 철강회사에서 일하면서 지속적으로 노동자의 업무효율성이 낮다는 사실에 관심을 갖고 이를 해결하고자 노력했다. 그에 의하면 노동자들은 똑같은 일을 하는데도 각자 서로 다른 방법으로 일을 하고 있었다. 노동자들은 가능하면 하기 쉬운 방법으로 일을 하고 있었고 그 결과 그들이 가진 능력의 3분의 1 정도만 발휘되고 있었다. 또한 작업에 대한 표준(standard)도 없었다. 심지어 노동자들은 각자 소질이나 능력과 관계없는 업무에 배치되어 있었다.

테일러는 과학적 관리법 또는 과학적 관리론(scientific management)을 적용하여 이러한 문제점을 극복하고자 하였다. 즉 테일러는 동작연구(motion study)와 시간연구(time study)라는 개념을 도입하여 어떤 작업을 수행하는 데 필요한 동작을 하나하나 분석함으로써 그 작업을 가장 효율적으로 수행하는 방법을 찾고자 하였다. 각 업무에 대해 그것을 수행하는 최선의 방법(best way)을 찾고자 시도한 것이다.

그 결과 그는 고용자와 노동자 모두에게 경제적으로 도움이 될 수 있는 다음과 같은 네 가지의 관리원칙을 제시하여 적용하였다.

- **원칙 1**: 어떤 한 개인의 작업을 구성하고 있는 각 세부 구성요소, 즉 단위작업에 대하여 동작원칙, 표준화된 작업절차, 적질한 작업환경 등을 포함한 '과학적인 방법(테일러는 이를 단순히 'science'라고 불렀다)'을 개발한다.
- **원칙 2**: 작업자들을 과학적으로 선발하여 훈련시키고 교육하여 그들의 능력을 개발한다.
- **원칙 3**: 앞서 개발된 '과학적인 방법'에 따라 모든 작업이 수행될 수 있도록 작업자들이 서로 진심으로 협조하도록 한다.
- **원칙 4**: 작업과 책임을 관리자와 노동자 간에 균등하게 배분한다.

아울러 그는 초기적인 형태의 성과급제를 실시하여 모든 작업자에게 동일한 임금을 주던 기존의 관행을 깨고 각 작업자의 성과가 목표를 달성하거나 초과달성하는 경우에는 임금을 차등지급하였다.

과학적 관리법의 실제 효력은 어땠을까? 테일러는 과학적 관리법을 철도 노동자에게 적용시켜 보았다. 철도 노동자들은 무게가 92파운드 정도 되는 쇳덩어리를 화물열차에 싣는 작업을 하고 있었다. 노동자들은 하루에 평균적으로 12.5톤 정도 싣고 있었다. 테일러는 과학적 관리법을 적용하여 이 작업에 '최선의 작업방법(best way)'을 개발하여 적용했다. 즉 적재적소에 인력을 배치하고 작업에 맞는 작업 도구와 장비를 제공했으며, 작업자들을 그의 가르침대로 움직이게 했다. 또한 개선된 성과에 대해서는 경제적인 인센티브를 제공했다. 그 결과 하루 평균 작업량이 47~48톤까지 늘어난 것으로 테일러는 분석했다.

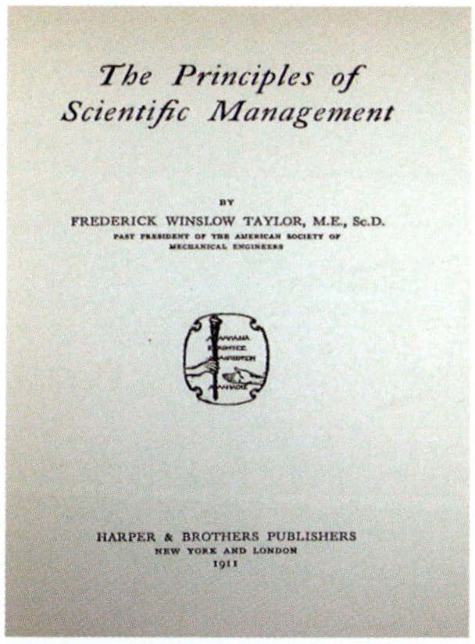

테일러가 1911년에 저술한 『과학적 관리의 원칙』

다른 작업에도 과학적 관리법을 적용한 결과 통상 생산성이 200% 이상 개선되었다고 한다. 이러한 결과는 당시의 미국 사회에 커다란 충격을 주었다. 테일러가 궁극적으로 추구했던 것은 이러한 과학적 관리법의 활용으로 고임금과 저비용(저노무비)을 가능하게 함으로써 노사 공동의 번영을 기하고 사회발전을 이루는 것이었다. 이를 테일러주의 또는 테일러리즘(Taylorism)이라고 부르기도 한다. 그의 연구 결과는 1911년 발간된 그의 저서『과학적 관리의 원칙』(The Principles of Scientific Management)으로 정리되었다.

그러나 과학적 관리론은 노동자가 잠시도 쉴 틈을 주지 않고 몰아세우는 방편일 뿐만 아니라 동종의 산출량에 필요한 인력의 수를 줄여 일자리를 줄이게 된다는 비판도 받았다.

테일러의 과학적 관리론은 길브레스 부부에게 큰 영향을 끼쳤다.

길브레스 부부의 과학적 관리법

각각 건설업자와 심리학자였던 길브레스 부부(Frank & Lillian Gilbreth)는 테일러의 과학적 관리법을 계승 발전시킨 사람들이다. 그들은 사람의 동작 중에서 불필요한 동작을 찾아 이를 줄이고자 다양한 연구를 했으며, 작업의 성과를 극대화할 수 있는 각종 도구와 장비 개발에도 관심을 기울였다.

길브레스 부부(남편 : 1868~1924)에게는 12명의 자식들이 있었는데, 과학적 관리법을 자식들에게조차 적용했다고 한다. 길브레스는 자식은 최소한 12명은 되어야 하며, 가능하면 많은 쌍둥이를 한꺼번에 낳아 기르는 것이 경제적이라고 생각했다. 또한 표를 살 때에는 "한 다스(자식 12명을 의미함)는 싸게 해주시나요?" 하고 매번 물었다. 오죽했으면 자식 중 두 명이『한 다스 자식들로 보다 싸게』(Cheaper by the Dozen)라는 책을 썼을까?

그들의 연구 중 가장 대표적인 것은 벽돌쌓기에 관한 것이다. 그들은 벽돌공의 작업 장면을 면밀히 분석한 결과, 외부벽 작업 벽돌공의 동작을 18개에서 5개로, 내부벽 작업 벽돌

□ 그림 2-3
서블릭의 17가지 기본동작

기 호		명 칭	기호설명	기 호		명 칭	기호설명
1		빈손이동	빈 접시 모양	10		찾는다	눈으로 물건을 찾는 모양
2		잡다	물건을 잡는 모양	11		선택	선택할 물건을 찾아낸 모양
3		운반	접시에 물건을 담은 모양	12		생각한다	머리에 손을 대고 생각하는 모양
4		위치설정	물건이 손가락 끝에 있는 모양	13		준비	볼링핀 모양
5		조립	조립시킨 모양	14		유지	자석에 쇳조각이 붙어 있는 모양
6		사용	영어의 유스(use)의 머리글자 모양	15		휴식	사람이 의자에 앉아 있는 모양
7		분해	조립된 것에서 하나를 뗀 모양	16		피할 수 없는 지연	사람이 걸려 넘어진 모양
8		놓다	물건을 담은 접시를 거꾸로 한 모양	17		피할 수 있는 지연	사람이 누워 있는 모양
9		검사	렌즈모양				

공의 동작을 18개에서 2개로 줄였다. 이에 따라 생산성은 3배 정도 높아졌다고 한다.

길브레스 부부는 작업자의 동작연구를 위하여 마이크로미터(micrometer)라고 불리는 모션픽처(motion picture) 기계를 개발하여 활용하였다. 그들은 이 기계로 작업자의 동작을 기록한 다음, 하나하나 분석함으로써 육안으로는 발견할 수 없었던 불필요한 작업 동작을 찾아내 제거하였다. 그들은 또한 서블릭(therbligs : 이들 부부의 영문자 성을 거꾸로 쓰되, th 부분은 한 글자로 한 것이다)이라고 불리는 것을 발표했는데, 이는 인간의 모든 동작은 [그림 2-3]과 같은 17개의 기본적인 동작으로 이루어져 있다는 것이다.

과학적 관리법의 경영학적 시사점

과학적 관리법은 경영학의 발전은 물론이고 실제 경영현장에 커다란 영향을 끼쳤으며 오늘날에도 많이 활용되고 있다. 과학적 관리법이 관리자에게 주는 시사점은 다음과 같다.

- 어떤 작업에 있어서 불필요한 동작을 제거하기 위하여 동작 및 시간 연구를 행할 것
- 각 작업에 최적인 작업자를 고용 또는 배치할 것

- 각 작업자가 능력을 최대한 발휘할 수 있도록 훈련시킬 것
- 각 작업자가 능력을 최대한 발휘할 수 있게 감독자가 지원할 수 있도록 감독자를 훈련시킬 것
- 성과에 근거한 보상체계(성과급제)를 설계, 시행할 것

현대 경영학의 아버지인 패욜의 관리과정론과 관리원칙론

앙리 패욜(1841~1925)

관리라는 주제를 연구하면서 특별히 조직 전체적인 관점에서 연구를 수행한 연구자들이 있었는데 이들이 일반관리론 연구자(general administrative theorist)들이다. 이들의 관심은 '일반적으로 관리자라면 무엇을 해야 하는지', '좋은 관리라는 것은 어떤 내용으로 구성되는지'에 관한 것이었다. 이러한 연구 접근 중에 가장 대표적인 것이 패욜의 관리원칙론과 베버의 관료적 조직론이다. 이 두 이론은 주로 현장관리자에게 초점을 둔 테일러의 과학적 관리론과는 달리 조직 전체적인 측면에서 접근하기 때문에 일반관리론의 한 범주로 묶기도 한다.

패욜(Henri Fayol)은 테일러와 비슷한 시기의 사람이다. 테일러가 '최일선의 관리자'와 '과학적 관리법'에 주로 관심을 가졌다면 패욜은 '모든 관리자'의 활동에 관심을 가졌다. 그의 이론은 프랑스의 대형 광산업에서 관리자로 일한 경험에 기반한 것이다. 그가 주장한 내용 중 많은 것이 오늘날에도 활용되고 있기 때문에 그를 현대 경영학의 아버지로 부르기도 한다. 그의 이론 중 대표적인 두 가지를 꼽는다면 하나는 오늘날 관리의 순환과정(제1장 본문 참조)이라고 부르는 '관리의 과정'에 관한 것이고 다른 하나는 '관리의 14가지 원칙'이다. 전자만을 강조하여 그동안 우리나라의 많은 책에서는 패욜의 주장을 관리과정론이라고 주로 설명해왔으나 후자인 관리원칙론 또한 중요도가 전자에 비해 결코 떨어지지 않는다.

이를 차례로 보면 다음과 같다.

먼저 관리과정론을 보자. 패욜은 다음과 같은 관리의 다섯 가지 규칙(rules) 또는 관리자가 해야 할 의무(duties)(즉 관리의 과정 또는 단계)를 제시했다.

① 준비(foresight) : 미래의 행동에 대한 계획을 완벽하게 세운다.
② 조직화(organization) : 그 계획을 수행하기 위하여 자원을 조달, 공급한다.
③ 명령(command) : 종업원을 선발, 평가, 리드한다.

□ 그림 2–4
베버의 이상적인 관료주의

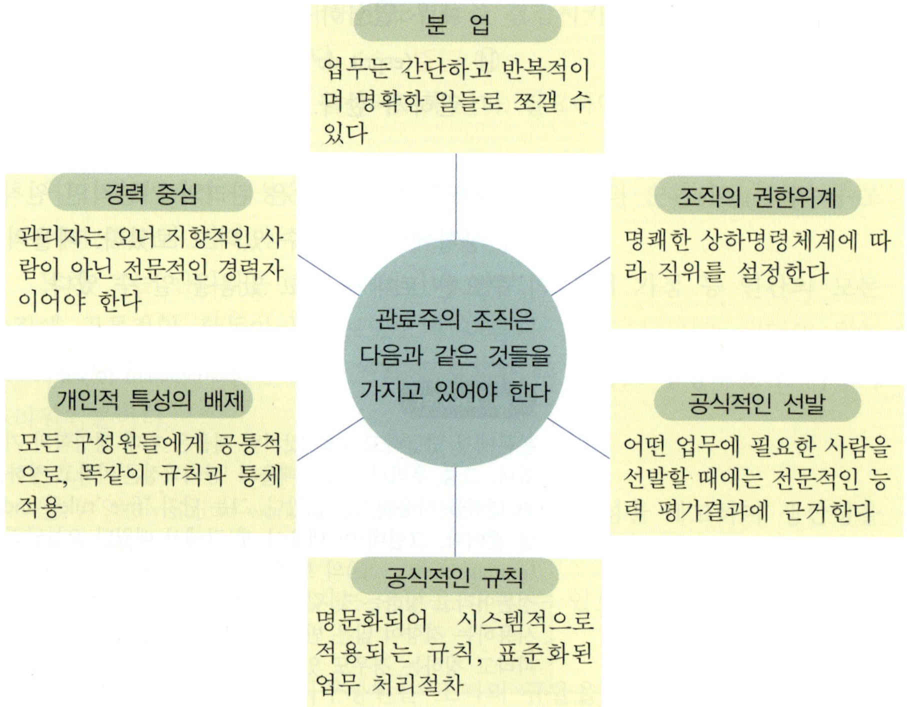

자료 : Stephen et al., *Management*, Prentice Hall, 2005, p.31

하는 기업의 입장에서는 매우 부정적인 것들이다. 이에 따라 오늘날 연구자들은 이러한 부정적인 측면을 극복하고 관료주의의 장점만을 극대화할 수 있는 방안을 연구하고 있다.

고전적 경영학을 어떻게 볼 것인가

모든 연구자가 그런 것은 아니었지만 일반적으로 고전적 경영학에서는 기계론적 시각에 입각하여 조직과 사람을 본다. 조직 전체가 하나의 기계라면 사람 하나하나는 부속품으로 보는 것이다. 사람을 단순한 부속품으로 보는 것과 자원으로 보는 것에는 많은 차이가 있다. 연구자들은 생산성 및 조직 전체의 효율성 측면에서 사람의 행동을 표준화하고 통제하는 데에 관심을 기울였다. 이러한 접근은 곧 여러 비판에 직면하게 되며, 이에 따라 대두된 접근방법이 다음에서 다루고자 하는 인간행동에 중심을 둔 행동학적 연구들이다.

일부 비판이 있긴 했지만 고전적 경영학 연구들은 경영학 발전에 있어 중요한 기초를 제공했으며, 현대 경영학에 있어서도 그 틀이 유지되고 있을 정도이다. 또한 경영을 과학적 시각에서 접근했다는 점에서 큰 획을 그었다고 할 수 있다.

2.3 경영학 연구 : 인간의 행동에 관심을 갖다

조직에서의 모든 행위는 인간에 의해서 이루어진다. 따라서 인적자원의 중요성은 새삼 강조할 필요조차 없다. 이에 따라 많은 연구자들은 조직에서의 인간의 행위 또는 행동(action, behavior)에 대해 연구를 해오고 있는데, 이러한 연구분야를 조직행동론(OB : organizational behavior)이라고 하며 이러한 접근을 행동학적 경영학이라고 한다.

1920년대에 들어서 조직에서의 인간에 초점을 둔 연구가 본격적으로 이루어지기 시작했다. 이러한 연구의 주요 흐름은 [그림 2-5]와 같이 나타낼 수 있다.

그림에서 보듯이 행동학적 경영학에서는 인간은 사회적이며 스스로 자기실현을 하려는 특성을 가진다고 본다. 또한 각 직장에서 인간들은 만족스러운 사회적 관계(social relationship)를 추구한다고 가정한다. 이하에서 행동학적 경영학의 각 이론들을 살펴보기로 하자.

□ 그림 2–5
행동학적 경영학의 토대가 된 이론들

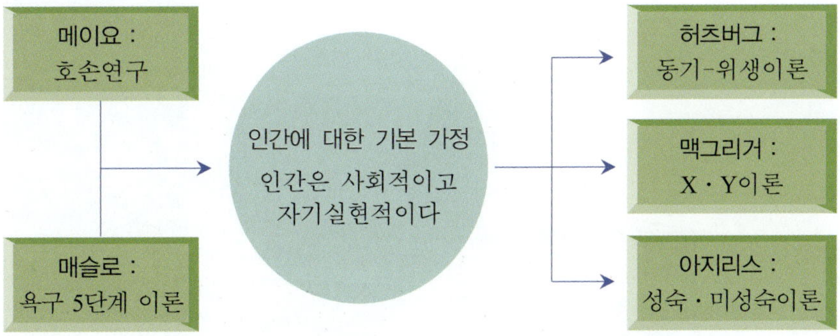

자료 : Schermerhorn et al., *Management*, Wiely, 2004, p.100 수정

호손공장에서의 연구는 사람들의 생각을 바꾸게 했다

행동과학적 연구의 발전에 가장 크게 기여한 연구가 바로 호손연구(Hawthorne studies)이다. 이 연구는 미국 일리노이(Illinois)주의 웨스턴 전기회사(Western Electric Company Works. 오늘날에는 루슨트 테크놀로지(Lucent Tech.)로 바뀌었다가 알카텔(Alcatel)과 합병하여 Alcatel-Lucent가 되었다)의 호손공장에서 행한 일련의 연구들로 이루어져 있다. 주요 연구내용은 다음과 같다.

호손연구의 진행

첫 번째 연구는 미국 국립과학아카데미 연구팀(National Academy of Sciences)과 웨스턴 전기회사 내의 자체 엔지니어 합동팀에 의해 수행되었다. 1924~1927년 사이에 수행된 이 연구에서는 조명의 밝기가 작업자의 생산성에 미치는 영향을 알아보는 것이 연구의 주목적이었다. 그래서 작업자들을 실험집단(experiment group)과 통제집단(control group)으로 나눈 후 통제집단에는 조명을 항상 일정하게 한 반면 실험집단에는 조명 밝기를 다양하게 해보면서 두 집단의 생산성을 비교해보았다.

결과는 다소 놀라웠다. 즉 실험집단의 조명을 높였을 때 두 집단의 생산성은 동시에 증가했다. 또한 실험집단의 조명을 낮추었을 때에도 두 집단의 생산성은 계속 증가했는데, 유일하게 실험집단에 달빛 정도 수준으로 조명을 낮추었을 때에만 비로소 생산성이 감소된 것으로 나타났다.

이에 따라 연구진은 이러한 결과에 대해 조명의 밝기가 집단의 생산성에 직접 영향을 미치지는 않으며 "뭔가 다른 어떤 것"이 영향을 준다는 결론

1957년 미국 일리노이주에 있던 웨스턴 전기회사의 외부, 내부 모습

▮ 메이요(1880~1949). 그는 호주에서 태어나 미국에서 교수를 하고, 영국에서 사망했다.

에 도달했다. 그러나 그들은 그 "뭔가 다른 어떤 것"을 밝혀내지는 못했다. 그래서 그들은 마침내 당시 하버드대학 교수였던 메이요(Elton Mayo)에게 연구를 의뢰하게 된다.

1927년에 시작된 메이요 팀의 연구는 1932년까지 계속되었다. 이 연구는 13가지의 다양한 실험적인 처치를 하면서 5년 동안 진행되었다. 그 처치 내용에는 작업의 재설계, 휴식시간의 횟수와 길이의 조작, 하루 근무시간과 주중 작업일수의 변화, 개인 대 집단 임금체계 비교 효과 등이 포함되었다. 예를 들면, 임금 인센티브를 개인 단위로 주지 않고 집단 단위로 줄 때 집단의 생산성에 어떤 효과가 있는지에 대한 연구 등이 실행되었다.

연구 결과에 의하면 인센티브가 생산성에 미치는 효과는 집단이 주는 압력이나 소속감, 안전감에 의한 효과보다는 작은 것으로 나타났다. 이에 따라 연구팀은 사회적인 규범이나 집단이 갖고 있는 기준(standard)이 조직에서의 개인행동에 핵심 결정요소라고 결론을 내렸다.

호손연구의 결론과 파급효과

메이요가 내린 결론은 다음과 같다.

- 인간의 행동과 태도는 서로 관련이 있다.
- 집단은 개인의 행동에 영향을 미친다.
- 집단의 기준 또는 표준은 개별 노동자의 생산성을 결정한다.
- 금전은 집단의 표준, 집단의 태도 등과 같은 집단의 요인보다 생산성에 미치는 효과가 작다.

이러한 결론에 따라, 조직에서의 인간행동에 영향을 미치는 요인이 강조되게 되었다.

물론 호손연구는 연구 설계의 취약, 연구 결론의 일반화에 있어서의 비약, 실증연구 결과에 대한 논란 등의 문제점이 지적되고는 있으나 경영학 발전에 있어서 획기적인 계기가 되었다. 이 연구로 인해 기술적이고 구조적인 부문에 관심을 두었던 전통적인 경영학 연구는 쇠퇴하고 사회적·인간적 측면이 경영학 연구의 핵심으로 떠올랐다. 관리에 있어서 인간의 감정, 태도, 작업자간의 관계 등이 중요한 요소가 되었고 작업집단의 중요성을 인식하게 되었다. 연구자들은 또한, 사람은 단지 관심을 기울여주기만 해도 성과가 개선된다는 이른바 호손효과(Hawthorne effect)를 찾아냈다.

호손연구는 1950년대와 1960년대의 인간관계운동(human relations movement)

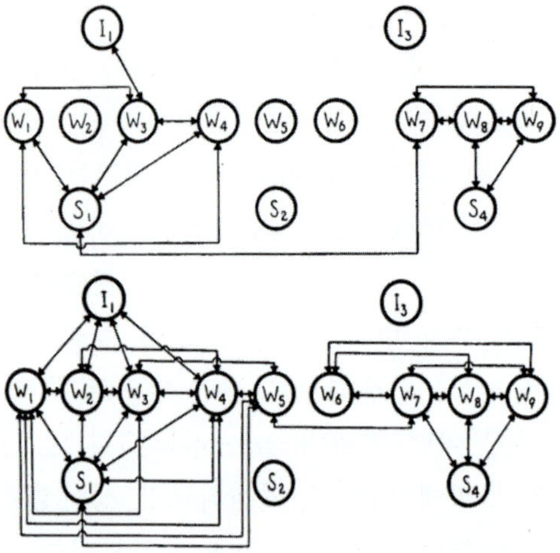

메이요 연구팀의 연구분석지 중 일부. 위 그림은 우정 관계를 표시한 것이고 아래 그림은 게임을 할 때 참여 정도를 관찰하여 표시한 것이다. W는 선재작업(wiring)을, S는 납땜작업(soldering)을, I는 검사작업(inspection)을 의미하며, 숫자는 사람의 일련번호이다.

의 출현에 큰 영향을 미쳤다. 이 운동은 작업장에서의 좋은 인간관계가 생산성에 영향을 미친다는 호손의 연구결과에 기초한 것이었다. 호손연구는 조직에서의 개인과 집단에 관한 연구, 즉 조직행동(organizational behaviour) 분야의 연구에 지대한 공헌을 했다. 호손연구는 조직에서의 인간행동에 대한 연구의 이정표가 된 것이다.

매슬로의 욕구단계론은 인간 욕구 연구의 초석이다

인간관계와 관련된 연구에 있어, 인간의 욕구(need)에 대한 연구의 초석은 매슬로(Abraham Maslow)가 쌓았다. 그의 욕구 5단계 이론은 많은 분야에서 응용되고 활용될 정도로 인정받았다.

사람은 자신의 욕구를 채우지 못하면 긴장을 느끼고 이 긴장은 자신의 행위나 태도에 영향을 미치게 된다. 따라서 관리자는 부하직원들의 욕구가 무엇인지, 욕구의 내용이 무엇인지 파악해야 한다. 1954년에 발표된 매슬로의 욕구단계론(hierarchy of human needs)에 의하면 사람들이 가지고 있는 욕구는 일련의 단계가 있어서 하위단계의 욕구가 충족되어야 상위단계의 욕구를 충족시키는 방향으로 동기부여가 된다. 이 이론에서는 인간이 가지고 있는 욕구를 생리적 욕구, 안전 욕구, 소속 욕구, 존경 욕구, 자아실현 욕구의 5단계로 구분하고 있다.

자세한 설명은 제11장을 참고하기 바란다.

허츠버그의 동기-위생이론

동기-위생이론의 체계

허츠버그(Frederick Herzberg)는 203명의 회계사와 기술자를 대상으로 만족과 불만족을 야기하는 환경요인에 대하여 연구를 수행하였다. 그의 연구결과는

▌허츠버그(1923~2000)

1959년 『일하게 하는 동기』(The Motivation to Work)라는 책에 발표되었다.

연구결과 그는 당시로서는 독특한 사실을 발견하였다. 작업자들에게 만족을 주는 요인과 불만족을 주는 요인은 그 차원이 별개라는 것이다. 즉 만족(satisfaction)의 반대는 불만족(dissatisfaction)이 아닌 '만족이 아닌 것(no satisfaction)'이고 불만족의 반대 역시 만족이 아닌 '불만족이 아닌 것(no dissatisfaction)'이었던 것이다.

이러한 결과를 설명하기 위해 그는 동기-위생이론(motivation-hygiene theory)을 만들어냈다. 그는 만족 여부에 영향을 미치는 요인을 동기요인(motivator)이라고 하고 불만족 여부에 영향을 미치는 요인을 위생요인(hygiene factor)이라고 칭했다. 두 가지 요인으로 구성된 이론이라고 하여 2요인이론(two-factor theory)이라고도 한다.

동기-위생이론에 의하면, 불만족을 느끼던 어떤 작업자에게 위생요인을 충족시켜 주면 만족을 느끼는 게 아니라 단지 불만족의 상태가 해소되기만 할 뿐이다. 이 작업자가 만족을 느끼게 하려면 동기요인을 별도로 충족시켜야 하는 것이다. 이러한 관계는 [그림 2-6]에 나타나 있다.

허츠버그에 의하면 위생요인으로는 회사규칙과 관리(company policy and administration), 감독(supervision), 상사와의 관계(relationship with supervisor), 작업조건(work conditions), 급여(salary), 동료와의 관계(relationship with peers), 개인생활(personal life), 부하직원과의 관계(relationship with subordinates), 지위(status), 안전(security) 등이 있는데, 앞에 나온 요인일수록 영향력이 크다.

□ 그림 2-6
동기-위생이론의 구조

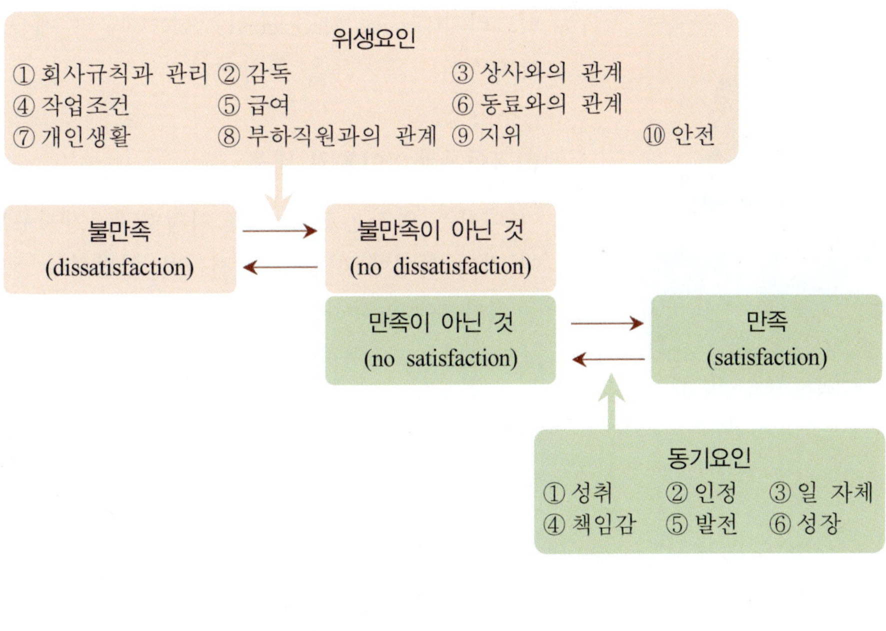

한편 동기요인에는 성취(achievement), 인정(recognition), 일 자체(work itself), 책임감(responsibility), 발전(advancement), 성장(growth) 등이 있는데 역시 앞에 나온 요인일수록 영향력이 크다.

가장 특징적인 것은 통상의 예상과 달리 급여가 동기요인이 아닌 위생요인이라는 점이다. 급여를 더 주는 것이 동기를 증진시키지는 못하고 단지 불만족한 부분을 해소시키는 것에 머문다는 주장인 것이다.

동기-위생이론의 시사점

동기-위생이론이 타당하다면, 관리자는 종업원을 동기부여시키기 위해 위생요인뿐만 아니라 동기요인도 충족되도록 해야 한다. 이 이론에 대한 비판론자들은, 사람의 본성은 만족은 자기 자신의 요인으로 돌리고 불만족은 외부요인으로 돌리는 경향이 있기 때문에 당연히 두 가지의 요인이 별개의 차원으로 나타날 수밖에 없다고 주장한다.

허츠버그의 이론은 이러한 약점이 있음에도 불구하고 오늘날에도 광범위하게 응용되고 있다. 특히 이 이론의 가치가 지속적으로 인정받고 있는 것은, 진정한 동기부여는 물질적 또는 물리적 요인(위생요인)이 아닌 사람 자체로부터 비롯(동기요인)된다고 보고 있기 때문이다.

맥그리거의 X이론, Y이론

맥그리거(Douglas McGregor)는 호손연구와 매슬로로부터 영향을 크게 받아 이른바 X이론, Y이론을 주창했다.

맥그리거(1906~1964)

X이론과 Y이론의 내용

이 이론은 인간본질에 대한 가정을 두 가지—X이론, Y이론—로 크게 구분하여 각기 특성에 따른 관리전략을 처방하는 동기부여이론이다. 즉 그는 인간을 X이론에 입각하여 보는 접근과 Y이론에 입각하여 보는 접근의 두 가지로 보았는데 그 내용은 〈표 2-1〉과 같다.

표에서 보는 바와 같이 X이론의 가정에 의하면 인간은 본래 게을러서 일하기를 싫어하며, 야망과 책임감이 없고, 변화를 싫어할 뿐만 아니라 피동적으로 끌려만 다니는 반면 금전적 보상이나 제재, 통제 등 외부적 유인에는 반응한다. 따라서 이 이론에 입각하면 조직구성원들을 동기부여하기 위해서

표 2-1
맥그리거의 X이론과 Y이론의 가정 비교

X이론의 가정	Y이론의 가정
• 사람은 일하기를 싫어한다 • 사람은 야망이 부족하다 • 사람은 책임감이 없다 • 사람은 변화를 싫어한다 • 사람은 앞장서기보다는 끌려다닌다	• 사람은 기꺼이 일하려고 한다 • 사람은 자기통제 능력이 있다 • 사람은 기꺼이 책임을 진다 • 사람은 창조적이고 상상력이 있다 • 사람은 스스로 방향을 설정한다

는 금전적 보상을 제시하는 한편 강제와 위협, 철저한 감독과 통제에 기초한 관리전략을 구사해야 한다.

한편 Y이론은 인간은 본성적으로 일을 즐기고 책임감이 있으며, 문제해결에 창의력과 상상력을 발휘하고, 스스로 통제를 할 수 있을 뿐만 아니라, 자아실현 욕구 등을 가지고 있다고 가정한다. 따라서 관리적인 측면에서 볼 때 조직구성원들을 동기부여하기 위해서는 그들의 고급욕구를 충족시켜 주어야 한다. X이론과 Y이론은 마치 인간에 대한 성악설과 성선설의 다른 설명이라고 할 수 있다.

맥그리거는 인간에 대한 이 두 가지 가정 중 X이론은 고급욕구의 충족을 원하는 현대인에게 동기유인을 제공하지 못할 것이라고 비판하고 현대인에게는 Y이론에 입각한 관리방법이 낫다고 주장했다.

하나 더 **Z이론**

맥그리거의 X · Y이론이 경영학사에서 큰 발자취를 남기자 Z이론(Theory Z)이 등장했다. 그러나 이 이론은 한 가지로 통일된 개념이 아닌, 내용이 서로 다른 최소한 세 가지 종류가 있다. 먼저 룬스테트(Sven Lundstedt)가 주장한 Z이론은 X이론의 권위주의적 관리방식이나 Y이론의 민주적 관리방식에 비교하여 자유방임 관리방식을 의미한다. 두 번째 Z이론은 한때 일본 기업이 미국 기업을 압도할 때 일본식 경영을 배우고자 하는 흐름에서 나온 것으로 오치(William Ouchi)가 주장한 것이다. 그의 Z이론은 미국 내의 일본식 경영관리방식을 의미한다. 마지막으로 로레스(David Lawless)의 Z이론은 불확실한 환경하에서 조직을 관리할 때에는 상황을 객관적으로 파악하여 이에 상응하는 관리전략을 세우고 변화시켜 나가야 한다는 이른바 상황적 접근방법을 의미한다.

오치(1943~). 그는 현재 UCLA대학 석좌교수이다. Z이론 중에는 그의 이론이 가장 대중적이다.

X이론과 Y이론의 시사점

만일 어떤 경영자가 X이론이 옳다고 생각한다면 그의 관리방식은 권위적이고 강제적이며 지시 위주로 이루어질 것이다. 그러면 부하직원들은 자연스럽게 수동적 · 의존적으로 되어서 시키는 일만 할 것이다. 반면 어떤 경영자가 Y이론에 입각하여 자유, 자율을 인정하고 참여적인 경영을 한다면 부하직원들은 업무에 적극적 · 창의적으로 참여하게 될 것이다.

아지리스의 성숙 · 미성숙이론

매슬로와 맥그리거에게서 영향을 받은 아지리스(Chris Argyris)는 그의 저서 『인성과 조직』(personality and organization)에서 인간 본성에 대한 새로운 주장을 내놓았다.

아지리스(1923~2013)는 300여 편이 넘는 논문과 31권의 책을 저술한 하버드대학의 교수였다.

그에 의하면 공식조직은 인간의 미성숙 상태를 조장하는 고전적 관리방식을 채택하고 있다. 그런데 이는 인간을 수동적 · 의존적 · 종속적으로 만든다. 따라서 조직구성원이 스스로 목표를 세우고 스스로 욕구를 충족시킴으로써 성장과 성숙의 기회를 얻을 수 있도록 하는 새로운 관리전략이 필요하다는 것이다. 이 이론이 아지리스의 성숙 · 미성숙이론(immaturity-maturity theory)이다. 예컨대 고전적 관리방식 중 베버의 관료주의에 의하면 합리적이고 이상적이며 효율적인 조직은 분업, 명쾌한 조직위계, 공식적인 규칙과 절차, 비인간적인 관계 등의 원칙을 지키는 조직이다. 그러나 아지리스에 의하면, 이처럼 분업화되고 조직의 위계가 엄격하며 인간적인 면을 배제하면 창의적 · 능동적이며 자아통제적인 성숙된 작업자의 모습을 기대하기 힘들다는 것이다.

그에 의하면 미성숙 단계에 있는 인간과 성숙 단계에 있는 인간을 비교하면 다음 〈표 2-2〉와 같은 특성이 있다.

그에 의하면, 일반적으로 공식조직에서는 업무의 전문화, 명령체계의 확립과 단일화, 통솔범위의 적절화 등의 고전적 방식으로 관리를 하게 되는데, 이러한 관리방식은 조직원을 미성숙 상태에 머물도록 한다. 따라서 종업원을 성숙 상태로 전환하기 위해서는 직무확대나 참여적 리더십과 같은 새로운 관리전략이 필요하다는 것이다.

표 2-2
아지리스의 성숙·미성숙 이론에서 미성숙 단계와 성숙 단계 비교

미성숙 단계	성숙 단계
• 수동적이다	• 능동적이다
• 의존심이 강하다	• 독립심이 강하다
• 한정된 행동만 한다	• 다양한 행동을 한다
• 업무에 관심이 별로 없다	• 업무에 큰 관심을 갖는다
• 미래에 대해 단기적으로 생각한다	• 미래에 대해 장기적으로 생각한다
• 자아의식이 없다	• 자아의식이 강하고 스스로 통제한다
• 스스로 종속적으로 정의한다	• 스스로 대등하거나 우월한 위치에 있다고 정의한다

2.4 경영학에 계량적 기법을 도입하다

계량경영학(quantitative approach to management)은 경영의사결정에 계량적인 기법을 활용하는 것을 말한다. 계량경영학은 OR(operation research) 또는 경영과학(management science)이라는 용어와 혼용되어 사용된다.

계량경영학은 제2차 세계대전 동안에 군사 목적으로 활용되었던 수학적·통계학적 기법에서 비롯되었다. 전쟁이 끝난 후 전쟁에서 사용되었던 여러 기법이 경영에 도입되었는데, 대표적인 사례가 위즈 키즈(Whiz Kids)라는 별명을 갖고 있던 일단의 장교그룹이다. 그들은 1940년 중반에 포드자동차에 합류하여 경영의사결정에 통계학적 기법과 계량적인 방법을 적용했다. 이와 같은 방식으로 군대에서 사용되었던 각종 계량적인 기법이 민간기업에 도입되었던 것이다.

위즈 키즈의 멤버 중에서 포드자동차 사장까지 승진한 맥나마라(Robert McNamara). 그는 후에 미국 국방부장관까지 오른다. 왼쪽 사진은 이와 관련된 타임지의 표지. 오른쪽 사진은 수치만을 강조한 위즈 키즈의 대표적인 실패사례인 1970년에 출시된 포드의 핀토(Pinto). 이 차는 후면충돌시 폭발할 위험이 있었다.

계량적 기법에 의한 문제해결방법은 전형적으로 다음의 단계를 따른다.

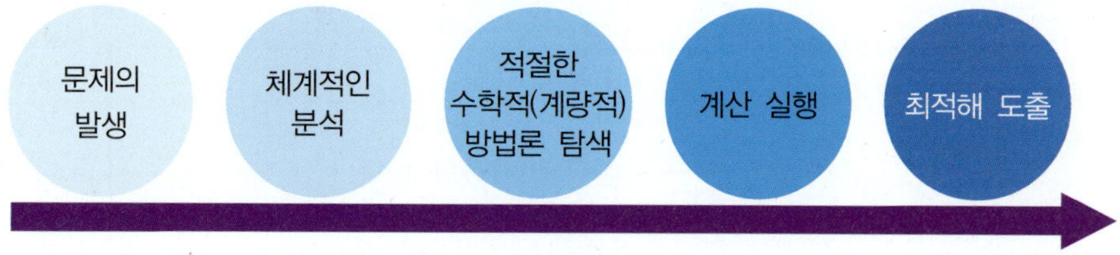

계량경영학의 주요 기법 중 몇 가지를 소개하면 다음과 같다.

- **선형계획법**(LP : linear programming) : 일정한 제약조건하에서 최적해를 도출하는 기법
- **재고모형**(inventory modelling) : 재고가 조금 남았을 때 언제, 얼마나 주문할 것인지를 수학적으로 계산하는 기법
- **대기이론**(queuing theory) : 작업공정의 대기행렬, 서비스를 기다리는 작업자나 재료의 대기행렬 등의 대기시간을 최소한으로 하고자 하는 기법
- **시뮬레이션**(simulation) : 어떤 문제나 사회적 현상 등을 해결하고자 할 때 실제와 비슷한 계량적 모형을 만들어놓고 변숫값을 바꿔가면서 반복적으로 계산하여 그 특성을 파악하는 기법

멕시코 어느 주유소의 자동차 대기행렬. 대기행렬이론을 적용해 볼 수 있는 좋은 예이다. (자료 : 뉴스1)

계량경영학 기법은 오늘날 다양하게 활용되고 있다. 특히 정보기술이 크게 발달하면서 컴퓨터 하드웨어의 가격이 저렴해지고 다양한 소프트웨어가 출시되면서 계량경영학 기법들이 보다 정교해지고 세련되고 있다. 이러한 관점에서 경영정보시스템(MIS)도 계량경영학의 연장이라고 보는 시각도 있다.

현대 경영에서는 과거처럼 직관이나 느낌에 의한 관리보다는 계량적인 모형에 의해 도출된 결과에 근거하거나 참조하여 경영의사결정을 내리는 것이 일반적이다. 다만 그 과정에서 계량적 모형이 태생적으로 안고 있는 한계점, 예컨대 인간의 행위와 같이 계량화하기는 어렵지만 관리에 있어서는 중요한 변수가 있다는 점, 모든 모형은 비현실적인 가정을 전제한다는 점을 충분히 고려해야 할 것이다.

2.5 현대 경영학 이론은 통합적인 특징을 갖는다

경영학에 있어 현대적인 이론들은 지금까지 살펴본 고전이론, 행동학적 이론, 계량경영학적 이론 모두의 토대하에서 만들어지고 성장했다. 현대 경영학 이론에서는 기본적으로 모든 상황과 모든 조직에 일률적으로 적용할 수 있는 단일의 모형은 없다고 본다. 인간은 복잡하고 가변적이어서 시간의 흐름에 따라 욕구가 수시로 변하기 때문이다. 이 때문에 현대 경영학 이론을 통합적 경영이론이라고 부르기도 한다.

대표적인 현대 경영학 이론으로는 시스템이론과 상황적합이론이 있다.

조직은 시스템이다 : 시스템이론

그동안 기계론적 측면에서 조직을 바라보던 시각은 1960년대 들어 새로운 시각, 즉 시스템적 사고로 바뀌어 새롭게 조직을 분석하게 된다. 시스템(system)이란 한 가지 목적을 달성하기 위해 상호작용하면서도 독립적으로 움직이는 부분(이를 하위시스템(subsystem)이라고 한다)들의 집합을 말한다. 시스템

□ 그림 2-7
시스템이론의 도해

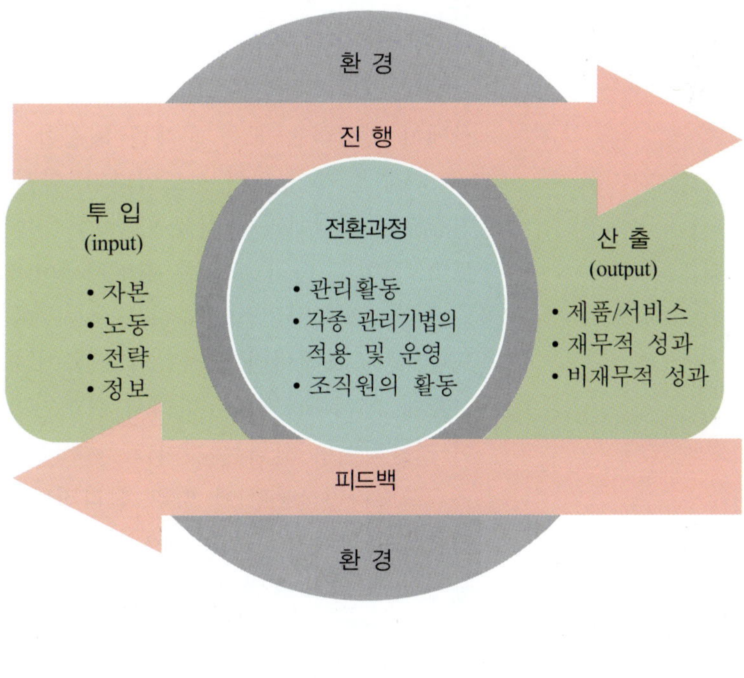

은 외부환경과 상호작용이 일어나느냐의 여부에 따라 개방시스템(open system)과 폐쇄시스템(closed system)으로 나뉜다. 전자가 외부환경에 영향을 받으면서 동시에 상호작용하는 반면 후자는 그렇지 않다. 단순히 시스템이라고 말하면 개방시스템을 의미하는 것이 일반적이다.

오늘날 대부분의 조직은 시스템, 즉 개방시스템이다. 개방시스템으로서의 조직은 [그림 2-7]과 같이 기능한다. 즉 자본, 노동, 전략, 정보 등이 투입되어 경영관리활동이 이루어지고 각종 경영기법이 적용되며 종업원의 활동이 전개되면 결과물인 산출물이 나오게 된다. 그 결과는 다시 피드백되는데, 이러한 제 과정은 환경의 영향을 받으며 동시에 상호작용한다.

그렇다면 이러한 시스템이론이 경영관리에 있어서 어떤 시사점을 주는 것일까? 시스템이론(system theory)에 의하면 조직이라는 것은 각종 상호의존적인 요인들 — 개인과 집단, 공식적 구조와 비공식적 구조, 권한과 책임, 구성원의 동기, 태도, 직위 등 — 의 총합체이다. 따라서 관리자는 조직의 목표를 달성하기 위해서는 조직 내의 모든 요인들이 적절히 상호작용하고 조화로우며 균형을 이룰 수 있게 해야 한다는 것이다. 또한 조직 내의 한 부문의 의사결정과 행위는 다른 부문에도 영향을 미칠 뿐만 아니라 이 모든 것이 환경과도 밀접한 상호작용을 하기 때문에 이러한 점도 충분히 고려해야 한다는 것이다.

유일한 해법은 없다 : 상황적합이론

고전적 경영이론, 행동학적 이론, 계량경영학 등의 경영이론들이 수많은 상황에서 발생하는 모든 문제를 해결할 수 있는 '유일하고도 최선인 방법(one best way)'을 찾기 위한 시도였다면, 앞서 설명한 시스템이론도 그렇지만 특히 지금부터 설명하려는 상황적합이론은 이러한 기본 접근 자체를 인정하지 않는다. 상황에 따라 유효한 경영기법이 달라진다는 것이다.

즉 상황적합이론(contingency theory)에 의하면, 조직들은 모두 서로 다르고 또한 같은 조직이라도 시간의 흐름에 따라 변하기 때문에 계속해서 새로운 상황에 직면하게 된다. 따라서 관리기법도 각 상황에 가장 적합한 관리기법이 적용되어야 한다는 것이다.

그렇다면 '상황'에 따라 달라진다고 할 때 상황의 동질성 여부는 어떤 기준으로 판단할 수 있을까? 연구자들에 의하면 대개 다음과 같은 변수들이 상황의 동질성 여부 판단에 도움을 준다.

- 환경적 특성 : 산업 또는 기업을 둘러싼 환경이 급격하게 변하는지, 아니면 상대적으로 안정적인지의 정도. 경쟁이 치열하고 한 치 앞을 내다보기 힘든 환경상황 속에 있는 기업이 취하는 관리기법과 시장이 안정적이고 미래 예측이 어느 정도 가능한 기업의 관리기법에는 차이가 있어야 할 것이다.
- 조직의 규모 : 조직의 규모가 어느 정도인지의 여부. 조직규모는 통상 조직구성원의 인원수로 판단하는 경우가 많다. 예컨대 종업원 수가 1,000명인 회사와 10명인 회사의 상황은 크게 차이가 있다. 따라서 적용되는 관리기법도 달라야 할 것이다. 그러나 종업원이 900명인 회사가 있다면 이 회사는 1,000명인 기업의 관리기법을 원용할 수도 있을 것이다.
- 개인적인 특성과 조직의 문화 : 조직을 구성하고 있는 각 개인의 특성과 조직의 문화도 중요한 판단기준이다. 자유로운 의견 개진이 가능한 조직문화에서 각 개인의 욕구가 강하고 기대치가 높은 기업에 적용되는 관리기법과, 이와는 반대 상황의 조직문화와 개인들이 있는 기업에 적용되는 관리기법에는 분명 차이가 있어야 할 것이다.
- 과업의 구조화 정도 : 업무가 얼마나 구조적인가의 정도도 조직상황을 달라지게 한다. 즉 업무가 구조적이어서 반복적이고 정형화된 일을 하는 조직에 적용되는 관리기법은 창의적이고 비반복적인 일을 하는 조직에 적용하는 기법과는 달라야 한다.

하나 더 **미국경영학과 독일경영학**

경영학은 크게 미국경영학과 독일경영학으로 대별되며, 그 특성에 있어 차이가 있다. 우선 두 경영학은 접근하는 철학이 근본적으로 다르다. 미국경영학은 실용적·실천적이고 실무자 중심인 데 반해, 독일경영학은 이론적·방법론적이고 학자 중심이다. 독일의 경영학은 상학자들의 연구를 바탕으로 출발하고 발달한 반면, 미국의 경영학은 현장에서의 실무자들의 경험을 중심으로 발달했기 때문이다. 독일의 경영학이 공동체에 대한 경제학의 범주 내에서 다루어져 경영경제학(betriebswirtschaft)이라고 하는 반면, 미국의 경영학은 주로 '관리'에 관심을 두어 경영관리학(business administration, business management)이라고도 한다.

역사는 독일경영학의 경우가 훨씬 오래되었다. 프랑스인 학자인 사바리(J. Savary)가 처음으로 상업학에 관한 체계적인 문헌으로 알려진 『완전한 상인』을 출판한 연대인 1675년을 그 기점으로 보는 것이 정설이다. 이 책은 곧 독일 최초의 상학자이자 독일 상업학의 선구자인 마르페르거(P.J. Marperger)에 의해 번역되어 독일에 소개되면서 독일에서 상업학이 꽃을 피우게 된다. 상업학은 후에 경영경제학으로 발전한다. 반면 미국경영학은 본장에서 배운 바와 같이 1911년의 테일러의 연구를 그 시초로 본다.

오늘날의 상황은 어떨까? 현대의 경영학은 미국경영학이 득세하고 있다. 그 전환점은 통상 1960년대경으로 본다.

2.6 현장에서는 새로운 기법들이 계속 시도된다

상황적합이론까지의 역사적 전개는 학자들간에 이견이 없다. 이후에 전개된 경영학의 흐름은 추가적인 정리가 필요하거나 충분한 논의가 이루어져야 할 내용들이다. 이하에는 앞서의 이론 이후에 현장 중심으로 전개되었던 몇 가지 혁신경영기법들을 소개한다.

생각이 바뀌고 구도가 바뀐다

아웃소싱

과거에는 모든 것을 한 기업 내에서 다 하는 것이 일반적이었다. 그러나 아웃소싱은 그러한 생각을 바꾼 대표적인 접근법이다. 기업의 활동 중에서 특정영역을 외부기업에 대행시키는 것을 아웃소싱(outsourcing)이라고 한다. 아웃소싱은 자체적으로 수행할 능력이 없는 영역을 대상으로 하기도 하고, 능력이 있더라도 외부기업에 주는 것이 더 효율적인 경우에도 이루어진다. 최근에는 기업들이 경영집중도를 높이기 위하여 경영의 핵심 업무영역까지지도 아웃소싱하는 사례가 많이 나타나고 있다. 예컨대, 사옥의 관리, 임금관리, 근태관리는 물론이고 기업의 핵심정보가 담겨 있어 외부에 노출되는 것을 극히 꺼렸던 정보시스템 부문과 회계부문까지도 아웃소싱이 이루어지고 있다.

아웃소싱 양 당사자(아웃소싱하여 맡기는 기업과 아웃소싱을 받아서 이를 업으로 하는 기업)는 상호 복합적이고 의존적이며, 장기적인 파트너 관계를 형성하여 하나의 통합시스템으로 운영되는 것이 일반적이다. 비용절감을 추구하기도 하지만 특히 기업의 성장과 경쟁력·핵심역량 강화를 위한 대안으로 운영된다는 점에서 일시적·임시적·단기적인 컨설팅이나 하청 등과는 차이가 있다.

리엔지니어링과 리스트럭처링

리엔지니어링 또는 비즈니스 프로세스 리엔지니어링(BPR : business process reengineering)은 기존의 업무수행방식을 처음부터 다시 재구축하는 것을 말한다. 1990년 마이클 해머가 제창하였고 미국의 크라이슬러 자동차가 최초로 도입하여 크

리엔지니어링을 최초로 주창한 마이클 해머(Michael Hammer)

게 성공을 거두었다.

지금까지의 업무방식을 단순히 개선 또는 보완하는 차원이 아닌, 업무의 흐름을 근본적으로 재구성한다. 이러한 업무의 재설계는 기본적으로 고객만족이라는 대명제의 전제하에서 이루어진다.

리스트럭처링(restructuring)은 기업이 장기적으로 치열한 경쟁에서 살아남아 경쟁우위를 확보하기 위하여 의도적이고 계획적으로 사업구조를 재구축하는 것이다. 위의 리엔지니어링이 기존의 사업구조 내에서 이루어지는 혁신이라면 리스트럭처링은 리엔지니어링보다 더 확대된 개념으로서 기존의 사업구조까지 개혁의 대상으로 삼는 것이다. 현재의 사업구조상 많은 이윤을 벌어들이고 있는 사업영역이라 하더라도 장기적으로 성장가능성과 채산성에 문제가 있다고 판단되면 그 영역에서 과감히 철수하기도 한다.

6시그마(6σ)

통계학의 시그마 개념을 경영학에 도입한 경영기법이다. 6시그마(sigma, σ) 운동은 제품설계, 제조, 서비스 품질의 분산 정도를 최소화하여 규격의 상한과 하한이 목표로 정한 품질 중심으로부터 6시그마 거리에 있도록 하겠다는 기법이다. 6시그마 품질수준은 1백만개 제품 중 불량이 3.4개 이내여야 한다.

이 기법을 경영에 실제로 도입한 것은 잭 웰치(Jack Welch)로 1995년 제너럴 일렉트릭(General Electric)에 적용한 것이 시초이다.

6시그마 운동은 통계학에서 출발했지만 단순한 통계적 측정에 의한 것이라기보다는 "통계적 측정에서 시작된 기업전략이며 철학"이라고 할 수 있다. 실제로 6시그마가 성공적으로 달성되면 기업 구성원들의 사고와 행동방식을 혁신적으로 바꾸는 것으로 알려져 있다. 한편 품질관리에 신경을 쓰는 기업들도 통상 4시그마 수준의 품질관리 단계에 머물러 있다고 한다.

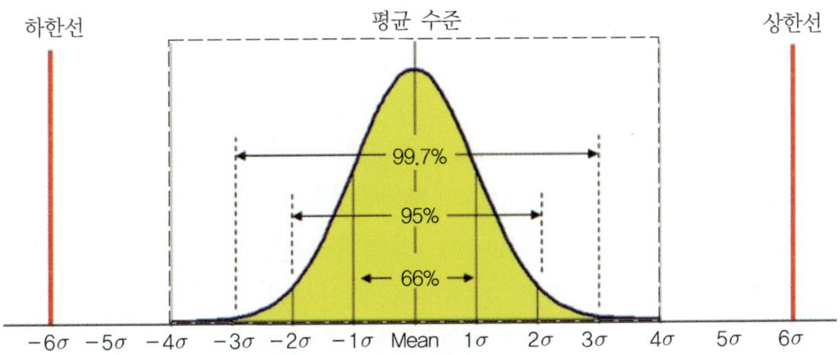

6시그마의 의미

크레비즈 : 창조경영

크레비즈(crebiz)란 크리에이티브 비즈니스(creative business)의 줄임말로 창조사업 또는 창조경영을 뜻한다. 기존 사업에 관한 지식과 전문기술을 바탕으로

알테어 PC의 1975년 1월 광고 사진

하고 정보기술이나 바이오테크와 같은 최신의 새로운 지식을 결합하여 발상의 전환과 창의적인 아이디어로 새로운 사업을 창출하고자 하는 신종 고부가가치 사업기법이다.

크레비즈는 전통 제조업체에 제품제조 중심이었던 비즈니스 모델을 재편할 기회를 준다. 이제는 제품제조만으로는 수익향상을 기대하기 힘들기 때문에 크레비즈를 통해 제품제조의 한계를 극복하고 수익과 성장을 동시에 추구하고자 하는 것이다. 선진국에서 한참 논의중인 '메이커'에서 '고객서비스공급업체'로의 변신 움직임은 크레비즈의 한 예이다.

창조적 사고를 사업으로 연결하여 성공한 사례 중 가장 극적인 것으로 흔히 빌 게이츠의 경우가 인용된다. 그는 한 잡지 표지에 나온 최초의 PC '알테어(Altair)' 사진을 보고 PC용 소프트웨어 개발을 생각해 냈다고 한다.

가치창조경영 또는 경제적 부가가치경영

가치창조경영(VBM : value based management)이란 기업의 의사결정기준을 경제적 이익에 근거한 기업가치, 즉 경제적 부가가치를 중심으로 하는 사업관리기법을 말한다. 기업가치가 강조되기 때문에 가치중심경영 또는 가치중시경영이라고 하며 경제적 부가가치를 지표로 하기 때문에 경제적 부가가치경영이라고도 한다.

경제적 부가가치(EVA : economic value added)란 영업이익에서 법인세 · 금융비용 · 자본비용 등을 제외한 금액으로, 투자된 자본을 빼고 실제로 얼마나 이익을 냈는가를 보여주는 경영지표이다. 영업이익은 매출액에서 제조원가(매출원가)와 판매비 · 일반관리비를 공제하여 계산한다. 일반적으로 기업의 이익 중 가장 중요하게 여기는 것이 영업이익인데, 그 이유는 영업이익으로 이자를 지급하고 세금을 내기 때문이다. EVA는 이들 비용뿐만 아니라 주주들에게 지급하는 배당과 같은 자기자본비용까지도 지급한 후 최종적으로 기업에 남은 금액이다.

순이익과 다른 점은 순이익은 자본비용 중 자기자본비용을 제외하기 전 금액이지만 EVA는 자기자본비용까지도 제외한 이익이다. VBM은 기존사업의 구조조정이나 신규사업의 진출, 조직의 재편, 업무프로세스 조정 등과 같은 제반 경영활동의 의사결정기준을 EVA 극대화에 두는 것이다. 기업이 현실적으로 얼마나 이익을 내고 있는지를 보여주기 때문에 1980년대 후반 미국에서 도입된 이후, 선진국에서는 기업의 재무적 가치와 경영자의 업적을 평가하는 데 있어 순이익이나 경상이익보다 많이 활용되고 있다. 다만 모든 회계정보가 그렇듯이 경제적 부가가치도 회계적 정보에 기반하여 계산하기 때문에 현대 경영에 있어서 핵심적인 고객만족도나 내부평가, 성장성에 대해서는 알 수 없다는 단점이 있다.

공유경제의 활성화

우버서비스는 미 샌프란시스코의 출퇴근 환경을 바꾸었다고 한다. (자료 : Chronicle)

공유경제(sharing economy)란 플랫폼 등을 활용해 자산 또는 서비스를 다른 사람과 공유해 사용함으로써 효율성을 높이는 경제 모델이다. 개인, 기업, 공공기관 등이 유휴자원을 일시적으로 공유하는 것도 공유경제에 포함된다.

공유경제는 특정지역만이 아닌 전 세계의 시대적 흐름이다. 세계 공유경제 시장 규모를 기업의 매출 기준으로 보면 미주, 유럽을 중심으로 급성장하여 2017년 186억 달러에서 2025년 3,350억 달러로 확대가 예상되고 있다. 이러한 성장은 소유에 대한 인식의 변화와 기술의 발전이라는 두 가지 면에 기초하고 있다. 1인 가구 증가, 합리적 소비 확산 등으로 인해 소비의 방식이 '소유'에서 '공유'로 전환되는 인식의 변화가 진행 중인 한편으로 모바일 기반의 개인간 실시간 거래환경이 만들어지면서 교통·숙박 등 다양한 분야에서 혁신적인 개인간(P2P) 공유경제 모델이 확산되고 있다.

대표적으로 교통분야의 우버(Uber), 빈 방을 이용한 숙박서비스 에어비앤비(Airbnb), 우리나라의 쏘카 등이 있다.

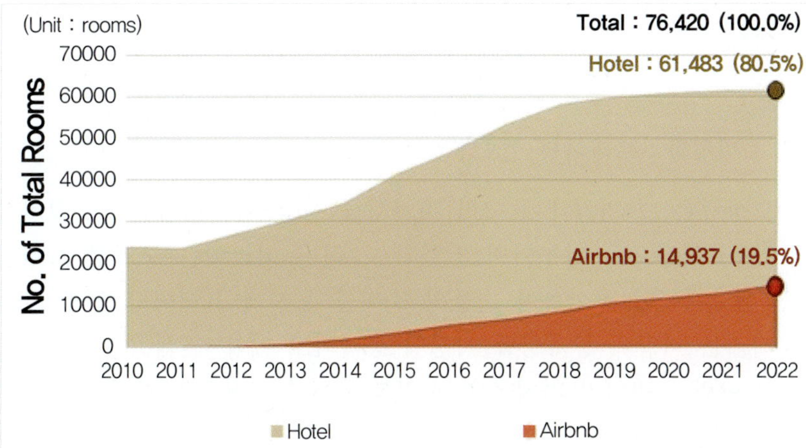

에어비앤비가 서울 숙박시설에서 차지하는 비중의 변화. 총객실수는 2022년 기준으로 76,420개였는데 이 중 에어비앤비는 14,937개로 전체의 19.5%에 이른다. (자료 : 인사이트)

마케팅 부문에서의 변화

카테고리 킬러의 활황

카테고리 킬러(CK : category killer)란 특정 상품계열에서 전문점 수준의 상품구색을 갖추고 상대적으로 저렴한 가격으로 판매하는 소매점으로, 일종의 전문 할인매장 또는 전문 양판점이라 한다.

1980년대 초 미국에서 처음 등장한 소매 형태로, 기존의 대형마트나 백화점처럼 모든 상품계열을 나열해 팔지 않고 한 상품군(category)만 전문적으로 취급하기 때문에 카테고리 킬러라고 부른다. 이 업태는 단독 판매점보다는 체인화를 지향하는데, 현금매입과 대량매입을 통하여 원가를 낮추어 저렴한 가격으로 판매하는 것이 일반적이다. 또한 목표 고객별로 차별화된 서비스의 제공 및 체계적인 고객관리 등을 하는 것이 특징이다. 특정 상품군을 다루되 다양한 브랜드를 수용하기 때문에 멀티숍(multi-shop)이라고도 한다.

다양한 브랜드의 일상용품을 팔고 있는 올리브영. 카테고리 킬러의 일종이라고 할 수 있다.

미국과 일본에서 크게 성장한 업태로 초창기에는 주로 토이저러스(Toys R Us)와 같은 완구나 미국의 베스트바이(Best Buy), 일본의 야마다전기와 같은 가전제품 등의 분야에서 나타났으나 오늘날에는 업태와 업종을 가리지 않고 다양한 분야에서 널리 나타나고 있다.

대표적인 국내 카테고리 킬러는 전자제품 전문점 롯데하이마트이다. 일본계로 알려진 ABC마트 역시 대표적인 신발분야 카테고리 킬러이다. 올리브영도 성공적인 사례로 볼 수 있다.

새로운 소비경향 : 트레이딩 업&다운

전통적으로 상품은 그 가격대에 따라 저가상품 시장, 중가상품 시장, 고가상품(럭셔리 상품) 시장으로 나누어져 있었다. 그러나 최근에는 중가상품 시장의 주요 구매고객이던 중산층이 그들의 소비를 동시에 트레이딩 업과 트레이딩 다운시키는 바람에 중가상품 시장이 붕괴되고 있다. 트레이딩 업(trading up : 상향구매)이란 소비자가 가치 있다고 판단하는 특정상품을 자신의 소득수준을 훨씬 초과하는 가격을 지불하면서도 구입하는 현상을 말한다. 예를 들면 전셋집에 살면서도 고급차를 끌거나 고가의 오디오시스템을 구입하는 경우와 같은 것이다. 트레이딩 다운(trading down)이란 그 반대로 큰 의미가 없는 소비상품은 최저가 상품을 찾아 구매하는 현상을 말한다.

보스턴컨설팅그룹(BCG : Boston consulting group)에 의하면 이는 전 세계적으로 공통적인 현상이며 강력하게 지속될 사회적·비즈니스적인 패턴이 될 것이라고 한다. 전통적인 경제학 이론의 수요와 공급의 원리에 의하면 재화는 그 가격이 상승할수록 판매량은 감소해야 하지만 새로운 소비경향은 이를 근본적으로 부정하고 있다. 즉 큰 마진을 추구하는 고가상품일수록 소량의 판매에 의존한다는 기존의 이론이 무너지고 있는 것이다.

이에 따라 트레이딩 업을 하는 소비자들을 적절히 공략하여 성공한 기업들이 나타나고 있다. 이러한 기업의 예로는 스타벅스 커피나 언더웨어 전문회사인 빅토리아 시크릿이 대표적이며 국내의 기업으로는 프리미엄 유기농식품시장의 풀무원 계열사 올가 등이 성공한 사례로 꼽힌다.

PB 상품의 득세

유통업체들이 자체 상품인 PB(private brand) 상품을 늘리고 있다. PB 상품의 이익률은 마케팅, 브랜드 개발 등의 비용을 부담하지 않아도 되므로 기존 브랜드보다 높기 때문이다. 이마트의 경우 가정간편식 전문 자체 브랜드 '피코크', '노브랜드' 등 여러 개의 PB 브랜드를 갖고 있다. 이마트와 같은 대형마트뿐만 아니라 홈쇼핑에서 PB 상품을 볼 수 있다. 지금까지 홈쇼핑 채널은 주로 외부업체의 물건을 팔고 수수료를 받아왔다. 그런데 최근에는 직접 자체 브랜드로 제작하는 비율이 늘고 있으며 성공하는 사례도 적지 않다. 무신사의 '스탠다드', 쿠팡의 'CPLB'도 성공적인 사례로 꼽힌다.

▌이마트의 PB '노브랜드'

▌쿠팡의 PB 브랜드들

정보기술의 활용은 선택이 아닌 필수이다

모바일 비즈니스

모바일(mobile)이란 본래 '움직일 수 있는'이라는 뜻으로, 스마트폰이나 휴대용개인정보단말기(PDA) 등으로 이동성을 구현하는 시스템을 총칭한다. 고성능 스마트 기기의 본격적인 보급은 모바일 커머스에서 한 단계 더 나아가 모바일 비즈니스를 가능하게 하고 있다. 모바일 비즈니스(mobile business)는 모바일 기술과 기기를 활용하는 경제적 업무활동을 통칭한다. 모바일 혁명은 모바일 오피스(mobile office) 시대를 여는 데까지 전개되고 있다. 기업들이 스마트 기기를 이용한 모바일 오피스 시스템(mobile office system)을 구축하면서 시간과 장소에 상관없이 업무를 처리할 수 있게 되었기 때문이다. 모바일 오피스가 활성화되면서 그동안 형식적인 수준에서 이루어졌던 재택근무가 활성화되는 계기가 되고 있다. 그동안 우수 인력임에도 출산이나 육아에 따라 업무가 중단되었던 문제를 해소할 수 있게 된 것이다.

모바일 비즈니스를 표현한 그림 (자료 : neilpatel.com)

정보기술과 빅데이터

경영활동에서 발생하는 데이터가 대량으로 모아진 빅데이터(big data)는 그 조직이 경험해온 역사적 산물이기 때문에 값으로 산정하기 어려운 매우 중요한 전략적 자산이다. 예컨대, 신용카드사 고객의 구매행태나 쇼핑몰 고객의 쇼핑행태를 대량으로 모아 분석하면 미래의 경영의사결정에 큰 시사점을 줄 수 있다.

빅데이터 기술이 과거와 다른 점은 비구조적인 데이터의 실시간 수집과 분석, 활용을 할 수 있다는 점, 그리고 반복적 데이터 탐구과정을 통해 무엇을 질문해야 하는지 창의적이 된다는 점이다. 기존에는 사전에 찾고자(알고자) 하는 것이 무엇인지를 정해놓고 검색을 하는 방식이었다. 빅데이터 분석에서는 과거 방식으로는 찾지 못했던 데이터간의 특정관계를 밝혀낼 수 있고 결과적으로 미래에 대한 예측이 가능해진다. 따라서 생산성 향상에 크게 기여할 수 있다.

카드회사를 그 예로 들 수 있다. 카드사는 고객 빅데이터 분석에 기반해 각 카드 사용자별 최적의 서비스를 제공한다. 즉 각 고객군이 필요한 서비스

▮맞춤형 서비스를 지향하는 신한카드 '코드9' 시리즈 중 일부 카드 (자료 : 신한카드)

만 특화시켜 제공하는 '맞춤형 서비스'를 제공하는 것이다. 예를 들어, 영화 소비가 많은 고객에게는 영화에 대한 집중적 1대1 마케팅을 전개하는 식이다.

4차 산업혁명

4차 산업혁명이란 기계의 지능화를 통해 생산성과 효율성이 고도로 향상되어 산업구조의 근본이 변하는 것을 말한다. 그동안 인류는 세 번의 산업혁명을 겪어왔다. 1차 산업혁명은 증기기관을 통한 노동력의 변화, 2차 산업혁명은 전기를 통한 대량생산, 3차 산업혁명은 컴퓨터와 정보기술(IT)의 디지털혁명이라면, 4차 산업혁명은 지능정보기술이 제조업과 서비스, 나아가 인간 사회에 체화됨으로써 산업뿐만 아니라 사회 전체가 지능화되는 혁명이라고 할 수 있다. 즉 4차 산업혁명의 근본 동인은 지능정보기술이다.

지능정보기술의 정의에 대해서는 여러 의견이 있지만 정부 부처인 미래부의 정의에 의하면 빅데이터·사물인터넷(IoT : internet of thing)·클라우드 등 정보통신기술에 인공지능(AI : artificial intelligence)을 결합한 것이다. 보다 구체적으로 설명하면 지능정보기술은 빅데이터·사물인터넷·클라우드컴퓨팅·모바일기술 등에 의해 온·오프라인에서 수집한 데이터를 통합 분석하여 어떻게 대응(행동)할지 판단하며, 그 판단 결과를 바탕으로 인간이 사물과 손쉽게 소통하고 제어할 수 있도록 도와주는 기술이라고 볼 수 있다. 지능정보기술이 선도적으로 적용되기 시작한 분야는 자율주행차, 로보틱스, 가상현실, 3D프린팅, 핀테크, 각종 서비스 등이다.

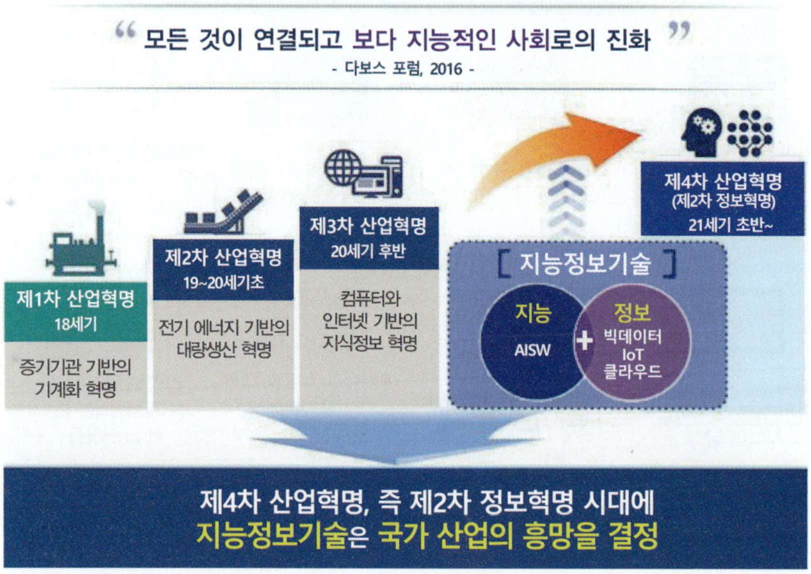

▌산업혁명의 구분 (자료 : 다보스 포럼, 그래픽 : 지디넷)

이러한 지능정보기술은 산업 측면에서 수확체증이 가능할 정도의 높은 생산성을 제공하며, 노동과 자본 등 기존 생산요소와 비교가 되지 않는 산업구조 재편을 가져오고 있다. 애플, 아마존, IBM 등 글로벌 기업들은 지능정보기술을 활용하여 원래의 업무 영역에서 전 산업으로 영역을 확장해 산업간 경계를 무너뜨리며, 기존의 제조업과 서비스 업체를 위협할 것으로 전망되고 있다.

최근에는 인공지능(AI)기술이 논란의 중심으로 급부상하고 있다.

마무리 사례

'견제'받는 CJ올리브영, 분기 매출 1조원 눈앞

CJ올리브영의 분기 매출이 1조원에 육박했다. 기업공개(IPO) 준비중인 CJ올리브영의 실적 증가세에 가속이 붙는 모양새다.

17일 업계에 따르면 지난 2분기 CJ올리브영의 매출은 9,675억원으로 41.1% 증가했다. 이 기간 당기순손익은 1,024억으로 82.5% 급증했다. 당기순손익률 10%를 넘기며, 외형과 내실 두 마리 토끼를 모두 잡은 셈이다. 이 속도대로라면 분기 매출 1조원 달성도 가능할 것으로 전망된다. CJ올리브영의 매출 추이를 보면 2020년 1조 8,739억원, 2021년 2조 1,192억원, 2022년 2조 7,809억원 등으로 매년 급성장하고 있다. 올 상반기 매출은 1조 7,966억원으로 올해 3조원 돌파가 예상되고 있다. 매출 2조원을 넘긴 지 2년 만에 '3조원 클럽'에 가입하는 것이다.

회사 측은 올해 성장 비결로 △상품 큐레이션 능력 △신진 브랜드 발굴 기능 △옴니채널 가속화 △K뷰티 수출 강화 등을 꼽았다. 상품 큐레이션 능력은 새로운 상품군을 발굴해 유행을 선도하는 것을 말한다. 예를 들어 CJ올리브영은 지난해 생리대・세정제 등 여성 생애주기와 연계된 '펨테크(W케어)', 지난 6월에는 이른바 먹는 화장품으로 알려진 '이너뷰티'를 각각 새로운 카테고리로 확장해 시장을 키우고 있다. 작년부터 일부 매장에선 주류도 팔고 있다.

지난해 매출의 10%가 채 되지 않는 해외 부문도 커지고 있다. 올 상반기 올리브영 글로벌몰 매출은 전년 동기 대비 약 70% 성장했다. 해외에서 국내 문화에 대한 관심이 커진 영향으로 풀이된다. CJ올리브영의 깜짝실적 배경으로는 기업공개가 손꼽힌다. 상장을 준비 중인 CJ올리브영 기업가치를 최대한 끌어올리기 위해 실적 키우기에 나섰다는 분석이다. 시장에선 CJ올리브영의 기업가치를 2조~4조원으로 예상하고 있다.

CJ올리브영이 급성장하면서 잡음도 있다. CJ올리브영이 현재 공정거래위회로부터 대규모유통업법 위반 혐의로 조사를 받고 있는 가운데 지난달 쿠팡도 같은 혐의로 CJ올리브영을 신고했다. 쿠팡은 "올리브영은 쿠팡을 경쟁 상대로 여기고 뷰티 시장 진출과 성장을 방해하기 위해 힘없는 중소 납품업자를 대상으로 쿠팡 납품과 거래를 막는 '갑질'을 수년간 지속했다"고 주장했다.

(비즈워치, 2023.8.17)

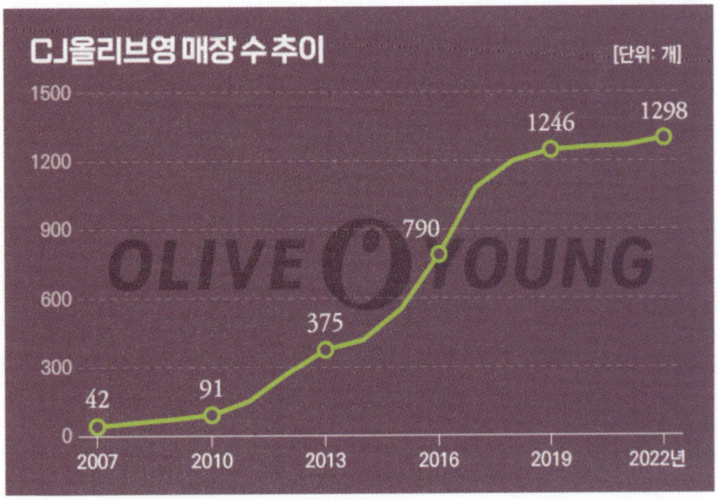

핵심용어

- 고전적 경영학
- 과학적 관리론
- 동작연구
- 시간연구
- 테일러주의(테일러리즘)
- 서블릭
- 관리원칙론
- 관료주의
- 행동학적 경영학
- 호손연구
- 호손효과
- 욕구단계론
- 동기-위생이론
- X・Y이론
- Z이론
- 성숙・미성숙이론
- 계량경영학
- 시스템이론
- 상황적합이론
- 아웃소싱
- 리엔지니어링
- 리스트럭처링
- 6시그마(6σ)
- 크레비즈(창조경영)
- 가치창조경영 또는 경제적 부가가치경영
- 공유경제
- 카테고리 킬러
- 트레이딩 업&다운
- PB 상품
- 모바일 비즈니스
- 빅데이터 경영
- 4차 산업혁명
- 인공지능(AI)

요 약

- 경영학의 시작에 대해서는 여러 주장이 있지만 근대 경영학 이론은 1911년 테일러의 과학적 관리법이 그 출발점이다. 경영학의 발달사는 크게 고전적 경영학, 행동학적 경영학, 계량경영학으로 이어진 후 현대 경영학으로 계속되었다.
- 고전적 경영학에는 과학적 관리론, 관리원칙론, 관료적 조직론 등이 있으며 뒤의 두 이론을 묶어 일반관리론이라고 한다. 과학적 관리론은 동작연구와 시간연구 등을 통하여 작업자와 고용자 모두에게 경제적으로 이익이 되는 가장 효율적이고 최선인 작업방법을 찾고자 했던 접근방법이었다.
- 행동학적 경영학은 조직에서의 인간의 행위 또는 행동을 연구하는 접근방법으로 호손연구, 욕구단계론, 동기-위생이론, X・Y이론, 성숙・미성숙이론 등이 대표적이다.
- 계량경영학은 경영의사결정에 선형계획법, 재고관리모형 등 다양한 계량적인 기법을 활용하는 것을 말한다.
- 현대 경영학 이론으로는 크게 시스템이론과 상황적합이론이 있다. 전자는 조직이 마치 하나의 시스템과 같아서 조직 내의 모든 요인들이 상호의존적으로 작용함을 알고 이에 대응해야 한다는 주장이며, 후자는 동일한 조직상황은 없으므로 각 상황에 맞는 별도의 관리기법을 적용해야 한다는 주장이다.
- 최근에 경향을 보면, 혁신경영기법으로 아웃소싱, 리엔지니어링, 리스트럭처링, 6시그마, 크레비즈(창조경영), 가치창조경영 또는 경제적 부가가치경영 등이 활용되고 있다. 마케팅 분야에서는 카테고리 킬러의 성장, 트레이딩 업&다운 경향, PB 상품의 본격적 시장 형성 등의 현상이 나타나고 있다. 정보기술을 활용한 모바일 비즈니스, 빅데이터 경영 등도 눈에 띄고 4차 산업혁명 이슈 이후 인공지능(AI)의 여파는 가늠하기 힘든 상황이다.

연습문제

1. 경영학의 주요 이론이 어떻게 전개되어 왔는지 정리하라.
2. 고전적 경영학, 행동학적 경영학, 계량경영학 이론의 특징을 설명하라.
3. 고전적 경영학, 행동학적 경영학, 계량경영학 이론이 관리자에게 각각 어떤 시사점을 주고 있는지 설명하라.
4. 계량경영학과 행동학적 경영학 이론의 가장 큰 차이점은 무엇인가?
5. 현대 경영학 이론이 그전까지의 이론과 가장 크게 다른 점은 무엇인가?
6. 시스템이론과 상황적합이론을 비교하라.
7. 최근의 경영현장에서 활용되고 있는 혁신기법과 정보기술을 활용한 기법들을 정리하라.

미니 프로젝트

특정 작업 또는 행동을 하나 선택하여 서블릭 17가지 동작으로 분석하고 이를 그림으로 나타내보자. 아울러 불필요한 동작이 무엇이었는지를 찾아보자. 불필요한 동작을 줄이면 시간을 얼마나 절약할 수 있는지도 계산해보자.

사무실공간 배치도 생산성을 고려하는 시대가 되었다. (자료 : dream house furniture)

PART

Ⅱ 기업과 기업환경

CHAPTER

3 기업의 종류와 생멸

엔씨소프트의 게임 리니지M(모바일 버전). 2023년 2월 기준 리니지 모바일 시리즈 3종의 전 세계 누적 매출이 70억 달러를 돌파했다. (자료 : 엔씨소프트)

3.1 기업은 한 나라의 경제에서 중요한 역할을 한다
3.2 많은 종류의 기업이 있다
3.3 기업은 끊임없이 변화한다

엔씨소프트가 인수합병에 소극적인 이유

엔씨소프트는 게임업계에서도 '현금부자'로 소문난 곳이다. 엔씨소프트가 쥐고 있는 유동성이 1조원을 넘는 데다 증가세를 유지하고 있기 때문이다. 이 때문에 엔씨소프트가 풍부한 유동성을 무기 삼아 인수합병 시장에 뛰어들 가능성도 지속해서 제기된다.

엔씨소프트의 사옥 (자료 : 엔씨소프트)

그러나 막상 엔씨소프트가 2011년 엔트리브소프트를 인수한 이래 실제 인수합병에 나선 사례는 전무하다. 이를 놓고 이전에 진행했던 인수합병에서 겪었던 실패가 엔씨소프트의 신중한 태도에 지금까지도 영향을 미치고 있다는 관측도 나온다.

대표 사례는 엔씨소프트가 2001년 미국 게임사 데스티네이션게임즈를 인수합병했던 것을 들 수 있다. 데스티네이션게임즈는 PC온라인 MMORPG(다중접속역할수행게임)의 모태로 평가되는 '울티마 온라인'을 개발한 유명 개발자 리처드 게리엇이 설립한 회사였다. 당시 엔씨소프트는 전체 자산의 45.6%인 470억원을 인수합병 한 건에 투자한 과감한 선택을 했다. 그러나 엔씨소프트가 리처드 게리엇과 손잡고 6년 동안의 준비 끝에 2007년 내놓은 게임 '타뷸라 라사'는 흥행에 참패하면서 2년 만에 서비스 종료 절차를 밟았다. (딜사이트, 2023.9.5)

3.1 기업은 한 나라의 경제에서 중요한 역할을 한다

국민경제에서 기업은 생산주체이다

국가경제 혹은 국민경제를 구성하는 주체로는 크게 가계(가정), 기업, 정부 등이 있다. 이 중 가계는 소비주체라고 할 수 있고, 기업은 생산주체이다. 이들 국민경제를 구성하는 각 주체들의 역할과 각 주체간의 관계를 살펴보자.

우선 이들 세 주체의 관계는 [그림 3-1]과 같이 정리할 수 있다.

□ 그림 3-1
국민경제의 순환과정

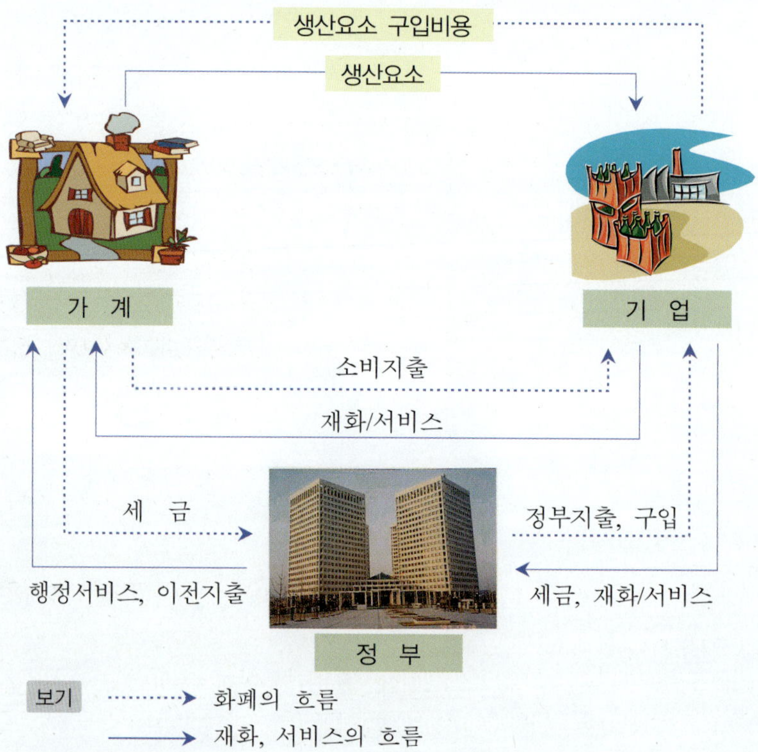

가계와 기업의 관계

가계는 기업이 생산활동을 할 수 있도록 생산요소를 제공하고, 기업은 그 대가를 가계에 지불한다. 즉 가계가 노동력, 토지, 자본 등을 기업에 제공하면 기업은 각각의 대가로 임금, 지대, 이자 등을 가계에 지불한다. 가계가 받는 이들 대가는 가계소득이 된다. 가계는 다시 이 소득으로 기업이 판매하는 상품이나 서비스를 구입한다.

정부에서 시행하는 복지제도도 행정서비스의 하나로 볼 수 있다. (자료 : 기획재정부)

정부와 가계, 기업과의 관계

가계는 소득의 일부를 정부에 세금으로 납부하며, 기업 또한 세금을 정부에 납부한다. 정부는 거둔 세금으로 먼저 각종 행정서비스를 제공한다. 이를 위해서는 필요한 땅을 사거나 건물을 지어야 하는데, 이를 자본지출이라고 한다.

공무원 임금도 주어야 하는데 이를 경상지출이라고 하고, 재해보상금이나 원호금, 기타 각종 보조금의 지출을 이전지출이라고 한다.

정부는 또한 기업부문에 대해서는 정부가 필요로 하는 각종 재화나 서비스를 구입하고 그 대가로 정부지출을 한다. 물론 기업활동을 돕기 위하여 지출하는 각종 지원금 역시 재원은 세금이다.

Self Q&A

[그림 3-1]에 또 다른 경제주체인 금융부문을 추가시켜 금융기관의 역할을 국민경제의 순환과정, 즉 전체적인 관점에서 생각해보자.

기업이 국가경쟁력에 큰 영향을 미친다

국민경제의 순환과 기업의 역할

기업은 한 나라의 국민경제를 결정짓는다. 기업은 [그림 3-1]에서 보았던 것처럼 국민경제주체 중의 하나이지만 다른 경제주체보다 중요한 역할을 수행

□ 그림 3-2
국민경제의 순환

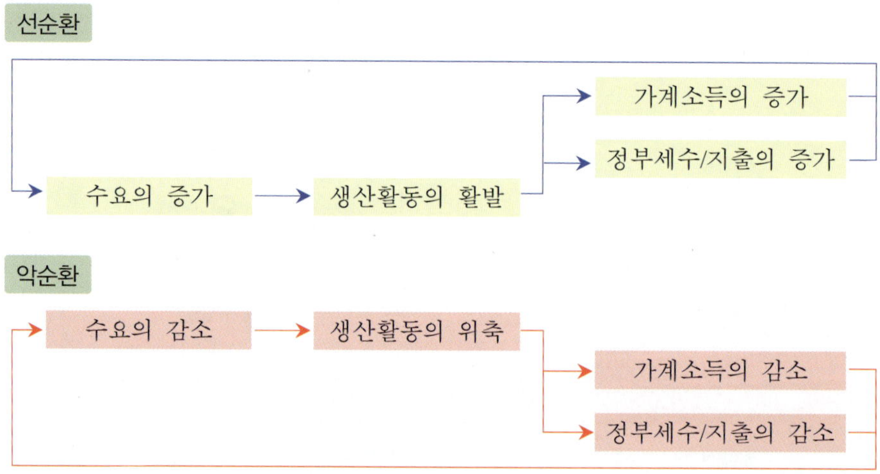

한다. 다음의 두 가지 시나리오, 즉 국민경제가 선순환하는 경우와 악순환하는 경우의 두 가지를 보면 이러한 역할을 이해하기가 쉽다.

먼저 국민경제가 선순환하는 경우를 보자. 기업의 생산이 증가하면 이에 따라 국민소득이 증가하고, 정부의 재정이 확대되며 이는 생산물에 대한 수요를 증가시킨다. 수요의 증가는 다시 생산의 증가로 계속 이어진다. 이는 [그림 3-2]에서 파란색 선으로 표시되어 있다.

그러나 기업의 생산이 감소하면 소득이 줄고 수요감소로 이어져 다시 생산을 감소시키는 악순환이 된다. 이는 [그림 3-2]에서 빨간색 선으로 표시되어 있다.

한편 이러한 국민경제의 순환과 관련된 중요한 개념으로 승수효과와 구축효과가 있다. 승수효과(multiplier effect)란 경제체제 내에서 한 변수의 변화는 그 변수의 영향을 받는 후속 변수들에 순차적으로 영향을 미치게 되는데, 이 과정에서 나타나는 그 영향의 합계, 즉 총효과를 말한다. 예컨대 어느 한 사람이 휴대전화기를 100만원에 샀다고 하면 이 단계까지의 총수요는 100만원이다. 그러나 이는 곧 생산을 1대 증가시키게 되고 이는 다시 가계소득과 정

하나 더 양적 완화

경기를 진작시키기 위한 정부의 정책 중 매우 친숙해진 용어로 양적 완화라는 것이 있다. 원래 경기를 부양시키는 정책의 대표적인 것은 금리인하이다. 그런데 기준금리가 너무 낮아서 금리를 낮춰도 경기부양 효과를 기대할 수 없을 때는 '양적 완화'를 한다. 중앙은행이 국채 등 다양한 자산을 사들여 시중에 통화공급을 늘리는 방식이다. 양적 완화는 리먼 브라더스 사태로 촉발된 세계금융위기나 코로나19로 인한 경기침체에 대응해 미국 정부가 취한 정책으로 많이 알려지게 되었다.

부세수 증가로 이어진다. 단순하게 이 세 단계만을 고려해도 총수요는 300만 원이 된다. 이 경우 승수는 3이다. 승수효과는 [그림 3-2]에서 선순환뿐만 아니라 악순환과도 밀접하게 관련이 되어 있다. 왜냐하면 수요가 100 줄면 총수요는 300이나 줄기 때문이다. 그래서 경기가 나쁠 때 정부는 재정지출을 늘려 선순환의 승수효과를 노리게 된다.

그러나 정부가 재정을 늘리기 위해서는 세금을 더 거두거나 채권을 발행해야 한다. 하지만 세금을 늘리면 그만큼 민간부문에서 소비가 줄고, 채권을 발행하는 경우에도 이자율이 올라 총수요를 감소시키게 된다. 이처럼 정부의 지출 확대가 민간 소비와 기업의 투자지출을 줄이는 효과를 구축효과(crowding-out effect)라고 한다.

두 효과 중 어느 효과가 더 큰지에 대해 많은 논란이 있어 왔지만 사실상 결론은 유보적이다. 다만 경제상황과 그에 대처하는 정부의 경제정책이 얼마나 효율적으로 조화를 이루는지에 따라 그 효과가 달라지는 것으로 본다.

그러나 국민경제의 순환과정에서 생산주체로서의 기업의 역할이 중요하다고 하는 사실에 대해서는 이론의 여지가 없다. 이를 이해하기 위하여 국민소득의 개념을 도입하여 자세히 설명해보기로 하자.

한 국가의 국민소득은 해당국가의 생산물 흐름의 가치를 일정기간에 대하여 합산한 것이라고 할 수 있다. 이때 생산물은 전통적인 경제학적 관점에서 보면 그 국가의 노동력과 자본이 투입된 결과에서 기인한 것으로서 총액 개념이 아닌 순생산액을 뜻한다. 따라서 순생산액은 생산경제주체인 기업이 생산한 총액에서 중간생산물의 가치를 뺀 것, 즉 부가가치(value added)이다.

생산국민소득과 분배국민소득

한편 부가가치는 생산에 참가한 생산요소인 노동과 자본에 분배된다. 즉, 기업이 생산한 부가가치는 생산요소를 제공하고 그 대가로 임금이나 이자(이윤 포함) 등을 받는 입장에서 보면 소득이 된다. 결국 어느 한 나라의 생산액의 합계는 가계 등에 분배된 국민소득과 같아진다. 생산국민소득과 분배국민소득이 같아지는 것이다.

분배국민소득과 지출국민소득

분배된 소득을 받은 가계는 다시 그 소득을 지출한다. 즉 기업 등이 생산한 재화나 서비스를 구입하기 위한 소비나 투자에 충당된다. 분배국민소득과 지출국민소득이 같아지는 것이다.

국민소득의 삼면등가의 원칙

한 국가의 생산물의 흐름 또는 소득의 흐름은 「생산 → 분배 → 지출 → 재생산」 등의 과정을 거치며 순환된다. 따라서 국민소득은 생산 · 분배 · 지출의 세 가지 측면에서 파악할 수 있으며 그 각각을 생산국민소득 · 분배국민소득 · 지출국민소득이라고 한다. 이들은 동일한 소득의 흐름을 단지 다른 측면에서 측정한 것이기 때문에, 각 소득액은 동일하다. 이를 국민소득의 '삼면등가(三面等價)의 원칙'이라고 한다.

이처럼 기업의 생산액은 곧 국가의 국민소득을 의미하는 것이기 때문에, 결국 기업활동의 성패, 즉 개별기업 하나하나가 얼마나 경영을 잘하는가가 국민경제의 미래를 결정짓게 되는 것이다.

3.2 많은 종류의 기업이 있다

경영이라는 활동과 가장 잘 어울리는 조직은 기업이다. 기업은 어떻게 분류할 수 있을까? 다음과 같은 분류기준에 따라 여러 가지로 나눌 수 있다.

기업을 분류하는 여러 기준이 있다

기업규모에 따라

기업은 매출액, 종업원수, 자본금에 따라 소기업, 중기업, 중견기업, 대기업으로 분류할 수 있다. 매출액 기준으로 살펴보면 업종마다 기준이 다르다. 일반적인 제조업의 경우 매출액이 120억원 이하이면 소기업으로 분류된다. 숙박업이나 서비스업은 10억원 이하이면 소기업으로 분류된다.

중기업은 제조업의 경우 매출액이 120억원~1,500억원이면 중기업으로 분류된다. 매출액 기준이 가장 낮은 숙박업이나 서비스업은 10억원~400억원이면 중기업이다. 중견기업은 중소기업이 아닌 기업으로 몇 가지 요건을 충족하면 해당되는데, 내용이 다소 복잡하므로 생략한다. 참고로 〈표 3-1〉은

표 3-1
세법상 중소기업의 업종별 매출액 규모 기준 (일부 발췌)

해당기업의 주된 업종	매출액 기준
의복 · 신발 등 제조업, 종이제품 제조업, 가구 제조업 등	1,500억원 이하
식료품 제조업, 컴퓨터 등 제조업, 건설업, 도매 및 소매업 등	1,000억원 이하
음료 제조업, 인쇄 및 기록매체 복제업, 정보통신업 등	800억원 이하
보건업 및 사회복지 서비스업, 예술 · 스포츠 및 여가 관련 서비스업, 수리(修理) 및 기타 개인 서비스업 등	600억원 이하
숙박 및 음식점업, 금융 및 보험업, 부동산업, 교육 서비스업 등	400억원 이하

세법에서 인정하고 있는 매출액 기준의 중소기업의 요건을 일부 업종에 대해서 나타낸 것이다.

마지막으로 대기업은 명확한 기준은 없으나 중소기업 및 중견기업이 아니면서 이들보다 규모가 더 큰 기업으로, 현실적으로 적용되는 기준으로는 공정거래위원회가 지정하는 공시대상기업집단을 들 수 있다. 공정위는 2023년 4월에 자산총액 5조원 이상인 82개 기업집단을 2023년도 공시대상기업집단으로 지정한 바 있다.

표 3-2
공시대상기업집단 지정 현황 (2023년 4월 현재)

(단위 : 개, 십억원)

순 위	기업집단명	동일인	계열회사수	자산총액
1	삼성	이재용	63	486,401
2	에스케이	최태원	198	327,254
3	현대자동차	정의선	60	270,806
4	엘지	구광모	63	171,244
5	포스코	포스코홀딩스(주)	42	132,066
6	롯데	신동빈	98	129,657
7	한화	김승연	96	83,028
8	지에스	허창수	95	81,836
9	HD현대	정몽준	32	80,668
10	농협	농업협동조합중앙회	54	71,411
11	신세계	이명희	52	60,487
12	케이티	(주)케이티	50	45,866
13	씨제이	이재현	76	40,697
14	한진	조원태	34	37,826
15	카카오	김범수	147	34,207

업종에 따라

다양한 업종들은 일반적으로 한국표준산업분류기준에 의해 분류되고 있다. 기본적으로 20개 대분류, 63개 중분류로 나누는데, 대분류는 다음과 같이 구분하고 있다.

- 제조업(음식료, 섬유 의복, 종이목재출판, 화학, 고무 플라스틱, 비금속, 철강 금속, 기계, 전기전자, 의료정밀, 운송장비, 기타제조)
- 어업 · 광업, 유통업, 전기가스업, 건설업, 운수창고, 통신업
- 금융업(은행, 증권, 보험)
- 서비스(전문기술, 숙박, 교육서비스, 오락 등)

출자자에 따라

기업은 자본을 제공하는 출자자가 누구냐에 따라 크게 사기업과 공기업, 공사공동기업으로 나뉜다. 사기업은 개인이 출자한 기업으로 영리추구가 주목적인 반면, 공기업은 공익을 목적으로 국가 및 공공기관이 출자한 기업이다. 공사공동기업(mixed undertaking)은 사기업과 공기업의 결점을 보완하고 장점만을 극대화하려는 의도로 국가 또는 지방공공단체와 개인 또는 사적 단체가 공동으로 출자하여 공동으로 경영하는 기업을 말한다.

소유방식에 따라

출자자 수가 1인이면 단독기업이고, 2인 이상이면 공동기업이다. 후자는 소수의 출자자로 구성되면 소수공동기업이라 하고, 출자자가 다수이면 다수공동기업이라 한다. 소수공동기업은 인적 요소 중심인 경우가 일반적이기 때문에 인적 공동기업이라 하고, 다수공동기업은 물적 요소 중심이기 때문에 물적 또는 자본적 공동기업이라고 한다.

법률에서 정하는 방식에 따라

상법에서는 사원의 책임형태에 따라 회사를 합명회사, 합자회사, 유한책임회사, 유한회사, 주식회사의 다섯 가지로 나눈다. 근래에 제정된 협동조합기본법에 의해 협동조합이라는 새로운 형태의 기업을 설립하여 운영할 수 있게 되었다.

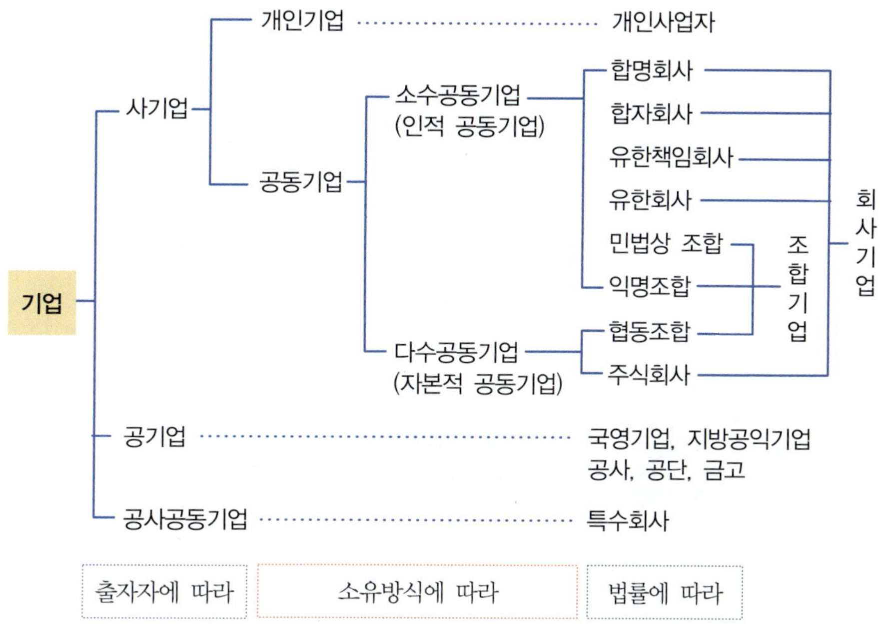

□ 그림 3-3
출자자 · 소유방식 · 법률에 따른 기업의 분류

[그림 3-3]은 출자자, 소유방식, 법률에 따라 종합하여 분류한 것이다. 이하에서는 각 기업에 대해서 간략하게 살펴본다.

개인기업

개인기업은 개인이 출자하여 소유, 경영 및 지배하는 기업이다. 개인기업이기 때문에 설립 및 폐쇄가 자유롭고 신속한 의사결정이 가능하며, 비밀유지가 용이하다는 점 등이 장점이다. 반면 자본조달의 한계, 관리능력의 한계, 확장의 한계, 소유자의 독단적 경영가능성 등의 단점이 있다. 부채에 대해서는 소유자가 무한책임을 가진다.

인적 공동기업

합명회사와 합자회사

인적 공동기업 중 합명회사는 혈연관계에 있는 2명 이상이 출자하여 경영 및 채무를 무한히 책임지는(무한책임) 기업형태이다. 공동기업 중에서 개인기업에 가장 가까운 기업형태이다. 반면 합자회사는 무한책임사원과 자신이 출자한 범위 내에서만 책임을 지는 유한책임사원으로 구성되는 기업형태이다. 경영은 무한책임을 지는 출자자인 무한책임사원이 맡는 것이 일반적이다.

유한책임회사

유한책임회사는 2011년에 개정된 상법에서 처음으로 도입된 회사 형태이다. 회사의 정관이나 상법에 다른 규정이 없으면 유한책임회사에 대해서는 합명회사에 관한 규정을 준용한다. 그러나 '유한'이라는 명칭에서도 알 수 있듯이 출자자는 자신의 출자금액 한도에 대해서만 책임을 진다. 기존의 유한회사와 가장 큰 차이점은 이사나 감사를 두지 않아도 되고, 사원이 아닌 사람도 회사의 업무집행자가 될 수 있다는 점이다.

유한책임회사제도를 도입한 배경은 이러한 특징들을 보면 알 수 있다. 즉 합명회사처럼 설립 및 운영은 쉽게 할 수 있게 하되 출자자의 책임한도를 출자금액 한도로 제한해줌으로써 신생 벤처기업과 같은 기술형 신생기업을 부담 없이 창업할 수 있도록 한 것이다.

그림의 브랜드 제품을 판매하는 회사는 네슬레코리아유한책임회사이다. 커피믹스를 판매하는 롯데네슬레코리아주식회사와는 별개의 회사이다.

현장사례 신(新)외감법 비웃는 외국계기업… 유한책임회사 전환 꼼수 막는다

디즈니, 구찌 등 국내에서 활동하는 외국계 대형 기업들이 실적 공개를 회피해 '유한책임회사'로 전환하는 사례가 잦아지자 국회가 대안 마련에 착수했다. 유한책임회사도 외부회계감사 대상에 포함시켜 실적 및 감사보고서 공시 의무를 물리겠다는 것이다.

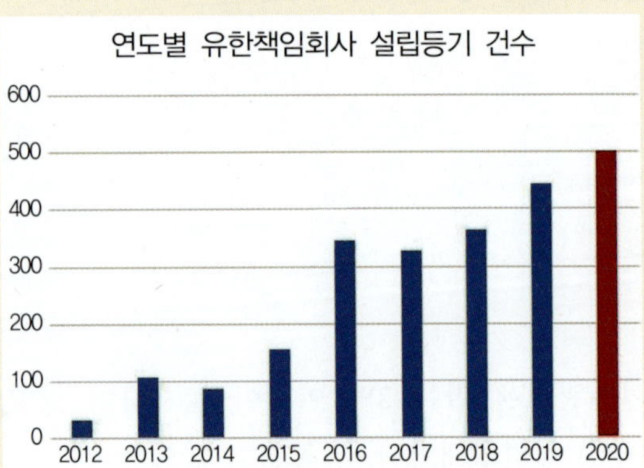

8일 본지 취재를 종합하면, 국회 정무위원회 소속 양정숙 의원(무소속)은 이날 오전 이 같은 내용을 골자로 한 '주식회사 등의 외부감사에 관한 법률(외부감사법) 일부개정법률안'을 대표 발의했다. 현행법상 외부감사 대상은 주식회사와 유한회사로만 한정됐는데 여기에 유한책임회사도 포함시켜야 한다는 것이다.

외부감사를 회피하려는 기업들의 '꼼수'를 막겠다는 취지다. 본래 국내 벤처기업의 창업 지원을 위해 만든 유한책임회사제도가 외부감사를 피하려는 외국계 대형 기업들의 편법 도구로 악용되면서다. 2020년 신외부감사법에 따라, 감사보고서 대상이 주식회사에서 유한회사로도 넓어지자 감사 법망을 피하려는 기업들이 유한책임회사로 '옷'을 갈아입은 것이다.

유한회사

유한회사는 출자자에게 유한책임을 지우는 가족형에 알맞은 기업이다. 소수의 사원과 소액의 자본으로 운영되는 중소기업에 적당한 기업형태이다. 사원 전원의 책임이 간접이며 유한인 점, 분화된 기관을 가지는 점 등 많은 점에서 주식회사와 유사하나, 설립절차와 운영방법이 주식회사에 비해 매우 간단하고 법의 규제도 느슨하며 지분의 양도가 자유롭지 못한 점이 주식회사와 다르다. 또한 결산공고를 하지 않아도 된다. 유한회사의 폐쇄적·비공개적인 특징은 합명회사의 경우와 비슷하다.

물적 공동기업

주식회사

대부분의 기업이 취하고 있는 형태인 주식회사는 출자한 한도 내에서 유한책임을 지는 1인 이상의 출자자에 의해 설립되는 기업형태이다. 대규모 기업에 적당하며, 다음과 같은 특징을 갖고 있다.

▸ 자본의 증권화제도

기업은 거액의 자본금을 오래도록 사용하기를 원하지만, 자본제공자는 일반적으로 소액의 자본을 투자하되 필요하면 언제든지 회수하기를 원한다. 이러

최근 월트디즈니컴퍼니코리아 등 외국계 업체를 비롯해 국내에서 대형 유통망을 장악하고 있는 이베이코리아(옥션·G마켓), 아디다스코리아, 구찌코리아, 잡코리아, 록시땅코리아, 아마존웹서비시즈코리아 등도 유한책임회사로 법인 형태를 바꿨다.

신외감법 도입 전후 회사조직 변경 주요 사례

주식회사 → 유한책임회사	유한회사 → 주식회사 → 유한책임회사
이베이코리아	딜리버리히어로코리아
아디다스코리아	록시땅코리아
월트디즈니	아마존웹서비시즈코리아
구찌코리아	애플이엔씨

사법연감에 따르면, 2020년 유한책임회사 설립 신청 건수는 504곳으로 2012년 제도 도입 이후 최대를 기록했다. 특히 2015년 154개에서 2016년 346개로 급증했는데, 회계학회에선 "신외부감사법 개정 논의가 2016년도부터 이루어졌기 때문"이라고 분석한다. 국회는 금융당국의 미온적인 대처도 함께 들여다볼 것으로 전망된다. 외부감사 사각지대를 노리는 기업들의 움직임을 금융당국이 알면서도 방치했다는 지적에서다. 공동 발의에 이름을 올린 더불어민주당 이용우, 오기형 의원 모두 정무위 소속이다. 양 의원은 본지 질의에 "금융당국이 기본적인 회사법 규정 검토도 소홀히 했단 게 말이 되지 않는다"면서 "상법상 '주식회사→유한책임회사'로 전환할 수 있을 뿐만 아니라 '유한회사→주식회사→유한책임회사'로도 변경이 가능했다. 여기에 대한 대비가 미흡했다"고 지적했다. 금융당국도 대안 마련에 소홀했다는 비판을 피할 수 없을 것으로 보인다. 이 같은 우려는 2020년 신외부감사법 적용 이전인 2018년에도 국회에서 제기된 것으로 확인됐다. (이투데이, 2023.2.28)

* 이후 이 법안은 해당국회에서 심의가 완료되지 못했다.

◘ 그림 3-4
자본의 증권화제도가
제공하는 이점

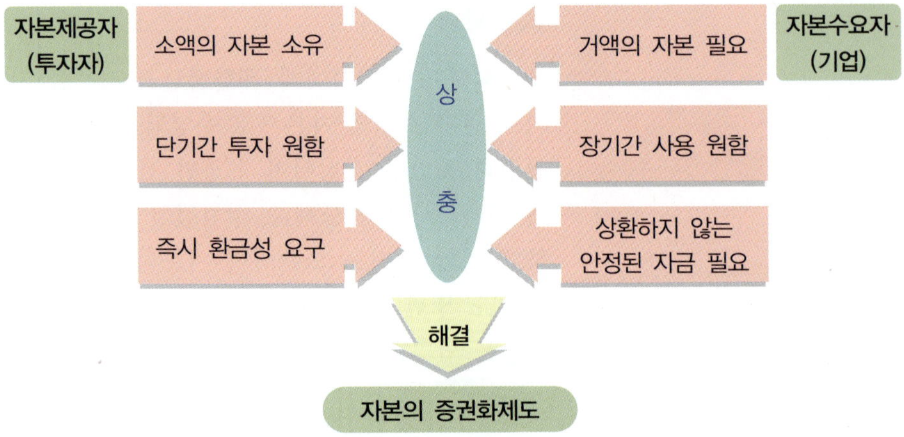

한 양 당사자의 이율배반적인 요구를 동시에 해결하는 방식이 자본을 증권화하는 제도이다. 즉 기업이 증권(주식)을 소액으로 발행하면 투자자는 소액의 주식을 구입한다. 소액이 모아지면 거액의 자본금이 되어 기업은 영구히 경영활동에 사용할 수 있고, 주식을 구입했던 투자자(주주)는 자금회수를 원하면 주식을 회사가 아닌 다른 투자자에게 팔면 된다.

▸ 유한책임제도

주주는 자신이 투자한 투자금(주식 매입가격)에 한하여 책임을 진다. 즉 회사가 망하더라도 자신이 소유하고 있는 주식만 휴지가 되는 것이다.

현장사례 협동조합과 지자체, 지역사회 문제 해결 위해 뭉쳤다

경기도 화성시 동탄 일대를 무대로 전세사기를 일삼은 피의자는 지난달 6월 28일 불구속 상태로 재판에 넘겨졌다. 피해를 입은 23명은 문제 해결을 위해 '탄탄주택협동조합'에 가입했다. 이 조합은 전세사기 피해 문제를 해결하고, 조합원 및 세입자에게 안정적인 주거를 제공하기 위한 목적으로 설립됐다. 이주원 탄탄협동조합 이사는 "전세사기라는 사회적 재난을 예방하기 위해 지방 정부의 조례 제정, 다양한 유형의 공동체 주택 추진 등이 필요하다"고 말했다.

'101번째 세계 협동조합의 날 기념 공동포럼'에서 임종한 한국의료복지사회적협동조합 회장의 사회로 참석자들이 토론하고 있다.

지방정부와 협동조합이 협력해 당면한 사회적 과제를 해결하고 혁신적인 정책과 서비스를 제공하는 사례를 탐색하는 자리가 마련됐다. 지난 1일 부산 해운대구 벡스코에서 열린 제5회 대한민국 사회적경제 박람회 내 부대행사로 열린 101번째 세계 협동조합의 날 기념 공동포럼에서다. 포럼은 전국 사회연대경제 지방정부협의회, 신협중앙회, 전국협동조합협의회가 함께 주최했다.

▸ 소유와 경영의 분리제도

자본출자자(주주) 수가 많아지고 주식분산이 고도화될수록 이들은 경영에 관여하지 않고 주가상승차익이나 배당과 같은 이익획득에만 관심을 갖는다. 대신 능력 있는 전문경영자에게 경영을 맡긴다. 이른바 소유와 경영이 분리되는 것이다.

협동조합

협동조합은 2012년 12월에 협동조합기본법이 만들어지면서 가능해진 새로운 형태의 조직으로 기업의 기능을 수행할 수 있다.

▸ 기존의 협동조합

원래 우리나라의 협동조합에는 흔히 잘 알고 있는 농업협동조합(농협), 신용협동조합(신협) 등이 있었는데 이들은 각각의 개별 법률에 의하여 성립된다. 예를 들어 농협은 농업협동조합법에 의하여 설립되고 관리된다. 이러한 협동조합으로는 위의 둘 외에 수산업협동조합, 엽연초협동조합, 산림조합, 중소기업협동조합, 소비자생활협동조합이 있고 새마을금고법에 의하여 설립된 새마을금고도 일종의 협동조합으로 본다. 이들 8개의 협동조합들은 정책적 필요성에 의해서 국가가 주도하여 만들어졌다고 할 수 있다.

▸ 새로운 협동조합

원래 협동조합이라는 조직은 '공동의 목적'을 수행하기 위하여 '자격이 있는

발제자로 참여한 전재홍 북서울신협 전무는 경기도 양주시 산북동에 위치한 '세솔(SE : SOUL) 클러스터'를 소개하며 지역 기반 금융협동조합으로 지역경제 활성화에 기여한 신협 사례를 공유했다. 세솔 클러스터는 서울 동북 4개 지역(도봉구, 성북구, 강북구, 노원구)의 사회적경제 조직이 신협의 사회적경제 상생자금 50억원을 지원받아 민간 주도로 조성했다. 양주시에서도 건축 진행 과정에서 행정지원과 도로 신설 등 도시 인프라를 적극 제공했다. 전재홍 전무는 "돌봄, 보육, 사회서비스 등 수익이 발생하기 어려운 분야나 취약계층 일자리 제공 등 영리기업이 활동하기 어려운 분야에 금융협동조합으로 신협이 역할을 할 수 있다"며 "정부는 금융 안정성을 훼손하지 않는 범위 내에서 신협이 제 역할을 충실히 할 수 있도록 제도 개선을 적극적으로 추진해야 한다"고 덧붙였다.

김영식 전국 사회연대경제 지방정부협의회 사무국장은 비대면 교육콘텐츠를 다문화가정 등 취약계층 아동들의 자기주도 학습에 지원하는 '글방' 사업을 소개했다. 2020년 서울시 성동구, 성북구, 경기도 오산시에서 시범사업을 시작으로 2022년 기준 지자체 포함 총 38개 기관, 1,200여 가구가 이용 중인 '글방'은 시범사업 참여 아동 대상 설문조사 결과 96%가 학습에 도움이 됐다고 응답했다. 김영식 사무국장은 "사회적경제 조직의 혁신서비스와 아이디어가 지역의 사회문제 해결에 기여할 수 있다"고 강조했다.

한편, 포럼에 참여한 김보라 전국 사회연대경제 지방정부협의회 사무총장은 "협동조합과 신협과 같은 조합간 협동, 그리고 지방정부와 협력을 통해 지역의 필요를 충족하고 지역 문제를 함께 해결해야 한다"고 말했다. (한겨레신문, 2023.7.4)

협동조합의 특성		
상법	협동조합 기본법	민법
회사	협동조합	사단법인
영리	영리, 비영리	비영리

사람'들이 모인 집합체이다. 여기서 '자격'이라고 하는 것은 일반적으로 출자금을 낸 사람을 뜻한다. 그동안, 성격은 협동조합인데도 법적인 뒷받침이 없어 개인사업자나 주식회사 또는 사단법인 형태로 운영되어 왔던 조직이 전국적으로 8, 9천여개에 이르는 것으로 추정되어 왔다. 이러한 조직을 위한 새로운 제도가 도입된 것이다.

새로 도입된 협동조합의 성격은 회사는 상법의 지배를 받으며 영리를 추구한다. 반면 사단법인은 민법의 지배를 받는 비영리조직이다. 그런데 협동조합기본법에 의한 협동조합은 영리 또는 비영리 중에서 선택하여 조직을 만들 수 있다. 협동조합기본법이 만들어지기 전까지는 영리를 추구하는 조직을 만들려면 상법에서 정한 다섯 가지 조직(합명회사, 합자회사, 유한책임회사, 유한회사, 주식회사) 중의 하나를 반드시 선택해야 했었다.

Self Q&A

개인기업이 공동기업에 대하여 갖는 장단점에 대하여 생각해보자.

공기업과 공사공동기업

공기업은 국가나 지방자치단체 및 공공단체가 공익을 목적으로 출자하고 경영을 책임지는 기업형태이다. 공사공동기업은 공기업과 사기업을 혼합한 기업형태로 공기업의 공익추구 목적과 사기업의 경영효율 모두를 추구하기 위한 기업형태이다.

공사공동기업이 취하는 기업형태는 주식회사 형태와 공단 및 금고 같은 특별법규에 의한 특수형태가 있다. 주식회사 형태는 국가 또는 지방공공단체와 개인의 공동출자라는 점에서 사기업으로서의 주식회사와는 다르지만, 주주총회를 통하여 중요사항을 결정한다는 점에서는 사기업 주식회사와 같다. 이런 경우, 일반적으로 국가 또는 지방공공단체가 자본금의 절반 이상을 출자하여 경영지배권을 장악하고 이사진의 임면권을 가진다. 국책회사의 대부분은 이 형태를 취하고 있다. 특별법에 근거하여 특별형태를 취하는 공사공동기업은 정부출자 이외에 민간자본이 참가한다는 점에서 공사공동기업이다. 그러나 이때 민간출자에 대해서는 사기업 주식회사의 주주와는 달리 의결권을 부여하지 않는다.

3.3 기업은 끊임없이 변화한다

기업의 생멸(生滅)은 자연스러운 현상이다

1965년 우리나라 10대 기업에 속했던 기업 중 현재도 존속하고 있는 기업은 삼성과 LG 2개 기업에 불과하다. 외환위기를 거치면서 30대 재벌기업 중 12개가 망했다. 50여 년이 안 되는 사이에 일어난 변화이다. 외국의 사례를 보면 서기 528년에 설립되어 1,428년 동안이나 기업활동이 계속되어 세계 최고(最古) 기업으로 인정받던 일본의 건축 기업 '곤고구미(金剛組)'가 얼마 전 문을 닫았다. 한편 중국의 유명한 동인당은 1669년에 설립되어 현재도 왕성한 기업활동을 하고 있다. 상해증권거래소에 1997년에 상장하기도 한 이 회사는 우황청심환으로도 유명한데 북경시가 관장하는 국유기업이다. 우리나라의 경우에는 1896년에 설립된 두산이 가장 오래된 기업으로 지금도 재계의 상위권에 포진하고 있다.

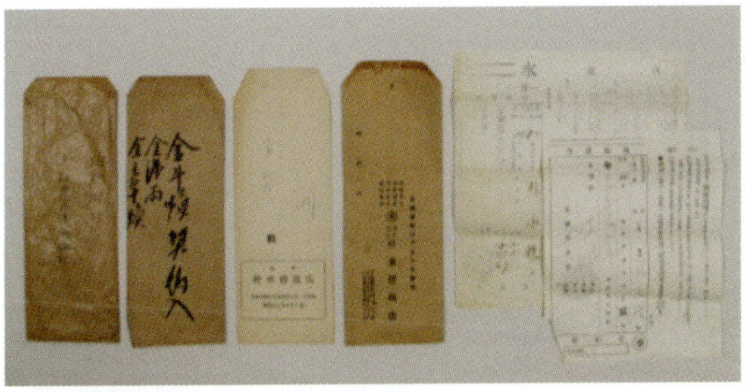

두산 창립 초창기인 박승직상점에서 사용했다는 봉투와 납세 영수증 (자료 : 두산그룹)

2022년 기준으로 1년 동안 새로 생겨나거나 소멸한 기업 수는 각각 99만 7천개, 73만 5천개 정도이다. 신생기업 수는 전년에 비해 3.5% 감소했는데 유형별로 보면 개인기업이 전체의 91.7%로 대부분을 차지하고 있다. 소멸기업 수 역시 전년에 비해 약간 감소하는 수준으로, 개인기업이 전체의 93.6%를 차지하고 있다.

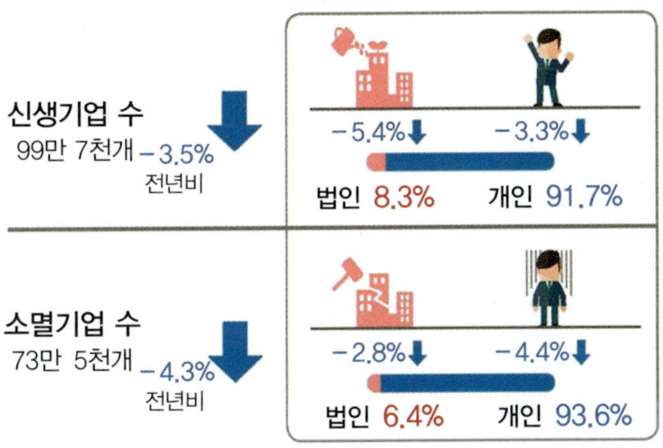

새로 생겨나거나 소멸하는 기업 수가 전체 기업에서 차지하는 비율은 얼마나 될까? 통계청이 2023년 12월에 발표한 자료(자료의 기준연도는 2022년)를 중심으로 살펴보자.

[그림 3-5]를 보면, 2022년 기준으로 신생률은 13.6% 수준인데 이전 6년과 비교해보면 약간 낮아진 수준이다. 신생률이 13.6%라면 이는 해당연도에 활동하는 기업 100개 중에서 새로 생겨난 기업이 13.6개라는 뜻이다.

한편 소멸률을 보면 2021년 기준으로 10.3% 수준인데, 약간의 변동은 있지만 항상 신생률보다는 낮음을 알 수 있다. 이는 새로 생겨나는 기업 수가 망하는 기업 수보다 많다는 뜻이다.

□ 그림 3-5
기업 신생률 및 소멸률 추이

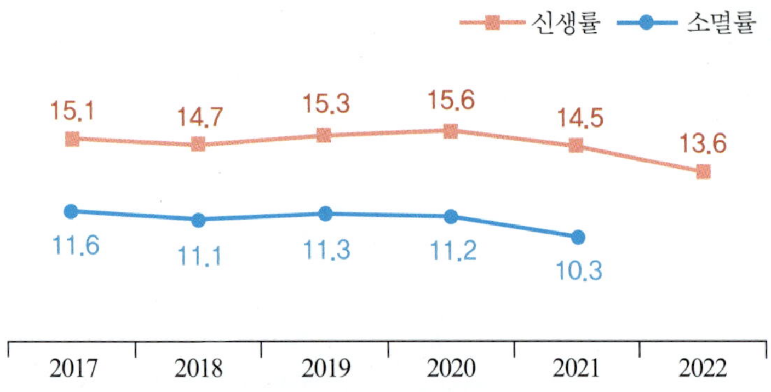

※ 신생률=(신생기업 수/활동기업 수)×100
※ 소멸률=(소멸기업 수/활동기업 수)×100

그렇다면 기업의 연도별 생존율은 어떻게 될까? [그림 3-6]은 역시 같은 시기에 발표된 자료이다. 먼저 전체적으로 보면 기업의 1년 생존율은 64.1%로 기업 3개 중 2개가 최소 1년은 살아남는다. 그러나 5년 생존율은 현저하게 떨어져서 34.3%에 불과하다. 즉 기업 3개 중 2개가 5년 안에 망하고 나머지 1개 정도만 5년까지 생존한다는 의미이다.

그런데 이를 보다 자세히 살펴보면 흥미로운 부분이 있다. 즉 업종별로 큰 차이가 있다는 점이다. 생존율이 가장 높은 업종은 전기·가스·증기 업종으로 1년 생존율은 90.3%에 이르고 5년 생존율도 75.0%에 이른다. 1년 생존율이 85.2%로 두 번째로 높은 보건·사회복지 업종의 5년 생존율은 75.01% 수준이다. 흔히 은퇴자들의 창업 무덤이라고 알려져 있는 숙박·음식점업은 1년과 5년 생존율이 각각 66.9%, 24.4%로서 생존이 쉽지 않은 업종임을 통계적으로 보여준다.

□ 그림 3-6 산업별 신생기업 생존율

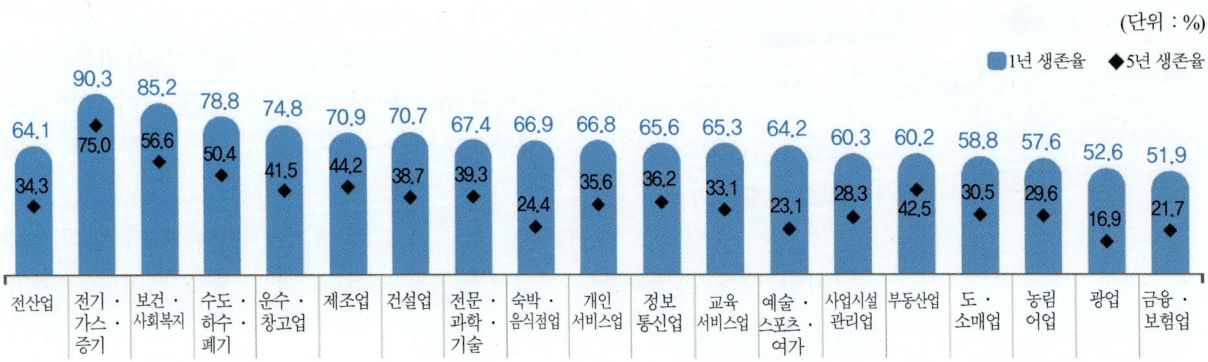

조직으로서 기업은 마치 살아 있는 유기체처럼 모습이 바뀐다. 설립된 후 지속적으로 성장하는 기업이 있는가 하면, 성장하다가 하루아침에 없어지는 기업도 생기고, 오랫동안 영업활동이 지지부진한 상태에 머무르는 기업도 있다. 그런가 하면 다른 기업을 인수하여 덩치가 갑자기 커지기도 하고, 다른 회사와 손잡고 마치 여러 기업이 한 기업처럼 경영활동을 하기도 한다.

지금부터는 이와 같은 기업의 다양한 변화 모습을 살펴보기로 한다. 기업 양태를 변화시키는 대표적인 활동으로는 인수·합병과 기업분할이 있다. 전자는 전 세계적으로 붐이 일고 있다고 할 정도로 기업경영에 있어서 중요한 화두 중의 하나이다. 한편 인수·합병과는 정반대 성격인 기업분할도 기업구조조정의 한 방법으로 크게 주목받고 있다.

다음에서는 인수·합병과 기업분할을 먼저 살펴보고 이어서 기업이 집단화하는 모습을 알아보기로 하겠다.

인수·합병은 강력한 성장전략이다

인수·합병은 기업이 성장전략을 추구할 때 활용할 수 있는 강력한 도구 중의 하나이다. 외국의 경우엔 일찍부터 많은 사례가 있어왔지만 우리나라에서 인수·합병이 본격적으로 시작된 것은 1997년 외환위기 이후부터이다. 당시에 많은 기업이 부실화되어 인수·합병 시장에 나왔는데, 당시 정부에서는 인수·합병을 용이하게 하기 위하여 몇 가지 법률을 개정하였다. 대표적으로 어떤 상장기업의 주식 10% 이상을 매입할 때에는 증권관리위원회의 허가를 받도록 하는 대량주식소유제한 규정이 있었는데 이를 폐지하였고, 외국인의 M&A를 허용했다. 2001년에 들어서는 M&A 사모펀드를 설립하여 적대적인 M&A를 허용하기도 하였다. 이하에서는 인수·합병의 의의, 방법과 그 효과, 그리고 몇 가지 사례에 대하여 살펴본다.

기업 인수·합병의 의의

기업의 성장을 기업 자체 내의 내적 발전에 의해 성장하는 내적 성장과 외부적으로 타기업과의 결합을 통하여 성장하는 외적 성장으로 구분할 때, 기업의 인수·합병은 외적 성장의 주요 수단이다. 기업 인수·합병(M&A : merger and acquisition)은 두 가지의 개념이 결합된 것이다. 하나는 기업지배권 획득을 목적으로 두 개 이상의 기업이 하나로 통합되어 단일기업이 되는 합병(merger)이고, 다른 하나는 특정기업이 다른 기업의 주식 또는 자산을 취득하여 경영권을 획득하는 인수(acquisition)이다.

기업 인수 · 합병의 방법

기업 인수 · 합병의 방법으로는 다음과 같이 기업합병, 주식취득, 자산취득이 있다.

▸ 기업합병

기업합병이란 복수의 회사가 합하여 법률적으로 하나의 기업이 되는 가장 강력한 기업결합 수단이다. 흡수합병과 신설합병 두 가지가 있다.

- 흡수합병 : 합병기업 중 한 기업이 존속기업으로 남아 소멸되는 다른 기업의 모든 영업활동은 물론이고 자산, 채무를 인계받는 것을 말한다. 가장 강력한 기업 인수 · 합병의 수단이다.
- 신설합병 : 결합하려는 모든 기업이 해산되고 새로운 기업을 설립하며, 신설기업이 해산기업의 자산, 영업, 채무를 인계받는다.

현장사례 상장회사 M&A하려면 개미 지분도 사야 한다

정부가 상장회사 인수합병(M&A) 때 대주주 지분뿐만 아니라 소액주주 지분도 경영권 프리미엄(웃돈)을 포함한 가격으로 일정수준 이상 인수하도록 강제하는 의무공개매수제도를 도입하기로 했다. 경영권 거래과정에서 대주주에게만 과도한 경영권 프리미엄을 지급해온 국내 M&A 관행에 큰 변화가 일어날 것으로 관측된다.

금융위원회는 이 같은 내용을 담은 '주식양수도 방식의 경영권 변경시 일반투자자 보호 방안'을 발표했다. 이에 따르면 상장사의 경영권 지분 25% 이상을 취득해 최대주주가 됐을 때 해당 매수인은 경영권 지분과 함께 소액주주 지분도 추가 매입해 총 50%+1주 이상을 보유하도록 의무적으로 공개매수를 해야 한다.

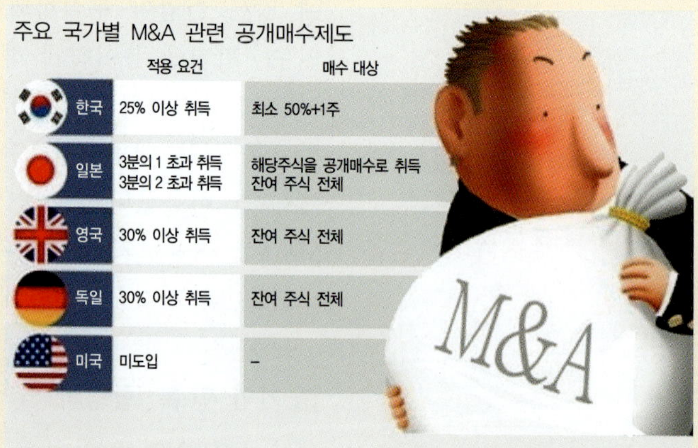

주요 국가별 M&A 관련 공개매수제도

	적용 요건	매수 대상
한국	25% 이상 취득	최소 50%+1주
일본	3분의 1 초과 취득 3분의 2 초과 취득	해당주식을 공개매수로 취득 잔여 주식 전체
영국	30% 이상 취득	잔여 주식 전체
독일	30% 이상 취득	잔여 주식 전체
미국	미도입	-

공개매수 가격은 대주주의 지분 매입가격과 동일해야 한다. 공개매수에 응한 주식이 50%를 초과하면 안분 비례 방식으로 매수 물량을 할당한다. 공개매수에 응한 주식이 50%에 미달해도 매수 의무를 다한 것으로 간주한다. 기존 대주주로부터 경영권 지분 50% 이상을 취득할 때는 공개매수를 하지 않아도 된다. 기업 구조조정 등 산업 합리화를 위해 필요한 경우 등도 예외다.

영국, 유럽연합(EU), 일본, 홍콩 등은 의무공개매수제도를 두고 M&A 때 소액주주에게 대주주와 동일한 가격으로 매각할 기회를 주고 있다. 국내에서도 1997년 1월 이 제도를 도입했지만 외환위기 사태를 겪으면서 1998년 2월 폐지했었다. 이르면 2024년부터 다시 이 제도를 시행할 방침이다.

(한경, 2022.12.21)

▸ 주식취득

주식취득은 한 기업(취득기업)이 다른 기업(피취득기업)의 주식의 일부 또는 전부를 그 주주로부터 취득하는 방법이다. 자산취득과 달리 취득기업이 피취득기업의 주주로부터 직접 주식을 매입하는 공개매수도 포함된다. 주식취득이 합병과 가장 다른 점은 주식취득이 일어나도 해당기업이 개별기업으로 계속 존재한다는 점이다.

▸ 자산취득

자산취득 또는 영업양수는 두 기업간에 체결된 계약에 따라 한 기업이 상대기업 영업의 전부가 아닌 일부만을 인수하는 것을 말한다. 형식적으로는 매각기업의 기업구조나 주주들의 주식소유권에는 영향이 없다.

기업 인수 · 합병의 방식

실제로 이루어지는 기업 인수 · 합병의 방식에는 다음의 세 가지가 있다.

양양공항을 모(母) 기지로 한 항공사 플라이강원의 매각을 위한 공개경쟁 입찰 본입찰이 진행됐으나 첫 입찰에 참여한 업체가 한 개도 없었다. (자료 : KBS, 2023.10.25)

▸ 공개경쟁 입찰방식

공개경쟁 입찰방식은 기업 매각 정보를 시장에 공개적으로 알리고, 누구나 참여할 수 있게 함으로써 경쟁을 유도하는 방식이다. 가능한 한 많은 투자자들에게 기회를 제공함으로써 매각가격을 최대화하고자 한다. M&A와 관련된 절차가 복잡하기 때문에 거래(deal) 속도가 느린 점이 단점이다.

▸ 제한경쟁 입찰방식

일부의 잠재적 인수 후보군 기업에게만 제한적으로 M&A제안서를 요청하는 방식으로, 대상자가 제한적이기 때문에 매각절차가 효율적이고 신속하게 진행될 수 있다. 그러나 선정된 인수 후보군의 관심이 크지 않다면 흥행에 문제가 생길 수 있다. 이럴 경우, 당연히 매각가격이 낮아질 가능성이 커진다.

▸ 개별기업 협상방식

이 방식은 인수할 가능성이 높은 특정기업과 직접 단독으로 개별 협상을 하는 방식이다. 매각을 비밀리에 신속하게 종료할 수 있다. 매각하는 기업이나 M&A를 하는 기업 양 당사자 모두의 이해관계자에게 정보가 투명하게 공개되지 않기 때문에 불공정한 M&A가 진행될 수 있고 이해관계자간에 이해 충돌 가능성이 있다.

기업 인수 · 합병시의 공격과 방어 기법

▸공격기법

- 공개매수(tender offer, take over bid) : 특정기업의 주주들로부터 공개적으로 장외에서 주식을 사들이는 방법이다. 주주들은 장내보다 비싼 값에 주식을 팔 수 있다.
- 위임장대결(proxy contests) : 매수하려고 하는 기업의 주주들을 설득해 의결권을 위임(proxy)받고 기존 경영자와 의결권 대결을 통해 인수하는 공격전략이다. 현재의 경영진에 반대하는 주주들이 이사회에 진출하여 기업지배권을 인수하기도 하고 단순히 소수의 이사진을 확보함으로써 기업경영에 자신들의 의견을 반영시키기 위한 목적으로도 활용되기도 한다.
- 그린메일(green mail) : 특정기업의 일정지분을 장내에서 사들인 뒤 경영권을 쥔 대주주를 협박, 장외에서 비싼 값에 주식을 되파는 수법이다. 이런 사람을 그린메일러(green mailer)라고 한다. 대주주가 말을 듣지 않으면 경영권을 약탈할 수도 있다. 이를 기업사냥꾼(raiders)이라 부른다.
- 파킹(parking) : 우호적인 제3자를 통해 지분을 확보하게 한 뒤 주총에서 제3자로 하여금 투표권을 행사하게 하여 기습적으로 경영권을 탈취하는 방법이다.
- 흑기사(black knight) : 경영권 방어를 돕는 백기사와는 달리 경영권 탈취를 돕는 제3세력을 말한다.
- 토요일 밤 기습작전(Saturday night special) : 방어할 틈을 주지 않기 위해 토요일 저녁 황금시간대에 TV를 통해 공개매수를 선언하는 방법으로, 미국에서 주로 사용된다.

▸방어기법

- 백기사(white knight) : M&A 공격을 받았으나 스스로 방어할 자본이 부족할 때 우호적인 제3세력이 나서서 경영권을 보호해주는 방법으로, 제3세력을 백기사라고 한다.
- 황금낙하산(golden parachute) : 인수 · 합병을 하는 기업이 피인수된 기업의 임원을 해임할 때 거액의 퇴직금을 지급토록 하여 공격자의 인수부담을 늘리는 전략이다. 한편 퇴직금 지급 대상자가 일반 종업원일 경우엔 이를 주석(tin, 朱錫)낙하산이라고 한다.

- **팩맨**(pac man) : 방어자가 거꾸로 공격자의 주식을 매집하는 등 정면 대결을 하는 방법으로, 일종의 같이 죽기 전략이다. 양측이 서로 돌이킬 수 없는 상처를 입을 수 있다.
- **독약처방 또는 독약조항**(포이즌 필, poison pill) : 특정기업을 상대로 적대적 인수 시도가 있을 경우 대상기업의 독소증권을 보유한 주주에게 특별한 권리를 부여해 이를 행사하게 함으로써 인수자로 하여금 적대적 인수를 포기하도록 유도하는 권리 또는 증권을 말한다. 예를 들어 인수기업이 존속기업으로 되는 흡수합병이 발생할 경우에는 대상기업의 주주에게 합병기업의 주식을 염가로 매입할 수 있는 권리를 부여한다.

로마 황제의 왕관. 보석이 없는 모습을 상상해보라.
(자료 : wikipedia)

- **왕관의 보석**(jewel of crown) : 왕관에 달려 있는 보석처럼 회사의 핵심 자산을 매각해서 인수하려는 기업의 의욕을 꺾는 방법이다. 보석이 없는 왕관을 생각해보라.
- **초다수의결제** : 이사 선임이나 해임, 인수·합병에 대한 결의요건을 크게 강화하여 인수회사가 이사 선임 및 해임, 인수·합병을 어렵게 하는 방법이다. 예를 들어, 이사 선임 및 해임 요건을 주주의 80% 이상이 동의하도록 정관에 명시한다면 어떤 기업이 다른 기업을 M&A했어도 임원을 교체하기 힘들어진다.
- **이사임기 교차제**(staggered boards) : 회사 경영을 책임지고 있는 이사진의 임기만료가 서로 교차되게 함으로써 적대적 인수자가 많은 주식을 매입하더라도 일시에 기업지배권을 획득하지 못하게 하는 방법이다. 예를 들어, 이사진이 6명일 경우 6명의 임기가 2023년으로 동일하면 합병기업이 2023년말에 한 번에 이사진을 바꿔버릴 수 있다. 그러나 이사진의 임기만료를 2023년에 2명, 2024년에 2명, 2025년에 2명과 같은 식으로 분산시켜 놓으면 합병기업이 일시에 피합병기업의 이사진 장악이 어려워지는 것이다.

기업 인수·합병의 효과

M&A를 하게 되면 어떤 효과가 있을까? M&A를 하는 기업들은 다양한 분야에서 시너지 효과를 기대한다. **시너지 효과**(synergy effect)란 1+1=3과 같은 결과를 가져오는 효과를 말한다. 구체적으로 기대되는 효과로는 다음과 같은 것들이 있다.

- **매출수익의 증대효과** : M&A 전보다 유통망, 브랜드, 제품믹스 등을 효율적으로 이용할 수 있어 시장 다변화, 제품 다변화, 사업영역의 확

대로 매출의 증대를 기대할 수 있다. 동종산업 내에서 이루어지는 수평적 M&A의 경우에는 시장점유율의 확대로 지배적 위치를 확보할 수도 있다.

- **비용절감**: 영업활동에서 통합되는 회사의 여러 가지 자원을 공동으로 이용함으로써 원가가 절감되는 규모의 경제성을 기대할 수 있다. 생산 및 유통과정에서 인접하는 전후방 기업간에 이루어지는 수직적 M&A인 경우에는 영업효율성이 증대될 수 있다.
- **현금흐름의 개선과 위험감소**: 많은 이익을 낸 기업이 손실을 낸 기업을 M&A 하면 원래 내야 했던 세금을 줄일 수 있다. M&A로 재무건전도나 재무상의 신뢰가 확보되면 부채차입능력이 커지고 자본의 조달비용이 감소한다. 또한 M&A가 이루어지면 생산, 마케팅, 인사 등 자원의 공동이용이 가능해져 투자자본, 운전자본 소요액이 절감된다. 상이한 성격의 기업끼리 M&A를 하면 영업 종류가 많아져 영업위험이 분산되고 수익안정화를 기할 수 있다.

구글이 가장 비싸게 인수한 기업은 모토로라(Motorola Mobility)로 2012년에 125억 달러에 구입했다가 2014년에 구입가격의 1/4인 29억 달러에 Lenovo에 매각했다. 구글이 인수한 기업의 3분의 2 정도는 성공적인 M&A로 평가된다.

기업성장전략으로 M&A를 가장 잘 활용한 대표적인 성공사례들로 대형 IT기업들을 들 수 있다. 구글(Google, 모회사 공식 명칭은 알파벳(Alphabet)이다)은 1998년에 창업하였는데, 2001년부터 2023년 7월까지 인수·합병한 주요 기업만 약 257개에 이른다. 특이한 점은 M&A를 한 기업 중 절반이 넘는 기업은 직간접적으로 구글의 경쟁기업이었다는 점이다. 특히 구글의 대표적인 M&A 성공사례로는 유튜브(Youtube) 인수를 들 수 있다. 구글은 유튜브를 2006년 10월 16.5억 달러라는 당시로는 파격적인 금액으로 인수했는데, 대부분의 전문가들은 이를 무모한 것으로 여겼다. 그러나 이후 유튜브는 시대적 흐름을 반영하면서 구글의 검색시장 독점에 큰 기여를 하고 있다.

우리나라의 경우엔 이러한 극적인 사례의 하나로 SK를 들 수 있다. 일부 정치적인 논란이 있기는 하지만 SK는 1980년에 유공, 1994년에 한국이동통신을 차례로 인수해 오늘날의 SK그룹의 양대 축인 에너지와 정보통신의 틀을 완성했다.

그런데 이렇듯 M&A의 효과가 항상 긍정적으로 나타나는 것은 아님에 유의할 필요가 있다. 오히려 M&A로 인하여 어려움을 겪는 사례도 적지 않다(이러한 경우를 '승자의 저주'라고 부른다). 세계적 컨설팅회사 AT커니(Kearney)의 분석에 의하면 M&A를 한 115개 기업을 검토해보았더니 M&A 후 58%의 기업에서 기업가치가 오히려 하락한 것으로 나타났다. 베인&컴퍼니(Bain & Company)나 하버드비즈니스리뷰(HBR) 조사 결과에 의하면 M&A

▌뉴욕에 있는 AOL 본사 전경
(자료 : AOL)

성공률은 30~35% 수준에 그치고 있다.

구체적인 사례로, 독일 자동차회사 다임러(Daimler)는 1998년 400억 달러에 크라이슬러(Chrysler)를 인수했다가 2007년에 겨우 60억 달러에 매각했다. 미국 역사상 최악의 M&A로 인용되는 것은 타임워너(Time Warner)-AOL의 합병이다. 타임워너는 2,840억 달러나 주고 아메리카온라인(AOL)을 M&A 했으나 순식간에 두 기업의 가치 합계 중 93%가 사라졌다. 당시에는 신(AOL)-구(타임워너) 미디어의 합병으로 기대감이 높았던 것도 사실이다. 그러나 최악의 M&A로 결론나면서 경영진 대부분은 퇴진했고 2009년 들어서 결국 AOL은 다시 분사되었다. 이후, 2015년 버라이즌(Verizon Communications)에 44억 달러에 매각되었다가 2021년에 50억 달러에 야후(Yahoo)와 함께 묶여서 사모펀드인 아폴로(Apollo Global Management)에 다시 매각되었고, 현재는 야후의 한 부문이 되었다.

국내에서 가장 대표적인 승자의 저주 사례는 금호아시아나그룹이다. 금호는 2006년 대우건설, 2008년 대한통운을 잇달아 인수하면서 외부 차입금을 포함해 10조 5천억원의 거액을 투입했다. 금호는 이를 통해 재계 순위가 14위에서 9위로 껑충 뛰었지만, 부채도 8조 4천억원에서 23조 4천억원으로 3배 가까이 급증하면서 승자의 저주에서 벗어나지 못했다. 결국 대우건설은 2010년에 산업은행에 매각되었고 2021년 12월에 2조 1천억원에 중흥건설에 인수되었다. 대한통운은 CJ에 인수되어 지금도 운영 중이다.

기업을 분할하는 경우도 많다

IMF 이후 우리나라에서는 한때 구조조정의 일환으로 기업분할이 크게 유행한 적이 있다. 지금도 기업분할은 여러 가지 이유로 계속되고 있다.

회사분할 또는 기업분할(division)은 M&A와 반대되는 것으로 일반적으로 청산절차 없이 기업(분할회사)의 재산이 1개 또는 수개의 신설회사나 기존회사에 포괄적으로 승계되는 것을 말한다. 분할된 기업이 신설회사에 승계되면 단순분할이라고 하고 기존회사에 승계되면 분할합병이라고 한다. 또 기업분할은 분할회사의 존속 여부에 따라 소멸분할과 존속분할로 나누어지며, 신설법인의 주식 귀속 여하에 따라 구주주에게 귀속되는 인적 분할과 분할법인 자체에 귀속되는 물적 분할로 나누어진다. 합병을 위하여 기업을 분할하는 경우도 종종 있다.

물적 분할이란 분할회사(모회사)의 영업부문의 일부를 자회사에 이전시키고 모회사가 자회사의 주식을 보유하여 주주들은 자회사의 주식을 직접 취득하지 않고 물적으로만 분리하는 경우를 말한다.

한편 인적 분할이란 모회사가 영업부문의 일부를 신설된 회사로 이전시키면서 모회사의 주주가 자회사의 주식을 취득하는 경우로서 인적으로 분할되는 경우를 말한다.

인적 분할은 일반적으로 모회사 주주들이 자신들의 주식 소유비율대로 신설회사의 주식을 나눠 갖기 때문에 모회사와 신설회사 간에는 모(母)-자(子) 회사 관계가 성립하지 않아 서로 별개의 회사가 된다. 다만 주주들은 동시에 두 회사의 주주가 된다. 그러나 물적 분할은 신설된 기업의 주식을 모회사가 전부 소유하며 실적과 자산가치 역시 존속회사에 그대로 연결되기 때문에 두 회사는 모-자 관계에 놓인다. 한때 신세계이마트라는 법인명으로 백화점과 대형마트업을 영위하던 신세계는 2011년 5월에 백화점 부문과 대형마트 부문으로 인적 분할한 바 있다. 분할비율은 자본금 기준으로 신세계 26.1%, 이마트 73.9%이다. 당시 주주들은 분할된 신세계와 이마트의 주식을 동일 비율대로 소유했다(이후 승계 작업의 일환으로 꾸준히 지분 변동이 일어나고 있다).

한편 이마트는 이마트몰을, 신세계는 신세계몰을 2019년 12월 27일에 각각 물적 분할을 실시했다. 이어서 분할된 신세계몰은 이마트몰에 2020년 3월 1일에 합병되었다. 분할합병을 목적으로 물적 분할이 이루어졌던 것이다. 신세계 그룹의 전체적인 온라인 쇼핑몰의 운영 효율성을 위한 합병으로 판단된다.

표 3-3
신세계이마트의 기업분할

구 분	분할 후 존속회사	분할 신설회사
법인	신세계	이마트
사업부문	백화점	대형마트
자본금 (분할비율)	492억원(26.1%)	1,394억원(73.9%)
최대주주 (지분)	이명희, 정용진 등 (27.14%)	이명희, 정용진 등 (27.14%)
계열사	신세계인터내셔날, 신세계첼시, 광주신세계, 신세계의정부역사 등	조선호텔, 신세계푸드, 신세계건설, 신세계아이엔씨, 스타벅스코리아, 신세계L&B, 이마트 중국법인 등

□ 그림 3-7
신세계그룹의 온라인몰 기업의 분할 및 합병과정

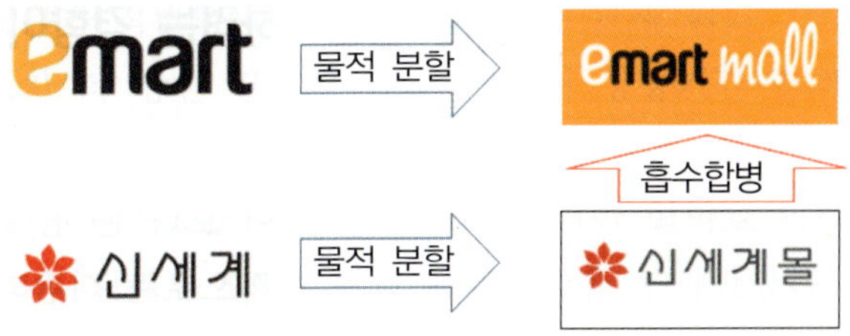

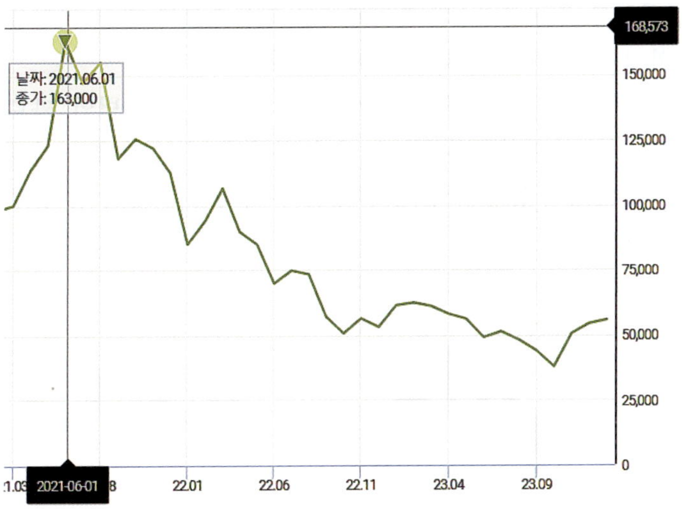

카카오의 2021년부터 2024년 1월 6일까지의 주가 흐름 (자료 : 다음 증권)

카카오는 유동성이 매우 좋던 시기에 카카오게임즈(2020년 9월), 카카오뱅크(2021년 8월), 카카오페이(2021년 11월) 등을 연달아 물적분할하여 상장했다. 이러한 분할로 지주사 역할을 하는 카카오 주주의 주식가치가 희석된다는 논란이 있다. 이후 카카오 주가는 3년간 하락세가 이어졌다.

기업분할을 하는 주요 동기로는 사업의 전문화 및 효율화, 위험부담의 제한, 기업내분의 효과적인 해결, 기업간 경쟁관계의 해소, 결손부분의 분리, 경영활동의 특화, 독립채산의 실효화 등을 들 수가 있다. 이와는 달리 경영권 승계의 목적으로 분할이 이루어지는 경우도 있는데, 신세계의 경우도 그렇게 보는 시각이 있다.

때로는 기업의 분할이 경영진이나 주주의 자발적 의사가 아닌 정부 당국의 정책적 의도에 따라 강제적으로 이루어지기도 한다. 이를 기업분할명령제라고 하는데, 주로 어느 한 기업이 시장을 독점적으로 지배함으로써 소비자의 손익이 침해당하거나 그럴 가능성이 높을 경우에 취해진다. 미국의 통신회사 AT&T가 대표적인 사례이다. 한때 미국 전화시장의 80%를 장악했던 AT&T는 1984년에 7개의 지역회사로 강제분할되었다. 이후 이 회사는 다른 회사에 합병되는 운명을 맞았다. 미국에서는 그 이전에 스탠더드 오일(Standard-oil)이 30개의 회사로, 미국 담배시장의 95%를 장악하고 있던 아메리칸 타바코(American Tabacco)가 16개의 회사로 강제분할된 적이 있다. 자본주의의 꽃이라고 할 수 있는 미국에서 이러한 제도가 운용되고 있는 점은 다소 역설적이다. 한때 마이크로소프트도 인터넷 브라우저 및 미디어 플레이어 등에서 독점적 지위라고 판단되어 강제적 기업분할이 검토된 적이 있다.

트러스트

카르텔에서는 가맹기업이 법적·경제적으로 독립되어 있기 때문에 강제력이 약한 편이다. 반면 트러스트(trust)란 법적·경제적으로 독립성을 상실하기 때문에 기업합동이라고 부른다. 따라서 가장 강력한 기업집단화 방법이다. 기존의 기업이 해체되고 새로운 기업으로 발족하는 신설합동과 자본력을 가진 한 기업이 다른 기업을 흡수하는 흡수합동으로 구분할 수 있다.

트러스트는 앞서 설명한 M&A에서의 '기업합병'과 같다고 할 수 있다.

콘체른

콘체른(konzern)은 자본에 의해 결합하는 집단화 형태로서, 지배되는 기업은 법률적으로는 독립성을 유지하지만 자본적으로는 독립성을 상실하고 지배를

□ 그림 3-9 LG그룹의 지배구조

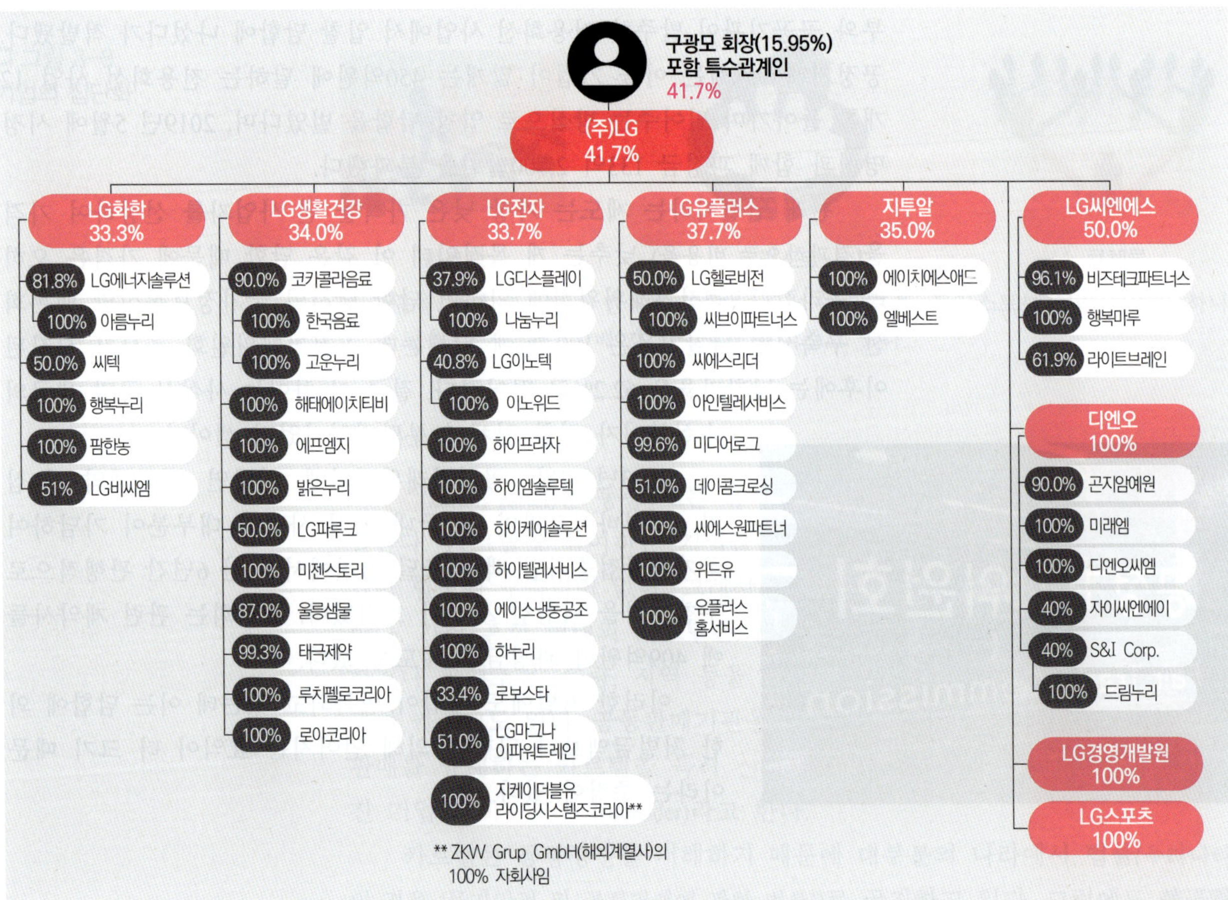

받는다. 우리나라의 재벌도 이와 유사한 방법으로 기업을 집단화하고 있다.

한 기업(모기업)이 다른 기업(자회사)을 지배하는 방법으로는 자회사의 주식을 소유하는 자본참여방법, 자본을 제공하는 금융방법, 경영진을 파견하여 경영에 관여하는 방법 등이 있다.

지주회사도 콘체른의 한 형태이다. 지주회사(holding company)란 자회사 주식의 일부 또는 전부를 소유해 자회사의 경영권을 지배하는 회사를 말한다. 지주회사는 경영권 지배 외에는 사업내용이 없는 순수지주회사와 자체적인 수익사업을 행하는 혼합지주회사로 나뉜다.

콘체른의 일부 방법은 M&A의 방법 중 주식취득과 사실상 같다.

우리나라 대표적인 지주회사는 LG그룹의 (주)LG이다. 우리나라 대기업집단(재벌)은 적은 지분으로 많은 계열사를 순환출자방식으로 지배했는데, 여러 가지 문제점들이 노정되고 있었다. LG그룹은 2003년 3월 1일 국내 최초로 순환출자를 해소하고 지주회사 체제로 전환했다. LG그룹은 우리나라에서 가장 선진화되고 모범적인 지배구조를 가진 기업으로 꼽히고 있다.

마무리 사례

외부투자로 급속성장… 계열사 쪼개기 등 부작용 속출

올해 8월 기준 카카오의 계열사 수는 총 144개. 설립 14년차인 카카오는 국내 대기업 집단 중 역사가 짧은 편에 속하지만, 계열사 수만큼은 SK에 이어 두 번째로 많다.

카카오가 단기간에 외형 확장을 이룰 수 있었던 것은 공격적인 사업방식 덕분이란 분석이다. 카카오는 자체 예산을 통한 사업 추진보다는 외부 투자나 차입을 통해 자금을 확보한 후 인수합병을 통해 사업을 확장한다. 모바일 메신저 플랫폼 '카카오톡'으로 시작한 카카오가 비교적 짧은 기간 안에 콘텐츠·게임·금융·교통 등 다양한 영역에서 사업을 추진할 수 있었던 비결이다.

카카오 판교 아지트 (자료 : 카카오맵)

하지만, 이러한 사업방식에는 부작용도 뒤따른다. 그간 카카오는 잦은 '쪼개기 상장'으로 사회적 비난을 받아왔다. 카카오페이·카카오게임즈·카카오뱅크 등이 대표적 사례다. 유가증권시장 상장은 투자자가 가장 빠르게 투자금을 회수할 수 있는 방법의 하나다. 특히, 막강한 브랜드 인지도에 힘입어 그룹사 상장시마다 상한가 행진을 기록했던 카카오 입장에선 더욱 매력적인 자금조달수단일 수밖에 없다.

그러나 욕심이 너무 과했던 탓일까. 카카오는 최근 그룹사 상장을 위해 무리수도 서슴지 않았다는 비판을 받는다. 주요 계열사인 카카오모빌리티는 올해 3,000억원대 규모의 '매출액 부풀리기' 의혹으로 금융당국의 감리를 받고 있다. 카카오모빌리티는 수수료의 20% 중 16%를 가맹택시들에 돌려주기 때문에 실제 매출은 4%에 불과하지만, 회계상 따로 처리해 20%를 전부 매출로 잡아 부풀렸다는 지적이다. 일각에서는 해외 사모펀드 2곳에서 8,000억원이 넘게 투자를 받은 카카오모빌리티가 투자금 상환을 위해 무리한 상장을 추진한 것이란 추측도 나온다.

지나치게 내수 위주로 치우친 사업구조도 카카오 성장에 제동을 걸고 있다. 카카오의 국내 매출 비중은 약 80%에 달한다. 경쟁사 네이버의 국내 매출 비중이 60%인 점을 고려하면 과도하게 내수시장에 쏠려 있다는 지적이다. 제한된 시장에서 사업 다각화를 이뤄내려다 보니 결국 '골목상권 침해' 논란에 휩싸였다. 이러한 논란은 국정감사 등에서도 여러 번 제기됐다.

논란이 불거지자 카카오 창업자인 김범수 미래이니셔티브센터장은 2021년 국정감사에서 골목상권의 철수와 계열사 축소를 공언했다. 하지만 약속은 2년이 지난 지금까지도 여전히 지켜지지 않고 있다. 실제 카카오가 철수한 골목상권 관련 사업은 카카오모빌리티의 꽃·간식·샐러드 배달 중개 서비스와 포유키즈 장난감 도매업 등 2개뿐이다.

(대한경제신문, 2023.12.11)

핵심용어

- 자본지출
- 경상지출
- 이전지출
- 승수효과
- 구축효과
- 인적 공동기업
- 물적(자본적) 공동기업
- 합명회사
- 합자회사
- 유한책임회사
- 유한회사
- 주식회사
- 자본의 증권화제도
- 협동조합
- 공사공동기업
- M&A
- 기업합병
- 주식취득
- 자산취득
- 기업분할
- 물적 분할
- 인적 분할
- 기업분할명령제
- 카르텔
- 트러스트
- 콘체른
- 지주회사

요 약

- 기업은 영리를 추구하는 조직으로 경영은 기업의 목적을 달성하는 데 활용되는 수단이다. 국민경제의 3대 주체로는 가계, 기업, 정부가 있으며, 기업은 생산주체로서 기업이 생산한 부가가치는 국민소득이 되므로 기업의 성패는 곧 한 국가의 경제를 좌우한다.
- 기업은 분류기준에 따라 다양하게 나뉜다. 가장 보편적인 기업형태는 주식회사로서 주식회사는 자본의 증권화제도, 유한책임제도, 소유와 경영의 분리라는 특징을 갖고 있다. 유한책임회사제도의 도입, 협동조합의 제도 개편에 관심을 기울일 필요가 있다.
- 기업의 인수 · 합병은 외적 성장의 주요 수단으로서 그 방법으로는 기업합병, 주식취득, 자산취득이 있다. 기업 인수 · 합병의 효과로는 매출수익의 증대효과, 비용절감, 현금흐름의 개선과 위험감소 등이 기대된다.
- 기업의 분할은 M&A와 반대로 기존의 기업을 쪼개는 것이다. 인적 분할과 물적 분할의 두 가지 방법이 있다.
- 기업의 집단화란 단독기업에서 벗어나 둘 이상의 단위기업이 보다 큰 경제단위로 결합하는 형태이다. 기업이 집단화하는 방법에는 카르텔, 트러스트, 콘체른 등이 있다.
- 지주회사란 자회사의 주식의 일부 또는 전부를 소유해 자회사의 경영권을 지배하는 회사를 말한다.

연습문제

1. 국가경제에서 기업이 중요한 이유는 무엇인가?
2. 기업의 종류를 정리하고 그 핵심 특징에 대하여 설명하라.
3. 주식회사가 다른 기업형태에 비하여 갖는 장단점을 설명하라.
4. 합자회사와 합명회사의 다른 점은 무엇인가?
5. 영리행위가 가능한 협동조합, 유한책임회사의 특징에 대해서 설명하라.
6. 기업 인수 · 합병, 기업분할, 기업의 집단화가 왜 일어나는지에 대하여 비교 설명하라.
7. 담합이 무엇인지 설명하라.
8. 지주회사란 무엇인가?

미니 프로젝트 공정거래위원회에서는 종종 담합 사례를 적발하여 처벌하고 있다. 최근의 사례를 정리해보고, 카르텔로 의심될 만한 상황을 주위에서 보았는지 자료를 모아 발표해보자.

(자료 : 공정거래위원회)

CHAPTER

4 경영과 환경

인공지능(AI)이 우리 생활에 급속도로 파고 들고 있다. 위 유명인 그림(또는 사진) 중 어느 것이 AI가 아닌 실물일까? 답은 다음 페이지 끝에 있다. (자료 : 9news.com)

개인 맞춤형 AI로 진화한 챗GPT, 상용화 임박했다

인공지능(AI) 챗봇 챗GPT의 개발사인 오픈AI가 맞춤형 GPT 모델을 사고파는 온라인 시장을 다음 주 내로 선보일 계획이다. 코딩을 배우지 않아도 사용자들이 맞춤형 AI 챗봇을 제작한 뒤 배포할 수 있는 플랫폼을 마련할 예정이다. 시장에선 오픈AI가 생성형 AI를 활용해 사업다각화를 추진하고 있다는 관측이 나온다.

블룸버그에 따르면 오픈AI는 유료 서비스 이용자들에게 공지를 통해 다음 주 내로 '맞춤형 GPT'를 제작해 배포하는 GPT스토어를 선보인다고 밝혔다. 시장에서는 오픈AI가 GPT 모델을 활용해 사업다각화를 추진하고 있다는 분석이 나온다. 메타, 구글, 아마존, 마이크로소프트(MS) 등 빅테크가 생성형 AI 개발에 주력하고 있지만 생성형 AI 모델 시장을 출시한 적은 없다. 새로운 AI 생태계가 조성되기 전에 오픈AI가 이를 선점하려는 전략이다. 애플의 앱스토어나 구글의 플레이스토어처럼 새로운 디지털 시장이 열리게 되는 셈이다.

정보통신(IT) 전문 매체 디 인포메이션에 따르면 지난해 오픈AI는 연 매출 16억 달러(2조 1,000억원)를 기록했다. 올해는 작년의 3배 이상인 50억 달러를 달성하는 게 목표다. 이를 위해 공격적으로 사업다각화를 추진하고 있다는 분석이 나온다. (한경, 2023.1.5)

＊ 앞 페이지의 그림은 모두 AI가 그린 것이다.

4.1 기업환경의 구조를 이해하자

기업환경의 특성과 중요성을 알자

인간이 인간을 둘러싼 환경을 벗어나서 살 수 없듯이 기업도 기업 내외의 환경에 의하여 영향을 받는다. 기업을 둘러싼 경영환경은 기업의 성장 여부는 물론이고 종종 기업의 생존 여부를 결정하기도 한다.

기업은 자신이 속해 있는 환경과는 분리해서 존재할 수 없기 때문에 단독으로 경영활동을 수행할 수는 없다. 마치 유기체와 같이 기업의 내외적 환경요소들과 상호작용을 하면서 성장 및 발전을 도모한다. 기업은 생산에 필요한 자원을 주위환경에서 조달하고, 생산된 재화 및 서비스를 다시 환경에 공급하는 식으로 환경과 상호의존적인 경영활동을 전개한다. 따라서 기업이 소기의 경영목적을 달성하기 위해서는 환경에 적절히 대응해야 한다.

국가는 환경요인 중의 하나이다. 국가에서는 기업운영의 기본 틀과 규칙이 되는 각종 법률과 제도를 만들어 기업들이 경영활동을 할 수 있도록 해주는 한편으로 그러한 법과 제도를 제대로 준수하는지를 감시한다. 만일 기업에 대한 이러한 제도적 뒷받침이 없다면 불공정한 경쟁이 일상화될 수 있고 건전하게 운영되는 기업은 발을 붙일 수 없게 된다. 그 피해는 당장 소비자나 일반 시민에게 전가된다. 한편으로 국가에서 시행하는 정책은 수시로 바뀐다. 이런 변화에 기업이 적절히 대응하지 못하면 낭패를 겪게 된다.

□ 그림 4-1
경영환경의 역동성,
기업과 환경의 상호작용

국가가 기업간 경쟁환경에서 직접 경쟁 당사자처럼 움직이는 경우도 적지 않다. 예를 들어, 세계적인 기업들이 중국시장에 진출했다가 철수하는 일이 적지 않다. 이베이(e-bay)는 2007년에 중국에서 철수했고 구글도 2010년에 철수했다. 트위터나 페이스북, 유튜브는 사실상 접속이 차단되고 있다. 최근의 사례로는 차량공유서비스 세계 1위 기업인 우버(Uber)가 중국시장에서 견디지 못하고 2016년 8월에 철수하고 말았다. 프랑스 유통기업 까르푸(Carrefour), 일본의 올림푸스 카메라도 철수했고, 세계 최대의 유통 공룡 아마존(Amazon)도 못 견디고 2019년에 철수할 수밖에 없었다. 이들 기업이 현지화 노력을 게을리했다는 지적도 있지만 중국정부의 보이지 않는 손이 작동하는 것으로 보는 전문가가 많다.

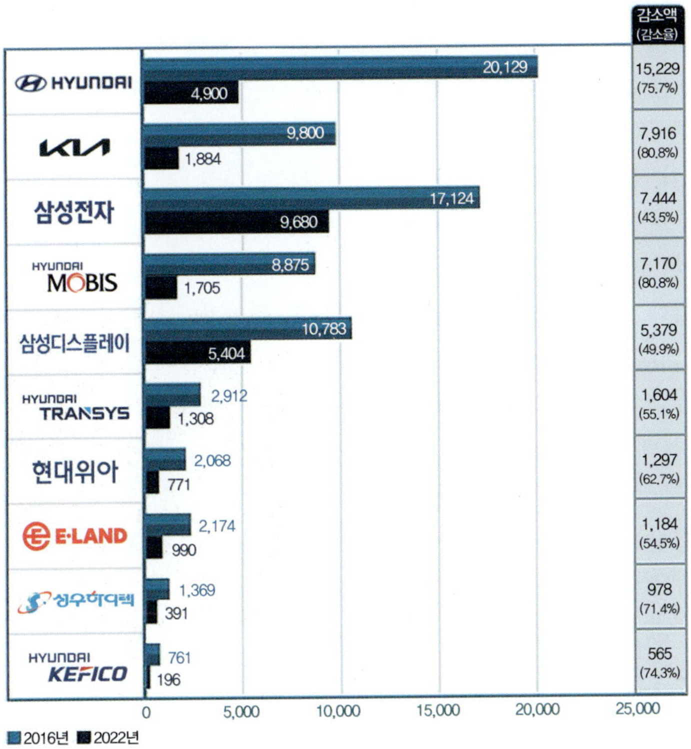

2016년 대비 2022년 기준 중국 생산법인 매출 감소액 상위 10대 기업(단위 : 10억원) (자료 : CEO스코어)

2016년에 SPC가 들여온 쉐이크쉑 1호점. 사진은 이전 전의 것으로 2023년 8월에 강남역 부근으로 이전했다. (자료 : SPC)

CEO스코어 자료에 의하면, 2016년부터 2022년까지 지난 6년간 국내 대기업의 중국 생산법인 가운데 매각하거나 청산한 법인은 46곳(매각 30곳 · 청산 16곳)이나 된다. 철수하지 않은 기업의 경우도 여러 사유가 있겠으나 매출액의 큰 감소를 겪고 있다.

소비자는 직접적으로 기업에 영향을 미치는 환경요인이다. 소비자의 기호나 선호도를 정확하게 파악하고 이에 부합되는 제품이나 서비스를 제공하는 기업은 경쟁력을 갖게 된다.

이러한 예의 하나가 쉐이크쉑(Shake shack)이라는 회사이다. 햄버거는 질 낮은 음식(junk food)이라는 생각이 그동안의 통념이었다. 그러나 쉐이크쉑은 친환경을 요구하는 시대적 조류와 좋은 식재료에 대한 소비자들의 요구를 정확히 파악하고 대응하여 버거에 대한 인식까지 바꾼 성공적인 사례이다.

대형마트 중심의 소매시장은 급격하게

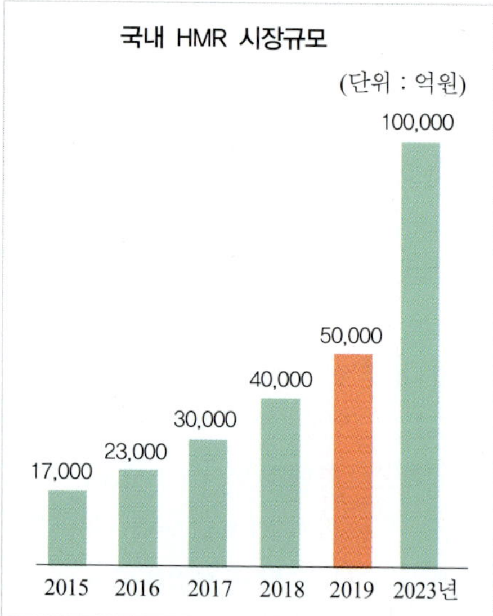

▌국내 HMR시장 규모 (자료 : 하나금융투자 등)

편의점과 온라인 플랫폼으로 중심이 옮겨가고 있다. 이는 온전히 소비자의 인구통계적 특성이 변하고 있기 때문이다. 즉 우리나라의 1인 가구 비율이 급격하게 늘고 있다. 이에 따라 간편식(HMR : home meal replacement) 시장규모가 매년 30~40%씩 성장하고 있는데, 편의점이 그 중심에 있다. 2023년에 10조원으로 매출이 추정되고 있는데,[1] 근래에 이러한 성장세를 보이고 있는 제품군은 사실상 보기 힘들다.

너무나 당연한 말이기는 하지만 이처럼 기업환경으로서의 소비자는 매우 중요한 위치에 있다.

기업이 항상 소비자에게 순응해야만 하는가? 김치시장은 이 물음에 대한 답으로 좋은 예이다. 과거에는 김치는 집에서 담가 먹어야 하는 것으로 알았으며, 겨울이 오면 김장을 해야 하는 것을 당연하게 생각했다. 그러나 요즘에는 기업에서 생산한 김치를 사먹는 가정이 적지 않다. 세태의 변화도 이러한 변화의 한 요인이 되었지만 김치생산기업의 지속적인 마케팅이 큰 영향을 끼쳤다. 소비자의 의식변화를 기업이 주도한 셈이다.

이처럼 기업은 하나의 개방시스템(open system)으로서 자신을 둘러싼 환경과 상호작용을 한다. 기업을 둘러싼 경영환경(business environment)은 기업의 경영성과에 영향을 미치는 요인이라고 정의할 수 있다.

환경은 계속해서 변화하는 특성을 가지고 있다. 또한 기업은 환경에 의해 주로 영향을 받지만 때로는 기업 스스로 능동적으로 환경을 변화시키기도 한다. 성공적인 기업경영이 이루어지기 위해서는 경영자는 환경의 중요성

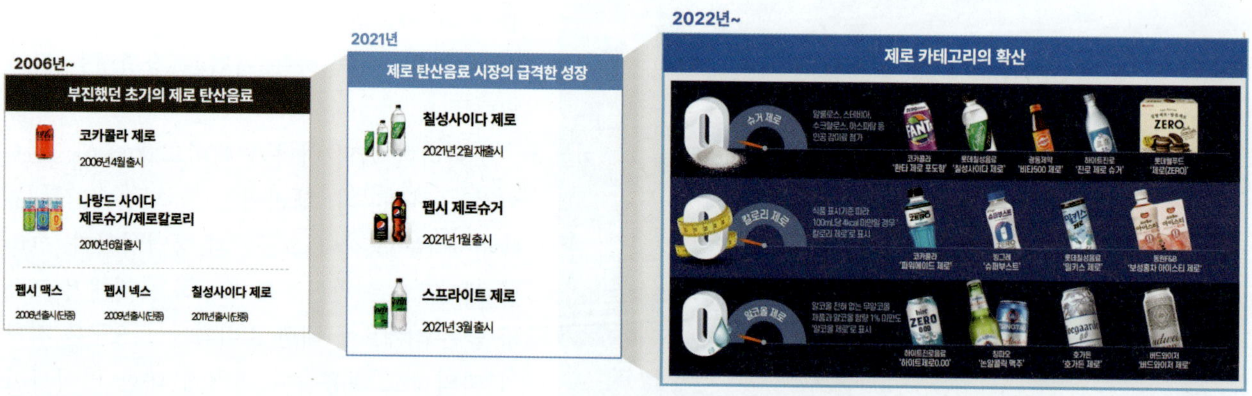

▌설탕이 들어가지 않은 '제로' 카테고리 상품의 확장 (자료 : IGAW마케팅클라우드, 2023.6.29)

1) HMR에 대한 정확한 정의가 있지 않은 만큼 기관에 따라 추정하는 금액에 차이가 있다.

을 충분히 인식해야 한다. 특히 경영환경이 급격하고 다양하게 변화할수록 환경변화를 사전에 예측하고 이에 적극적으로 대처할 수 있는 통찰력과 판단력을 갖추어야 한다.

간단한 사례의 하나로, 콜라시장을 들 수 있다. 일반 콜라는 그 자체로도 그렇고 콜라와 잘 어울리는 햄버거나 치킨과 같은 고칼로리 식품인 관계로 비만이나 성인병을 걱정하는 소비자가 많았고 콜라산업의 미래에 회의적인 의견도 적지 않았다. 이를 간파한 코카콜라사가 2006년에 코카콜라 제로를 출시했으나 실적은 좋지 않았다. 이후 많은 브랜드에서 제로 슈거(zero sugar) 음료를 출시했으나 시장의 반응은 크지 않았다. 그러다가 2021년부터 제로 탄산음료시장이 급격히 성장하기 시작했고 '제로'라는 키워드는 식음료 시장에서 주요 카테고리 중의 하나가 되었다. 최근 식품산업통계정보 보고서 등에 따르면 국내 10조 3,115억원 규모의 음료시장에서 탄산음료는 24.5% 수준이며 이 중 제로 탄산음료 비중은 20% 선이다. 국내 제로 탄산음료시장은 2016년 903억원에 불과했으나 연평균 19.4%씩 가파르게 성장하고 있다. 글로벌 제로 탄산음료시장도 급성장세로 2020년 1,253억 달러에서 2030년 2,435억 달러로 성장할 전망이다. 제로 음료시장은 기존 탄산음료에서 차 음료, 이온 음료, 스포츠 음료 등 음료뿐만 아니라 과자나 디저트 식품으로 그 범위를 넓히고 있어 시장규모는 더욱 커질 것으로 보인다.

▌소셜미디어 (자료 : campaign180)

최근에 가장 중요한 기업환경의 변화 중 하나는 본 장에서 설명하고 있는 기업 외부환경요인과 그 특성이 복합적으로 반영되어 있는 사회관계망, 즉 소셜미디어(social media)의 폭발적 성장이다. 최근 서울시전자상거래센터가 진행한 소셜미디어, 즉 SNS 이용 조사에서 "소비자 10명 중 8명(86.4%)이 SNS를 이용하고, 10명 중 5명(51.6%)은 SNS를 통해 상품을 구매한 경험이 있다"고 답했다.[2] 소셜미디어는 전통적인 의사소통 매체와는 달리 양방향 소통이 가능하고 확산속도가 아주 빠르다는 중요한 특징을 가지고 있다. 많은 기업들은 이러한 SNS의 특징을 잘 살려 고객이나 소비자의 의견을 적극 반영하고 소비자를 움직이고자 하는 상호작용의 도구로 활용하고 있다. 워낙 많은 사례가 있어서 일일이 열거하기가 쉽지 않을 정도이다.

---

2) SNS(Social Network Service)는 영어로 된 단어이긴 하나 '콩글리시'이다. 실제로 영어권 국가에서는 Social Media(소셜미디어)라는 표현을 쓴다.

환경의 분류

경영환경은 크게 직접환경과 간접환경으로 나눌 수 있다. [그림 4-2]는 기업환경을 분류한 것이다.

직접환경은 기업에 직접적으로 영향을 미치는 환경요인으로 그 요인이 어디에 위치하고 있느냐에 따라 다시 내부환경과 외부환경으로 구분한다. 내부직접환경으로는 주주, 종업원, 경영자, 조직문화 등이 있으며, 외부직접환경으로는 소비자, 경쟁자, 공급자, 금융기관, 지역사회, 정부 등이 있다.

간접환경은 기업에 간접적으로 영향을 미치는 환경요인으로서 경제적 환경, 정치·법률적 환경, 사회·문화적 환경, 기술적 환경 등이 있다. 간접환경 역시 기업의 외부환경이라고 할 수 있다.

간접환경은 직접환경에 비해 광범위하고 포괄적이며 그 영향의 정도가 비교적 장기적 추세로 나타나는 특징이 있다. 경영자는 끊임없이 환경변화에 대응해야 한다. 대부분의 외부환경은 경영자가 통제할 수 없는 환경요인이어서 기업이 수동적으로 적응해야 하는 반면, 내부환경은 능동적으로 대응할 수 있다는 점에서 차이가 있다.

다음에서는 먼저 간접환경인 경제적 환경, 정치·법률적 환경, 사회·문화적 환경, 기술적 환경을 살펴보고, 이어서 직접환경인 소비자, 경쟁자, 주주, 종업원 등을 살펴보기로 한다.

□ 그림 4-2
기업환경의 분류

4.2 경영에 간접적으로 영향을 미치는 환경들

먼저 경영환경 중 간접환경에 대하여 살펴보자. 간접환경은 경영환경 구조상 기업의 가장 외곽에 존재한다. 경영자가 쉽게 통제할 수 없는 환경요인이기 때문에 기업의 입장에서는 환경변화에 적응해야 하는 특성을 가지고 있다. 간접적으로 기업에 영향을 미치기 때문에 환경의 변화를 무심코 지나치거나 때로는 환경변화를 제때 파악하지 못할 수도 있다. 상황변화의 심각성을 인식한 후에는 이미 돌이키기 어려운 경우도 있다.

한때 우리나라의 대표적인 수출산업 중의 하나였던 섬유산업이 대표적인 사례이다. 우리나라 섬유산업의 수출경쟁력 요인 중의 하나는 값싼 노동력이었다. 그러나 중국이 우리보다 더 값싼 노동력을 이용하여 섬유산업에 뛰어들고 우리나라 임금이 크게 상승하자 우리나라 섬유산업은 국제시장에서 더 이상의 경쟁을 할 수 없었다. 일찍이 이러한 상황을 예측하고 중국이 쉽게 따라오기 힘든 첨단 고부가가치 섬유산업 분야를 개척한 기업만이 섬유산업 한국의 명성을 이을 수 있었다. 일본의 가전산업도 이와 유사한 상황이다. 소니, 도시바, 파나소닉, 샤프 등 세계적인 기업들로 한때 전 세계를 주름 잡던 일본 가전산업은 급격하게 몰락했다. 2014년 2월에는 마지막 자존심이라고 할 수 있는 소니(Sony)가

1970년대 대구의 한 봉제공장. 여공들이 아침 7시~저녁 7시, 저녁 7시~아침 7시의 2교대로 일했다. 숙식은 회사 공장의 기숙사에서 6인 1조로 해결했다. 조원이 힘들어서 결근하면 다른 조원이 24시간을 근무하기도 했다.

□ 그림 4-3
간접환경요인

소니는 1979년 7월 1일부터 워크맨을 판매하기 시작했다. (자료 : Stereogum)

TV 사업부를 구조조정 차원에서 분사하기로 결정했다. 2016년에는 도시바(Toshiba)가 TV, 전자레인지, 드럼세탁기 등의 백색가전 사업부를 중국 메이더(美的)에 넘겼다. 2018년 12월에는 일본 파이오니아(Pioneer)가 홍콩펀드인 '베어링 프라이빗 에쿼티 아시아'(BPEA)의 완전 자회사가 되는 운명을 맞았다. 파이오니아는 1938년에 설립된 오래된 기업으로 세계 최초로 50인치 대형 플라즈마 TV를 만든 회사이기도 하다. 그러나 결국 매각된 것이다.

일본 가전의 몰락은 수치로도 나타난다. 2002년과 약 10년 후인 2021년 일본의 수출을 비교해보면 일본 전체의 수출액이 1.6배 늘어나는 동안 TV 수출은 76%, 음향기기는 83% 감소했을 정도이다.

이러한 결과가 야기된 원인에 대해서는 다양한 주장이 있으나 디지털 시대로 전환하는 환경변화 흐름을 제대로 파악하지 못했다는 분석이 설득력을 얻고 있다. 실제로 일본 3대 전자부품 회사인 TDK의 미국법인 부사장을 지낸 한 임원은 일본 기업이 기술 대국의 자존심으로 고품질, 고성능, 고부가가치 등 '3고'(三高)를 믿고 아날로그 시대의 명제에서 디지털로의 전환에 실패하여 몰락했다고 판단했다.

이들은 간접환경의 변화에 대한 사전준비와 대응이 얼마나 중요한가를 보여주는 사례라 하겠다. 간접환경으로는 경제적 환경, 정치·법률적 환경, 사회·문화적 환경, 기술적 환경 등이 있다.

경제적 환경

모든 기업은 경제주체로서 경제행위를 하기 때문에 하나의 경제시스템 구성원이 되어 자신이 속한 경제적 환경의 영향을 받게 된다.

경제적 환경의 구체적인 요인들로는 먼저 경제체제를 들 수 있다. 한 국가의 경제체제가 자본주의인지 사회주의인지의 여부 그리고 자본주의 체제 내에서도 정부의 간섭 정도에 따라 기업경영활동은 많은 영향을 받는다. 사회주의·계획경제보다 자본주의·시장경제체제에서의 기업활동이 상대적으로 자유롭기 때문에 경영의 효율성 역시 높다. 이 때문에 지구상에서 경제체제로서의 사회주의 체제는 사실상 소멸되어 가고 있다. 중국의 경우는 독특해서 사회주의이면서 시장경제를 지향해서 사회주의 시장경제체제라고 할 수 있다.

국가의 경제상황이 호황인가 불황인가의 여부도 경제적 환경요인의 하나가 될 수 있다. 일반적으로 경제상황이 호황일 때 기업경영이 수월하지만 이러한 사실이 모든 기업에 적용되는 것은 아니다. 예컨대 라면은 경기가 불황일 때 오히려 혜택을 보는 제품이다. 경기가 나쁘면 맥주나 위스키 소비량보다 상대적으로 값이 싼 소주 소비량이 늘어나는 현상도 볼 수 있다. 불황일 때 돼지고기의 소비가 증가하는 것도 비슷한 이유로 설명된다. 현실도피적인 경향으로 인하여 영화산업도 상대적으로 불황일 때 유리하다.

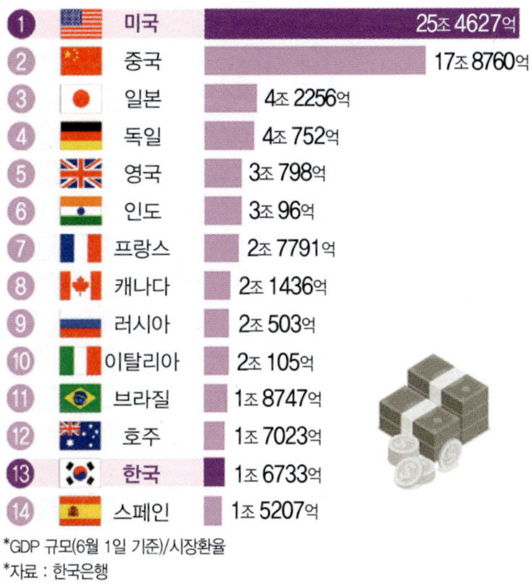

2022년 기준 세계 각국 경제규모 순위 14개국 (단위 : 달러) (자료 : 머니투데이)

국민경제규모가 어느 정도인가도 경제적 환경요인이 된다. 국민경제규모가 클수록 잠재적인 수요자가 많기 때문에 그렇지 않은 경우보다 기업환경이 양호하다. 오늘날의 경우처럼 국제적으로 자유주의 무역체제를 주창하면서도 실제적으로는 보호무역주의가 팽배할 때에는 특히 국민경제규모가 중요한 요인이 된다.

국민경제규모는 각 개별 상품의 시장크기에도 영향을 미친다. 국민경제의 규모는 흔히 수출에 대비되는 용어로 내수라고 한다. 개별 상품의 내수시장규모가 얼마나 중요한가를 보여주는 미국이나 중국이 좋은 사례이다. 미국이 세계 질서에서 절대 강자인 이유는 국민경제규모(GDP)가 25조 4,627억 달러로 세계의 약 4분의 1 정도(2022년 기준 25.4%)를 점유하고 있기 때문이다. 이는 EU보다 크고 중국·일본의 합계보다 큰 것이다. 근래에는 중국의 경제규모가 급격하게 커지면서 세계적인 기업들이 많아지고 있으며 국제시장 질서에서 목소리를 높이고 있다. 우리나라는 2021년 10위였으나 2022년에 13위로 세 계단이나 하락했다.

문화콘텐츠도 국민경제규모에 따라 그 경쟁력이 크게 달라진다. 전문가들에 의하면 한 국가의 인구가 최소한 1억명 수준은 되어야 자국 내에서의 자생력을 갖춘다고 한다. 이러한 관점에서 본다면 우리나라의 SM엔터테인먼트와 같은 일부 대형 엔터테인먼트 회사들이 상품(음악이나 드라마 등) 기획단계부터 외국 수출을 전제로 하는 것은 올바른 판단이라고 볼 수 있다.

한편, 한 국가 내에서 자국민만을 대상으로 영업활동을 하는 기업의 입장에서는 국민경제규모가 작은 것이 오히려 바람직할 수도 있다. 한 국가의 경제규모가 작으면 국제적인 경쟁력을 갖춘 다국적기업이 진출할 가능성이 낮기 때문에 힘에 겨운 거대기업과의 경쟁에 휘말릴 가능성이 낮은 것이다.

어떠한 산업구조를 갖고 있는가, 정부가 어떠한 경제운용계획을 갖고 있는가 등도 경제적 환경의 한 요인이 된다. 또한 금리, 환율, 물가 등을 다루는 재정 및 금융 정책도 기업경영에 영향을 미치는 경제적 요인이다.

〈표 4-1〉은 경제적 환경과 관련된 지표들이다.

표 4-1
주요 경제지표

구 분	관련 지표
국민소득	GNP(국민총생산), GDP(국내총생산), GNI(국민총소득), 경제성장률, 저축률 등
실물경제	생산과 출하 : 산업생산, 출하, 재고, 제조업 평균가동률 등
	투자 : 건축허가면적, 건설수주액, 기계수주액 등
	소비 : 도소매 판매, 내수용 소비재 출하 등
대외거래	국제수지 : 경상수지(수출입 수지), 자본수지(직접투자, 증권투자) 등
	수출입 : 수출, 수입
	외채, 외국인투자, 원유도입 등
통화/금리	환율, 이자율, 국공채 수익률 등
물가 및 수출입 단가	생산자물가, 소비자물가, 수출단가, 수입단가
고 용	경제활동인구, 실업률, 평균임금
경 기	선행지수, 동행지수

정치적 환경과 법률적 환경은 서로 밀접한 관계에 있다

기업경영활동은 일정한 법률적 테두리 내에서 이루어진다. 대표적인 법률로는 상법, 공정거래법, 노동법, 독과점규제법 등을 들 수 있다.

법률적 환경에 대해 기업경영활동에 규제를 가하는 부정적인 면만을 생각하기 쉬우나 실제로는 그렇지 않다. 예컨대 공정거래법(정식 명칭은 독점규제 및 공정거래에 관한 법률)은 시장구조의 독과점화를 억제하고 경쟁제한적인 행위나 불공정한 거래행위를 규제함으로써 공정하고 자유로운 경쟁질서를 확립하는 데 목적을 두고 있다. 즉 공정거래법은 기업의 경영활동을 위축시키기보다는 오히려 경쟁질서 확립과 시장기능 활성화를 통해 기업체질을 개선함으로써 기업의 경쟁력을 강화시켜준다. 또한 특정 사업자의 시장지배적 지위의 남용과 부당한 거래행위 등으로부터 소비자를 보호하여 국민경제의 균형발전을 기할 수 있도록 해주는 것이다.

한편 각종 법률은 정부의 정치적 성향이나 동기가 구체화된 것이기 때문에 정치적 환경 역시 중요한 기업환경요인이 된다. 구체적인 정치적 환경으로는 정부 여당의 정책 기조, 정치 및 정당 체계, 정치 풍토, 정치적 안정도 등이 있다.

전통적으로 보수적인 성향의 정당이 집권한 정부는 상대적으로 기업입장의 정책을 추진하는 반면, 진보적인 정부는 노동자 및 서민을 위한 정치를

□ 그림 4-4
정치 · 법률적 환경요인과 정부의 관계

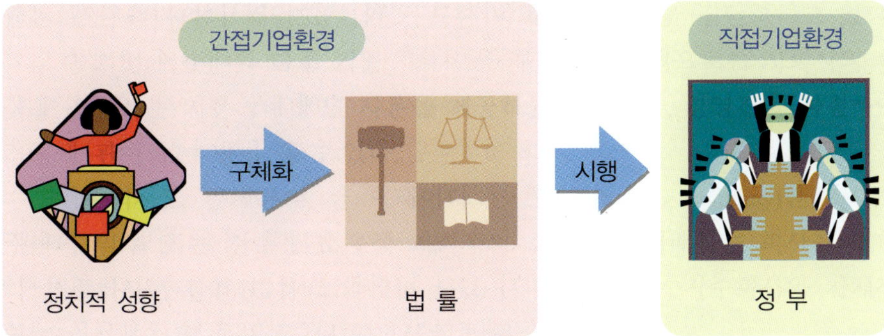

전개하는 경향이 있으며 법률의 제정 · 개정도 그러한 경향을 반영하게 된다. 보수적인 정부는 기업의 편에 서서 기업에 대한 금융지원을 강화하고 각종 세금을 경감해주며 기업에 대한 간섭을 줄이고자 한다. 예컨대 미국의 공화당은 전통적으로 보수정당으로서 기업 입장을 두둔하는 반면, 민주당은 진보정당으로 공화당과는 상반되는 기업정책을 지향한다. 영국의 보수당과 노동당도 비슷하게 생각할 수 있다.

법률은 정부의 추상적인 정치적 의지가 구체적인 형태로 구현된 것이다. 따라서 법률적인 환경과 정치적인 환경은 매우 밀접한 관계를 가지고 있으며 그 중심에 정부가 있다.

법률은 제정에 시간이 소요되기 때문에 특정상황에 대비하여 미리 법률을 제정해 놓지 않았다가 뒤늦게 문제가 되거나 정부가 정책 방향을 바꾸고자 하는 경우 제때에 효과적인 대응을 하지 못하는 경우가 발생한다. 예를 들어, 자동차 에어백의 경우 우리나라에서는 자동차관리법의 '자동차 안전기준'에 승객안전에 반드시 필요한 장치가 아닌 보조장치로 분류되어 있어 문제가 생기면 소비자가 에어백의 문제점을 증명해야 보상을 받을 수 있다. 반면 미국의 경우엔 운전석과 조수석에 에어백 설치가 법률로 의무화되어 있다. 이 때문에 우리나라에서는 운전자들이 에어백에 대한 문제제기를 해도 제조업체가 리콜을 해주는 경우가 거의 없으나 미국에서는 리콜이 일반화되어 있다. 심지어 수입자동차의 경우도 동일한 차종에 대해 미국에서는 리콜을 하면서도 국내에서는 하지 않는 경우도 있다.

폭스바겐의 경우도 이의 연장선에 있다. 이 회사는 배기가스 조작 파문과 관련하여 미국에서는 문제 차량의 환불, 1인당 5,000달러의 위로금 지급 등의 해결책을 내놓았으나 우리나라에서는 이와는 전혀 다른 대응을 했다.

이는 미국과 우리나라의 법 체계에서의 차이에서 비롯된 면이 있다. 영미법 체계인 미국은 징벌적 손해배상(punitive damages, exemplary damages)제도를 가지고 있다. 이는 민사상 가해자가 피해자에게 "악의를 가지고" 또는 "무분별하게" 재산 또는 신체상의 피해를 입힐 목적으로 불법행위를 행한 경우에, 이에 대한 손해배상 청구시 가해자에게 손해 원금과 이자뿐만이 아니라 형벌적인 요소로서의 금액을 추가적으로 포함시켜서 배상받을 수 있게 한 제도이다.

이 제도에서 유의할 점은 징벌적 손해배상은 다소 형벌적인 성격이 들어가 있다 하더라도 이는 어디까지나 민사책임이므로 형사책임, 행정제재와는 다르다는 것이다. 징벌적 손해배상을 해주고 나서도 별도의 형사책임을 지거나 과징금 등의 행정제재를 받을 수 있다. 처벌이 매우 강력하기 때문에 불법행위의 사전예방 목적이 강하다.

그러나 우리나라는 대륙법 체계를 따르고 있어서 미국과는 환경이 다르다. 대륙법 체계에서는 가해행위로써 발생한 책임을 가해자가 그 책임범위만큼 보상해준다는 의미의 전보배상(compensatory damages)을 원칙으로 하고 있기 때문이다. 다만 몇 개의 예외적인 법률이 있기는 하다. '하도급법'에서는 도급인 등의 갑질 등으로 인한 손해배상의 경우 실제 피해의 최대 3배까지 배상받을 수 있다는 규정이 도입되어 있다. 2024년 1월에는 중소기업의 기술을 보호하기 위한 '상생협력법'과 '중소기업기술보호법' 개정안이 의결되었다. 이에 따라, 중소기업의 기술을 부당하게 가로채기하는 대기업에 대한 징벌적 손해배상 한도가 손해액의 3배에서 5배로 강화되었다.

현장사례 **징벌적 손해배상 논의가 다시 수면 위로?**

얼마 전 카카오톡 먹통 사건으로 국민 대부분은 큰 혼란을 겪었다. 카카오톡을 통해서 사업을 하는 기업이나 개인사업자는 직접적인 경제적 피해도 받았을 것이다. 일각에서는 카카오톡 먹통 사건을 계기로 징벌적 손해배상도 다시 한번 언급하고 있는 것 같다.

징벌적 손해배상제도는 미국에서 활발하게 활용되어 왔던 제도다. 한국에도 잘 알려진 맥도널드 커피 소송이 있다. 'McDonald's coffee case' 또는 'Hot coffee lawsuit'으로 알려져 있는 이 소송은 1994년 미국에서는 뜨거운 이슈였던 맥도널드에 대한 소송이었다. 원고 스텔라 라이벡은 79세의 여성으로 1992년 2월 맥도널드에서 드라이브스루로 커피를 주문하였는데, 차 안에 있던 라이벡은 커피를 무릎에 쏟아서 결국 3도 화상을 입는 사건이 발생했다. 라이벡은 맥도널드에 병원비 등 손해액으로 2만 불을 청구하였으나 맥도널드는 이를 거절하였고, 이에 라이벡은 리드 모건(Reed Morgan) 변호사를 선임하여 뉴멕시코 연방법원에 소송을 제기하였다.

라이벡의 주장은 맥도널드가 불합리하게 위험하고 결함 있는 커피를 제조해서 판매하여 중과실이 있다는 것이었다. 라이벡 측은 맥도널드에 합의금 9만 불을 청구했으나 거절당하자 30만 불로 올렸고 또 거절당하자 22만5,000불을 제안했으나 맥도널드는 이것도 거절하였다. 결국 소송으로 진행되면서 밝혀진 사실에 의하면, 맥도널드는 가맹점에 화씨 180~190도(섭씨 82~88도)의 커피를 제조해서 판매하게 하였는데, 라이벡 측의 주장에 의하면 보통 커피 매장들이 판매하는 커피의 온도는 화씨 140도(섭씨 60도)로 맥도널드의 커피가 다른 커피 매장보다 훨씬 높은 온도로 제조해서 판매를 하였다고 한다.

사회 · 문화적 환경은 매우 복합적이다

사회 · 문화적 환경이란 사회구성원의 생각과 행위에 영향을 미치는 사회 · 문화적 제도와 태도를 말한다. 구체적인 요인으로는 관습, 전통, 문화, 가치관, 생활양식 등을 들 수 있다. 이러한 것들은 하루아침에 형성되는 것이 아니라 앞서 설명한 경제적 환경, 정치 · 법률적 환경과 뒤에서 설명할 기술적 환경 등 제 환경요인이 복합적으로 작용하여 생성되기도 하고 또한 이들 환경요인과 혼합되어 영향을 미치기도 한다.

사회가 다원화되고 문화의 독창성 및 다양성이 강조되면서 기업들은 사회 · 문화적 환경요인의 변화 내용과 분석, 예측에 어려움을 겪기도 하며 환경에 대응하지 못한 기업은 경쟁에서 탈락하기도 한다.

아주 미세한 문화적인 차이가 큰 영향을 미치기도 한다. 중국인들은 식재료는 가능한 한 신선하고 살아 있는 제품을 선호한다. 특히 생선은 죽은 것은 잘 사지 않는다. 그래서 중국 마트는 산 생선을 수족관에 넣어놓고 파는 경우가 많다. 그러나 우리나라 소비자들은 조리할 때 손이 덜 가는 손질된 생선을 좋아한다. 이마트는 진출 초기 생선을 내장까지 깨끗하게 손질하여 내놨다. 중국인의 특징을 제대로 파악하지 못하고 한국식을 고집했던 것이다. 월마트나 까르푸가 우리나라에서 실패했던 것과 동일한 방식의 경험을 우리나라 대형마트도 중국에서 했던 것이다.

주방에서 사용하는 프라이팬 하나에도 문화적인 차이가 나타난다. 우리

1994년 8월 12명의 배심원은, 맥도널드는 라이벡에게 20만 불의 손해배상을 하여야 한다고 하면서 추가로 징벌적 손해배상(punitive damages)으로 270만 불을 결정하였고 판사는 징벌적 손해배상의 금액을 손해배상액의 3배에 해당하는 48만 불로 감액하였다.

통상 징벌적 손해배상액의 상한선은 정해져 있지 않으나, 미국연방대법원과 주 법원들은 징벌적 손해배상에 대한 가이드라인으로 4배를 정하고 있다. 그러나 여기에는 예외가 있어서 원고의 손해가 심각하거나 하는 등의 일정한 사유가 있는 경우에는 더 많은 징벌적 손해배상액이 부과될 수도 있다.

미국에서는 배심원 평결 중 징벌적 손해배상액이 부과되는 경우는 약 5%라고 한다. 가습기 사건이나 카카오 먹통 사건 등 국내에서 사회적 이슈가 되는 사건이 있을 때마다 징벌적 손해배상에 대한 얘기가 나오는 것 같다. 앞으로 어떻게 논의가 되고 어떤 식으로 제도화가 될지 안 될지 지켜보아야겠다.

(법률신문, 2024.1.7)

인덕션이 시공되어 있는 원룸의 싱크대(위)와 인도요리 '차파티' 요리모습(아래)

나라에서 주로 판매하는 프라이팬은 지름이 28cm가 일반적이다. 그러나 인도에서는 지름이 26cm이면서 얇고 가벼운 프라이팬을 선호한다. 밀가루 반죽을 얇게 굽는 '차파티'라는 음식 문화가 숨어 있다. 일본 역시 26cm 프라이팬이 일반적인데, 그 이유는 주방이 좁고 가스레인지보다는 인덕션을 더 많이 사용하기 때문이다. 반대로 중국에서는 30cm의 두껍고 우묵한 팬을 선호한다. 중국 음식은 주로 남성들이 센 불에서 기름으로 요리하기 때문이다. CJ오쇼핑은 이러한 각국의 문화적인 차이를 반영한 프라이팬을 판매하여 크게 성공한 바 있다.

한때 상사가 부하에게 하는 짓궂은 농담 정도로 치부되던 말들도 직장 내 성희롱으로 인정되어 당사자는 물론 회사가 곤욕을 치르는 현상 등도 사회·문화적 환경변화의 한 예이다. 외국에서 크게 유행했던 군대식 복장인 밀리터리 룩이 우리나라에서는 별로 인기가 없는 현상도 같은 차원에서 이해할 수 있다.

문화적인 차이는 당연히 좁게는 국가간, 넓게는 문화권간에 더 크게 나타난다. 예를 들어 중국과의 비즈니스 미팅에서는 선물을 주면 안 된다. 중국의 공식 정책은 선물을 금하기 때문이다. 선물은 뇌물로 간주되는 불법이다. 식사시 자신의 음식에 손대지 않는 것은 당연히 어디서든 결례로 인정될 수 있는데 중국에서는 접시를 모두 비우는 것 역시 음식이 충분하지 않았다는 것으로 인식하기 때문에 피해야 한다.

문화권간 서로의 문화적인 차이를 인정하지 못하여 국제적으로 문제가 되는 사례도 적지 않다. 덴마크의 한 신문이 게재해서 기독교 문화권과 이슬람 문화권 국가들이 크게 충돌했던 이슬람 창시자 마호메트에 대한 만평 사건은 그러한 사례 중 하나이다. 이 사건은 덴마크의 한 신문이 마호메트가 머리에 쓰고 있는 터번에 폭탄을 그려 넣은 만평을 게재하면서 촉발되었다. 전 세계 이슬람교도 및 국가들이 거세게 항의하고 이에 다시 기독교 문화권 국가들이 대응하면서 큰 파문을 일으켰던 사건이다.

이처럼 사회·문화적 환경요인이 갖는 특징 중의 하나는 그 영향이 국지적 성격이 강하다는 것이다. 어떤 지역에서는 효과적인 경영전략이 다른 지역에서는 전혀 효과를 보지 못하는 경우도 있고 연령대에 따라 선호되는 상품이 전혀 다를 수도 있다.

또 하나의 사회·문화적 환경요인의 특징은 인구통계학적 변수에 의하

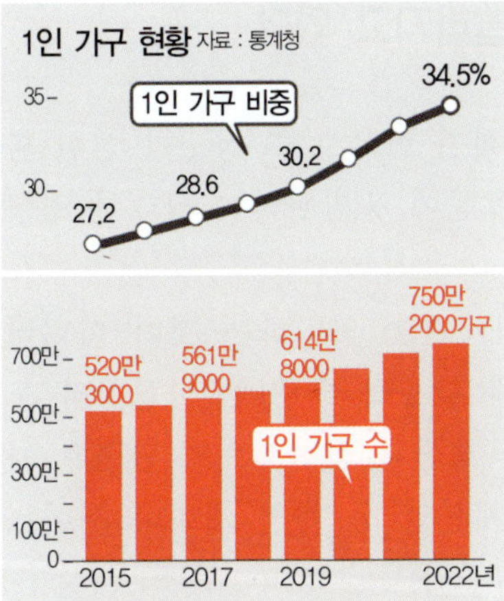

▌1인 가구 현황
(자료 : 한겨레, 2023.12.12)

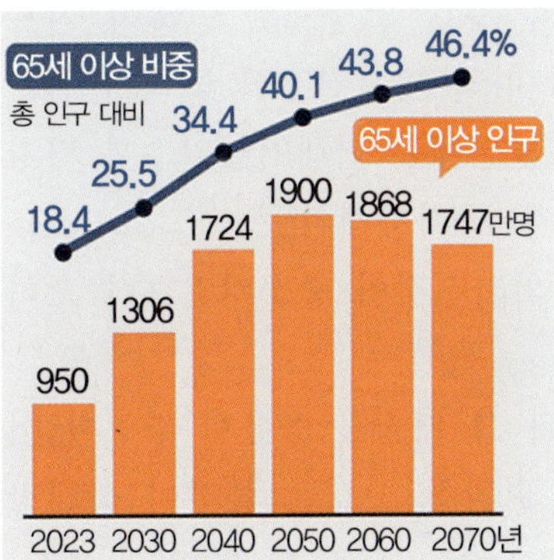

▌고령인구 비중 전망
(자료 : 백세시대, 2023.10.10)

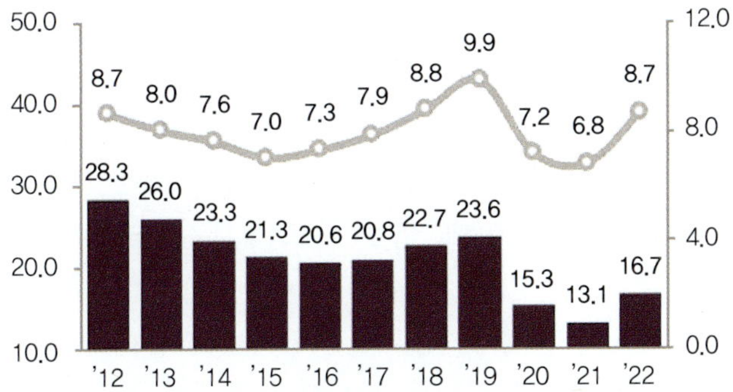

▌외국인과의 혼인건수(막대그래프, 단위 : 천건)와 비중(꺾은선 그래프, 단위 : %) (자료 : 이코리아, 2023.5.11)

여 좌우되는 경향이 많다는 것이다. 예컨대 인구의 고령화는 실버산업의 중흥기를 예고하고 있고 핵가족화와 맞벌이 부부의 증가는 외식산업 업체에 좋은 기회가 되고 있다. 1인 가구가 크게 늘어나면서 원룸형의 주거지가 큰 인기를 끌고 한 사람의 주거공간에 적합한 가전제품, 가구 등도 관련 기업들의 관심사가 되고 있다. 통계청이 2023년 12월 발표한 '2023 통계로 보는 1인 가구'에 따르면, 지난해 국내 1인 가구수는 750만 2천 가구로 전체 가구(2,177만 4천 가구)의 34.5%를 차지했다. 세 집 중 한 집꼴로 1인 가구인 셈이다. 통계청이 2007년 당시에 1인 가구 비율을 예측하면서 2030년에 23.7% 정도가 될 것으로 예상한 바가 있었으니 얼마나 빠른 속도로 인구 구성이 변화하고 있는지 알 수 있다. 1인 가구의 연령별 비중을 보면 주로 청년 세대와 고령층이 많다. 39살 이하와 60살 이상이 각각 전체 1인 가구의 36.5%, 35.3%나 차지한다.

또한 1985년 당시 4.3% 수준이던 65세 이상 인구(이를 '고령인구'라고 한다. 이 비율이 20%를 넘으면 그 사회를 '초고령사회'라고 부른다)는 2017년 13.8%에서 빠르게 증가하여 2025년 20%, 2040년 34.4%, 2070년 46.4%가 될 전망이다.

잠재적 여성 취업자 수의 증가, 고학력자의 증가, 출산율의 감소, 이혼율의 증가 등도 인구통계학적 변수로서 기업활동에 영향을 미칠 수 있는 의미 있는 사회·문화적 환경요인이다.

앞서 설명한 김치의 경우는, 사회·문화적인 부문에서의 소비자 인식을 변화시키는 것은 매우 어렵고 시간이 많이 소요된다는 일반 상식을 깨뜨린 사례이다. 외부환경의 변화에 적극적으로 대응하는 과정에서 오랫동안 변하지 않던 사회·문화적 특성까지 바뀐 또 하나의 예는 소위 국제결혼에 대한 우리 국민의 태도이다. 과거 우리나라에서 외국인과의 국제결혼은 쉽지 않은 일이었다. 그러나 2015년 기준으로 외국인과의 혼인은 총 혼인(302,800건) 중 21,000여 건으로 7.0% 수준이었다. 이후 혼인건수는 증가하다가 감소한 상황이나 총 혼인건수에서 차지하는 비중을 보면 약 7~10% 수준을 유지하고 있다.

언젠가부터 단일민족이라는 용어는 더 이상 사용되지 않고 그 자리를 다문화 가정이라는 용어가 대신하고 있다. 이러한 사회·문화적인 구조 변화는 기업 입장에서 보면 새로운 영역에서의 영업활동이 가능해짐을 의미하는 것이다.

기술적 환경은 그 변화 속도가 갈수록 빨라지고 있다

기술적 환경은 일반 환경요인 중에서 가장 변화가 빠르고 그 정도가 심한 환경요인으로서 기업조직뿐만 아니라 사회 전 부문에 광범위하고 심대한 영향을 끼친다.

기술적 환경은 생산에 적용되는 기술 자체만을 의미하는 것이 아니라 단순한 기능적인 것에서 출발하여 경영활동에 활용될 수 있는 사실상의 모든 지식을 망라하는 것이라고 할 수 있다. 즉 생산과 직접적으로 관련된 기술뿐만 아니라 정보통신, 생명공학, 유통, 소재산업 등 특정 재화나 서비스 생산과 관련이 없어 보이는 모든 분야를 포괄한다.

특히 최근에는 정보기술의 눈부신 발달로 기술적 경영환경이 급변하고 있다. 한 예로 정보통신기술을 적용하여 오프라인에서 이루어지던 자재 조달을 온라인상에서 처리함으로써 비용 및 시간을 크게 줄일 수 있게 되었다. 과거에는 거대기업은 조직의 복잡성과 대량의 자료 발생으로 인하여 자료 취합 및 분석에 시간이 많이 소요되었고 이에 따라 의사결정이 늦어져 변화에 신속하게 대응하지 못하곤 했다. 그러나 오늘날에는 거대기업일수록 막강한 자금력으로 정보부문에 대한 대규모 투자가 가능해져 경영정보시스템(management information system)을 구축함으로써 의사결정이 중소기업보다 오히려 더 신속하게 이루어지기도 한다.

운송 및 택배회사의 사례는 기술의 발전과 그 기술을 응용한 경영이 어디까지일까를 생각해보게 한다. 물건 운송을 위탁한 고객은 물건이 상대방에게 언제쯤 도착하는지, 지금 어디쯤 가고 있는지 궁금해할 수 있다. 이러한 소비자의 궁금증에 착안하여 운송회사는 인공위성 기술에 기반한 GPS(global positioning system ; 위성항법장치), 정보통신기술 등을 응용하여 고객이 위탁한 물건의 현재 위치를 추적해주고 상대방에게 도착할 예정시간을 계산해준다. 아울러 고객이 인터넷에서 이러한 사항을 언제든지 알아볼 수 있도록 하고 있다. 사람의 이동도 실시간으로 그 정보가 제공되고 있다.

정보기술의 발전은 사회 전 부분에 대해 예측하지 못할 정도의 영향력을 미치고 있다. 산업혁명이 발발한 이래 200년 이상 유지되어 오던 산업간 경계가 최근 들어 급격하게 무너지고 있는데, 이는 주로 정보기술의 발달에 기인한 바 크다.

1990년대 미국의 최대 비디오테이프 대여업체였던 블록버스터(Blockbuster)는 미국인으로서 비디오테이프를 빌려본 사람은 반드시 이용해야 했을 정도로 큰 업체였다. 그러나 이 회사는 오디오·비디오 콘텐츠 서비스 중심이 온라인으로 옮겨가는 기술적 진보를 알면서도 그동안의 사업영역에서 막대한 이익을 내고 있어서 쉽게 온라인으로 이동하지 못했다. 그 결과는 파산으로 나타났다. 비디오테이프 대여산업이 순식간에 사라진 것은 우리나라에서도 예외가 아니었다.

최초의 디지털카메라. 코닥사에서 개발했다. (자료 : editors.com)

기술적 환경의 변화는 상호의존적으로 협력관계에 있던 산업군을 경쟁관계로 바꾸기도 하고 심지어 전혀 관계없던 사업영역을 경쟁관계로 바꾸기도 한다. 휴대전화는 협력관계인 기업들을 다양한 방식으로 경쟁관계로 바꾼 사례이다. MP3 플레이어 시장은 휴대전화 시장과는 별개였으나 휴대전화에 시장을 빼앗겼으며 게임기 회사 역시 휴대전화용 게임에 시장을 내줬다. 디지털카메라 시장도 유사한 길을 걷고 있다. 2010년에 세계적으로 1억 2,100만대가 생산되었는데, 이후 줄곧 감소하여 2022년에는 801만대까지 줄었다.

한편 일반인은 물론이고 많은 기업들도 의사소통 도구로 각종 소셜미디어를 이용하게 되면서, 국제전화 서비스 업체를 곤란에 빠뜨렸다. 또한, 성능 좋은 스마트폰이나 태블릿으로 TV 시청을 할 수 있게 되면서 소형 TV는 시장에서 퇴출되었다.

전혀 별개였던 사업영역이 경쟁관계로 바뀐 예로 오디오 산업과 컴퓨터 산업도 들 수 있다. 원래 두 산업은 전혀 관련이 없는 별개의 사업영역이었다. 그러나 정보기술의 발달로 오늘날에는 많은 사람들이 컴퓨터를 이용하여 음악을 듣고 녹음하고 편집한다.

사람들은 KT를 통신회사로 생각한다. 그러나 이 회사는 초고속 인터넷망 인프라를 기반으로 전혀 새로운 시장에 진입하고 있다. 호텔, 병원뿐만 아니라 대규모 기업 등 냉난방 사용량이 많은 사업장에 ICT와 빅데이터 기술을 활용하여 에너지 비용을 기존 대비 50% 이상 절감하는 기술을 공급하고 있다. 기존의 에너지 절감 사업을 하던 기업에게는 전혀 예상하지 못한 새로운 경쟁기업(기술)이 나타난 것이다. 실제로 한 병원에 이 시스템을 적용했더니 73%의 에너지가 절감되었다고 한다. 물류 분야에서는 빅데이터와 인공지능(AI)을 활용한 경로 최적화 알고리즘에 기반한 물류운송 최적화 플랫폼을 운영 중이다. 물류운송 최적화에는 최적의 운송경로와 운행일정을 자동 수립해주는 물류 최적화 서비스와 실시간 설비·장비 모니터링 등의 기능이 적용됐다. GS리테일에 실증적으로 적용해본 결과, 운행경로 최적화로 1일 근무시간을 30분 정도 감소시켰다.

차체와 유리가 방탄인 테슬라 사이버트럭 (자료 : Tesla.com)

자동차 업계도 대표적인 기존 기술 분류체계 파괴가 나타나는 곳이며 가장 뜨거운 분야이기도 하다. 테슬라(Tesla)의 전기자동차가 출현하면서 본격적으로 달궈진 자동차 시장의 경쟁은 애플, 구글과 같은 전자기기 혹은 컴퓨터 관련 회사들이 새로운 경쟁자로 나타나고 있다. 불과 10여년 전만 하더라도 전혀 예상하기 힘든 일이 머지않은 미래에 펼쳐질 것으로 보인다.

4.3 경영활동에 직접적으로 영향을 미치는 여러 환경들

기업 외부에서 직접적으로 영향을 미치는 환경들

소비자

기업경영활동에 직접적으로 영향을 미치는 환경요인 중 가장 강력하고 중요한 환경구성요인이 바로 소비자(consumer)이다. 왜냐하면 소비자는 기업이 판매하는 재화나 서비스의 직접적인 구매자이기 때문이다. 따라서 기업은 소비자와의 소통에 늘 신경을 써야 한다.

기업환경차원에서 소비자를 생각할 때에는 다음과 같은 특성을 이해할 필요가 있다.

첫째, 앞서 기술한 일반 기업환경요인에 의하여 소비자의 구매행태나 성격이 달라진다. 예컨대, 대량생산이 가능해지고 경쟁이 심화되면서 시장구조가 판매자시장에서 구매자시장으로 바뀌었는데, 이러한 변화는 소비자의 위상을 제고시키는 계기가 되었다. 판매자시장(seller's market)은 수요가 공급보다 많은 시장상태를 말한다. 공급이 부족하기 때문에 판매자는 시장에서 수요자인 소비자보다 우위를 점하여 가격을 인상해도 상품을 판매할 수 있다. 반면 구매자시장(buyer's market)은 공급이 초과인 시장상태를 말한다. 공급의 초과는 주로 기업규모의 확대와 대량생산체제의 도입, 이로 인한 경쟁의 심화 등으로 인해 나타난다. 이러한 시장상황에서는 거래 조건이 구매자, 즉 소비자에게 유리하게 전개된다.

둘째, 소비자운동의 활성화 정도에 따라 소비자의 영향력이 달라진다. 전 세계적으로 소비자단체는 기업경영활동에 커다란 영향력을 행사하고 있으며 우리나라도 예외는 아니다. 소비자단체는 단순히 상품을 비교 평가하여 그 정보를 소비자에게 제공하는 것에서 출발하여 결함이 있는 상품에 대한 리콜을 주도하기도 하고, 나아가 소비자를 위한 법적·제도적 장치를 요구하는 정치적인 힘을 발휘하기도 한다. 소비자운동은 때로는 전혀 예측하기 힘든 방향으로 영향을 미치기도 한다. 예를 들어, (주)대우인터내셔널은 과거 연매출 3천억원에 이르는 부산공장을 갑작스럽게 매각해야 했다. 이유는 다소 엉뚱한 곳에 있었다. 이 회사는 가죽제품을 나이키(Nike)에 수출하고 있었는데, 그 금액은 회사 연 매출액의 40%에 이르는 큰 금액이었다. 한편 이 회사는 우즈베키스탄에 면방직 공장을 운영하고 있었는데, 이 공장이 아동노동을 착취하여 생산된 면화를 구매하고 있다고 본 세계적 NGO 단체인 '코튼 캠페인(Cotton Campaign)'이 나이키에 압력을 넣어 (주)대우인터내셔널 제품의 구입을 중지하도록 압력을 넣은 것이다. (주)대우인터내셔널과 거래를 중단하지 않을 경우 나이키를 비윤리적 기업으로 지정하여 불매운동을 전개하겠다고 이 단체가 압박을 가한 결과였던 것이다.

우즈베키스탄은 세계 2위의 면화 수출국이었다. 면화 생산과정에서의 아동노동력 착취 문제로 H&M, 아디다스(Adidas), 막스 앤 스펜서(Marks & Spencer) 등이 어려움을 겪었다. (자료 : uznews.net)

셋째, 소비자는 최종소비자와 중간소비자로 구분할 수 있다. 중간소비자는 중간상처럼 제품을 구입한 후 다음 단계에 다시 파는 경우와 제품을 구입하여 이를 부품으로 사용하는 경우가 있다.

경쟁자

경쟁자(competitor)는 동일하거나 유사한 제품 또는 서비스를 소비자에게 제공한다. 따라서 소비자와 함께 외부직접환경을 구성하는 또 하나의 중요한 요인이 된다. 특정산업 내에서의 경쟁강도는 다음과 같은 요인들에 의하여 좌우된다.

첫째, 기존 경쟁기업간의 경쟁상황이다. 경쟁기업의 수가 많은 경우, 시장점유율이 비슷한 경우, 규모와 영업방식이 유사한 경우에 경쟁이 치열하다.

둘째, 당해산업의 성장률이다. 산업성장률이 낮은 경우에는 경쟁이 치열한 반면 성장률이 높은 산업에서는 상대적으로 경쟁강도가 약하다. 성장률이 낮으면 서로 상대기업이 점유하고 있는 시장을 빼앗아야 하기 때문이다.

셋째, 진입장벽의 높이이다. 새로운 기업의 시장진입을 막는 진입장벽이 낮은 산업일수록 새로운 기업이 손쉽게 경쟁에 뛰어들 수 있기 때문에 이런 업종은 경쟁이 치열하다. 조선, 자동차 산업과 같이 거대자본이 소요되는 산업은 진입장벽이 높다. 정부에서도 진입장벽을 조절한다. 즉, 기간산업과 같은 특정산업의 경우, 기업들의 무제한적인 참여가 공급과잉이나 업체간 과당경쟁 등을 유발하고 이로 인한 부작용이 크다고 판단되는 경우에 진입제한

□ 그림 4-5
경쟁강도를 결정짓는 요인들

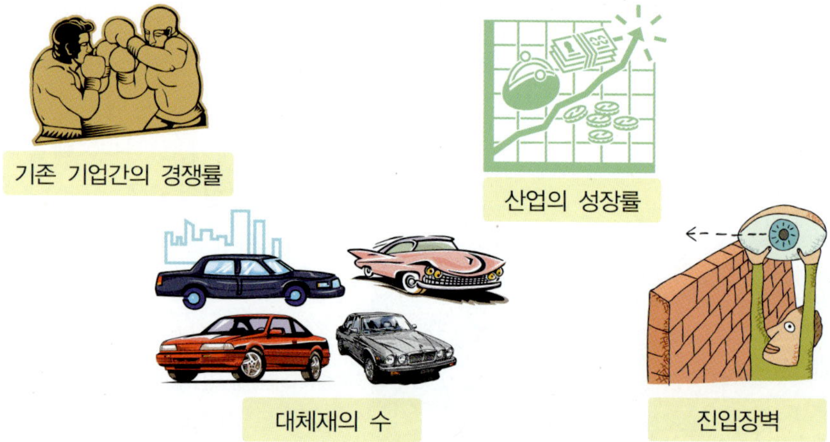

조치를 취한다. 이러한 조치는 신규참여뿐 아니라 기존 업체의 설비 증설을 제한하는 것도 포함한다.

넷째, 대체재의 수 그리고 신규 대체재의 출현가능성 정도이다. 대체재가 많은 제품이나 서비스는 경쟁자가 많음을 뜻하고 이는 곧 경쟁이 치열함을 의미한다. 전혀 관계없던 제품이 새로운 대체재가 되기도 한다. 일반 음식료품을 주로 팔던 편의점에서 세탁서비스나 통신요금 등을 수납하는 서비스를 하고 있는데, 이는 기존 세탁업자나 금융기관에게는 새로운 대체재가 나타났음을 의미하는 것이다.

한때 나이키(Nike)의 진정한 경쟁자는 다른 스포츠 또는 아웃도어 브랜드가 아닌 닌텐도라고 평가될 정도로 닌텐도는 휴대용 게임기 시장에서 절대경쟁우위를 누리고 있었다. 위(Wii)라는 게임기의 개발 동기는 이러한 상황 인식에서 비롯되었다. 즉 게임이 앉아서만 하기 때문에 건강에 도움이 되지 않는다는(즉 닌텐도가 나이키와 대척점에 있다는) 소비자의 인식을 바꾸기 위하여 개발된 혁신적인 게임기였던 것이다. 그러나 전혀 경쟁자라고 예상하지 못했던 스마트폰 모바일 게임이 대체재로 등장하자 불과 2~3년 사이에 세계 최고 게임기 회사에서 회사의 장래가 불투명할 정도로 급격하게 매출이 줄었다. 이는 앞서 설명한 간접환경에서 기술적 환경과 관련해 볼 때 기술의 진보로 새로운 경쟁자가 출현했기 때문이다. 이후 닌텐도는 최신 정보기술인 지리정보기술과 증강현실기술을 융합한 모바일 게임 '포켓몬 고'와 '닌텐도 스위치'의 연속적인 성공을 거뒀고 이후 '슈퍼 마리오 오딧세이', '마리오 카트 투어' 등의 상품 출시로 이어가고 있다.

▍닌텐도 마리오 카트 투어는 마리오 시리즈의 세 번째 게임으로 마리오 카트 시리즈의 최초의 모바일 게임이다. (자료 : 닌텐도)

공급자

경영의 요소에는 목적, 인적자원, 물적자원, 전략과 정보가 있음을 제1장에서 배웠다. 이들 요소 중 인적자원과 물적자원은 외부에서 공급되는 요소이다. 경영의 성패가 경영요소에 좌우된다고 볼 때 외부에서 인적자원과 물적자원을 공급하는 공급자(supplier)는 중요한 경영환경이 된다.

자원을 공급받는 입장에서는 우수한 품질의 자원을 경제적인 가격에, 적기에, 원하는 만큼을 공급받기 원할 것이다. 생산성이 높고 우수한 인력이 공급되는 환경, 뛰어난 품질을 가진 부품을 공급해주는 협력업체가 있는 환경에서 생산되는 제품은 경쟁력이 높을 수밖에 없다. 그래서 기업들은 우수 공급자 선정 관리 프로그램을 운영하기도 하고, 더 나아가 직접 공급자의 경쟁력을 높이는 적극적인 노력을 기울이기도 한다.

'덴소가 없으면 도요타자동차도 없다'는 말이 있다. 세계 2위의 자동차 부품업체인 일본의 덴소는 도요타자동차에 핵심기술을 제공하는 셈이다. 덴소는 일본 경제가 10년 불황에 허덕일 때에도 높은 성장을 지속했다.

자동차 부품 하나하나의 품질이 세계 제일의 수준이라면 자동차 완제품의 품질 또한 세계 제일이 될 것임은 너무나 자명하다. 그래서 현대자동차 등 완성차 회사는 우수부품기업을 발굴하는 데 그치지 않고 기술지원, 자금지원, 인력지원 등 다양한 지원책을 시행한다.

최근에 각광을 받고 있는 공급체인관리(SCM : supply chain management)도 공급자의 중요성이 반영된 결과이다. 공급체인관리는 수요자가 공급자를 선정하여 지속적으로 기술적·경제적 지원을 하면서 우수한 재료를 공급받는 관리체계이다. 수요자 입장에서는 양질의 자원을 안정적으로 공급받고 공급자 역시 안정적인 수요자를 확보할 수 있기 때문에 양자에게 모두 유리하다. SCM은 공산품만이 아닌 농산물, 수산물 등 1차 상품에서도 효과를 발휘한다. 지방의 도로를 달리다보면 '이마트 협력 농장'이라는 팻말을 볼 수 있는데, 이러한 농장은 이마트와 SCM관계에 있는 농장이라고 할 수 있다.

현대자동차 미국 앨라배마 공장 (자료 : 현대자동차)

현대자동차가 미국 등에 현지공장을 지을 때 부품을 공급하는 협력업체들이 함께 진출하는 것도 같은 맥락이다.

인적자원의 주요 공급자는 학교이다. 학교의 교육수준에 만족하지 못하는 일부 대기업은 신입사원 선발 후 장기간 자체 교육을 다시 시키기도 한다.

금융기관

기업은 자본이 있어야 영업활동을 할 수 있는 자산을 준비할 수 있다. 본격적인 기업이 아니라 하더라도 영업활동을 영위하는 조직은 모두 마찬가지이다. 예를 들면 소규모의 김밥 식당을 하더라도 주방 조리기구, 식탁, 안내 데스크, 김밥 재료, 물 등과 같은 자산을 준비해야 하는데, 이를 위해서는 자본이 필요하다.

자본을 조달하는 방법에는 크게 자기자본으로 조달하는 방법과 타인자본으로 조달하는 두 가지 방법이 있다. 자본을 자기자본만으로 조달하는 것이 안정적인 경영에 도움이 되기는 하지만 조달되는 자본의 규모가 제한적이기 때문에 거의 모든 기업들은 타인자본도 이용하게 된다.

기업은 대부분의 타인자본을 금융기관(financial institution)을 통하여 조달한다. 자본시장에서 회사채를 발행하여 자금을 조달할 때에는 증권회사의 도움을 받을 수 있고, 은행에서 직접 차입할 수도 있다.

금융기관은 앞서 설명한 경영환경요인으로서의 '공급자' 중 자본이라는 물적자원을 공급하는 공급자 중의 하나인 셈이다. 기업에 자본중개를 하거나 직접 빌려주는 금융기관 입장에서 중요한 것은 기업의 원리금 상환능력이다. 금융기관은 자금을 필요로 하는 기업의 신뢰도나 재무건전도를 평가하기 위한 다양한 노력을 기울인다. 기업의 신용도를 잘못 평가하여 빌려준 대출금의 환수가 어려워지는 바람에 은행들이 곤욕을 치르는 사례가 종종 발생하면서 금융기관들은 자본공급에 더욱 신중해지고 있다.

자본은 다른 여타의 물적자원은 물론이고 인적자원 확보의 수단이 되기 때문에 기업경영활동의 근간이 된다. 따라서 기업 대 금융기관 관계는 종종 기업의 존폐를 결정할 정도로 중요한 사안이다.

지역사회

지역사회(community)란 기업이 위치하고 있는 시, 군, 구, 읍, 면, 동 등의 지방자치단체를 말한다. 지역사회는 기업과 다양한 차원과 방법으로 긴밀한 관계를 맺는다. 기업은 지역사회 주민들에게 고용의 기회를 제공하고, 지방정부에 세금을 납부하며, 지역의 여러 기업들과 협력관계를 맺음으로써 지역사회에 기여한다. 지역사회 주민을 위한 각종 문화행사나 교육지원을 하기도 한다. 이 때문에 전 세계적으로 지방정부는 기업체를 유치하기 위하여 많은 노력을 기울인다. 선거 때가 되면 많은 지방자치단체 후보들이 자신이 경제전문가임을 내세우고 지지를 호소하는 모습은 이제는 낯설지가 않다.

현대자동차가 미국 현지공장 부지를 물색할 때 잠재적 후보지로 대두된 주(state)의 정치인 등이 대거 나서 치열한 유치전을 벌인 사실은 지역사회에서의 기업활동이 지역사회에 얼마나 큰 기여를 할 수 있는지를 간접적으로 시사하는 것이라고 할 수 있다.

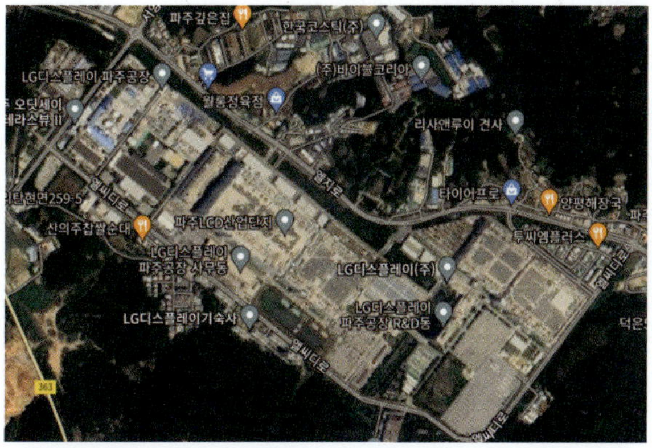

LG디스플레이 파주 공장. 도로명이 엘지로, 엘씨디(LCD)로임을 알 수 있다. (자료 : 구글지도)

경기도가 파주에 LCD 공장을 유치한 것도 좋은 사례이다. 지금은 LG디스플레이로 회사명이 바뀌었지만, 당시 필립스 그룹이 아시아 지역에 대규모 LCD 공장을 지을 계획임을 안 경기도는 공장유치에 전력을 기울여 성공적으로 유치했다. 통상 3년 정도 걸리는 기본계획 수립에서 실시계획 승인까지를 1년 만에 해결해주기도 했다. 전문가들에 의하면 이 투자는 4만 2,000여개의 일자리 창출효과가 있다고 한다.

그러나 지역사회와 기업의 관계가 이처럼 긍정적인 것은 기업이 지역사회에 공헌한다고 인정될 때만이다. 만일 기업이 폐수를 방류하고 공해를 일으키거나 임금을 의도적으로 체불한다든지 하여 지역사회에 피해를 입히면 그 기업은 지역사회의 공격대상이 된다.

중립적인 기계식 검색엔진으로 세계시장을 석권하면서 선망의 기업이 된 구글도 정작 본사가 위치한 미국 샌프란시스코(정확하게는 1600 Amphitheatre Pkwy, Mountain View, CA 94043, USA) 지역사회의 일부 시민으로부터 공격을 받고 있다. 구글의 성장과 함께 직원도 늘면서 지역사회의 집값을 끌어올려 원래 살고 있던 지역 주민들이 오르는 집세 때문에 고통을 겪거나 집세를 감당하지 못해 아예 정든 고향을 버리고 이사를 가는 일이 많아지고 있기 때문이다. 또한 교통량이 많아지면서 교통체증으로 인한 불편도 가중되고 있다고 한다.

구글 직원용 통근버스를 주민들("Gmuni dancers"라고 스스로를 칭한 집단)이 운행하지 못하도록 막고 있다. (자료 : actpedia)

정 부

외부직접환경으로서의 정부(government)는 앞서 설명한 간접환경요인이었던 정치·법률적 환경요인의 연장선에 있다. 후자가 모든 산업, 모든 기업에 일률적으로 적용된다면 전자는 특정 산업이나 기업에 미치는 영향으로서, 그리고 후자에 의해 정책방향이 설정되면 전자는 이를 구체적으로 실행하는 환경으로서 의미를 갖는다.

기업활동의 지원과 규제에 대하여 법률로 이미 규정되어 있다 하더라도 현실적으로 이를 시행하는 정부의 의지에 따라 기업이 느끼는 체감지수는 현저히 달라질 수 있다. 예컨대 공해방지와 관련된 법률만 하더라도 〈표 4-2〉에서 보는 바와 같이 30여개에 이른다. 정부가 이들 법률을 강력하게 집행한다면 일부 기업들은 기업활동에 어려움을 겪을 수도 있다.

불법주차의 경우도 마찬가지이다. 버스나 트럭 등 운송업체 차량들은 도로에 불법주차하는 경우가 많다. 정부가 이들을 강력하게 단속한다는 것은 행정력의 한계로 현실적으로 쉬운 일이 아닐뿐더러 그러한 단속이 행해질 경우 해당기업은 기업활동에 상당한 어려움을 겪게 될 것이다. 실제로 서울의 롯데월드나 남대문시장, 이태원 주위에 불법으로 주차되어 있던 대형 관광버스의 불법주차를 단속하였더니 이들 차량이 쉬지 않고 주위 도로를 계속 맴돌아 오히려 도로가 크게 막힌 적이 있었다.

규제뿐만 아니라 지원활동도 마찬가지이다. 예컨대 정부는 유망 중소기업 육성을 위한 다양한 정책을 시행중이다. 그러나 일선의 담당 공무원들이 행정처리를 지연시키거나 소극적으로 임한다면 중소기업 육성책과 같은 정치·법률적인 환경이 아무리 좋다 하더라도 큰 의미가 없을 것이다. 그래서 정부는 이러한 제도가 실효를 거둘 수 있도록 암행감찰이나 사후 실적감사 등 각종 방안을 수립하여 시행하기도 한다.

표 4-2
공해방지와 관련된 법률

- 환경정책기본법
- 대기환경보전법
- 수질환경보진법
- 소음·진동규제법
- 환경분쟁조정법
- 지하생활공간 공기질관리법
- 자원환경보전법
- 자연공원법
- 습지보전법
- 환경개선비용부담법
- 토양환경보전법
- 조수보호 및 수렵에 관한 법률
- 환경관리공단법
- 환경개선특별회계법
- 유해화학물질관리법
- 폐기물관리법
- 한국자원재생공사법
- 하수도법
- 수도법
- 먹는물관리법
- 한강수계 상수원 수질개선 및 주민지원 등에 관한 법률
- 환경범죄의 단속에 관한 특별조치법
- 독도 등 도서지역의 생태계 보전에 관한 특별법
- 환경·교통·재해 등에 관한 영향평가법
- 환경기술개발 및 지원에 관한 법률
- 오수·분뇨 및 축산폐수의 처리에 관한 법률
- 자원의 절약과 재활용 촉진에 관한 법률
- 폐기물의 국가간 이동 및 그 처리에 관한 법률
- 폐기물처리시설 설치촉진 및 주변지역 지원 등에 관한 법률
- 수도권매립지 관리공사의 설립 및 운영 등에 관한 법률

언론진흥재단
(자료 : 언론진흥재단)

Self Q&A

외부직접환경 중에는 언론기관도 있다. 한국언론진흥재단의 '2022 한국언론연감' 보고서에 의하면 국내 언론산업 사업체 수는 5,474개, 매체 수는 6,836개에 이른다. 이들 사업체의 총 매출액은 10조 5,644억원으로 그중 방송산업 5조 6,909억원, 종이신문산업 3조 3,844억원, 인터넷신문산업 6,729억원, 뉴스통신산업 3,082억원 순이다. 언론산업 전체 종사자 수는 6만 1,489명이다.

어떠한 측면에서 언론기관이 기업에 중요한 의미가 있는지 생각해보자.

기업 내부에서 직접적으로 영향을 미치는 환경들

주 주

자본주의 경제에서는 많은 기업들이 주식회사의 형태로 경영활동을 하고 있다. 현대의 주식회사는 소유와 경영이 분리되어 운영된다. 즉 주식회사의 주인은 주식을 소유하고 있는 자, 즉 주주(stockholder, shareholder)이지만, 실제의 기업경영은 주주에게서 경영을 위탁받은 전문경영자에 의해서 이루어진다. 따라서 주주는 전문경영자가 기업의 소유주인 주주들을 위하여 경영을 하도록 유도하거나 끊임없이 감시한다. 전문경영자의 능력이 부족하다고 판단되거나 주주의 이익에 반하는 경우 전문경영자는 교체된다. 주주는 자신이 보유한 주식지분율만큼 주주총회에서 투표권을 행사한다.

우리나라는 선진국과 달리 대주주가 경영자인 경우가 많아 주주의 영향력은 상대적으로 크지 않은 편이다. 이런 배경으로 지금까지 우리나라에서는 주주가 제대로 대접받지 못한 점도 부인할 수 없다. 그러나 근래에 자본시장에서 외국인의 역할이 커지고 외국인 대주주가 많아짐에 따라 주주를 중시하는 선진국의 기업행태가 많이 보급되고 있다. 특히 단순 투자 목적으로 주식을 소유하는 외국인 투자자도 기업경영에 글로벌 스탠더드를 요구하고 있다.

이러한 측면에서 주주는 기업을 경영하는 경영자에게 영향을 끼치는 환경요인이 되는 것이다.

삼성전자의 주주총회 모습 (자료 : 삼성전자)

종업원

주주가 기업의 생산투입요소 중 자본의 일부를 공급한다면 종업원은 그 자신이 노동력 공급자이다. 종업원은 매우 중요한 기업 내적인 환경요인이다. 종업원은 생산의 한 핵심요소를 구성하기 때문에 종업원의 경쟁력이 곧 기업의 경쟁력으로 직결되기도 한다. 그 때문에 기업들은 종업원의 동기를 부여하고 생산성을 높이기 위하여 우리사주제도, 성과분배제도, 경영참여제도 등과 같은 각종 제도를 도입하기도 한다.

한편 종업원은 생산투입요소로서 기업경영활동에 영향을 미치는 요인일 뿐만 아니라 노동조합을 결성하여 생산요소와는 전혀 다른 차원으로 기업에 영향을 미치기도 한다. 즉, 기업에 결성되어 있는 노동조합은 종업원이 조합원이 되어서 조합원의 권익 보호, 예컨대 적정한 임금 및 고용의 안정성 확보 등을 추구한다.

노동조합은 그 영향력을 배가시키기 위하여 동일 업종의 연합노조를 만들기도 하고 전국적인 노동조합 단체를 만들어 정부를 압박하기도 한다.

사용자 또는 경영자와 노동조합원은 자신이 속한 조직의 성장과 발전을 위하여 공동으로 노력해야 하는 관계, 즉 서로 적대적인 관계가 아닌 동반자적인 관계에 있음을 명심할 필요가 있다.

경영자

앤드류 그로브는 그가 CEO로 재직하는 동안 인텔의 시가총액을 40억 달러에서 1,970억 달러로 키웠다. 사진은 1997년 미국 TIME지의 올해의 인물로 선정된 모습이다. (자료 : TIME)

"명장 밑에 약졸 없다"라는 말이 있다. 지휘관의 중요성을 적시한 말이다. 경영자(executive, manager)는 기업의 경영활동을 지휘하는 사람이기 때문에 경영목표 달성 여부의 중심에 있다. 적자에 시달리던 일본의 닛산(日産)자동차를 살려낸 카를로스 곤(Carlos Ghosn)의 사례, 미국의 델타(Delta)항공을 폐업 위기에서 세계적인 수준의 항공사로 끌어올리고 2016년 5월에 과감하게 은퇴한 리처드 앤더슨(Richard Anderson) CEO 사례, 애플의 스티브 잡스(Steve Jobs)의 사례, 그리고 1987년부터 1998년까지 인텔의 CEO로 재직하면서 인텔을 세계에서 가장 큰 반도체 제조업체로 성장시킨 앤드류 그로브(Andrew Grove)의 사례 등은 경영자가 기업경영에서 얼마나 중요한 위치에 있는지를 상징적으로 보여준다.

소유경영자는 자신의 경영성과가 곧 자신의 부(wealth)나 효용과 직결되는 반면, 고용경영자, 전문경영자는 주체(주주)의 대리인이기 때문에 자신의 주체보다는 자신의 이익을 추구할 수 있는 가능성이 있으며 이 때문에 대리인 문제가 발생된다. 대리인 문제는 제5장에서 설명한다.

조직문화

조직문화(organizational culture)란 조직구성원들이 공유하는 가치관이나 신념, 사고방식을 말한다. 조직문화는 조직구성원들의 머릿속에서 존재하며 과업 수행 행동을 지배하기 때문에 목적달성에 적지 않은 영향을 미친다. 이 때문에 많은 경영자나 리더들은 바람직한 형태의 조직문화가 형성될 수 있도록 노력과 관심을 기울이고 지원 또한 아끼지 않는다.

예를 들어 사관학교 생도들은 조직에 대한 자부심과 조국에 대한 충성심이 어느 집단보다 투철한데, 이는 사관학교에 형성되어 있는 조직문화에서 영향받은 것이다. 국내 모 재벌의 경우에도 조직구성원들이 그 집단에 속한 것에 상당한 자긍심을 갖고 있는 것으로 유명하다. 이들은 실제로 자신의 자존심을 지키기 위하여 끊임없이 자기발전을 추구하고 경쟁회사보다 앞서기 위하여 노력하는 것으로 알려져 있다. 이는 기업의 입장에서는 매우 큰 자산이 된다. 이 재벌이 세계 제일의 제품군을 다수 보유하고 있는 것도 우연이 아닌 것이다.

최근 들어 조직문화는 더욱 강조되고 있다. '성공하는 사람들의 7가지 습관(The seven habits of highly effective people)'이라는 책을 쓴 스티븐 코비(Stephen Covey)는 포드나 GM, 클라이슬러가 어려움에 빠지게 된 것은 미국 자동차회사들의 문화가 CEO나 임직원간 수평적 대화나 위기위식 공유보다는 산업화시대에나 맞는 지시와 통제에 익숙해 있는 조직문화 때문이라는 진단을 내놓기도 했다.

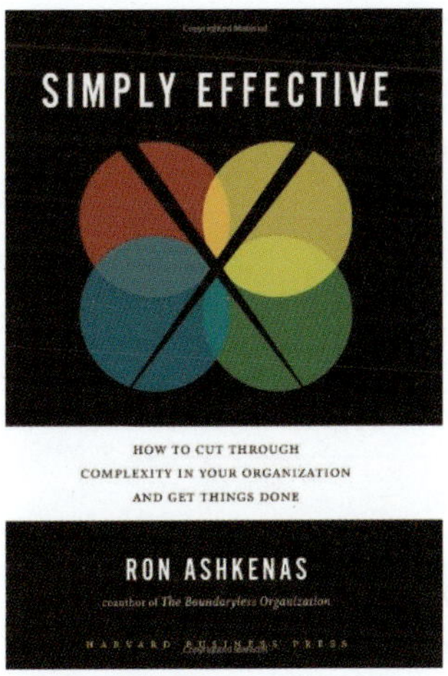

론 애시케너스의 저서. 대부분의 기업 내부가 지나치게 복잡하며 그 정도가 더 심해지고 있다고 주장한다.

하지만 조직 또는 기업의 문화를 형성하는 것은 쉬운 일이 아니다. 컨설팅 전문가인 론 애시케너스(Ron Ashkenas)가 하버드 비즈니스 리뷰(Harvard Business Review)에서 주장한 것을 음미할 필요가 있다. 그에 의하면 대부분의 기업들이 기업문화라는 개념 자체를 제대로 이해하지 못하고 경영자가 원하는 대로 조직의 문화를 만들 수 있다고 오해하고 있다. 그러나 기업의 문화는 경영자가 먼저 직원들에게, 경영자 자신이 추구하는 기업문화가 기업발전에 어떤 긍정적인 영향을 미칠 수 있는지 스스로 보여주는 식으로 그 형성을 유도해야 한다는 것이다.

마무리 사례

2023년 상반기 사용자가 가장 많은 앱은? 카카오톡, 유튜브, 네이버 순

올 상반기 우리나라 사용자가 가장 많은 모바일 앱은 카카오톡으로 나타났다. 유튜브와 네이버가 그 뒤를 이었다.

국내 최대 빅데이터 플랫폼 기업 아이지에이웍스가 자사의 데이터 분석 솔루션 모바일인덱스 고유의 알고리즘을 통해 아이지에이웍스 마케팅클라우드 〈2023 상반기 모바일 앱 순위 랜드스케이프〉 리포트를 공개했다. 이 중에서 업종별 앱 사용자 통계를 몇 가지 소개한다.

금융 업종 전체 월 사용자 수는 약 3,978만 명으로 확인됐다. 은행/뱅킹 부문에서는 '토스'의 월 사용자수(MAU)가 약 1,587만 명으로 가장 높았으며, 송금/결제 카테고리 앱 중에서는 삼성페이(약 1,649만 명) 사용자가 가장 많았다. 여행/교통 업종 월간 사용자 수는 약 3,676만 명으로 나타났다. '네이버지도'(약 2,210만 명), '카카오T'(약 1,180만 명), '야놀자'(약 358만 명), '아고다'(약 118만 명), '트립닷컴'(약 55만 명), '대한항공MY'(약 92만 명), '따릉이'(약 58만 명) 앱이 각 카테고리별 사용자 수 1위에 올랐다.

쇼핑 업종 MAU는 약 3,451만 명으로 확인됐다. 그중 소셜커머스 부문은 '쿠팡'(약 2,719만 명), 중고거래 부문은 '당근마켓'(약 1,543만 명), 종합쇼핑/홈쇼핑 부문은 'GS SHOP'(약 454만 명)이 각각 MAU 1위에 이름을 올렸다.

식음료 업종 배달앱 부문에서는 '배달의 민족'이 월 사용자 수 1,954만 명으로 가장 많았다. '요기요'는 약 667만 명이었으며, '쿠팡이츠'는 약 323만 명이었다. 브랜드/멤버십 카테고리에서는 '스타벅스'(약 610만 명)가 1위를 차지했다.

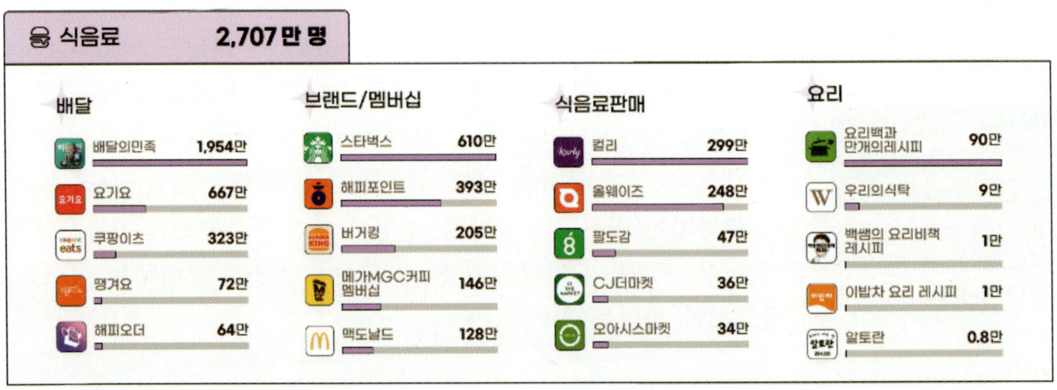

게임 업종 중 롤플레잉 부분에서는 '쿠키런 : 킹덤'이 MAU 약 61만 명으로 1위를 차지했다. 2위는 '나이트 크로우'(약 36만 명)이었고, 3위 '블루 아카이브'(약 22만 명), 4위 '승리의 여신 : 니케'(약 21만 명), 5위 '리니지M'(약 17만 명)으로 확인됐다.

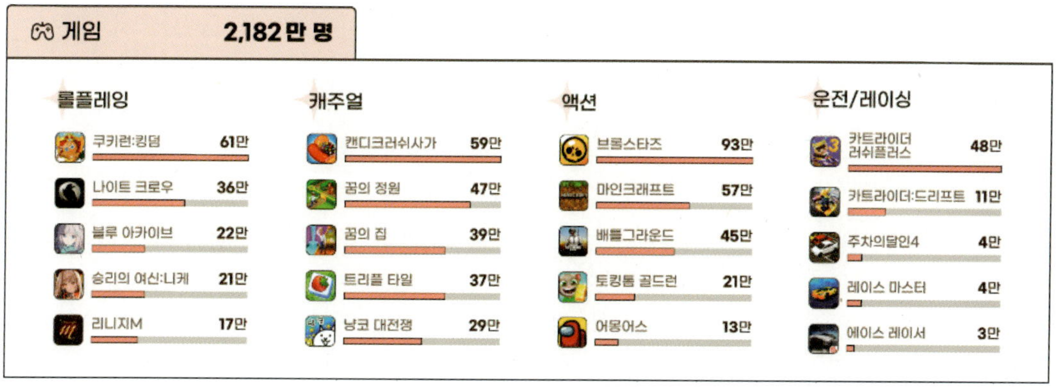

패션/의류 업종 월간 사용자 수는 약 1,464만 명이었다. 여성의류 카테고리에서 '에이블리'가 약 365만 명으로 사용자 수 1위에 올랐고, '지그재그'는 약 346만 명으로 2위였다.

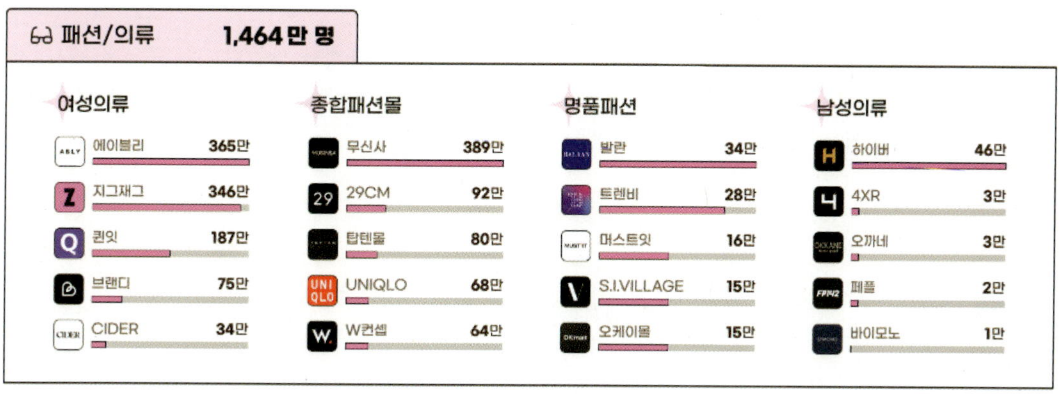

또한 구인/구직 업종에서는 '알바몬'(약 219만 명), 메이크업 업종은 '올리브영'(약 343만 명), 가구 업종에서는 '오늘의집'(약 330만 명)이 각각 1위에 이름을 올렸다.

(매드타임스, 2023.6.20)

핵심용어

- 기업환경
- 간접환경
- 경제적 환경
- 정치·법률적 환경
- 사회·문화적 환경
- 기술적 환경
- 외부직접환경
- 소비자
- 판매자시장
- 구매자시장
- 경쟁자
- 공급자
- 금융기관
- 지역사회
- 정부
- 내부직접환경
- 주주
- 종업원
- 경영자
- 조직문화

요 약

- 기업은 하나의 개방시스템(open system)으로서 자신을 둘러싼 환경과 상호작용을 한다. 환경변화에 적절히 대응한 기업은 그렇지 않은 기업보다 시장에서 생존할 가능성이 크다.
- 경영환경은 크게 직접환경과 간접환경으로 나눌 수 있다. 직접환경은 다시 내부환경과 외부환경으로 구분된다. 내부직접환경으로는 주주, 종업원, 경영자, 조직문화 등이 있으며, 외부직접환경으로는 소비자, 경쟁자, 공급자, 금융기관, 지역사회, 정부 등이 있다. 간접환경으로는 경제적 환경, 정치·법률적 환경, 사회·문화적 환경, 기술적 환경 등이 있다.
- 기업경영활동에 직접적으로 영향을 미치는 환경요인 중 가장 강력하고 중요한 환경은 소비자이다. 경쟁자는 동일하거나 유사한 제품 또는 서비스를 소비자에게 제공하는 자를 말하며, 외부에서 인적자원과 물적자원을 공급하는 공급자, 자금을 제공하는 금융기관 역시 기업의 환경요인이 된다.
- 지역사회는 기업과 다양한 차원과 방법으로 긴밀한 관계를 맺는다. 주주는 전문경영자가 기업의 소유주인 주주들을 위하여 경영을 하도록 유도하거나 끊임없이 감시한다. 조직문화란 조직구성원들이 공유하는 가치관이나 신념, 사고방식을 말한다.

연습문제

1. 기업이 환경에 수동적으로 적응해야 할 때는 어떤 상황인가?
2. 기업의 외부환경 중 정치적 요인이 기업에 미치는 영향을 설명하라.
3. 환경요인으로서 정부, 정치·법률적 환경의 관계에 대해 구체적인 예를 들어 설명하라.
4. 환경요인으로서의 소비자의 특성에 대하여 설명하라.
5. 기업의 경영환경 중에는 경쟁자가 있다. 경쟁자가 특정기업에 영향에 미칠 때 그 영향의 강도를 결정짓는 요소들을 설명하라.

미니 프로젝트 경제적 환경요인 중 금리와 환율 그리고 물가가 기업에 어떠한 영향을 미치는지 생각해보자.

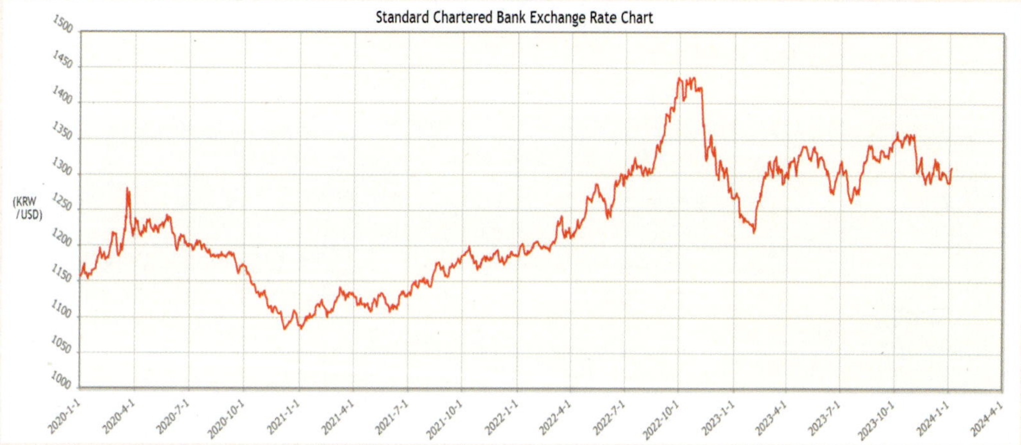

▌우리나라 원화의 대 달러 환율 변동 추이 (자료 : Standard Charted Bank)

CHAPTER

5 경영자와 CSR

경남은행 직원의 횡령금액이 3천억원에 육박하는 것으로 조사됐다. 금융권 횡령 사고 가운데 가장 큰 규모인데, 위험이 큰 대출 업무를 15년 동안 해왔던 해당직원에 대해 은행 내부 감독은 제대로 이뤄지지 않았다. (자료 : SBS)

경남은행 직원 1명 횡령금액 3천억원… 역대 최대 규모

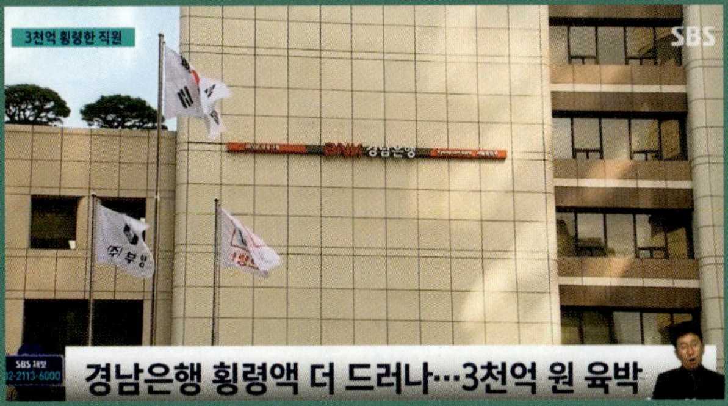

무더기로 쌓여 있는 5만원권 지폐 뭉치와 1kg 골드바들.

대규모 금액을 횡령한 경남은행 이 모 부장의 은신처에서 발견된 것입니다. 당초 500억원대로 알려졌던 횡령 규모는 2,988억원으로 늘었습니다. 역대 금융권 개인 횡령액 중 가장 큰 규모입니다.

PF대출을 허위로 일으킨 뒤 무단 개설한 계좌나 가족과 지인 명의 계좌에 이체했고, 시행사들이 대출 원리금을 갚으면 서류를 위조해 이것을 지인 또는 가족 명의 법인 등에 빼돌렸습니다. 이 씨는 부동산 매입, 주식투자, 자녀 유학비 등에 이 돈을 썼습니다.

경남은행이 입은 순손실만 595억원, 2009년부터 13년 동안 내부통제는 작동하지 않았습니다. 2015년 경남은행을 인수한 BNK금융지주는 은행에 대해 서면 점검만 했고, 고위험 업무인 PF대출 점검은 아예 실시하지 않았습니다. 경남은행은 이 씨가 15년간 한 부서에서 PF대출 업무를 담당하게 했고, 본인이 취급한 PF대출에 대해 사후 관리까지 맡겼습니다.

지난 5년여 동안 은행권 내부 직원에 의한 금융사고 피해액은 1,962억원인데, 회수율은 11%에 그쳤습니다.

(SBS뉴스, 2023.9.21)

5.1 CSR : 기업은 사회적 책임을 진다

기업의 사회적 책임이란 무엇인가?

기업의 사회적 책임의 의의

기업의 사회적 책임에 대해서는 그 범위만큼이나 개념 정의에 대해서도 여러 주장이 있다. 여기서는 대표적인 공적인 기관 두 곳과 가장 일반적으로 받아들여지고 있는 정의를 소개하고자 한다.

먼저 경제협력개발기구, 즉 OECD(Organization for Economic Cooperation and Development)는 기업의 사회적 책임, 즉 CSR(corporate social responsibility)을 "기업과 사회의 공생관계를 성숙시키고 발전시키기 위해 기업이 취하는 행동"이라고 정의하고 있다. 국제표준화기구 ISO(International Organization for Standardization)는 CSR을 "조직이 사회・경제・환경문제를 사람・지역공동체 및 사회 전체에 혜택을 줄 수 있도록 추진하는 활동"이라고 본다. 두 정의는 용어 선택에 차이가 있을 뿐 크게 차이가 없다. 다만 다소 추상적이어서 애매한 부분이 있다. 수많은 주장 중에 특별히 이 두 기관의 정의를 소개한 이유는 최근의 CSR에 대한 방향을 제시하고 있기 때문이다. 이는 뒤에서 살펴볼 것이다.

▌캐롤은 미국 조지아대학(Univ. of Georgia)에서 40년 넘게 경영학을 연구한 원로학자이다.

한편 캐롤(Archie B. Carroll)은 CSR을 보다 명확하게 정의하고 있다. 캐롤은 기업이 사회적 책임을 충족하기 위한 네 가지 책임을 명시한 'CSR 피라미드'를 제시하였다. 개념이 명쾌하고 간결하기 때문에 현재까지 가장 일반적으로 인용되는 CSR의 개념이라고 할 수 있다. [그림 5-1]을 보면서 알아보자.

- **경제적 책임** : 경제적 책임은 기업경영에서 가장 기본적이고 중요한 부분이다. 경영자(기업)의 최우선 책임은 주주와 이해관계자에게 최대의 이익을 창출하는 것이다. 기업은 이익을 내기 위하여 경영활동시 성장과 발전에 장애가 되는 다양한 내부 및 외부의 도전을 이겨내야 한다. 이 책임은 사회에 의해서 "요구되는(required)" 책임이기 때문에 반드시 그 책임을 이행해야 한다.

- 법적 책임 : 피라미드의 두 번째 계층은 회사의 법적 책임에 관한 것이다. 회사의 경영진은 기업을 경영하면서 정해진 법률을 준수해야 한다. 이 책임 역시 사회에 의해 "요구되는" 책임이다.
- 윤리적 책임 : 윤리적 책임은 법률에 의해 규제되지는 않지만 사회가 "기대하는(expected)" 윤리 및 도덕적 가치를 지킬 것에 대한 책임이다. 앞의 두 가지 책임인 법적 책임 및 경제적 책임에 비해 윤리적 책임이 갖는 주요한 차이점은 윤리적 책임은 경영진의 재량에 달려 있어 기업이 반드시 이행할 필요는 없지만 사회가 여전히 기대한다는 점이다. 기업은 법률이 정한 좁은 수준의 책임에 안주하지 말고 더 큰 범위의 윤리적 책임을 다해야 한다.
- 자선적 책임 : 자선적 책임은 기업이 사회의 일원으로서 "훌륭한 기업 시민(be a good corporate citizen)"이 되어서 사회와 국민 삶의 질을 향상시켜야 한다는 것이다. 다양한 지역사회 프로그램에 참여, 자원봉사, 기업 기부, 사회문제에 대한 기금 모금 등이 그 예이다. 이 책임 역시 사회가 "요구하는" 것이 아닌 "기대하는" 책임이다.

캐롤의 CSR 피라미드의 가장 중요한 특징은 수익의 측면을 가장 중요하게 여기고 있다는 점이다. 이익을 내지 못하면 기업이 존속하지 못하기 때문이다. 또한 네 가지 CSR 요소를 단순히 나열하지 않고 굳이 피라미드 형태로 주장한 것은 CSR에 있어 선후관계가 있다는 의미이다. 불법을 저지르면서 윤리적 책임을 다할 수는 없는 것이고 윤리적 책임을 다하지 않으면서 자선적 CSR을 한다는 것은 이해하기 어렵다.

□ 그림 5-1
캐롤이 제시한 CSR 피라미드

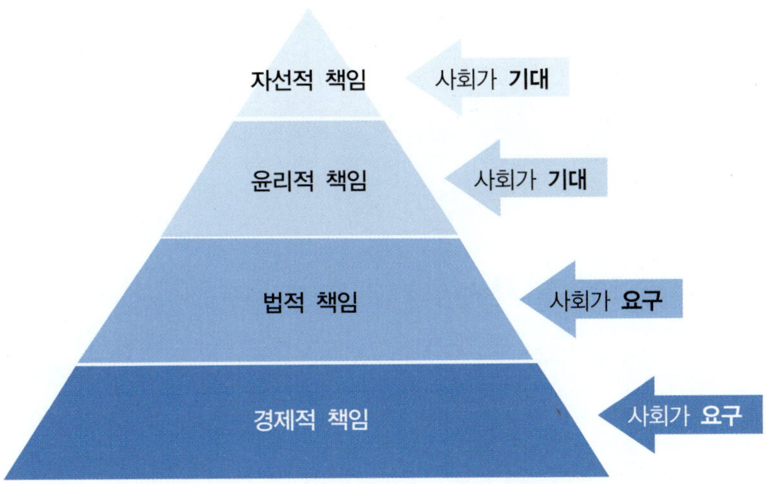

캐롤 모델의 강점은 이해하기 쉽고 CSR에 둘 이상의 요소가 있다는 것을 간결하게 제시해준다. 또한 CSR이 수익창출에서 출발한다는 점을 강조하고 있다. 반면 이 모델에 대해 비판적인 주장도 있는데, CSR을 지나치게 단순화했다는 것과 기업이 이윤창출 이전에(또는 이윤창출과정에서) 사회적인 도덕과 윤리를 따라야 하는 점을 간과했다는 것이다.

실제로 기업들은 이 네 가지의 CSR 요소 중 어디까지를 CSR의 범위로 인식할까? 그것은 뒤에서 살펴보기로 하자.

CSR의 전개과정

CSR 개념이 도입된 시점에 대해서 여러 주장이 있지만 미국을 중심으로 보면 통상 1950년대를 그 시작 시점으로 본다. 다만 이 시기는 CSR에 대하여 어떤 공식적인 개념이 만들어졌다기보다는 기본적으로 기업 경영인들이 다양한 사회의 이해관계자들에 대해 광범위한 사회적 책임이 있다고 보는 수준이었다. 기업 차원이 아닌 기업의 경영자들을 중심으로 개인적이고 자발적인, 특히 "자선적인" 성격의 활동이 주를 이루었다.

1960년대에 들어서면서는 양상이 크게 달라졌다. 이전까지는 경영자들이 CSR을 스스로 알아서 하지만 내용 면에서는 소극적이고 수동적인 수준이었다. 그러나 1960년대에 들어서는 사회, 특히 기업의 이해관계자들은 기업에 자선활동 이상의 적극적이고 가시적인 CSR을 요구하게 되었으며 경영자들은 이에 대응해야 했다. 기업들은 기업 내에서의 인종 및 성 차별, 공해, 근무환경의 보건과 안전, 공정거래 및 가격, 제품의 안전성, 투자자들에 대한 정보공개 등의 수많은 문제에 대한 해결방안을 요구받았다. 이 시기에 불붙은 불매운동과 시위 등은 기업에 적극적인 CSR 활동 압력으로 작용했다. 이러한 흐름은 1970년대까지 이어졌다.

엔론사태 당시 미국의 한 신문 만평. 그림을 보면 미 백악관, 국회, 감시 및 규제당국, 대통령, 공화당과 민주당 모두 엔론에서 자유롭지 않음을 보여주고 있다. 엔론사태는 CSR에 대한 사회적 관심을 폭발시킨 사건이다. 엔론(ENRON)은 1985년에 창립되었고 2001년에 희대의 분식회계사건을 일으킨 후 도산한 에너지 기업으로 당시 미국의 7대 기업이었다.

1980년대는 윤리적 차원의 CSR이 도입된 시기이다. 기업윤리는 경영자 개인의 차원이 아니기 때문에 자연스럽게 기업이라는 조직 차원에서 다양한 사회적 이슈와 기업 문화에 대해 대응해야 했다. 즉 CSR을 본격적인 기업경영 차원의 문제로 보기 시작한 것이다. 기업들이 윤리헌장이나 규범을 제정하고 발표한 것도 이 시기의 특징이다.

1990년대가 되면 또 한 번 CSR에 대한 인식 변화가 이루어진다. 기업은 일반 시민사회의 구성원과 동일하게 사회적 의무와 규범을 따를 책임이 있는 법적인 객체(시민사회의 구성원의 하나로서의 '시민')로 인식된다. 특히 이 시기 이전까지는 각 기업 또는 국가 단위로 CSR이 논의되었다면 이젠 급격한 기업환경의 글로벌화에 따라 기업을 '글로벌 시민'으로 보고 '글로벌 시민의식'을 요구하게 된다.

이상과 같은 CSR에 대한 시대적 인식 변화의 대표적인 산물로는 'OECD의 다국적기업 가이드라인(OECD Guidelines of Multi-National Enterprises)', UN 글로벌 콤팩트(UN Global Compact), 국제표준화기구(ISO 26000) 등이 있다. 이 세 가지에 대해서는 뒤에서 자세히 따로 살펴볼 것이다.

우리나라에서 CSR은 어떻게 전개되었을까?

광복 이전 시대

우리나라에서 CSR 활동이 있었는지를 알기 위해서는 우선 기업이 언제부터 존재했는지를 파악해야 한다. 우리나라에 형태를 갖춘 기업이 나타난 것은 제3장에서 배운 것처럼 1890년대에 이르러서이다. 그렇다면 그 이전엔 CSR 활동이 없었을까? 여기에서는 우리나라만의 독특한 정서 등이 있을 수 있으므로 역사적으로 CSR을 보다 적극적으로 해석해보고자 한다. 그래서 명칭이 기업은 아니지만 사실상 기업에 가까운 기능을 해온 '상인'이라는 집단의 활동부터 검토하고자 한다.

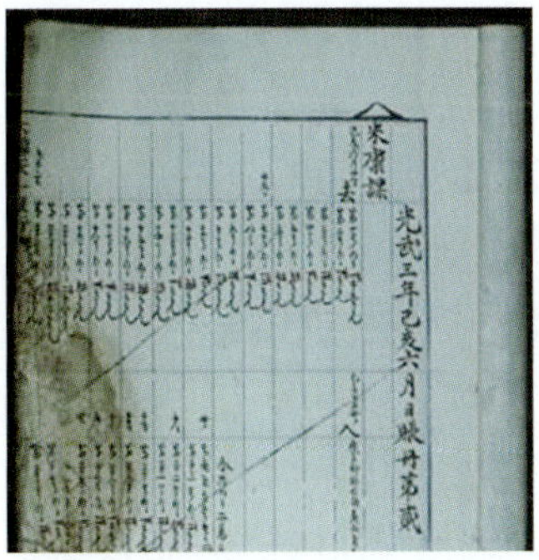

송상은 사개치부법(四介治簿法)이라는 회계처리방식을 사용했다. '사개'란 거래시에 주는 사람, 받는 사람, 주는 것, 받는 것의 네 가지를 말한다. 오늘날의 서양식 복식회계 이상으로 정교한 것으로 회계가 최초로 시작된 이탈리아보다 200여 년 먼저 시작된 것으로 알려져 있다. 기장방식은 비밀에 부쳤다. (자료 : encykorea)

역사적으로 우리나라의 대표적인 상인집단으로는 고려시대부터 시작하여 조선시대까지 활동한 상인집단인 개성상인(이들을 송상(松商)이라고도 하는데, 이는 개성을 송도라고도 불렀기 때문이다. 송도상인의 줄임말이다)이 있다. 이들에게는 자신들이 지켜야 할 일종의 약속으로 8개의 덕목이 있었다. 그 덕목을 보면 오늘날 논의되는 기업의 사회적 책임에 있어서 소극적인 부분부터 적극적인 부분까지를 포함하고 있다. 예컨대, '영통(永通)'이라는 것이 있다. 이는 생산자와 소비자를 지속적으로 연결해주자는 것으로 상인으로서의 해야 하는 최소한의 기능적 부분을 강조한 것으로 보인다. 반면 '흥선(興善)'이라는 것도 있다. 이는 선을 행하라는 것으로, 보다 상인들에게 적극적인 도덕률을 요구하고 있다고 볼 수 있다. 송상의 독점적이고 배타적인 운영방식 등 부정적인 면에 대해서는 논란이 있지만 이러한 상거래 기본 철학에 대해서는 긍정적 평가가 가능하다.

▌삼양그룹은 우리나라 최초의 민간 육영재단인 양영회를 설립해 우수 인재 육성에 힘썼다. (자료 : 삼양그룹)

일제강점기에는 일제의 말살 정책에 의해 기존의 상업 시스템은 사실상 붕괴되었다. 일제의 지원을 받는 일제 자본이 물밀 듯 들어오면서 순수 민족자본 기업은 기업활동이 쉽지 않았다. 이러한 힘겨운 환경에서도 민족자본 기업들 중 일부는 학교를 설립하여 인재를 양성하는 교육사업이나 독립운동에 자금을 지원하였다. 이러한 것들은 조국의 광복을 위한 것이었으나 일종의 CSR 활동이라고 볼 수 있겠다. 대표적으로 1939년에 삼양사 창업주인 김연수가 설립한 양영회, 경방(주)의 창업주인 김용완이 설립한 삼양동제회가 있다.[1] 당시에 일제를 등에 업은 일본자본이나 매판자본은 부를 축적하면서 상업자본이 산업자본으로 확장되었으나 민족자본은 이러한 CSR 활동으로 인하여 자본이 축적되지 못하고 오히려 고갈되는 결과를 낳았다.

광복 이후의 전개

광복 후의 주 흐름은 외국의 경제원조와 정부가 주는 특혜를 중심으로 한 정경유착이 가장 큰 특징 중의 하나이다. 당시의 산업자본 축적은 이 두 개의 큰 줄기하에서 진행되었다. 이에 따라 기업 및 기업인에 대한 부정적 이미지가 만들어졌다. 그러다가 '기업의 사회적 책임'이라는 개념을 사실상 처음으로 등장시키는 커다란 사건이 하나 발생한다.

1964년 1월에 발생한 이른바 삼분폭리사건(三粉暴利事件)이 그것으로, 국민 생활에 매우 밀접했던 세 가지인 설탕, 밀가루, 시멘트를 생산하는 재벌기업들이 가격조작과 세금포탈 등을 통해 폭리를 취한 사건이다. 특히 설탕과 밀가루의 경우, 외국에서 들여와서 배정받은 물건을 팔면서 고시가격의 3~4배의 폭리를 취하고 세금을 포탈했다. 이 사건에 대해 당시의 경향신문에서 처음으로 '사회적 책임'이라는 용어가 등장했다.[2] 당시 삼성은 회장의 재산 10억원을 출연하여 삼성문화재단을 설립하고 육영과 문화 사업에 힘쓰겠다고 발표했다.

▌당시의 경향신문 보도

이후의 기업의 '사회적 책임'이라는 말은 기업과 관련된 중요한 행사에는 으레 덕담처럼 등장하는 용어 정도로 사용되었다. 그러다가 1966년 9월, 사카린 밀수사건이 터진다. 삼성그룹의 한국비료가 공장 건설 용도로 받은 정부차관 4,000여만 달러로 사카린

1) 삼양사가 세운 재단명칭은 양영회(養英會)로 인재를 기른다는 의미이다. 그런데 정작 경방이 세운 재단의 명칭은 삼양동제회(三養同濟會)로 삼양이라는 명칭을 쓴 점이 흥미롭다. 삼양이라는 용어는 복(福), 기(氣), 재(財)의 세 가지 미덕을 기른다는 의미를 갖는다. 두 재단은 2개월 간격으로 설립되는데, 기록상 경방이 2달 늦다. 필자의 생각으로는 당시에 삼양이라는 단어가 강조되었고 재단의 설립이 사실상 동시에 추진되면서 경방이 용어를 선점하지 않았나 추정한다.

2) 이상민, 한국 CSR의 역사, 시민사회와 NGO, 2016, 제14권 제1호.

원료 약 55톤을 건설자재로 위장해 들여왔다가 적발된 것이다. 이 사건으로 기업의 사회적 책임이라는 주제는 다시 크게 논란거리가 되었다. 하지만 이후 다시 덕담 용어 수준으로 회귀되었다.

1970년 이후에는 정부 주도의 CSR 분위기로 바뀌었다. 기업들도 소비자를 대상으로 하는 CSR이 아닌 정부에 잘 보이기 위한 CSR 정책들로 접근하였다. 경제단체들과 기업들이 한 수많은 CSR 선언과 다짐은 CSR이 갖는 본래 의미의 책임을 다하겠다는 것보다는 정치적인 면을 고려하였다고 볼 수 있다. 정부가 기업의 생존 여부를 사실상 결정할 수 있었기 때문이다.

민간부문에 의한 CSR 개념의 도입

기업의 입장에서 CSR 대상에 대해 정부가 아닌 다른 쪽으로 눈을 돌린 최초의 시기는 1987년 6월 민주항쟁 이후 시기부터이다. 노사관계 이슈가 핵심의 제로 떠오르면서, 저임금 해소와 인간적인 대우 등과 같은 근로조건 개선이 관심의 대상이 되었고 기업들도 이에 대응하게 되었다. 국민들이 직접적으로 기업의 사회적 책임에 대해 눈을 뜨게 된 중요한 사건은 1991년의 두산전자 페놀유출사건이다. 당시 두산그룹 회장을 비롯해 환경처(지금의 환경부) 장차관이 사퇴했으며 '환경범죄의 처벌에 관한 특별조치법'이 만들어진 계기가 될 정도로 사회적 파급이 컸다.

낙동강 페놀유출사건은 녹색연합에서 지난 1999년 당시 '1950년대 이후 발생한 대한민국 환경 10대 사건' 중 1위로 선정했을 정도로 당시 큰 충격을 안겨줬다. 영남 지역을 넘어 전국을 식수 공포로 떨게 한 사상 최악의 환경오염 사건이다. (자료 : 환경연합)

럭키금성그룹(지금의 LG)은 1994년에 민간기업 중에서 최초로 사회적 책임과 공정경쟁을 다짐하는 기업윤리규범을 선포하였다. 여러 기업과 경제단체들도 기업윤리강령이나 기업윤리헌장을 발표하였다. 그러나 민주화 흐름에 따라 기업에 대한 사회적 책임의 요구가 과거와는 다른 양상을 보이자, CSR에 부담을 느끼고 있던 재벌기업들이 반격에 나서게 된다. 가장 대표적인 것이 전국경제인연합 산하의 한국경제연구원이 1996년 주장한 "기업에 사회공헌을 강요하는 것은 준조세와 같다"라는 것이다.

CSR의 정립

1997년의 IMF 체제는 많은 부문에서 우리나라에 큰 변화를 가져왔다. CSR도 마찬가지이다. 외환위기 초기에는 그동안 그래왔던 것처럼 재벌기업들에 대해서 비난이 쏟아졌고 기업들은 또다시 사회적 책임을 다하지 못한 것에 대해 사과하고 보여주기 식의 각오를 발표했다. 그런데 IMF 체제는 우리 기업들로 하여금 글로벌 표준에 따를 수밖에 없는 환경에 놓이게 했다. 수출주도형 경제체제 국가로서는 피할 수 없는 일이었던 것이다.

그런데 도입된 CSR의 표준은 곧 미국형 CSR의 도입을 의미하기도 했다. 이 과정에서 삼성경제연구소(SERI)를 중심으로 CSR에 대한 구체적인 논리 개발, 프로그램 개발 및 이의 보급이 이루어졌다. 그 결과 기업의 이해관계자가 갖는 관심들인 소비자 대응, 기업의 지배구조, 노동자의 인권, 환경, 공정거래, 공동체 참여 및 공헌 등과 같은 그동안 논의되던 광범위한 CSR, 즉 기업의 사회적 책임의 범위는 사회공헌활동과 윤리경영이라는 두 가지만으로 대폭 축소되는 결과가 초래되기도 하였다. 실제로 이후 우리나라 기업에게 사회적 책임이란 사실상 기업 내부적으로는 윤리경영을, 외부적으로는 사회공헌의 두 가지만을 의미하는 것으로 인식되는 경향이 강했다. 이러한 흐름은 지금까지도 상당 부분 이어지고 있는 것으로 보인다.

우리나라의 많은 기업들이 글로벌 무대에서 본격적으로 두각을 나타내면서부터는 해외활동이 많은 기업부터 선도적으로 각종 국제기구에서 공표하는 CSR의 가이드라인 또는 표준을 도입하게 된다. 아울러 우리나라 기업들도 미국에서 시작된 CSV를, CSR의 확장판으로 적극적으로 도입하고 있다. 뿐만 아니라 최근에는 ESG경영에도 큰 관심을 보이고 있다.

사회적 책임이 요구되는 네 가지 이유

증가되는 환경요인간의 상호작용

정보통신기술과 물류체계의 발달, 전문성의 증대, 산업의 고도화 등은 사회를 구성하는 모든 요인들의 상호의존성을 더욱 심화시키고 있다. 이에 따라 사회의 각 요인 또는 구성원들의 서로를 위한 협력의 필요성 역시 더욱 강조되고 있다. 사회에 재화와 용역을 제공하는 기능을 하는 기업에 이러한 측면에서 책임이 요구되는 것이다.

이러한 상호의존성은 전 세계가 마치 하나의 생태계처럼 작동하면서 갈수록 심화되고 있다. 중국의 부품 공장에 문제가 생기면 한국의 현대자동차가 공장을 멈추는 일이 발생하는 식이다.

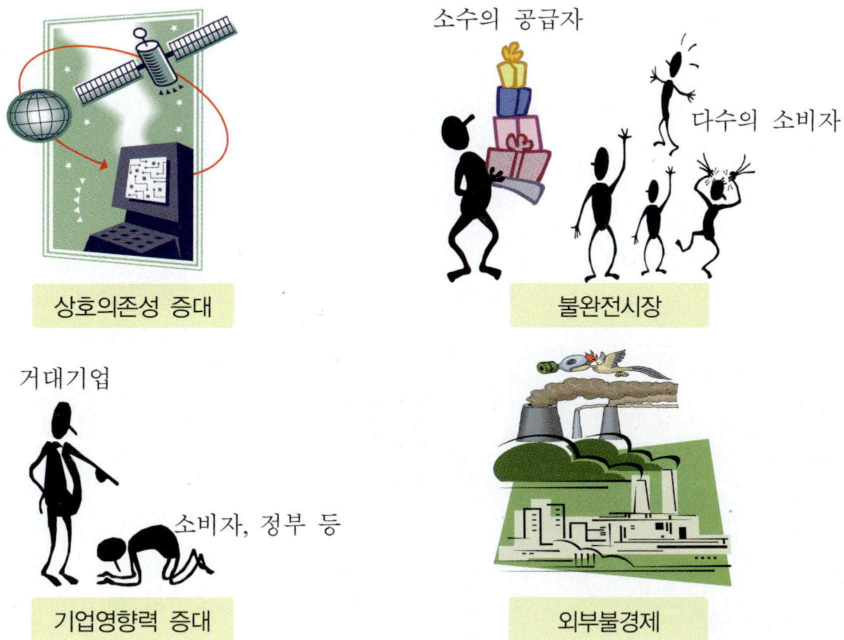

□ 그림 5-2
기업의 사회적 책임이 요구되는 이유

시장의 불완전성

시장의 많은 부분에서 공정하고 완전한 경쟁이 이루어지지 않는 것이 현실이다. 한 개의 기업 또는 소수의 기업이 시장을 독점하거나 과점하는 경우가 많다. 이러한 경우 기업은 카르텔을 형성하여 비교적 자유롭게 가격조정이나 물량조절을 할 수 있다. 즉 완전시장에서는 가격과 생산량이 생산자와 소비자 모두에게 최선이 되도록 시장기능이 작동하지만 불완전시장에서는 그것을 기대할 수 없기 때문에 시장실패로 이어지는 것이다.

시장실패(market failure)란 시장이 가장 효율적인 자원배분에 실패하는 것을 말한다. 시장실패를 가져오는 원인 중의 하나가 불완전한 경쟁시장이다. 한 국가의 전체적인 관점에서 보면 수요자와 공급자 간의 완전한 경쟁은 희소한 자원을 효율적으로(가장 원하는 재화와 용역을 가장 경제적인 비용으로 가장 필요한 사람에게) 배분할 수 있게 해준다. 그러나 불완전한 경쟁시장에서는 독과점기업이 굳이 양질의 제품을 생산할 필요성을 느끼지도 않고 가격 또한 기업이 마음대로 올릴 수 있기 때문에 소비자 만족도가 떨어지고 자원이 낭비되는 등 비효율적인 자원배분이 이루어지게 된다.

따라서 시장실패가 예견되는 불완전시장에서는 공급자, 곧 기업의 사회적 책임 문제가 대두되는 것이다.

외부불경제

생산자나 소비자의 경제활동에는 근본적으로 대가가 수반된다. 상품을 구입할 때에는 대금을 지불해야 하고 상품을 파는 사람은 물건값을 받는다. 그러나 가끔씩은 이러한 경제활동이 아무런 대가 없이 제3자에게 이익을 주거나 손해를 끼칠 때가 있다. 이를 외부효과라고 한다.

외부효과에는 제3자에게 이익을 주는 외부경제효과(또는 이로운 외부효과)와 제3자에게 손해를 끼치는 외부불경제효과(또는 해로운 외부효과)가 있다. 전자의 예로는 인재를 양성하여 사회에 배출하는 학교를 들 수 있다. 학교는 인재를 기업에 공급하면서 기업으로부터 아무런 대가를 받지 않는다. 후자의 예로는 공해를 내뿜어 이웃에 피해를 주는 기업, 주택가에 유흥업소를 차리는 업주 등을 들 수 있다.

공장의 매연은 대표적인 외부불경제효과 사례 중의 하나이다. 사진은 울산석유화학공업단지에서 전기공급이 중단되는 사고가 발생해 화학단지 내 한 공장 굴뚝에서 불기둥과 함께 매연이 뿜어져 나오고 있는 모습 (자료 : 뉴스1)

외부경제효과나 외부불경제효과 모두 시장실패를 가져오는 요인이 되지만 문제의 심각성은 주로 외부불경제효과에 모아진다. 외부불경제효과를 끼치는 당사자는 제3자에게 손해를 끼치는데도 비용을 지불하지 않아도 되기 때문에 사회적으로 어떤 규제나 문제제기가 있지 않으면 굳이 생산활동을 억제할 필요를 느끼지 않는다. 이러한 외부불경제효과는 기업의 사회적 책임을 묻는 근거의 하나가 되고 있다.

기업영향력의 증대

많은 기업은 규모의 경제를 추구하기 때문에 대형화되는 속성이 있다. 기업의 거대화는 당해기업의 영향력 증대와 직결된다. 거대기업은 좁게는 기업 내의 종업원, 거래회사, 경쟁회사, 소비자에게 영향을 미치고 넓게는 지역사회 및 정부에까지 영향을 미친다. 특히 독점적 지위에 있는 거대기업은 그 영향력이 광범위하고 그 정도가 심대하다. 즉 기업이 사회에 대해 영향력을 행사하게 되는 것이다. 시야를 전 세계로 넓혀서 보면, 이러한 영향력 측면에서 다국적기업은 특별히 늘 관심의 대상이 되어 왔다.

영향력을 소유한 기업이 언제나 사회구성원의 이익과 일치하는 방향으로 움직이는 것은 아니다. 따라서 해당기업의 사회적 책임문제가 대두된다. 이해관계자 및 사회에 대하여 영향력을 갖는 기업은 그에 상응한 책임을 동시에 져야 하는 것이다.

5.2 CSR의 범위는 어디까지일까?

CSR 범위에 대한 두 견해

기업에 요구되는 사회적 책임의 범위는 어디까지일까? 이에 대해서는 그동안 많은 주장이 있어 왔다. 예컨대 다음과 같은 것들이 있다.

"회사를 존속시키기 위하여 이익을 창출할 수만 있으면 된다"
"이익창출 이상의 뭔가를 해야 한다"
"자발적인 활동이어야 한다"
"사회에 대한 보다 큰 관심을 갖는 것이다"
"사회구성원에 대해 책임을 가져야 한다"

수많은 주장은 사실 두 가지의 극단적인 견해인 고전적인 견해와 사회경제학적 견해로 정리할 수 있다.

고전적인 견해

94세에 사망한 20세기 후반 최고의 경제학자 프리드만(1912~2006). 개인적 자유에 바탕을 둔 자유민주사회의 건설을 위해 학문적 정열을 불태운 경제학자이다.

고전적인 견해(classical view)에 따르면 기업의 유일한 사회적 책임은 이익을 극대화하는 것이다. 주로 경제학자들이 주장하는 것으로 대표적으로 프리드만(Milton Friedman)을 들 수 있다. 그는 경영자의 근본적인 책임은 주주의 이익에 최선이 되도록 기업을 경영하는 데에 있다고 하였다. 이때 주주에게 최선이 되는 것은 유일하게 재무적인 성과, 즉 이익인 것이다. 그에 의하면 사회적인 선(善)을 위하여 기업이 하는 행위들은 상품의 원가를 끌어올려 가격을 상승시키고 주주의 이익을 줄이게 될 뿐이라는 것이다.

사회경제학적 견해

사회경제학적 견해(socioeconomic view)는 기업의 사회적 책임은 이익을 극대화해야 하는 것뿐만 아니라 공공의 복지를 보호하고 이를 증진시킬 책임까지 있다고 본다. 이러한 주장은 기업이 주주뿐만 아니라 사회구성원들에 대해서도 독립적으로 존재할 수 없다는 점을 배경으로 하고 있다. 또한 기업은 사회적으로 약속된 다양한 법률과 규제의 산물이면서(즉, 기업은 법적인 토대하에서 만들어진 조직이다) 사회구성원이 그들의 상품과 서비스를 구입해주기 때문에 존재할 수 있다는 점도 이 주장의 근거가 되고 있다.

두 견해의 비교

고전적인 견해는 기업에 최소한의 사회적 책임만을 주장한다. 즉 기업은 기업 소유주 부의 극대화 또는 이윤극대화를 추구하되 법적인 한계만을 지키면 된다는 주장이다. 사회경제학적 견해는 기업에 최대한의 책임을 주장하는 것으로서 기업은 사회의 모든 구성원에 대해 책임을 가져야 한다는 주장이다.

기업에 요구되는 사회적 책임의 정도는 경제체제, 정부의 정책, 산업구조, 사회구성원간의 상호의존도 등에 따라 다를 수 있으며 실제로 아직도 논쟁이 계속되고 있다. 그러나 환경요인의 상호작용이 증대되고 시장실패의 비용이 커질수록 그리고 기업의 영향력이 커질수록 기업의 사회적 책임에 대한 요구는 더 커질 것이다.

글로벌 표준으로 본 사회적 책임의 범위

기업의 사회적 책임에 대한 가장 대표적인 글로벌 표준으로 'OECD의 다국적기업 가이드라인', 'UN 글로벌 콤팩트', '국제표준화기구' 등이 있다. 여기에서는 이들의 내용을 간략하게 살펴봄으로써 글로벌 시각에서 보는 CSR의 범위를 알아보자.

OECD의 다국적기업 가이드라인

'OECD의 다국적기업 가이드라인(OECD Guidelines of Multinational Enterprises)'은 OECD에 의해 1976년에 처음으로 채택된 가이드라인이다. 가이드라인의 내용을 보면 개념 및 원칙, 일반정책, 정보공개, 인권, 고용 및 노사관계, 환경, 뇌물공여, 뇌물청탁 및 강요 방지, 소비자 보호, 과학 및 기술, 경쟁, 조세 등 모두 11개 장에서 광범위한 기업윤리 분야를 포괄하고 있다.

그런데 이 가이드라인이 만들어진 배경에 주목할 필요가 있다. 사람에게도 국적이 있는 것처럼 기업에게도 국적이 있다. 다국적기업은 국적이 두 개 이상인 기업이다. 다국적기업(MNC : multi-national corporation)에 대한 정의는 비교적 다양하나 일반적으로 수개국에 걸쳐 영업 또는 제조 거점을 가지고 국가적 · 정치적 경계에 관계없이 세계적인 범위와 규모로 영업을 하는 기업을

▌3M은 70여개국이 넘는 나라에 자회사가 있으며 사실상 전 세계 모든 나라에서 제품을 판매하는 다국적기업이다. (자료 : cnbnews.com)

말한다. 세계 각국에 자회사, 공장, 지사, 합병회사 등을 두고 있는데, 이들이 현지국적을 취득한 현지법인의 형태로 존재한다. 다국적기업은 국제직접투자의 특수한 형태로서 각국의 현지법인은 현지의 실정과 모회사(母會社)의 전략에 따라 움직인다. 세계기업(world enterprise)이라고도 한다. 다국적기업이라는 용어는 1960년 릴리엔탈(D. E. Lilienthal)이 처음 사용하였다.

다국적기업이 현지국가에 주는 이로움이 적지 않은 것은 사실이다. 예를 들면 부족한 투자재원의 확보, 신규고용 창출, 소비자 효용의 증가, 세수의 증가, 선진기술의 이전 및 습득 등과 같은 것들이 그것이다. 그러나 다국적기업이 갖는 문제점 또한 간과할 수 없는 것도 현실이다.

대표적인 문제점으로는 다국적기업을 받아들이는 국가가 통상 개발도상국임을 감안할 때 현지국가의 소득불평등 및 경제 이중구조 심화, 현지국가의 환경이나 인권은 도외시한 채 이익창출에만 몰두, 투자이익을 현지국가에 재투자하지 않고 본국 송금, 불법 환투기나 자금조작으로 현지국가의 금융통화정책 무력화 등을 들 수 있다. 다국적기업의 사업내용이 제조업이나 기간산업보다는 사치성 소비재 산업이나 서비스업에 집중되는 경우, 다국적기업의 협상력을 이용하여 투자대상국에 과도한 영향력을 행사하는 경우 등에 있어서는 이러한 문제점이 더욱 강조된다. 다국적기업의 거대화는 선진국에서는 물론이고 특히 개발도상국에서 국가의 통제를 벗어날 정도로 하나의 권력이 되어 정치문제에도 개입할 정도로 경제독립에 장애요인이 되기도 한다.

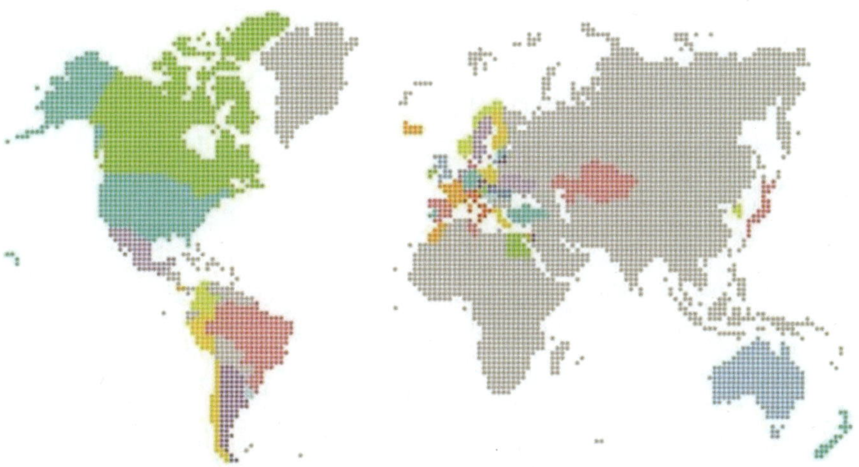

▌'OECD 다국적기업 가이드라인'을 관리하는 NCP가 설치된 국가 (자료 : OECD)

이러한 문제점 및 부정적인 면이 부각된다면 다국적기업의 활동은 위축될 것이다. 이에 따라 전 세계적으로 어떤 곳, 어떤 나라에서 경영 활동을 하든 "정상적인" 기업으로서 인정을 받기 위한 표준이 필요했다. OECD는 다국적기업이 해당 국가에 긍정적 영향력을 높이고, 부정적 영향을 최소화하도록 돕기 위하여 모범적인 행동규범인 'OECD 다국적기업 가이드라인'을 제정하게 된 것이다.

지금까지 이 가이드라인에 동의한 국가는 한국 등 50개국 정도이다. 가이드라인은 법적 구속력이 없으나, 수락국들이 각자 설립한 연락사무소(NCP : national contact point)를 통해 홍보 및 가이드라인 이행에 관한 문제를 처리하는 방식으로 이행력을 확보하고 있다.

한국 NCP는 대한상사중재원 내에 두고 있다.

UN 글로벌 콤팩트

'UN 글로벌 콤팩트(UN Global Compact)'는 기업이 UN 글로벌 콤팩트의 핵심가치인 인권, 노동, 환경, 반부패 분야의 10대 원칙을 기업의 운영과 경영전략에 내재화시켜 지속가능성과 기업의 사회적 책임 관점에서 기업 시민의식 향상에 동참할 수 있도록 권장하고, 이를 위한 실질적 방안을 제시하는 세계 최대의 자발적 기업시민 협약 또는 그 기구를 말한다.

2000년 7월에 뉴욕 UN본부에서는 세계의 많은 비즈니스 리더들, 기업, UN기구, 노동 시민단체 대표들이 참석하여 첫 번째 글로벌 콤팩트 정상 회의(Global Compact Leaders Summit)가 열렸다. 이때에는 9대 원칙으로 시작되었는데, 2004년 6월 24일 코피 아난(Kofi Annan) UN 사무총장은 2003년 채택된 부패방지를 위한 UN 협약에 따라 부패에 대한 10번째 원칙을 추가하였다.

코피 아타 아난(Kofi Atta Annan, 1938~2018)은 제7대 UN 사무총장을 지낸 가나의 외교관, 정치인, 경제학자이다.

UN 글로벌 콤팩트의 10대 원칙은 인권, 노동, 환경과 반부패에 관한 이전의 여러 선언이나 협약에서 유래했다. 즉, 세계인권선언(1948), 노동에서의 권리와 기본 원칙에 관한 ILO 선언(1998), 환경과 개발에 관한 리우선언(1992), 국제연합 부패방지협약(2003) 등이 그것이다. 10대 원칙을 구체적으로 살펴보면 다음과 같다.

▸ 인권(Human Rights)

원칙 1 : 기업은 국제적으로 선언된 인권보호를 지지하고 존중해야 하고,
원칙 2 : 기업은 인권침해에 연루되지 않도록 적극 노력한다.

▸ 노동규칙(Labour Standards)

원칙 3 : 기업은 결사의 자유와 단체교섭권의 실질적인 인정을 지지하고,

원칙 4 : 모든 형태의 강제노동을 배제하며,
원칙 5 : 아동노동을 효율적으로 철폐하고,
원칙 6 : 고용 및 업무에서 차별을 철폐한다.

▸ **환경(Environment)**

원칙 7 : 기업은 환경문제에 대한 예방적 접근을 지지하고,
원칙 8 : 환경적 책임을 증진하는 조치를 수행하며,
원칙 9 : 환경친화적 기술의 개발과 확산을 촉진한다.

▸ **반부패(Anti-Corruption)**

원칙 10 : 기업은 부당취득 및 뇌물 등을 포함하는 모든 형태의 부패에 반대한다.

현재 전 세계 167개국 24,000여 회원이 참여하고 있는데, 이 역시 법적 강제력이 없는 점은 'OECD 다국적기업 가이드라인'과 유사하다. 우리나라에는 2007년 9월에 설립된 UN 글로벌 콤팩트 한국협회가 활동하고 있으며 기업, 시민, 학계 등 348여개의 회원이 참여 중이다.

ISO 26000

ISO 26000은 기업뿐만 아니라 정부, 비정부기구(NGO)까지 사회를 구성하는 모든 조직이 인권 등 7개 핵심주제에 대해 준수해야 할 사항을 정리해 놓은 지침서이다. 이 지침서는 앞서 살펴본 'OECD 다국적기업 가이드라인', 'UN 글로벌 콤팩트'뿐만 아니라 지금까지 나온 사회적 책임과 관련한 모든 국제적 이행 지침들을 총합한 것이라 할 수 있다.

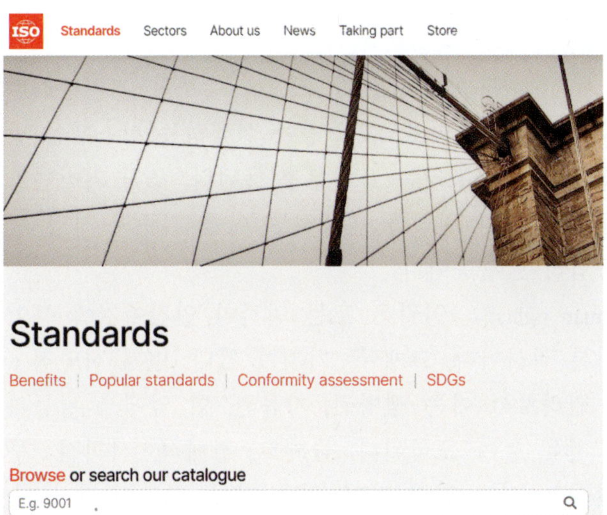

국제표준화기구(ISO)의 홈페이지. 여러 표준을 검색할 수 있게 되어 있다.

국제표준화기구(ISO : International Organization for Standardization)의 이사회는 2001년에 "기업의" 사회적 책임(CSR : corporate social responsibility)에 대한 표준을 만드는 것이 적절한지의 검토를 시작한다. 이후 10여년의 준비과정을 거쳤다. 그런데 이때 ISO는 단지 기업만을 대상으로 하려 했던 처음과는 달리 6대 분야별 이해관계자들(정부, 산업, 노동, 소비자, NGO, 기타)의 참여와 합의가 중요함을 인식하고 그들이 모두 함께할 것을 요구하였다. 그 결과, 이전까지의 규약들이 "기업의" 사회적 책임(CSR)에 관한 것이었다

면 ISO 26000은 기업뿐만 아니라 사회의 모든 조직의 책임에 관한 것으로 확장되었다. 그래서 ISO 26000은 기업으로 한정하지 않고 그냥 사회적 책임(SR : social responsibility)에 대한 지침으로 본다.

ISO 26000의 특징은 다음과 같이 정리할 수 있다.

- 기업뿐만 아니라 사회를 구성하는 모든 조직들이 사회적 책임을 이행함으로써 지속가능발전(sustainable development)에 기여하도록 돕는 것을 목적으로 한다.
- 선진국에서 개발도상국까지 모든 국가, 규모와 종류에 관계없이 모든 조직을 대상으로 한다.
- 이전까지의 사회적 책임과 관련된 기존의 국제협약들을 대체하는 것이 아니라 이들을 보완하며, 사회적 책임 추진을 위한 표준화된 지침을 제공한다.
- 그렇지만 ISO 26000 국제표준이 인증, 규제, 무역거래 장벽의 수단으로 사용되거나 채택을 강제하는 것이 아닌 자발적으로 실천할 것을 강조한다.
- 결론적으로, ISO 26000은 사회적 책임에 대한 사실상의 첫 국제표준으로서 당연히 기업에도 적용되어 글로벌의 시각에서 CSR의 이행을 판단하는 기준으로 볼 수 있다.

ISO 26000의 핵심주제 7가지를 간략하게 정리하면 다음과 같다.

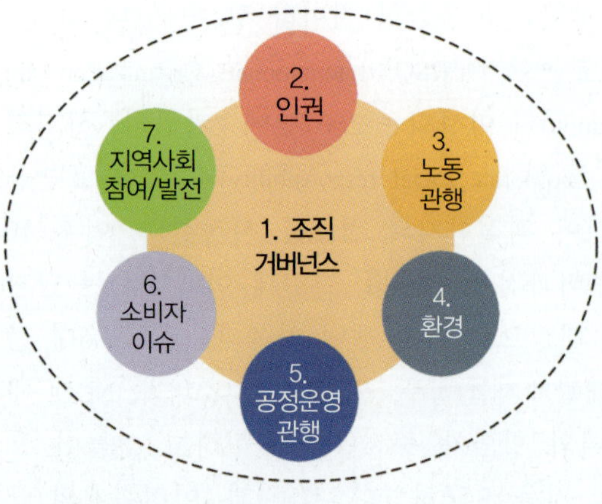

ISO 26000의 핵심주제 7가지. 번호는 편의상 붙인 것으로 순서를 의미하는 것은 아니다

- 조직 거버넌스(organizational governance) : 조직 거버넌스란 조직에서 결정을 내리고 그 결정을 실행하는 시스템을 말한다. 흔히 지배구조라는 용어로 사용된다. 조직 거버넌스는 사회적 책임의 원칙을 존중하고 이를 기존의 사업 관행에 통합하는 활동이다.
- 인권(human rights) : 인권은 모든 인간이 인간이기에 부여받은 기본 권리이다. 크게 두 가지가 있다. 먼저 시민적 · 정치적 권리로서 이는 생명권, 자유권, 법 앞에서 평등과 표현의 자유 등이 포함된다. 둘째로, 경제적 · 사회적 · 문화적 권리로, 이는 일할 권리, 먹을 권리, 의료 권리, 교육을 받을 권리, 사회보장제도에 관한 권리 등이 포함된다.
- 노동관행(labour practices) : 조직의 노동관행은 조직 내의,

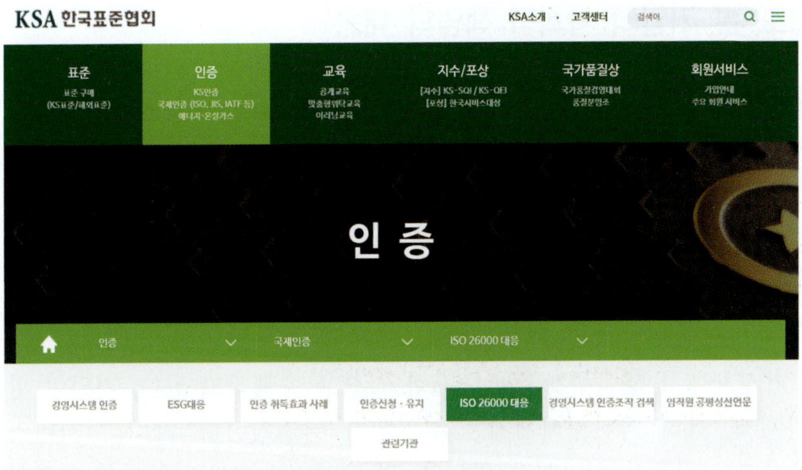

ISO 26000의 국내 간사기관인 한국표준협회 홈페이지

조직에 의한, 조직을 대신해서 수행되는 업무와 관련된 모든 정책 및 관행을 포함한다. 근로자의 채용과 승진, 징계와 고충처리 절차, 근로자의 전근과 재배치, 고용의 만료, 훈련과 기능개발, 보건, 안전 및 산업위생, 특정 근로시간과 보수와 같은 근로조건에 영향을 미치는 정책 및 관행을 포함한다. 또한 고용과 관련된 쟁점을 다루기 위한 단체교섭, 사회적 대화, 노사정협의도 포함된다.

- 환경(environment) : 환경적 책임은 인류의 생존과 번영을 위한 전제조건이며 사회적 책임의 중요한 측면으로 다른 사회적 책임의 핵심주제와 쟁점에 밀접하게 연계된다.
- 공정운영 관행(fair operating practices) : 공정운영 관행은 조직이 다른 조직을 대할 때 윤리적 행동을 하는 것과 관련된다. 예컨대, 조직의 파트너, 공급자, 계약자, 고객, 경쟁자 및 조직이 속한 협회, 정부기관 간의 관계 등이 포함된다.
- 소비자 이슈(consumer issues) : 소비자에게 제품과 서비스를 제공하는 조직은 그 소비자와 고객에 대한 책임이 있다. 이때 소비자는 조직의 결정에 영향을 받고, 조직활동의 산출물을 사용하는 개인과 그룹을 말한다. 구체적으로 설계, 제조, 유통, 정보 제공, 지원 서비스, 회수 및 리콜 절차를 통해 제품과 서비스 이용으로 인한 위험을 최소화하는 것이 포함된다.
- 지역사회 참여와 발전(community involvement and development) : 지역사회는 조직의 현장과 물리적으로 근접하거나 지리적으로 조직의 영향을 받는 영역 중에서 주거지를 의미한다. 지역사회 참여는 지역사회를 지지하고 그와 관계를 쌓아가는 일, 나아가 지역사회의 가치를 인정하는 것을 포함한다.

ISO 26000이 공표된 후 전 세계 40여개국이 각국의 국가표준으로 도입하였고, 우리나라도 2012년 8월에 KSA ISO 26000을 고시하였다.

현실적으로 본 기업의 사회적 책임의 내용

기업은 경영자에 의하여 운영된다. 따라서 기업의 사회적 책임은 종종 경영자의 사회적 책임이라고도 한다. 이하에서는 지금까지 논의한 기업의 사회적 책임의 내용을 보다 현실적으로, 즉 CSR을 어떻게 수행할 것인지 고민하기 시작한 일반적인 기업들에 적용가능한 내용 중심으로 구체적으로 살펴보자.

기업의 유지, 발전에 대한 책임

기업은 국가경제에서 생산주체로서 중요한 역할을 수행하고 있다. 기업이 망하면 국가체제, 특히 자본주의체제는 성립하기 어려워진다. 재화와 서비스 공급이 끊기고 사람들은 일자리를 잃는다. 전 세계적으로 실업문제를 해결하지 못하여 물러나는 정권을 자주 볼 수 있다. 일자리가 없으면 소득기반이 붕괴되므로 기업이 생산하는 재화와 용역의 소비 역시 줄게 된다.

이러한 관점에서 경영자가 기업을 유지하고만 있다면 본분을 다했다고 보는 시각도 있다. 캐롤의 피라미드에서 보면 맨 하단의 '경제적 책임'에 해당하는 책임이라고 할 수 있다. CSR 범위에 대한 논쟁 중 고전적 견해에 부합되는 범위이다.

기업의 이해관계자에 대한 책임

- 소유주·주주에 대한 책임 : 기업은 기업의 주인인 소유주 또는 주주에 대한 책임을 다해야 한다. 주주에 대한 책임은 주주 부(wealth)의 극대화를 기함으로써 달성될 수 있다. 주주 부의 극대화는 기업가치를 높임으로써 이루어질 수 있는데, 이를 위하여 일반적으로 기업들은 이윤을 우선적으로 추구하게 된다.
- 종업원에 대한 책임 : 먼저 재화나 서비스 생산의 한 주체인 종업원에 대한 책임은 근로기준법 등과 같은 법률로 규정되어 있는 부분을 생각할 수 있다. 또한 기업들이 다양하게 활용하고 있는 복지제도, 경영참가제도 등도 종업원에 대한 책임과 연관되는 것들이라고 할 수 있다. 이처럼 종업원에 대한 책임은 노동력 제공에 대한 단순한 물질적 보상뿐만 아니라 인간관계적 관점에서의 정신적·심리적·사회적 책임까지 포함하기도 한다.
- 소비자에 대한 책임 : 기업은 소비자에게 제품이나 서비스를 제공함으로써 생존과 발전을 꾀한다. 기업은 소비자가 원하는 제품이나 서비스를 제공함으로써 그 존재의 정당성이 인정된다.

한편 소비자가 제품을 구입할 때에는 그 제품으로부터 기대하는 무엇인가가 있으며, 기대수준에 대응하는 대가를 지불한다. 따라서 기업은 제품을 생산판매하는 데 있어서 소비자의 이러한 기대수준에 부응해야 하는 책임이 있다. 즉 기업이 재화를 판매하고 소비자가 구매하는 과정은 일종의 거래와 관련된 계약행위라고 볼 수 있으므로 기업은 소비자에 대한 계약을 충실히 이행할 책임이 있는 것이다.

- 지역사회 및 정부에 대한 책임 : 환경오염 문제나 자원보존 문제 등과 같은 자연환경에 대한 책임, 지역사회에 대한 고용창출 및 유지나 지역사회에 대한 경제적 · 문화적 투자 등과 같은 지역발전에 대한 책임 등이 기업이 갖는 지역사회에 대한 책임이다. 즉 기업은 인간의 삶의 질과 연관된 환경문제에 대한 책임뿐만 아니라 기업활동 결과 얻어진 성과를 지역발전을 위하여 재투자해야 하는 책임을 갖는 것이다.

위에서 말하는 이해관계자에 대한 책임은 캐롤의 CSR 피라미드에서 법적 · 윤리적 · 자선적 책임에 해당되는 것들이다.

사회적 책임에 대한 새로운 시각과 ESG

공유가치 창출(CSV)

CSV가 체계적으로 소개된 HBR (자료 : HBR)

많은 경영자들은 여전히 CSR에 대해 기업의 본업과는 관련이 없는 활동으로 인식해 왔다. 기업의 이윤을 일부 떼어내서 책임활동에 사용하는 것이다. 즉 전자회사가 불우이웃에 자금을 지원하는 식이다. 그러나 최근 관심이 쏠리고 있는 기업활동은 공유가치 창출(CSV : creating shared value)이다. 공유가치 창출이란 경제적 · 사회적 조건을 개선시키면서 비즈니스 핵심 경쟁력을 강화하는 일련의 기업 정책 및 경영활동을 말한다. 쉽게 말하면 기업이 본업과 관련된 활동을 하면서 사회적으로 기여하는 것이다. 이 개념은 경영학의 대가 마이클 포터(Michael Porter)와 마크 크라머(Mark Kramer)가 최초로 2006년에 제시하였다.

기업이 공유가치를 창출하기 위해서는 세 가지 조건이 충족되어야 한다. 즉 제품과 시장에 대해 새로운 시각으로 재구상해야 하고, 가치사슬(value chain)상의 생산성을 재정의해야 하며, 기업을 둘러싸고 있는 환경을 중심으로 지역 협력 클러스터를 구축해야 한다. 이러한 세 가지 조건은 다음과 같이 설명할 수 있다. 이 설명은 동시에 CSV가 CSR과 어떻게 다른지에 대한 설명이 되기도 한다.

CSR과 CSV의 가장 큰 차이점은 해당기업 비즈니스와의 연계 여부에 있다. CSR은 시민의식과 자선이라는 동기에서 출발하며 제한된 예산을 활용한다. 기업의 입장에서는 일종의 비용을 지출하는 것으로 인식한다. 주로 기업의 가치사슬상에 존재하는 사회문제 또는 이와 관련된 이해관계자들에 대해 대응하는 활동이 이루어진다. 반면 CSV는 기업이 경제적으로 이윤극대화를 추구하는 과정에서 여기에 사회적·환경적 가치의 통합을 추구한다. CSV는 기업의 경쟁우위를 위한 전략이 되어야 하기 때문에 조직의 전 역량과 예산이 투입된다. 투입되는 예산은 비용이 아닌 투자의 개념에 가깝다.

CSR과 CSV의 비교는 커피 공정무역으로 예를 들 수 있다. 커피회사가 가난한 커피 농가에 커피 제값을 쳐주는 공정무역을 한다면 이는 선행으로서 CSR을 실천한 것으로 볼 수 있다. CSV는 여기에서 더 나아가 양질의 커피를 수확할 수 있도록 커피재배 농법을 지도하고 농가를 위한 지역협력과 지원체계를 구축하여 커피회사와 농가 모두 경쟁력을 확보하는 방식으로 이루어진다.

CSV에 대한 평가는 엇갈린다. 긍정적으로 보는 입장은 전 세계적으로 저성장 시대로 접어들면서 기업이 생존게임에 내몰리고 있는 상황 인식에 기초한다. 기업은 원래 이윤창출이 전제되어야 생존이 가능한 조직체이기 때문에 기업이 이익을 내기 위하여 "원래 하던 기업활동"을 하되, 다만 사회적 및 환경적 가치에 부합되는 경영을 하면 된다는 것이다. 부정적으로 보는 시각은, CSV는 그동안 합의하고 이행해온 글로벌 CSR 또는 SR(ISO 26000의 경우에 해당)의 범위를 다시 좁히고 있다는 것이다.

두 의견을 평가하면, 후자의 주장대로 CSV는 CSR 범위를 좁히는 것은 맞다. 그럼에도 불구하고 전자의 주장처럼 기업의 생존이 중요하지 않은 것도 아니기 때문에 두 주장은 경제상황 및 기업경영의 결과가 사회에 미치는 영향 정도 등에 따라서 무게가 달라질 것으로 보인다.

ESG

과거에는 기업을 평가할 때 매출액, 영업이익, 총자산 등 재무적인 수치가 주로 활용되었다. 그러나 기후변화, 소비자 보호 문제 등 기업이 사회에 미치는 영향이 커지면서 비재무적인 지표가 기업의 가치평가에서 더 중요할 수 있다고 생각하게 되었다. 이러한 인식변화와 기업의 사회적 책임이 자연스럽게 연계되면서 기업 이해관계자들이 기업을 인식하고 평가함에 있어 재무적 가치뿐만 아니라 비재무적 가치도 중시하게 되었다. ESG는 이런 과정에서 나온 것이다.

ESG는 환경(environmental), 사회(social), 지배구조(governance)의 영문 첫 글자를 조합한 단어로, 기업경영에서 지속가능성을 달성하기 위한 세 가지 핵심 요소를 의미한다. 이들은 기업의 지속적인 성장 및 생존과 직결되는 핵심가치들로 세부 구성요소들은 다음과 같다.

경영을 논함에 있어서 그 중심 대상인 기업은 계속기업(going concern)을 가정한다. 즉, 기업은 5년 혹은 10년만 활동하고 종료되는 것이 아니라 계속해서 "지속적으로" 생존하는 것을 전제로 경영을 한다는 뜻이다. 그렇다면 기업이 지속적으로 생존하여 경영을 하는 것, 즉 "지속가능경영"이 가능하기 위해서는 어떻게 해야 할까? ESG는 이러한 질문에 대한 응답의 하나로 출현한 것이다. 지속가능성이라는 용어는 1980년대 후반부터 본격으로 사용되기 시작했는데, CSR과 CSV라는 개념과 연결되면서 ESG가 새로운 패러다임으로 자리잡았다. 즉 ESG는 지속가능경영과 CSR이 진화하여 규범화 및 제도화된 것으로 볼 수 있다.

사실 ESG라는 용어는 앞서 살펴본 'UN 글로벌 콤팩트(UN Global Compact)'가 2004년에 처음 제시한 것이다. 본격적으로 분위기가 달라진 것은 2006년부터이다. UN이 지원하는 국제투자기관 네트워크인 UN PRI(Principles for Responsible Investment)가 금융투자원칙으로 ESG를 강조하면서, 투자를 받아야 하는 기업 입장에서는 국제적인 투자 네트워크인 PRI가 요구하는 ESG를 수용할 수밖에 없었기 때문이다. 2008년의 글로벌 금융위기와 코로나19를 겪으면서 ESG는 확고하게 자리를 잡게 되었다.

▌디즈니 영화 '뮬란'의 북미 지역 포스터 (자료 : 디즈니)

소비자들이 구매 여부를 결정할 때 기업의 ESG경영 여부를 주요 판단기준으로 활용하면서 기업들도 이에 적극적으로 대응하고 있다. 월트 디즈니의 2020년 영화 뮬란(Mulan)도 그 사례 중의 하나이다. 이 영화는 기존의 애니메이션을 실사 버전으로 제작한 디즈니의 작품 중 첫 실패작으로 평가된다. 출연 배우가 이연걸, 공리, 견자단, 제이슨 스콧 리 등 아시아권의 이른바 톱스타들이었음을 고려한다면 영화의 실패는 의외라고 할 수 있다. 영화가 실패한 이유로 주연배우 유역비의 홍콩탄압 중국정부 지지발언 때문이라는 의견도 있고 인권탄압으로 비판받고 있는 중국 신장 위구르 지역에서 영화촬영 후 중국 공안에 감사의 메시지를 전달한 것이 알려지면서 소비자들의 불매운동으로 이어졌다는 주장도 있다. 둘 다 영화 소비자들이 ESG 차원에서 판단했다고 볼 수 있는 것으로 디즈니는 이 이후 ESG에 대해 전향적인 자세가 되었다.

한편 자금투자 여부를 결정하는 주요 기준으로 ESG가 더욱 강조됨에 따라 기업의 ESG 정보공개를 위한 규제 제도도 속속 도입되고 있다. 특히 불특정 다수의 투자를 받는 상장기업들의 경우 ESG 정보공개에 대한 압박이 커지고 있는데, 우리나라도 글로벌 ESG 정보공개 정책에 발맞추어 상장기업에 대한 ESG 보고 의무화를 추진 중이다.

현장사례 "ESG 앞장선 기업 제품 사겠다"… 소비자 76%가 '엄지척'

매일경제 · 전국경제인연합회가 모노리서치에 의뢰해 최근 실시한 설문조사에 따르면 기업호감지수(CFI : corporate favorite index)는 2년 전 52.8에서 55.5점으로 올랐다. 기업의 존재 이유가 변하고 있다는 점은 기업 호감도 상승과 연결된다. 과거 이윤 추구에서 최근에는 사회적 책임이 중요해지고 있다. 기업의 국가경제 기여와 일자리 창출은 넓은 의미의 ESG경영으로 볼 수 있다. 이 같은 ESG경영 확대는 기업 호감도 개선에 긍정적인 영향을 끼치고 있다. 이형희 SK 수펙스추구협의회 SV위원장은 "과거에는 창출된 이윤 일부를 착한 일에 썼다고 한다면, 지금은 이윤창출과정부터 바르게 기업을 운영하고 있는 것"이라고 말했다.

응답자 10명 중 7명은 기업의 ESG경영을 긍정적으로 평가했다. ESG경영이 기업 호감도 개선에 영향을 미치느냐는 질문에 75.9%가 그렇다고 응답했다. 매우 긍정 18.8%, 긍정 57.1%였다.

어떤 ESG 활동이 호감도 개선에 영향을 끼쳤느냐는 질문에는 기후변화 대응(31.2%)에 이어 윤리 · 준법경영(21.0%), 사업장 안전 · 보건 관리 강화(16.6%), 인권경영 확대(15.7%) 등이 뒤를 이었다.

설문 응답자들은 ESG 중 기업이 가장 중점을 둬야 할 분야로 △환경(50.9%) △사회적 책임(32.9%) △투명경영(16.2%)을 꼽았다.

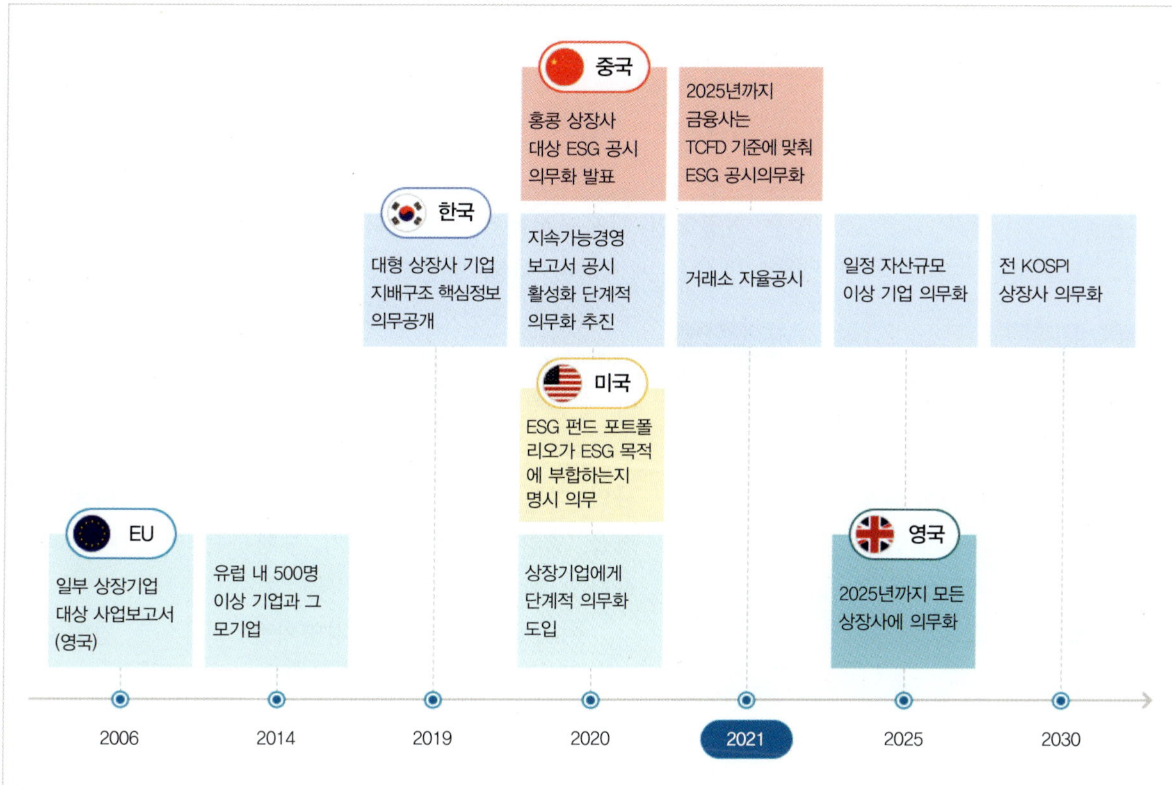

ESG 정보공개 규제에 대한 각국의 대응 (자료 : 한국거래소)

특히 MZ세대는 환경과 기후변화 대응을 중요시하며, '미닝아웃(Meaning Out)' 행태를 보이고 있다. 미닝아웃은 소비를 통해 자신의 가치관이나 신념을 표출하는 행위를 일컫는다. 이는 ESG 선도 기업 제품에 대한 구매로 이어진다.

최근 대기업들은 ESG경영에 적극적이다. 삼성전자는 올해부터 경영진 협의기구인 지속가능경영협의회를 대표이사 주관으로 격상했으며, 탄소감축위원회와 AI윤리협의체도 신설했다. 삼성전자는 또한 이르면 이달 ESG 전략을 발표할 예정이며, 여기에는 RE100 가입이 포함될 것으로 예상된다. RE100은 '재생에너지(Renewable Energy)100%'의 약자로, 삼성전자는 미국 · 유럽 · 중국 사업장에서 이미 RE100을 달성했지만, 국내에서는 RE100 선언을 하지 않았다.

SK그룹은 최근 이천포럼을 마무리했는데, 포럼 주제는 'SK의 ESG, 스토리를 넘어 실천으로'였다. 현대차는 올해 RE100 지지 기업에 이름을 올렸다. 2045년을 목표로 재생에너지 100% 전환과 탄소중립을 완성한다는 목표도 세웠다.

LG는 연내 그룹 탄소 감축 전략과 로드맵을 수립하고, 계열사 대응 방안을 묶어 그룹사 첫 기후변화 대응 리포트를 발간할 계획이다. LG는 계열사별 업의 특성에 따른 ESG 전략을 수립하고, 장기적으로 ESG 부문에서 국내 선도 그룹으로 나아간다는 계획이다.

롯데는 모든 상장사에 ESG위원회를 설치했다. 아울러 ESG경영 항목에 대한 성과 관리 체계를 도입해 올해부터 KPI(핵심성과지표) 평가에 반영할 예정이다. 상반기에는 상장 계열사 ESG경영 공시(지속가능경영보고서)도 완료했다. (매일경제, 2022.9.14)

5.3 경영자는 기업의 최종 의사결정자이자 책임자이다

(자료 : VistaCreate)

경영자는 최종적인 의사결정자로서 조직의 목적과 전략적 목표를 설정하고 전반적인 방향을 제시하며 이를 달성하기 위하여 리더십을 발휘하고 사람 및 자본을 조달한다. 경영자는 한 조직으로서의 기업 입장뿐만 아니라 국민경제 차원에서도 매우 중요하다. 기업이 국민경제 발전의 핵심이기 때문이다. 뿐만 아니라 오늘날의 가장 일반적인 기업형태가 주식회사이고 주식회사의 대표적인 특징 중의 하나가 소유와 경영의 분리인 점을 고려한다면 경영자가 수행하는 역할은 더욱 중요하다고 할 수 있다.

여기에서는 기업의 경영자를 중심으로 경영자의 역할은 무엇인지, 경영자와 관련된 문제 중 대리인 문제가 무엇인지 알아보기로 한다.

경영자의 역할은 크게 세 가지가 있다

경영자는 조직의 리더, 대표자, 최고의사결정자로서 크게 의사결정의 역할, 대인관계 역할, 정보의 허브 역할을 수행한다.

의사결정의 역할

경영자는 경영활동을 전개하면서 끊임없이 의사결정을 해야 한다. 경영자가 갖는 구체적인 의사결정의 역할로는 ① 기업가로서 기업의 성장과 발전을 위한 노력을 해야 하는 역할, ② 경영방해 요인의 관리자로서 파업, 계약위반 등 기업과 관련된 제반 애로사항을 해결해야 하는 역할, ③ 협상자로서 노조나 협력회사, 이해관계회사와 각종 협상을 해야 하는 역할 등이 있다.

대인관계 역할

대인관계 역할이란 사람들과의 대면 과정에서 수행하는 역할을 말한다. 대인관계 역할로는 ① 대외행사 참석이나 내방객 접대 등을 하는 기업의 대외 대표자로서의 역할, ② 종업원의 채용, 동기유발 등을 수행하는 리더로서의 역할, ③ 종업원과의 접촉, 기업과 이해관계자들의 연결 및 접촉 등의 업무를 수행하는 연락 또는 접촉자로서의 역할 등이 있다.

정보의 허브 역할

경영자는 경영에 필요한 정보를 기업 내외에서 다양한 경로로 수집하고, 필요하면 이를 다시 전달한다. 경영자가 갖는 구체적인 정보의 허브 역할로는 ① 경영활동에 필요한 정보를 수집하는 모니터로서 개인적인 정보망과 공식적인 조직을 통하여 정보를 수집하는 역할, ② 수집된 정보를 기업 내에 전달, 퍼뜨리는 역할, ③ 대표자, 대변인으로서 내외부 이해관계자에게 정보를 전달하는 역할 등이 있다.

다양한 업무별 경영자가 따로 있다

기업을 이끄는 경영자에 대한 호칭에는 여러 가지가 있다. 특히 최근 기업환경이 글로벌화되면서 전통적으로 우리가 들어왔던 명칭과는 다른 호칭이 많아지고 있다. 일반적으로 기업이 커지면 경영을 CEO 혼자서 책임지기는 어렵기 때문에 각 분야별로 대표 책임자를 두게 된다. 이때 각 분야별 대표 책임자들을 통틀어 C-Level 또는 C-suite라고 부른다. 이들을 영어로 표기하면 CEO, CFO처럼 알파벳 C(Chief)로 시작하기 때문이다.

이하에서는 경영자에 대한 호칭을 정리해 본다.

(자료 : Market Business News)

CEO, 최고경영자

CEO(Chief Executive Officer)란 기업의 최고경영자를 말한다. 일반적으로 미국에서는 회장이 CEO가 되며 우리나라에서는 사장이 CEO가 되는 경우가 많다. CEO는 기업그룹의 방침을 결정하거나 장기계획을 책정하는 등의 책임을 진다. CEO는 오케스트라의 지휘자와 같은 역할을 수행하는 것이기 때문에 일반적으로 말하는 '관리자'는 아닌 점에 유의할 필요가 있다.

CEO는 오케스트라의 지휘자와 같은 역할을 한다. 사진은 1448년에 창립된 세계 최고(最古)의 오케스트라인 덴마크 로열 오케스트라 (자료 : kyluc)

COO, 부사장 또는 전무

COO(chief operating officer)는 최고업무책임자로서 CEO의 정책방침에 따라 일상업무에 관련된 의사결정을 한다. 우리나라에서는 COO는 부사장(부사장이 여러 명인 경우는 수석 부사장) 또는 전무가 맡는 경우가 많다. 이재용 삼성전자 회장은 2010년부터 2년간 삼성전자의 COO를 맡은 적이 있다.

CFO, 최고재무관리자

CFO(chief finance officer)는 최고재무관리자로서 기업의 자금, 비용, 경리 등 재무분야의 조직을 하나로 통합하여 이를 총괄하는 재무관리 분야의 최고책임자이다.

CMO, 최고마케팅경영자

CMO(chief marketing officer)는 최고마케팅경영자로서 마케팅계획을 수립하고 집행하며 통제·관리활동을 총괄하는 관리자를 말한다.

CKO, 최고지식경영자

CKO(chief knowledge officer)는 최고지식경영자로서 조직구성원들의 전문지식을 효과적으로 발굴·활용하는, 이른바 지식경영을 총괄하는 책임자를 말한다.

CTO, 최고기술경영자

CTO(chief technology officer)는 최고기술경영자로서 기술을 효과적으로 획득·관리·활용하기 위한 경영지원활동을 총괄하는 책임자이다.

CCO, 최고홍보경영자

CCO(chief communication officer)는 홍보분야 담당 최고임원으로 기업의 목표나 정책을 고객 또는 대중 및 언론에 설명하고 정보를 제공하며, 필요한 자료를 조사·수집하여 기업의 정책에 반영되도록 하는 일을 수행한다. 기업에 있어서 홍보의 중요성이 강조되면서 새롭게 부상하고 있다.

한편 기업의 성격에 따라 chief contents officer의 약어, 즉 최고콘텐츠관

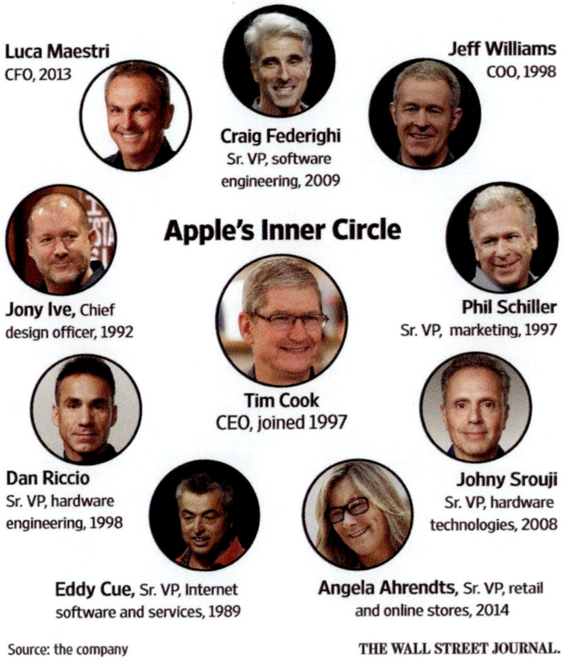

애플사의 최고경영진. COO, CFO, CDO 등의 표기가 보인다. VP로 표기된 것은 Vice President의 약어이다. (자료 : 3fj)

리자의 의미로 사용되기도 한다. 이는 주로 정보산업 관련 기업에서 사용한다. chief customer officer의 의미로 최고고객책임자를 뜻하기도 하고 회사 경영관련·준법 관련 사항을 총괄하는 책임자를 CCO(chief compliance officer)라 하기도 한다.

CDO, **기업발전최고책임자 또는 최고디자인책임자**

최고디자인책임자(chief design officer)의 의미로 사용되는 경우도 있고 기업발전최고책임자(corporate development officer)를 지칭하기도 한다. 기업발전최고책임자는 주로 인수·합병(M&A)을 통한 기업발전을 책임진다. 기업 인수·합병이 기업발전의 중요한 수단의 하나가 되면서 M&A 전과정을 책임지고 수행해야 할 직책이 필요해 만들어졌다. 한 기업의 미래를 좌우할 정도로 중요한 직책이기 때문에 우리나라의 경우엔 일반적으로 오너 일가 중 한 사람이 맡는다.

CLO, **최고법률책임자**

최근 경영 관련 법규가 까다로워지고 특허 분쟁 증가, 윤리경영 강조 등과 같은 환경변화에 대응하기 위하여 법률적인 문제를 총괄하여 책임지는 CLO (chief legal officer) 제도가 도입되고 있다.

CIO, CSO, CISO, CPO

정보 관련하여 유사한 업무를 하는 것으로 보이는 최고경영진이 몇 가지 있다. 첫 번째로 CIO(chief information officer, 최고정보책임자)는 정보분야 담당 최고임원으로 기업의 정보전략을 세우며 정보기술과 정보시스템에 책임을 진다. CSO(chief security officer)는 기업의 보안을 총괄하는 최고보안책임자를 말한다. CISO라는 것도 있는데, 이는 정보보호최고책임자(chief information security officer)로 기업에서 정보보안을 위한 기술적 대책과 법률 대응까지 총괄책임을 지는 최고임원을 말한다. 우리나라 일부 기업군은 의무적으로 두어야 하는 임원이다. 마지막으로 CPO는 몇 가지 의미로 사용된다. 먼저 기업의 보안 유지에 책임을 지고 있는 개인정보보호최고책임자(chief privacy officer)로 사용된다. 유럽에서는 기업들이 개인정보보호를 위하여 의무적으로 CPO를 둬야

표 5-1
CIO, CSO, CISO, CPO의 역할 비교

	CIO	CSO	CISO	CPO
구분	최고정보책임자 (chief information officer)	최고보안책임자 (chief security officer)	정보보호최고책임자 (chief information security officer)	개인정보보호최고책임자 (chief privacy officer)
역할	조직의 정보화 총괄 및 정보자원 관리	조직 내 모든 분야에 대한 보안책임 총괄	정보보안을 위한 기술적 대책 및 법률 대응 총괄	개인정보 보호 및 처리 총괄

한다. 한편 CPO는 최고제품책임자(chief product officer)의 의미로 사용되는 경우가 있다. 적지 않은 기업에서 중요하게 여기는 직책이다.

이 네 임원은 담당 업무 영역이 애매해 보일 수 있지만 분명히 다르다. 〈표 5-1〉을 보면서 비교해보자. CIO는 한 조직의 정보화를 '총괄'하는 자리이며, CSO는 '보안'이 강조된다. CISO는 정보보안 및 이와 관련된 '법률' 대응에 특징이 있으며, CPO는 '개인정보'가 초점이다.

CRO

CRO는 통상 두 개의 완전 다른 직책의 의미로 사용된다. 하나는 최고수익책임자를 의미하는 chief revenue officer이다. 이 책임자는 기업 전체에서 수익(revenue) 창출 프로세스를 관장한다. 영업, 마케팅, 고객 및 재무를 포함한 모든 부서가 어떻게 회사의 수익을 창출하는지를 파악하고 책임진다. 최고 수익책임자(CRO)의 중요성이 급부상한 것은 최근 10년 내 일로 특히 코로나19 팬데믹 이슈가 큰 영향을 미쳤다. 코로나19 팬데믹은 기업이 민첩성, 탄력성, 그리고 흔들리지 않는 장기적인 수익성 확보 방식을 갖추는 것이 시급하다는 것을 보여주었던 것이다.

Forbes

LEADERSHIP • CIO NETWORK

The CEO's New Secret Weapon: The Chief Revenue Officer

Eric Savitz Former Staff
IT Central Contributor Group

Mar 13, 2012, 02:05pm EDT

This article is more than 10 years old.

Guest post written by Paul Albright

Paul Albright is chief revenue officer at Marketo, a provider of marketing automation software.

최고수익책임자(CRO)는 CEO의 새로운 비밀병기임을 주장하는 포브스의 기고문 (자료 : Forbes)

다른 하나의 CRO는 최고위험책임자(chief risk officer)를 의미하는 것으로, 기업의 자본과 수입에 대한 중대한 경쟁, 규제 및 기술 위협을 평가하고 완화하는 업무를 수행하는 경영자이다. 법률, 규칙 및 규정에 따라 기업이 운영되는지에 관한 규정 준수 위험, 기업의 정상적 운영에 영향을 주는 것이 있는지에 관한 운영 위험, 직원이나 주주는 물론이고 고객 및 대중이 갖는 기업에 대한 이미지 변화에 대한 평판 위험 등에 대해서 책임을 진다.

소유와 경영의 분리는 대리인 문제를 유발했다

■ 대리인 문제의 발생 배경 : 전문경영자의 출현

소규모 개인기업을 하는 경우에는 기업의 소유주가 곧 경영자인 경우가 대부분이다. 이를 소유경영자(owner manager)라고 한다. 그러나 기업이 점차 커지면 그에 비례하여 마케팅부문이나 생산부문, 인력관리부문, 정보관리부문 등의 업무가 늘어나 소유경영자 혼자 감당하기 힘들어진다. 이때 소유경영자는 경영자를 고용해 경영의 일부를 맡기게 된다. 이러한 경영자를 고용경영자(employed manager)라고 한다.

한편 주식회사가 기업의 일반적인 형태가 되면서 새로운 경영자가 나타나게 되었다. 주식회사의 특징 중의 하나는 소유와 경영의 분리임을 앞에서 배웠다. 즉 주식을 소유하고 있는 주주는 주가상승이나 배당 등에 관심을 가지며 기업경영은 전문적인 경영능력을 가진 전문경영자에게 위임한다. 전문경영자(professional manager)는 자신의 판단에 의해 경영에 관한 의사결정을 행하고 영업성과에 근거하여 주주들에게 평가받게 된다.

이처럼 기업규모 및 기업의 성장발전 단계에 따라 「소유경영자-고용경영자-전문경영자」순으로 경영자가 달라진다. 물론 우리나라의 경우는 기업규모에 관계없이 아직도 대주주가 경영자로 활동하는 경우가 많아 이러한 관계가 반드시 성립한다고 보기 어려운 면도 있다.

어쨌든 전문경영자의 출현은 필연적으로 대리인 문제를 발생시키게 되었다. 전문경영인제도가 정착되어 있는 여러 선진국에서는 대리인 문제에 관한 많은 연구가 이루어지고 있기도 하다.

■ 대리인 문제란 무엇인가?

대리인 관계(agent relation)가 성립하기 위해서는 주인(주체, 고용자, principal)과 대리인(피고용자)이 있어야 하며 주인이 위임하는 내용에 대해서 계약을 하게 된다.

가장 바람직한 대리인 관계는 대리인이 주인의 이익을 위하여 최선을 다하고, 주인은 대리인을 믿고 대리인의 노력을 제대로 평가하여 보상을 충분히 해주는 관계이다.

주식회사의 경우를 예로 들어 대리인 문제를 살펴보자. 주식회사의 주인은 주주이다. 수많은 주주들이 직접 경영에 참여할 수 없으므로 주주들은 전문적인 경영능력이 있는 전문경영자에게 경영을 맡기게 된다. 전문경영자는 주주들을 대신하여 기업을 경영하는 대리인(agent)이 된다.

□ 그림 5-3
주식회사의 대리인 관계

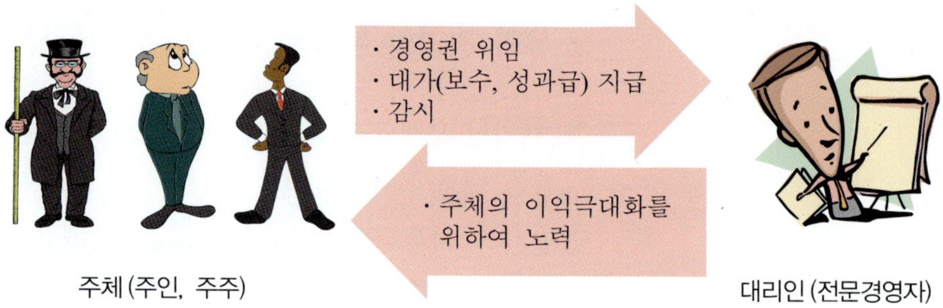

주주는 대리인이 주주 부의 극대화가 되도록 의사결정하기를 원한다. 하지만 전문경영자는 자신의 이익을 위하여 행동할 수도 있으며 주주는 대리인의 도덕적 위해(moral hazard)로 손해를 보게 된다. 이때에 대리인 문제가 발생한다.

예를 들면 전문경영자가 활동비를 필요 이상으로 많이 사용하거나 회사의 자동차 또는 비행기를 업무외적으로 이용하는 행위, 이익을 부풀려 자신의 능력을 과대포장하고 성과급을 많이 받으려 하는 행위, 큰 투자성과를 가져다줄 수도 있는 고수익 고위험 투자안은 가능하면 회피하려 하는 등의 행위를 할 수가 있다. 이러한 행동들은 전문경영자 개인에게는 이익이 되지만 주주에게는 손해를 끼치는 행위이다.

대리인 비용

경영은 경영자인 대리인이 하는 것이기 때문에 주주는 자신들의 이익을 위해 대리인이 경영을 하는지를 제대로 알 수 없고 따라서 항상 대리인을 감시하려 들 것이다. 한편 대리인의 입장에서도 자신이 주주를 위하여 일하고 있다는 것을 입증해야 하는 어려움이 있다.

이러한 대리인 문제에서 발생하는 비용에는 다음과 같은 것들이 있다.

- 감시비용(monitoring cost) : 주주는 대리인이 주주들을 위하여 경영활동을 하는지, 즉 대리인 자신의 이익을 추구하고 있지는 않은지 감시해야 하는데, 여기에 소요되는 비용을 감시비용이라고 한다. 한편으로 주주는 전문경영자가 주주를 위하여 의사결정을 하도록 유인하는 제도를 도입하곤 하는데, 이때 소요되는 비용도 감시비용에 포함된다. 전자에 해당하는 방법에는 외부회계감사제도, 사외이사제도 등이 있으며 후자에 속하는 방법에는 성과급제도, 주식옵션제도 등이 있다. 결국 이러한 제도를 운영하는 데 드는 비용이 감시비용이 되는 것이다.

- 확증비용(bonding cost) : 대리인인 전문경영자는 자신의 경영활동과 의사결정이 주주를 위한 것임을 주주들에게 증명하려 하는데, 이때 소요되는 비용을 확증비용이라고 한다. 예를 들면 전문경영자가 자신의 의사결정이나 경영행위가 회사, 즉 주주를 위한 것임을 주주에게 설득하기 위하여 지나치게 경제적·시간적인 노력을 투자하는 경우를 들 수 있다. 이러한 경영자의 노력은 결과적으로 회사에는 손실이 된다.
- 잔여손실(residual loss) : 잔여손실이란 감시비용이나 확증비용 외에 전문경영자가 기업을 위한 최적의 의사결정을 하지 않음으로써 발생하는 기업가치손실비용을 말한다.

마무리 사례

에이스침대, 침대과학?… 윤리경영 · 사회적 책임경영 나 몰라라?

안성호 에이스침대 대표이사는 "윤리경영은 더 이상 기업경영의 변수가 아닌 필수가 되었습니다"라며, "시대의 변화와 그에 맞은 높은 수준의 윤리경영을 실천하기 위해 에이스침대는 투명하고 깨끗한 경영을 실천하고자 윤리강령(규정)을 제정/시행하고 있으며, 사이버 신문고를 설치하여 조직 내/외부관계에서 발생할 수 있는 비윤리 행동을 방지하고, 청렴하고 윤리적인 경영문화를 만들어가는 공정한 내부관계를 통하여 윤리경영을 실현하고자 합니다"라고 말한다.

에이스침대 로얄 에이스 90S

하지만 에이스침대는 2023년 1월 환경부로부터 그린워싱 관련 행정지도를 받았다. 인체에 안전하다고 홍보한 매트리스 '마이크로가드 에코'의 광고 문구가 생활화학제품 및 살생물제의 안전관리에 관한 법률 제34조를 위반했다는 것이다.

환경부에서 관리하는 화학제품은 인체에 안전할 수 없으며 위해성 때문에 방법과 용도에 맞게 관리해야 한다. 그래서 '인체에 안전하다든지, 친환경, 무독성' 등은 인증받지 않으면 함부로 광고 · 표시하지 않아야 함에도 에이스침대는 인체에 안전하다고 홍보해 소비자들을 현혹시킬 수 있는 '그린워싱' 행위를 했다는 것이다.

더불어 한국ESG기준원에 따르면 에이스침대는 환경 D등급 · 사회 C등급 · 지배구조 B등급을 받았다. D등급을 받은 환경부분은 개선이 급해 전반적으로 ESG에 적합하지 않다는 것이다. B등급의 지배구조에서 2023년 6월 12일 금감원에 따르면 2022년 매출액은 소폭 · 영업이익은 15% 급락 · 당기순이익도 15% 급락했음에도, 안유수 · 안성호 오너일가는 압도적 79.56%의 지분으로 2022년 111억 2,900만원의 현금배당 중 88억 2,306만원을 받아 챙겼다.

게다가 에이스침대 대리점과 에이스침대가 지분 100%를 보유한 썰타코리아에서 근무했던 직원이 '에이스침대 마이크로가드 에코'에 가습기 살균제 성분 함유 · 내부 성희롱 · 폭언 · 임금체불 등'을 대내외적으로 제보 · 폭로했다. 그러자 윤리경영을 운운하던 에이스침대는 이 대리점 직원을 출근 이틀 만에 해고하고, 심지어 이 직원에게 억대의 손해배상 소송을 제기한 것으로 알려져 충격과 논란을 주고 있다.

시몬스 침대, 씰리 침대는 라돈안전제품인증을 갱신했는데, 아직도 에이스침대는 라돈안전제품인증 갱신을 중단하고 있다. 에이스침대는 마이크로가드 에코의 KOTITI(국가인증기관) 인체유해성분 미검출 분석완료도 중요하지만, '환경기술 및 환경산업지원법' 제16조의10 제1항의 규정, 제조업자 · 제조판매업자 또는 판매자는 '환경성 표시 · 광고 관리제도에 관한 고시(환경부고시 제2019-24호, 2019.1.22.) 제6조 · 생활화학제품 및 살생물제의 안전관리에 관한 법률 제34조 등과의 관련성도 오해 없도록 따져야 할 것이다.

기업의 사회적 책임은 법률요건을 충족하는 기본을 넘어, 기업이 자발적 CSR 활동을 계획 · 실천하고 기업의 내적 이해관계자들인 주주 · 사원 등과 기업의 외적 이해관계자들인 소비자 · 협력사 등에게 긍정적인 영향을 미쳐야 한다는 당위성을 요구한다. (아이타임즈, 2023.6.16)

핵심용어

- 기업의 사회적 책임
- 캐롤의 CSR 피라미드
- 경제적 책임
- 법적 책임
- 윤리적 책임
- 자선적 책임
- 시장의 불완전성
- 시장실패
- 외부불경제
- CSR에 대한 고전적 견해
- CSR에 대한 사회경제학적 견해
- OECD의 다국적기업 가이드라인
- UN 글로벌 콤팩트
- ISO 26000
- 기업의 유지, 발전 책임
- 기업의 이해관계자에 대한 책임
- 공유가치 창출(CSV)
- ESG
- 경영자의 역할
- 소유경영자
- 고용경영자
- 전문경영자
- 대리인 문제
- 도덕적 위해
- 대리인 비용
- 감시비용
- 확증비용
- 잔여손실

요 약

- 기업은 이윤이 발생해야 유지가능한 조직체이다. 그러나 한편으로는 사회적으로 수행해야 할 책임이 있다. 캐롤에 의하면 CSR은 경제적 책임, 법적 책임, 윤리적 책임, 자선적 책임이 피라미드 형태로 구성된다.
- CSR은 역사적으로 당시의 시대적 상황이 반영되어 계속해서 변화된 모습으로 전개되어 왔다.
- 기업에 사회적 책임을 묻게 된 배경으로는 증가되는 환경요인간의 상호작용, 시장의 불완전성, 외부불경제, 기업영향력의 증대 등이 있다.
- CSR의 범위에 대해서는 계속해서 논쟁이 있기는 하지만, 글로벌 표준으로 'OECD의 다국적기업 가이드라인, UN 글로벌 콤팩트, ISO 26000 등이 있다.
- 기업이 수행해야 할 사회적 책임을 이행하는 일반적인 기업의 현실적인 측면에서 본다면 크게 기업의 유지 및 발전에 대한 책임, 기업의 이해관계자에 대한 책임이 있다. 후자의 구체적인 책임내용으로는 소유주·주주에 대한 책임, 종업원에 대한 책임, 소비자에 대한 책임, 지역사회 및 정부에 대한 책임 등으로 볼 수 있다.
- 최근에는 공유가치 창출(CSV)에 이어 ESG가 강조되고 있다.
- 경영자는 경영목적을 설정하고 사람과 자본을 조달하며 경영전략을 수립하는 데 있어서 최종적인 의사결정자로서 의사결정의 역할, 대인관계 역할, 정보의 허브 역할을 수행한다.
- 주식회사의 소유와 경영이 분리되면서 주주가 경영의 대리인인 전문경영자에게 기업경영을 맡기는 대리인 관계가 형성되었다. 주주는 대리인이 주주 부의 극대화를 위하여 의사결정하기를 원하지만 전문경영자는 자신의 이익을 위하여 행동할 수도 있다. 이 때문에 대리인 문제가 생기며, 각종 대리인 비용이 발생한다.

연습문제

1. 캐롤의 CSR 피라미드란 무엇인가?
2. CSR의 역사적 전개과정을 국제적 측면과 우리나라에서의 흐름 각각에 대해서 정리하라.
3. 기업에 사회적 책임을 묻게 된 배경은 무엇인가?
4. CSR의 글로벌 표준을 정리하라.
5. CSV란 무엇인가?
6. ESG는 무엇이며 왜 중요한가?
7. 경영자의 역할 중 정보의 역할이라는 것은 무엇인가?
8. 왜 대리인 문제가 발생하게 되었는지 기업의 성장과정과 연관지어 설명하라.

미니 프로젝트

외부경제효과, 외부불경제효과의 사례를 찾아서 정리해보자.

흡연도 외부불경제의 사례이다. (자료 : 대교 블로그)

PART

III 경영의 기능적 영역들

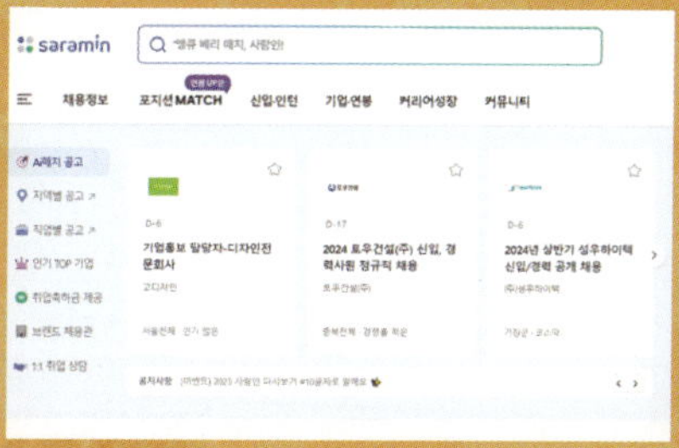

CHAPTER

6 인적자원의 확보와 유지

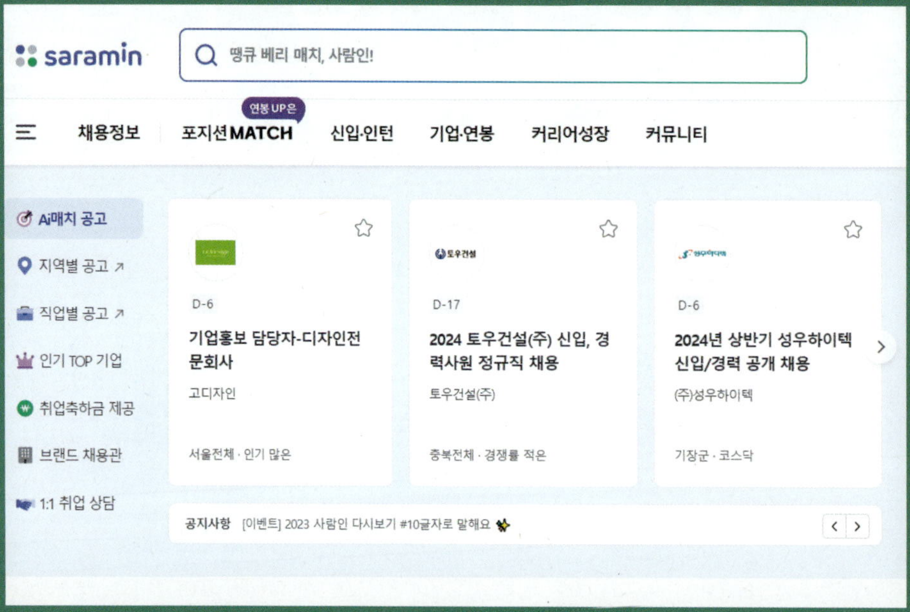

채용정보 플랫폼 중의 하나인 사람인 웹사이트 (자료 : 사람인)

취업시장 얼어붙자… 고용보험 가입자도 '뚝'

취업시장의 둔화 속에 고용보험 가입자 증가 폭도 계속 줄고 있다. 8일 고용노동부에 따르면 지난해 12월 말 기준 고용보험 상시 가입자는 1,515만 1천명으로, 전년 동월 대비 29만 6천명(2.0%) 증가했다. 이는 6개월 연속 증가 폭이 둔화한 것으로, 지난 2021년 2월(19만 2천명) 이후 34개월 만에 가장 작은 증가 폭이다.

늘어난 29만 6천명의 절반에 가까운 13만 8천명이 고용허가제로 들어온 외국인 가입자다. 외국인을 제외한 내국인 증가 인원은 15만 8천명이다.

내외국인을 합친 전체 가입자를 연령별로 보면 30대와 50대, 60세 이상은 각각 7만명, 11만 6천명, 16만 2천명 늘었지만 29세 이하와 40대는 각각 4만 2천명, 1만명 감소했다. 29세 이하는 16개월 연속 감소세다.

산업별로는 제조업(10만 8천명 증가)과 서비스업(18만 2천명 증가)에서 모두 전년 동월 대비 증가세가 이어졌으나, 역시 증가 폭은 줄어드는 추세다. (중부일보, 2024.1.8)

6.1 사람이 자원이다 : 인적자원의 관리

기업경영에 있어서 경쟁력 있는 인재를 갖고 있다는 것은 가장 중요한 무형자산 중 하나를 보유하고 있다는 의미가 된다. 이 때문에 기업마다 우수한 인재를 모집하고 육성하는 데 많은 힘을 쏟는다.

포스코그룹의 경우를 보면 '런투게더'라는 프로그램이 있는데, 이 프로그램의 가장 큰 특징은 "입사부터 퇴직까지" 경력(career)관리를 돕는 교육이라는 점이다. 예비 포스코인이라고 할 수 있는 취업준비생부터 신입사원, 퇴직자까지 모든 임직원들을 대상으로 시기별, 직급별 다양한 맞춤 프로그램을 제공함으로써 그들의 성장과 발전을 지원하고 있다. 포스코그룹의 인적자원개발(HRD) 전문기관인 포스코인재창조원에서 맡고 있는 이 교육 프로그램은 '배우고(learn) 달린다(run)'는 의미에서 '런투게더'라고 칭했다.

국내외 할 것 없이 많은 기업들이 우수인재 확보에 사활을 걸고 있다. 그에 따라 인적자원관리의 근본적인 패러다임이 바뀌고 있다.

국내 대기업의 경우 초일류 인재 확보를 위해 이력서에서 국적을 없앤 지 오래이다. 뿐만 아니라 오히려 해외인재를 모시기 위해 최고위급 경영자들이 국제선 비행기에 몸을 싣는 것이 다반사이다.

LG그룹은 해외기술인재 채용행사인 '테크 컨퍼런스'를 2012년부터 시작하여 매년 실시하고 있으며 회장 수준에서 직접 참석하여 챙기고 있다(2023년에는 마곡 LG사이언스파크에서 열렸다). 삼성전자의 경우 사장단이 해외출장 때마다 최고급 인재를 확보하는 노력을 기울이고 있다. SK그룹도 해외에서

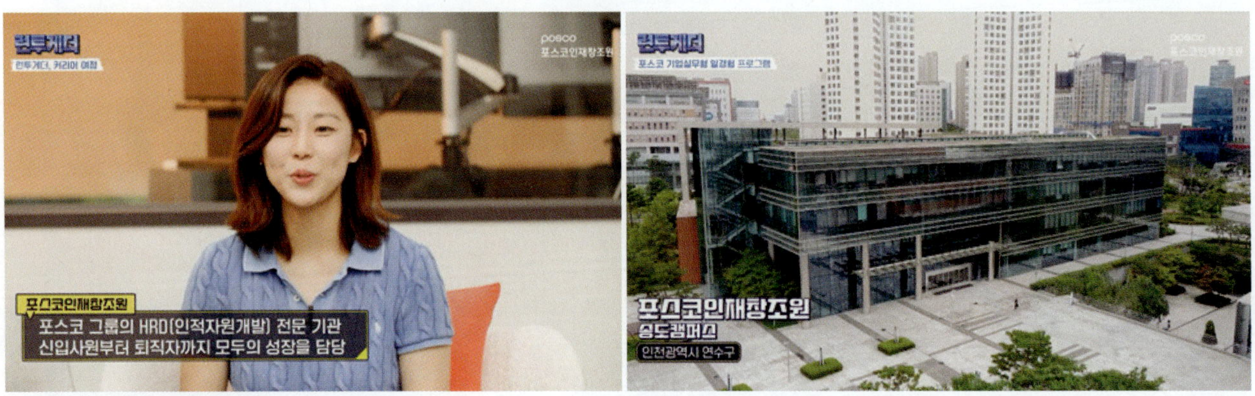

포스코그룹은 취업준비생부터 신입사원, 퇴직자까지 예비 포스코인을 포함한 모든 임직원들의 성장을 지원하고 있다. (자료 : 포스코)

미국 실리콘밸리에서 개최된 SK글로벌 포럼 (자료 : SK)

포럼을 개최하면서 인재 유치에 나서고 있다. 다른 기업이나 그룹사들도 우수인재 확보를 위해 비슷한 노력을 하고 있다. 해외에서 우수인재 유치를 위해 한국이 주비용, 주거용 아파트 지급, 자녀학비 지원은 물론이고 심지어 전용기를 띄우기조차 한다. 물론 외부에서의 우수인재 확보와 함께 내부인재 양성을 위한 각종 노력도 게을리하지 않고 있다.

인적자원의 경쟁력이 곧 기업의 경쟁력을 결정짓고 기업의 생존 여부를 좌우하고 있다. 이 때문에 기업들이 인적자원관리에 큰 노력을 기울이고 있는 것이다.

인적자원관리활동의 기본 내용을 보자

인적자원관리의 의의

인적자원관리(human resources management)란 인적자원의 확보, 개발, 활용, 보상, 유지와 관련된 관리활동을 말한다. 인적자원관리의 중요성이 커지면서 일부 그룹에서는 우수한 인재의 확보, 개발, 유지나 인사시스템의 운영 결과를 관리자 평가의 중요한 요소로 반영하고 있다. 즉 인적자원관리를 얼마나 잘하느냐의 여부가 그 조직에서 관리자 스스로의 생존 여부를 결정짓고 있는 것이다.

인적자원관리의 체계

인적자원관리는 어떠한 순서와 체계로 이루어져 있을까? 인적자원의 관리에서 이루어지는 관리활동에는 주로 다음과 같은 것들이 있다.

- 우수한 인력을 어떻게 확보할 것인가? [확보관리]
- 종업원의 잠재적 능력을 어떻게 개발하여 그들의 능력을 최대한 발휘할 수 있도록 할 것인가? [개발관리]
- 종업원들이 창출한 가치에 대하여 금전적 · 비금전적인 보상을 어떻게 할 것인가? [보상관리]
- 어떻게 하면 종업원의 사기를 높게 유지시키고, 그들 개개인의 목표와 조직의 목표를 조화시키면서 조직의 목표달성에 자발적으로 최선을 다할 수 있도록 할 것인가? 노조와의 관계는 어떻게 유지할 것인가? [유지관리]

□ 그림 6-1
인적자원관리활동의 체계

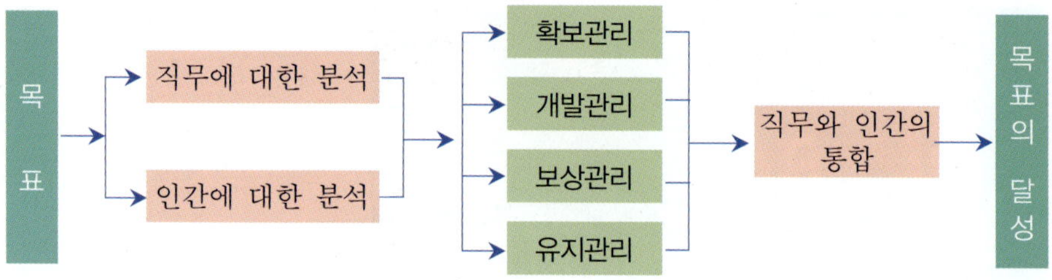

주) 인적자원관리 세부활동에서 확보관리, 개발관리, 보상관리, 유지관리 외에 활용관리를 별도로 구분하여 설명하는 경우도 있다. 본 책에서는 인적자원관리의 활용부분은 인적자원의 확보, 개발, 보상, 유지 각각의 해당부분에서 설명하였다.

그런데 이러한 각 관리활동이 성공적으로 이루어지기 위해서는 먼저 기업 등 각 조직에서 수행해야 하는 업무에는 무엇이 있는지[직무에 대한 분석], 이 직무에 대하여 사람이 얼마나 필요하며 사람을 어떻게 대응시키고 평가해야 하는지[인간에 대한 분석]가 선행되어야 하고, 인적자원관리 내 각 세부활동은 직무와 인간을 최적으로 통합하여 조직의 목표를 달성할 수 있도록 전개되어야 한다.

이러한 인적자원관리활동의 흐름과 체계는 [그림 6-1]에 나타나 있다.

인적자원관리의 특성

본 책 제1장에서 경영의 네 요소로 목적, 인적자원, 물적자원, 전략과 정보를 설명하였다. 그런데 이들 네 가지 요소 모두는 '사람–인적자원'에 의하여 결정된다는 특징이 있다. 목표를 세우는 것도 사람이며, 물적자원을 조달하고 운용하는 것도 사람, 전략을 세우고 정보를 관리하는 것도 사람이다. 네 가지 요소 중 사람이 특별히 우위에 있는 요소라고 할 수는 없지만 조직에서의 인적자원이 얼마나 중요한지를 알 수 있는 것이다.

인적자원관리의 또 하나의 특징은 관리의 주체도 사람이며 관리의 대상도 사람이라는 점이다. 기업조직의 계층에서 볼 때 일선관리자 및 작업자 자원을 관리하는 사람이 중간관리자라면 중간관리자는 최고경영진에 의하여 관리된다. 최고경영진 역시 소유주(주식회사의 경우 주주)에 의하여 관리된다.

사람이 인적자원관리의 주체임과 동시에 객체가 된다는 사실은 인적자원관리에 있어서 인간의 존엄성과 자율성을 항상 염두에 두어야 함을 모든 사람들에게 자연스럽게 일깨워준다. 그러나 조직의 목표달성이라는 조직의 기본적인 전제가 있기 때문에 존엄성과 자율성만을 무한정 추구할 수는 없다.

이러한 것은 인적자원관리의 주된 관심이 과업중심에서 인간중심으로 옮겨진 다음 다시 두 가지를 동시에 추구하려는 시대적 흐름과도 무관하지 않다.

6.2 직무의 분석에서 인사고과까지

인적자원의 관리는 직무를 이해하는 것으로 시작한다

(1) 직무분석의 의의

기업에서 신입사원을 뽑을 때에는 사전에 어느 자리(즉, 어떤 업무를 하는 자리)에 사람이 필요한지를 파악해야 한다. 기존의 종업원을 이동시킬 때에도 자기 기업 내에서 해야 할 업무에는 무엇이 있고, 각각의 직무를 하기 위해서는 어떤 요건을 갖춘 사람이 필요한지가 분석되어 있어야 한다. 이러한 일을 하는 것이 직무분석이다.

인적자원관리는 직무에 대한 이해로부터 시작된다. 인적자원관리의 세부적인 관리활동은 확보관리에서 출발하는데, 인적자원을 확보하기 위해서는 먼저 기업 내에서 '해야 할 일'[=직무]이 무엇이 있는지를 알아야 하기 때문이다. 조직을 만들 때에도 조직의 기능적 측면에서 먼저 직무를 파악하여 조직을 만들고 이어서 각각의 직위 및 업무에 사람을 배치하는 것과 같은 이치이다. 이는 [그림 6-2]에 비교되어 나타나 있다.

직무분석(job analysis)이란 특정직무의 특성과 내용, 즉 직무를 수행하는 데 필요한 지식과 능력, 숙련도, 책임 등과 같은 직무상의 모든 요건을 체계

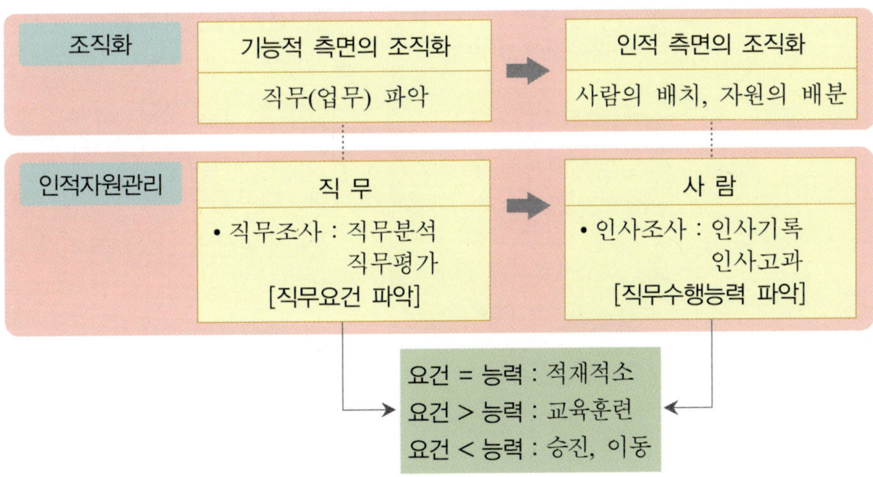

□ 그림 6-2
인적자원관리에서의 직무와 사람 ('조직화' 경우와의 비교)

적으로 결정하는 과정을 말한다. 직무(job)란 곧 일을 말하며, 직무요건을 파악하기 위해서는 직무조사를 하게 되는데, 직무조사의 핵심은 곧 직무분석이다. 일단 직무분석이 이루어지고 난 후에는 어떤 직무가 상대적으로 더 가치가 있는지를 알기 위하여 직무평가를 한다.

직무분석을 하면 직무에 대한 요건이 파악되기 때문에 기업의 목표를 달성하기 위해 각 종업원들에게 일이 적절히 할당되었는지, 그 일이 적정하게 이루어지고 있는지를 알 수 있다.

직무분석이 이루어지면 직무기술서와 직무명세서가 만들어진다. 직무분석의 결과는 인적자원에 관한 세부관리활동인 종업원의 모집과 선발, 배치, 교육훈련 및 개발, 이동 및 승진, 보상, 유지 등의 근거자료로 쓰인다. 뿐만 아니라 각 직무 하나하나의 권한과 책임의 범위를 명확히 함으로써 조직 합리화의 기초가 된다. 또한 업무개선과 직무급 도입에 활용할 수 있다.

(2) 직무분석의 절차와 방법

직무분석 절차

직무를 분석하는 절차는 [그림 6-3]과 같다.

□ 그림 6-3
직무분석의 절차

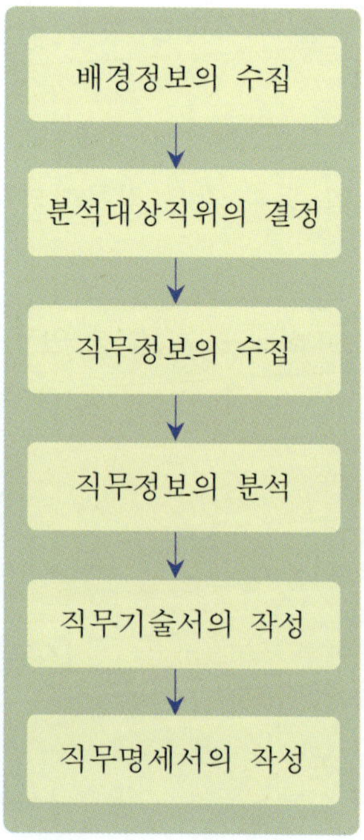

- 배경정보의 수집 : 이 단계는 직무분석의 예비단계로서 조직도나 업무분담 내역 등의 정보를 수집하며 기존의 직무기술서나 직무명세서가 있다면 이 역시 확보한다.
- 분석대상직위의 결정 : 조직의 모든 직무를 대상으로 분석하면 비효율적이기 때문에 분석하고자 하는 직무의 대표적인 분석대상직위를 선정하여 이를 주로 분석하게 된다.
- 직무정보의 수집 : 결정된 분석대상직위에서 분석에 필요한 정보를 수집한다. 정보수집방법은 뒤에서 설명한다.
- 직무정보의 분석 : 실제로 직무분석이 이루어지는 단계이다. 직무를 수행하는 데 필요한 지식과 능력, 숙련도, 책임 등 직무상의 모든 요건을 분석한다.
- 직무기술서의 작성 : 직무분석의 결과를 근거로 직무기술서를 작성한다.
- 직무명세서의 작성 : 직무기술서를 기초로 직무명세서를 작성한다.

직무정보 수집방법

일반적으로 사용되는 직무정보 수집방법에는 관찰법, 면접법(인터뷰), 질문지법(설문지법), 기록법(진술서작성법) 등이 있다.

- 관찰법(observation) : 직무분석자가 분석대상자를 집중적으로 관찰하는 방법이다. 오랫동안 관찰하는 것이 어렵고 비현실적이기 때문에 주로 생산직이나 기능직과 같이 업무가 표준화되어 있고 단순 반복적인 경우에 유용하다. 가장 손쉽고 간단한 방법이다. 시간이 많이 걸리고 분석자의 자의적인 판단이 개입될 수 있다.

- 면접법 또는 인터뷰(interview) : 직무담당자와 직접 대화하면서 그의 직무에 관한 정보를 파악하는 방법이다. 전화와 같은 비대면도 포함한다. 분석자는 사전에 해당직무에 대해 어느 정도 알고 있어야 질문이 가능하며 질문 역시 면접대상자마다 유사한 형식으로 질문을 할 수 있도록 구조화되어 있어야 한다. 충분한 정보를 확보할 수 있는 반면, 면접대상자가 자신에게 유리하거나 주관적인 의견을 제시할 가능성이 있는 문제점이 있다. 일반적으로 가장 널리 사용되는 방법이다. 역시 시간이 많이 걸린다.

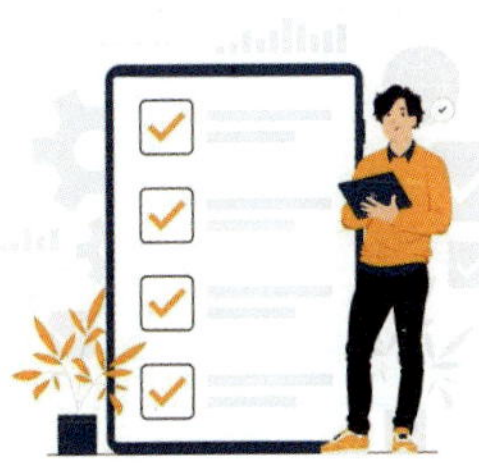

- 질문지법 또는 설문지법(questionnaires) : 표준화되어 있는 일정한 양식에 조사대상자가 직접 직무와 관련된 내용을 기재하도록 하는 방법이다. 질문내용을 응답자가 충분히 인식할 수 있고, 명확하게 기술해야 하며, 사전에 충분한 의사소통에 의해 응답자의 협력을 얻어야 한다. 이 작업분석방법은 많은 대상으로부터 동시에 자료를 수집하는 데 적합하다. 그러나 이때 직무의 성질은 유사한 것이어야 한다. 시간과 비용 면에서 경제적이지만 질문지 개발이 쉽지 않다.
- 기록법 또는 진술서작성법(written narratives) : 일지(日誌)에 분석대상자들이 일상적으로 수행하는 업무의 내용을 구체적으로 기재하게 한 후 그 기록을 보고 직무분석에 필요한 정보와 자료를 수집하는 방법이다. 사무직이나 연구직 같이 조사대상자가 자신의 업무에 대한 내용을 정확하게 기재할 수 있는 능력을 갖춘 직무에 적용할 수 있다.

Self Q&A

직무분석은 외부전문가에게 맡기는 경우가 일반적이다. 그러나 외부전문가는 내부사정에 어두울 수밖에 없는데 이런 경우 정확한 직무분석이 어려워진다. 외부전문가가 하는 직무분석의 정확성을 높일 수 있는 방안에 대하여 생각해보자.

(3) 직무기술서와 직무명세서

직무에 대한 정보를 수집, 분석한 후 인적자원관리의 자료로 활용하기 위해서는 이를 문서화하여 일목요연하게 정리해야 한다. 이러한 목적으로 작성되는 것이 직무기술서와 직무명세서이다.

□ 그림 6-4
직무기술서의 예

직무기술서

(주)한국산업

직무번호	GA-043	직무명	일반 회계관리	소 속	관리부 재경팀
직 군	경영관리	직 종	재 경	등 급	5등급
직무개요	재무제표 등 각종 결산자료를 작성하고 회계상의 손익 현황을 관리하는 업무 수행				

■ 수행요건

<table>
<tr><td rowspan="5">일반요건</td><td>남녀별 적성</td><td colspan="2">공 통</td><td>최적연령범위</td><td>25～35세</td></tr>
<tr><td>기초학력</td><td colspan="2">대 졸</td><td>특수자격</td><td>없 음</td></tr>
<tr><td>전공계열</td><td colspan="2">상경계열</td><td>전공학과</td><td>경영학, 회계학</td></tr>
<tr><td>필요 숙련기간</td><td colspan="2">6개월</td><td>전환 가능부서/직무</td><td>세무 회계관리</td></tr>
<tr><td>기 타</td><td colspan="4"></td></tr>
<tr><td rowspan="3">소요능력</td><td>지 식</td><td>종 류</td><td colspan="3">세부내용 및 소요정도</td></tr>
<tr><td>학술적 지식</td><td>회계학</td><td colspan="3">• 원가회계 : 개별원가계산 및 종합원가계산 방법 및 원가 개념과 경영관리에 필요한 회계정보에 대한 이해
• 관리회계 : 의사결정에 유용한 정보를 제공하는 회계이론
• 회계감사 : 감사의견을 표명할 수 있을 정도의 기초적 이론</td></tr>
<tr><td>실무적 지식</td><td>재 무
상업부기
PC 운영</td><td colspan="3">• 회사 재무구조의 정확한 지식
• 1급 수준의 복식부기 운영지식
• 예산집행에 따른 분개, 기표, 기장방법에 대한 지식
• 기업 회계프로그램 관련 총괄적 운영지식</td></tr>
</table>

■ 수행업무

직무내용	직무절차 및 방법
회계손익 관리	• 각 사업부, 사업국 매출 마감후 회계프로그램에 입력한다. • 각 부서의 전도금 및 기타 비용을 회계프로그램에 입력한다. • 시산표를 출력하여 전월 또는 전년 대비 증감을 확인하고 임차보증금, 임차료 등의 내용을 확인한다.
재무제표 및 부속명세서 관리	• 매출비용을 회계프로그램에 입력하여 시산표를 출력한다. • 출력된 시산표에 의하여 일정기간(전 · 반기)별의 손익(매출 및 비용)을 정확하게 측정한다. • 재무제표 및 부속명세서를 작성하여 외부감사를 실시한다.
원가회계 관리	• 각 생산제품에 소요되는 원부자재의 정확한 파악을 거쳐 1단위당 소요량을 파악하고 외주업체의 리스트를 작성한다. • 생산 각 부서의 월별 결산에 의거, 생산량을 파악한다. • 상품 및 제품의 매출수량을 정확히 파악한다.

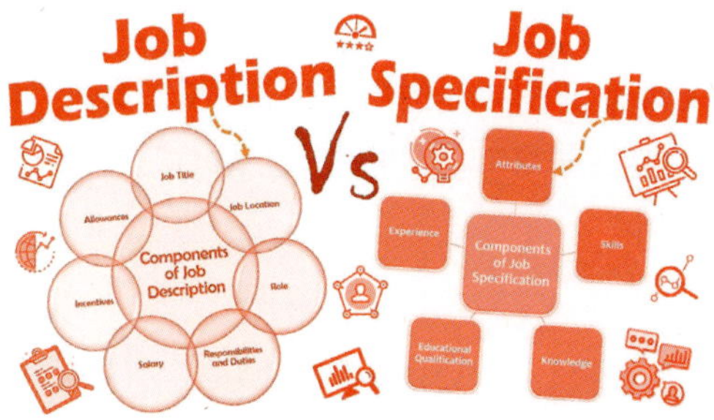

직무기술서(job description)는 직무분석 결과에 근거하여 직무수행과 관련된 과업 및 직무행동을 일정한 양식에 기술한 문서를 말한다. 포함되는 내용으로는 직무의 명칭, 소속 등과 같은 직무의 확인사항과 직무의 내용, 직무의 요건 등 직무 전반에 걸친 사항을 포함한다. [그림 6-4]는 직무기술서의 한 예이다.

직무명세서(job specification)는 직무기술서의 내용 중에서 직무요건만을 분리하여 직무수행에 필요한 종업원의 지식, 능력, 기능, 행동 등을 일정한 양식에 기록한 문서를 말한다.

직무기술서의 초점이 업무중심의 직무요건이라면 직무명세서의 초점은 해당직무를 수행하기 위해서 어떤 사람이 필요한지를 보여주는 사람중심의 인적요건에 있다.

(4) 직무평가

직무평가(job evaluation)는 각 직무의 가치를 결정하는 것이다. 직무분석에 의하여 작성된 직무기술서와 직무명세서를 기초로 각 직무의 중요성, 난이도, 위험도 등을 평가하여 다른 직무와 비교함으로써 직무의 상대적 가치를 결정하게 된다.

직무평가는 직무급 임금제도의 기초로 활용된다. 동일한 가치를 가진 직무에 대하여는 동일한 임금을 적용하고, 가치가 높게 평가되는 직무에 대하여 더욱 많은 임금을 제공하는 것이다. 직무평가시 주의해야 할 점은 각 직무수행의 난이도 및 복잡도, 권한과 책임의 범위, 업무수행환경 등을 고려하여 직무 그 자체를 평가해야지, 직무를 수행하는 인간을 평가대상으로 해서는 안 된다는 것이다. 흔히 직무분석 및 평가시 이미 현직에 사람이 근무를

표 6-1
정부 주요 부처별 직무평가
(정부조직 개편 전 자료 중 일부)

부처명	전문적 노하우	관리적 노하우	사고의 환경	사고의 도전도	행동의 자유도	직무의 규모	직무난이도 평균
재정경제부	4.04	4.19	4.62	4.08	3.92	4.12	4.16
교육인적자원부	3.64	3.52	4.20	3.84	3.76	3.80	3.79
과학기술부	3.36	3.32	3.86	3.59	3.23	3.23	3.43
노동부	3.13	3.56	3.49	3.49	3.33	2.85	3.31
건설교통부	3.75	3.69	4.23	3.83	3.51	3.74	3.79
산업자원부	3.96	3.89	4.22	4.30	3.78	3.85	4.00

자료 : 감사원

하고 있기 때문에 오류에 빠지기 쉽다.

참고로 〈표 6-1〉은 과거 참여정부에서 고위공무원단 제도를 도입하기 위하여 각 부처별로 실시했던 직무분석과 직무평가 결과 중 일부이다.

인사고과

인사고과의 의의와 직무분석과의 관계

직무에 대한 분석과 아울러 효율적인 인적자원관리활동을 수행하기 위해서는 인간의 특성을 파악할 필요가 있다. [그림 6-2]를 다시 보면 직무조사(직무분석과 직무평가)를 통하여 직무요건을 파악하였으면 각 직무에 사람을 대응

□ 그림 6-5
인사고과표의 예(일부)

인사고과표 (전부서 공통)

202×년 12월 31일

구분	평정요소	관찰항목	관찰내용	최우수	우수	양호	보통	보완요	불량	인사사용란	
업무실적	업무의 양	능 률	신속정확하게 낭비 없이 처리했는가.								
		지속성	어떤 일에나 차이 없이 끈기 있게 했는가.								
		속 도	업무처리가 신속하여 지체되는 일은 없는가.								
	업무의 질	정확성	일의 결과를 믿을 수 있는가.								
		꼼꼼함	일의 마무리가 철저한가.								
		성 과	일의 성과가 내용에 있어서 뛰어났는가.								
	총 평		위의 관찰을 종합했을 때 업무실적은 어떤가.								
근무태도	협조성	상하협조	상사에 대해 협력하며 성과가 있는가.								
		횡적협조	협조적이고 조직체 능률향상에 공헌하는가.								
	근무의욕	적극성	일에 능동적으로 대처하려는 의욕은 어떤가.								
		책임감	책임을 회피하지 않는가.								
		연구심	넓고 깊게 일을 연구하려는 의욕은 어떤가.								
	복무상황	규 율	규칙을 준수하며 직장 질서유지에 애쓰는가.								
		근태상황	지각·조퇴·결근 등 상황은 어떤가.								
		태도복장	직장에서의 언동·차림새가 품위 있는가.								
	총 평		위의 관찰을 종합했을 때 근무태도는 어떤가.								

소 속		피평정자 성명		평정자 성명	㊞		
사원 No.							

시켜야 한다.

이를 위해서는 사람에 대한 분석을 해야 한다. 이는 [그림 6-2]에서 인사조사라고 표시되어 있다. 사람에 대한 조사는 주로 인사고과를 통하여 이루어지며 여기에 기존에 확보해놓은 인사기록을 합하여 분석하면 종업원의 직무수행능력의 파악이 가능하다.

직무분석을 통하여 직무요건이 파악되고 인사고과를 통하여 직무수행능력이 파악된 후에 이 둘을 비교하면 인적자원관리의 방향이 정해진다. [그림 6-2]에서 보는 것처럼 직무요건과 직무수행능력이 일치하면 이는 인적자원이 적재적소에 배치되어 있음을 의미한다. 직무수행능력이 직무요건에 미달되면 교육훈련 등을 통하여 능력을 높여야 하고 그 반대의 경우라면 승진을 시키거나 능력을 발휘할 수 있는 다른 직무로 이동시켜야 할 것이다. 이처럼 인사고과는 직무분석과 동전의 양면과 같은 관계에 있다.

인사고과(merit rating)란 조직구성원의 업무수행능력, 근무성적, 자격, 태도 등을 평가하는 절차이다. 앞서 설명한 직무평가가 직무의 상대적인 가치를 평가하는 것이라면, 인사고과는 종업원에 대한 평가라는 점이 다르다. 인사고과는 주로 인적자원의 적정배치, 능력개발, 공정한 처우 등의 목적으로 실시된다.

인사고과의 방법

인사고과의 방법에는 전통적 방법과 근대적 방법이 있다.

전통적 고과방법으로는 종업원의 능력과 업적에 대해 순위를 매기는 서열법과 종업원의 근무성적의 기준을 객관적으로 정해 놓고 이를 기록하는 기록법 등이 있다.

근대적 고과방법으로는 기업의 목표달성의 성패에 영향을 미치는 중요사건을 중심으로 고과대상자를 평가하는 중요사건서술법, 고과대상자가 자신의 업적을 신고하는 자기신고법, 고과대상자와의 직접 면접을 통해 평가하는 평가법 등이 있다.

인사고과시 주의할 점

사람이 사람을 평가하는 인사고과에서 주의해야 할 점은 사람이 하는 일이기 때문에 주관적인 판단이 개입될 수 있다는 점이다. 평가자 개인의 주관적인 기준, 예컨대 혈연, 지연, 학연과 같은 요인에 의하여 평가결과가 영향을 받을 수 있고, 사전에 알려진 연공서열이나 학력과 같은 정보에 의하여 평가가 잘못될 수도 있다. 잘못된 인사고과는 종업원 개개인에게 커다란 부정적 영향을 끼쳐 조직의 경쟁력 저하의 중요한 요인으로 작용하게 된다. 따라서 모든 조직은 합리적인 인사고과체제 구축과 운용에 많은 노력을 기울여야 한다.

Self Q&A

근래에는 인사고과시 상사가 부하에게 하는 일방적인 고과가 아닌, 동료간에도 고과를 하고 부하가 상사를 고과하는 제도도 도입되고 있다. 이러한 수평간 및 상향식 인사고과시 어떠한 문제점이 발생할 수 있는지 생각해보자.

현장사례 '초고속 승진' 충주시 홍보맨 "동료 박탈감 들까 죄송"

최근 6급으로 초고속 승진해 화제가 된 충주시 유튜브 '충티브이(TV)' 운영자 김선태(36) 주무관이 "다수는 응원을 해줬다"면서도 "죄송한 마음도 있다"고 밝혔다.

김 주무관은 2일 제이티비시(JTBC) 유튜브 라이브 '뉴스들어가혁!'에 출연해 자신의 승진을 일부 언론에서 '논란'으로 다룬 것을 두고 이같이 말했다.

2016년 10월 9급 공무원으로 출발한 김 주무관의 6급 승진은 공직사회에선 파격으로 여겨진다. 8급(2018년 7월), 7급(2021년 1월) 승진은 비슷하지만 7급에서 6급 승진은 여느 공무원에 견줘 4~5년 정도 빠른 편이기 때문이다.

충주시 유튜브 '충티브이(TV)'의 한 장면. 유튜브 영상 기획·제작·촬영·편집을 도맡고 있는 김선태 주무관이 민원인 역할을 맡아 연기를 하고 있다.

그동안 김 주무관이 일반 공무원처럼 2년마다 보직을 변경하지 않고 홍보팀에서 근무하고 있는 것을 두고 '특혜가 아니냐'는 말이 나오기도 했다. 이에 대해 김 주무관은 "어떻게 보면 특혜"라면서도 "이는 제가 한곳에 오래 근무할 수 있는 전문관(전문직 공무원)으로 지정돼 있기 때문"이라고 설명했다.

김 주무관이 영상 기획·제작·촬영·편집을 도맡고 있는 '충티브이'는 3일 오전 9시 기준 구독자가 54만4천명으로 정부기관·자치단체 등 공공기관 최다 유튜브 구독자를 기록하고 있다. 앞서 김 주무관은 한겨레와의 인터뷰에서 "딱딱한 공무원 이미지를 벗고 유머·해학을 곁들인 비(B)급 영상을 제작해 재미있고 쉽게 다가가려 하는데 누리꾼·시민 등의 반응이 좋다"며 기발한 아이디어, 간결한 메시지, 재미를 '충티브이'의 히트 비결로 꼽은 바 있다.

(한겨레, 2024.1.3)

6.3 인적자원을 관리하는 주요 활동들

[그림 6-1]에서 본 바와 같이 인적자원관리의 주요 관리활동은 확보관리, 개발관리, 보상관리, 유지관리로 이루어져 있다. 이하에서는 이에 대하여 간단히 살펴보기로 한다.

인력을 확보한다 : 확보관리

인적자원관리는 필요한 인적자원을 확보하는 데서 시작된다. 확보관리란 인력계획을 수립한 후 이에 근거하여 모집, 선발, 배치 활동을 전개하는 것이다.

인력계획(human resources planning)은 현재 및 미래의 각 시점에서 조직이 필요로 하는 인적자원을 사전에 예측하고[인력수요], 이에 대한 조직 내외의 공급상황을 예측[인력공급]하여 이를 적절히 조화시킬 수 있는 방안을 강구하는 것이다. 이러한 과정은 [그림 6-6]과 같이 나타낼 수 있다.

확보관리를 전개하기 위해서는 먼저 그림에서 보는 바와 같이 인적자원

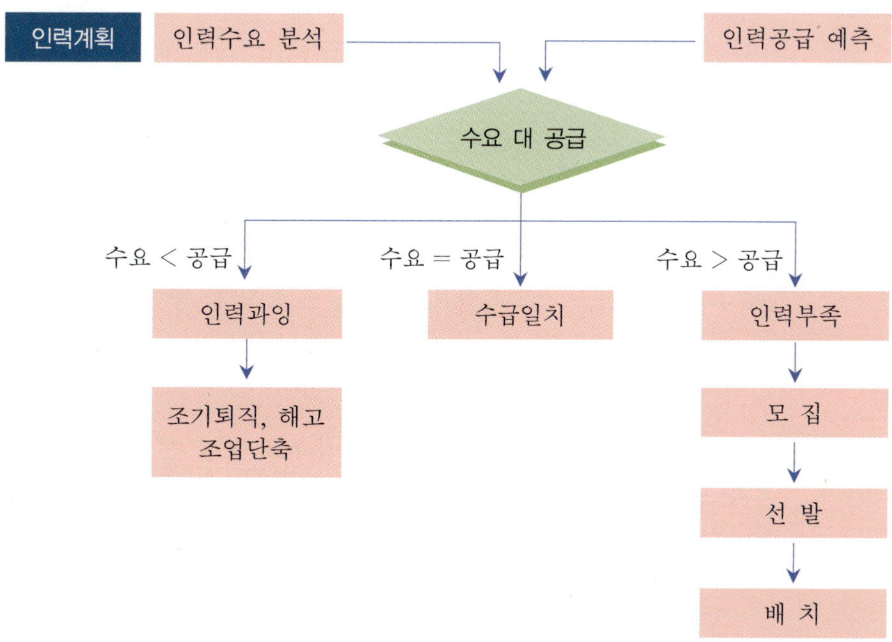

□ 그림 6-6
확보관리의 전개과정

에 대한 수요와 공급을 분석한다. 수요가 공급보다 많으면(즉 지금 어느 한 기업에서 필요로 하는 사람이 현재 인원보다 많으면) 인력이 부족하므로 인적자원의 모집, 선발, 배치의 수순을 밟게 된다. 공급이 수요보다 많다면 기존 인원을 줄이는 방안을 강구해야 할 것이다.

한편, 인적자원에 대한 수요는 기업 내에서 필요로 하는 인력이기 때문에 기업 내부적인 정보에 의존하여 분석할 수 있지만, 인적자원에 대한 공급의 예측은 기업 내외부 모두와 관련이 있다. 기업 내부에서의 인력공급은 특정직무에 적당한 인력이 뒤늦게 파악되었거나 교육훈련 등을 통하여 능력을 갖추게 함으로써 가능하다. 그러나 이러한 기업 내부에서의 교육훈련은 확보관리에서 다루지 않고 개발관리 부분에서 별도로 다룬다. 여기에서 다루는 공급은 주로 외부적인 인력공급을 뜻한다.

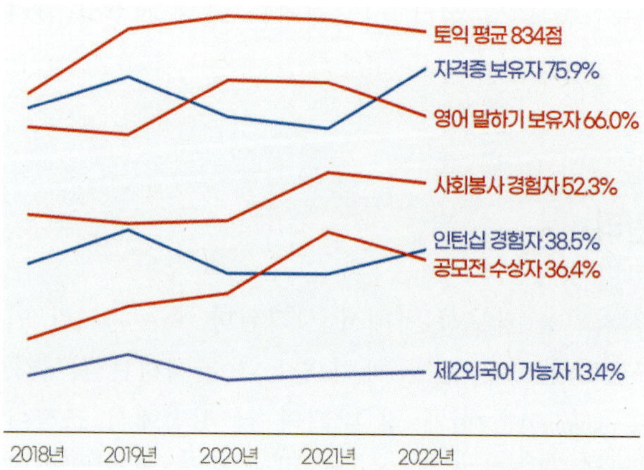

최근 5년 대기업 신입 합격자 취업스펙 (자료 : 잡코리아)

인력계획이 중요한 이유는 인적자원은 다른 자원과 달리 기업이 특정인력을 갑자기 필요로 할 때 적당한 사람을 찾기가 쉽지 않다는 데 있다.

모 집

모집(recruitment)이란 직무명세서상의 요건에 적합한 능력과 기술을 가진 인적자원을 확보하기 위하여 인적자원을 조직으로 유인하는 활동이다. 인적자원이 공급되는 원천으로는 조직 내부와 조직 외부가 있다.

선 발

모집을 통해서 응모된 지원자 중에서 조직이 필요로 하는 가장 적합한 사람을 찾는 과정이 선발(selection)이다. 지원서와 개인자료 등과 같이 사전에 제출되거나 확보된 자료, 시험, 면접 등 다양한 방법이 동원되어 적격자를 찾아낸다.

배 치

배치(placement)란 신규로 모집 선발된 종업원을 각 직무에 배속시키는 것을 말한다. 이미 배치되어 있는 종업원을 현재의 직무에서 다른 직무로 재배치하는 것을 배치와 구분하여 이동(transfer)이라고 한다.

능력을 키우고 관리한다 : 개발관리

인적자원의 개발관리는 확보된 인적자원에 대해 개개인의 잠재능력뿐만 아니라 현재의 직무를 원활히 수행하는 데 필요한 기능 및 기술 수준을 높이기 위한 조직차원의 지원활동을 말한다. 개발관리의 주요 활동으로는 경력관리, 이동 및 승진, 교육훈련 등이 있다.

경력관리

경력관리 또는 경력개발(career development)관리는 종업원 개개인이 각자 자신의 경력의 성공을 기하면서 동시에 기업의 목표를 달성할 수 있도록 개인의 경력을 개발하는 관리활동을 말한다.

어떤 조직에서 이루어지는 경력관리의 범위는, 일단 종업원이 선발되어 조직에 합류한 이후에 전개되는, 인적자원을 관리하기 위한 거의 모든 활동이 포함된다고 해도 과언이 아니다. 따라서 앞서 설명한 배치나 뒤이어 설명할 이동 및 승진, 교육훈련 등은 모두 크게 보아 경력관리에 속한다고 볼 수 있다.

이동 및 승진

한 조직 내에서 기존의 종업원들을 대상으로 이루어지는 인사이동은 크게 수직적 이동과 수평적 이동으로 나눌 수 있다. 수직적 이동은 직위가 상승하는 승진과 직위가 낮아지는 강등이 있다. 수평적 이동은 능력개발이 목적인 직무순환이 대표적이다.

승진(promotion)은 지위와 보수가 상승하면서 권한과 책임이 커지는 것이다. 누구나 어느 조직에 들어가면 가장 관심을 갖는 것이 승진이다. 따라서 종업원 개개인의 관점뿐만 아니라 조직 전체적인 관점에서도 객관적이고 합리적이며 타당한 승진제도가 만들어져서 사전에 공개되어야 하고 정확하게 운영되어야 한다. 우리나라의 경우처럼 지연이나 학연, 혈연이 끈끈한 사회에서는 조직 전체의 경쟁력을 생각한다면 특히 심사숙고해야 할 부분이다.

직무순환(job rotation)은 다양한 직무를 경험하게 함으로써 관리자가 되기 위한 교육훈련기법으로 활용된다. 그리고 여러 직무를 경험함으로써 종업원 자신이 어떤 분야에 적성과 능력이 있는지 파악하고 경력을 개발할 수 있게 한다.

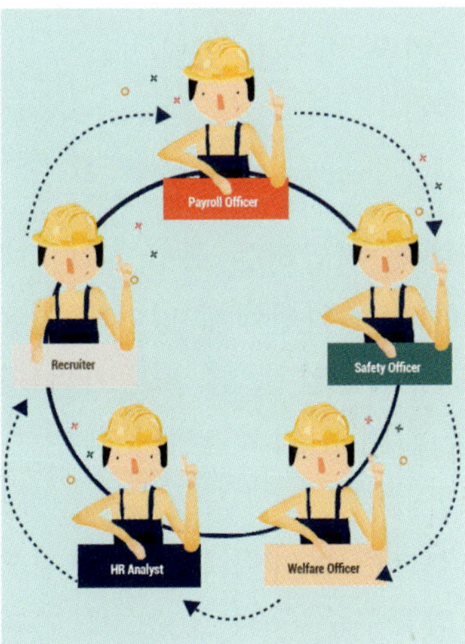

직무순환 (자료 : hourly.io)

교육훈련

신규로 직원을 선발하였으면 기업은 채용한 종업원들이 기업환경 그리고 자신들이 수행해야 할 직무에 적응하고, 조직에서 필요한 기술과 많은 지식을 단시일에 습득하며, 그들의 능력을 최대한으로 개발하기 위해 체계적이고 종합적인 교육훈련(education and training)을 실시해야 한다. 또한 현직 종업원의 자질을 높이고 경쟁력을 제고하기 위한 교육훈련을 실시할 필요도 있다.

교육훈련은 앞의 직무요건과 직무수행능력을 비교하여 직무수행능력이 직무요건에 미치지 못하는 경우에 주로 이루어진다. 그러나 근래에는 직무와 직접 관련이 없는 교육, 예컨대 정신교육, 애사심 고취를 위한 교육, 윤리경영을 위한 교육 등도 많이 실시되고 있다.

일을 했으면 보상을 해줘야 한다 : 보상관리

보상(compensation)은 인적자원 제공자에게 자원의 이용대가로 지불하는 경제적 보상을 말한다. 크게 임금과 복리후생으로 나눌 수 있다. 인적자원의 보상관리의 목표는 조직이 지급하고자 하는 보상범위 내에서 종업원의 만족을 극대화하는 데 있다. 보상은 종업원에게는 소득의 원천이지만, 기업의 입장에서는 비용이다. 이러한 입장 차이로 보상관리의 중요성이 증대되며, 따라서 보상은 개인과 기업의 경제적인 측면에서 파악될 수 있다. 또 보상은 개인의 노력뿐 아니라 잠재능력에 대한 대가이기 때문에 장기적으로 인적자원에 대한 투자의 성격을 가지고 있다. 특히, 종업원의 욕구를 만족시키는 동기부여요인으로 작용한다는 점에서 심리적인 측면을 가지고 있다.

임금관리

임금(wage)이란 사용자가 노동의 대가로 종업원에게 지급하는 봉급, 기타 여하한 명칭으로든지 지급하는 일체의 금품을 말한다. 종업원에게 있어서 임금은 승진과 함께 가장 관심을 갖는 분야이다. 때문에 종업원, 곧 노동자와 기업은 임금수준 결정에 있어 서로 상반된 의견을 갖기 쉬워서 임금문제는 항상 노사관계의 주요 논쟁거리가 된다.

임금수준을 결정하는 데 고려해야 하는 요인들은 많이 있으나 일반적으로 생계비수준, 기업의 지급능력, 사회일반의 임금수준 등과 같은 세 가지 요소를 고려한다. 생계비는 임금의 하한선으로, 기업의 지급능력은 상한선으로, 사회일반의 임금수준은 평균수준으로서의 의미를 갖는다.

임금과 관련하여 통상임금이라는 것에 주목할 필요가 있다. 이는 근로자에게 정기적이고 일률적으로 소정 근로 또는 총 근로에 대하여 지급하기로 정한 시간급 금액, 일급 금액, 주급 금액, 월급 금액 또는 도급 금액을 말한다. 통상임금은 임금 산정에서 매우 중요하다. 왜냐하면 근로기준법에서는 연장근로·휴일근로·야간근로에 대해서는 통상임금의 50%를 가산하여 임금을 지급하도록 정하고 있기 때문이다. 대법원에 의하면 '정기적·일률적·고정적으로 지급되는 금품'은 모두 통상임금에 포함된다. 따라서 기본급 외에 정기상여금, 가족 수에 상관없이 주는 가족수당, 성과에 상관없이 주는 성과급, 학생 자녀 여부에 상관없이 주는 학비보조수당은 모두 통상임금에 포함된다.

임금명목	임금의 특징	해당여부
상여금	정기적인 지급이 확정되어 있는 상여금(정기상여금)	통상임금
	기업실적에 따라 일시적, 부정기적, 사용자 재량에 따른 상여금	해당안됨
기술수당	기술이나 자격보유자에게 지급되는 수당(자격수당, 면허수당 등)	통상임금
근속수당	근속기간에 따라 지급여부나 지급액이 달라지는 임금	통상임금
가족수당	부양가족 수에 따라 달라지는 가족수당	해당안됨
	부양가족수와 관계없이 모든 근로자에게 지급되는 가족수당 분	통상임금
성과급	근무실적을 평가하여 지급여부나 지급액이 결정되는 임금	해당안됨
	최소한도가 보장되는 성과급	통상임금
특정시점 재직시에만 지급되는 금품	특정시점에 재직중인 근로자만 지급받는 금품 (명절귀향비나 휴가비의 경우 그러한 경우가 많음)	해당안됨
	특정시점이 되기 전 퇴직시에는 근무일수에 비례하여 지급되는 금품	통상임금

임금유형별 통상임금 해당 여부 (자료 : 고용노동부)

복리후생

복리후생(welfare)이란 종업원의 복지향상을 위하여 시행되는 임금 이외의 간접적인 모든 급부를 말한다. 임금 이외의 수단에 의하여 종업원의 노동력을 유지, 발전시켜 종업원의 능력을 최대로 발휘하게 함으로써 생산성 향상을 도모하는 한편, 종업원의 경제적·문화적 생활향상을 목적으로 하는 제도의 총칭이라 할 수 있다. 따라서 복리후생은 기업의 인사관리의 중요한 내용이 된다.

인재를 잘 관리하자 : 유지관리

아무리 뛰어나고 우수한 인재를 확보하여 현재 우리 기업에 큰 공헌을 하고 있다 하더라도 그 인재가 다른 회사로 옮겨가버리면 아무런 소용이 없다. 우리 회사에 도움이 되는 인적자원이 다른 곳으로 옮기지 않고 우리 기업에 남아 지속적으로 충성을 다할 수 있도록 관리하는 활동이 유지(maintenance)관리이다.

유지관리의 주요 활동으로는 인간관계관리, 노사관계관리, 이직관리 등이 있다.

인간관계관리

한 조직의 경쟁력에 영향을 미치는 요소로서 인적자원의 중요성이 강조될수록 인적자원간의 관계, 즉 인간관계관리의 중요성이 강조되고 있다. 특히 근래의 조직운영 패턴이 팀제 위주로 바뀜에 따라 이러한 경향은 더욱 두드러지고 있다. 인간관계(human relations)관리에서는 사람과 사람 사이의 단순한 상호작용으로서의 관계보다는 모든 인간을 하나의 인격체로 이해하고 관리하려는 접근이 필요하다. 대표적인 인간관계관리제도에는 다음과 같은 것들이 있다.

먼저 제안제도(suggestion system)는 조직의 운영이나 직무수행에 관련된 여러 개선안을 조직구성원이 제안하도록 하고, 우수한 제안에 대해서는 적절하게 보상하는 제도이다. 인사상담제도(personnel counseling)는 종업원의 불평불만이나 신상에 관한 상담에 응하여 이를 해결해 주는 제도이다. 사기(morale)란 특정조직 내에서 조직에 대하여 개인이 갖는 긍정적인 태도나 만족도 정도를 말하며 이를 적절히 관리해야 한다.

(자료 : 고용노동부)

고충(grievances)처리제도는 기업에서 종업원의 불평이나 불만을 모아서, 단체교섭과 같은 대항적인 교섭으로 해결하기에 앞서 그 원인을 제거하고자 하는 제도를 말한다. 주로 근로조건이나 대우와 관련된 종업원 개개인의 문제를 대상으로 한다. 또한 이 제도는 단체협약·취업규칙 등의 해석에 노사의 대립이 있을 경우 이를 평화적으로 해결하기 위하여 적용한다. 강제로 운영할 것을 법률이 정하고 있다.

노사관계관리

인적자원 유지관리활동에서 노사관계(labor-management relations)관리는 인적자원의 생산성 향상과 동기부여에 큰 영향을 끼친다. 노사관계는 종업원과 고용주 사이의 관계 또는 노동조합과 경영자의 관계로 볼 수 있다.

이직관리

기업에서 이루어지는 종업원들의 이직에는 사직과 같은 자발적 이직과 면직, 해고, 일시해고와 같은 비자발적 이직이 있다. 기업에서는 이직이 발생할 경우를 대비하여 여러 가지 대안을 강구해야 한다. 갑작스러운 종업원의 이직은 조직 운영에 많은 어려움을 준다. 따라서 자발적 이직에 대해서는 인력공급계획단계에서부터 충분한 대비책을 세워야 한다.

마무리 사례

"공고 내고 본인 채용"… 공공기관 채용비리 적발

천안시 재정과 시민들의 후원금으로 운영되는 천안시민 프로축구단. 지난해, 당시 사무국장은 경영기획팀장 채용계획을 짰습니다. 인사위원회 구성, 채용 공고 등 과정 전반에 관여했는데, 정작 채용된 사람은 사무국장 자신이었습니다. 사무국장 계약기간이 끝나가자, 정규직으로 계속 일하려 이른바 '셀프 채용'을 한 겁니다.

다른 채용에도 문제가 있었습니다. 홍보직원을 채용하는 과정에서 축구단장의 지인이 탈락하자, 단장은 일부 심사위원의 채점 결과를 빼버려 자신의 지인이 뽑히도록 했습니다.

국민권익위원회가 공개한 채용비리입니다. 권익위가 825개 공공기관을 대상으로 조사한 결과 455곳에서 채용비리 44건이 발견됐는데, 천안 축구단 채용비리 2건은 수사의뢰도 했습니다. 채용비리 관련자 68명은 수사나 조사 결과가 나오는 대로 징계하거나 책임을 묻고, 피해자들에 대해선 구제조치를 진행하기로 했습니다.

권익위는 또 공직유관단체 331곳에 대해 퇴직 후 3년이 경과하지 않으면 위촉을 금지하고 특별채용도 금지하는 내용의 개선안을 사규에 반영하라고 권고했습니다. (MBC, 2023.12.7)

핵심용어

- 인적자원관리
- 직무명세서
- 확보관리
- 보상관리
- 직무분석
- 직무평가
- 인력계획
- 유지관리
- 직무기술서
- 인사고과
- 개발관리

요 약

- 인적자원관리란 인적자원의 확보, 개발, 활용, 보상, 유지와 관련된 관리활동을 말한다. 인적자원관리가 성공적으로 이루어지기 위해서는 먼저 직무에 대한 분석 및 인간에 대한 분석이 선행되어야 한다.
- 직무분석이란 특정직무의 특성과 내용, 즉 직무를 수행하는 데 필요한 지식과 능력, 숙련도, 책임 등과 같은 직무상의 모든 요건을 체계적으로 결정하는 과정을 말한다. 인사고과란 직무에 사람을 대응시킬 목적으로 실시되는 것으로 조직구성원의 업무수행능력, 근무성적, 자격, 태도 등을 평가하는 절차이다.
- 인적자원관리의 주요 활동으로는 확보관리, 개발관리, 유지관리, 보상관리 등이 있다.

연습문제

1. 직무분석과 인사고과의 관계를 설명하라.
2. 직무분석은 인적자원관리의 기초가 된다. 그 이유를 설명하라.
3. 인적자원을 확보하는 과정을 설명하라.

미니 프로젝트

기업들의 채용담당자들이 말하는 뽑고 싶은 인재는 어떤 사람인지 조사해보자.

취업 면접하는 모습 (자료 : unsplash)

CHAPTER

7 자금의 조달과 운용

삼성전자 클린룸 반도체 생산현장. 반도체 공장 건설에는 막대한 자금이 든다. (자료 : 삼성전자)

7.1 기업에게 자금은 사람에게 혈액과 같은 것이다
7.2 자금 운용에 관한 투자결정을 하자
7.3 자본을 조달하는 방법

삼성전자, 2030년까지 시스템 반도체에 133조원 투자 · 1만 5천명 채용

삼성전자가 2030년까지 시스템 반도체 분야 연구개발 및 생산시설 확충에 133조원을 투자하고, 전문인력 1만 5천명을 채용한다. 이는 삼성전자가 2030년까지 메모리 반도체뿐만 아니라 시스템 반도체 분야에서도 글로벌 1위를 달성하겠다는 '반도체 비전 2030'을 달성하기 위한 것이다.

삼성전자 화성캠퍼스 EUV 라인 전경 (자료 : 삼성전자)

삼성전자는 시스템 반도체 사업경쟁력 강화를 위해 2030년까지 국내 R&D 분야에 73조원, 최첨단 생산 인프라에 60조원을 투자한다. R&D 투자금액이 73조원 규모에 달해 국내 시스템 반도체 연구개발 인력 양성에 기여할 것으로 기대되며, 또한 생산시설 확충에도 60조원이 투자돼 국내 설비/소재 업체를 포함한 시스템 반도체 생태계 발전에도 긍정적인 영향이 예상된다. 삼성전자는 향후 화성캠퍼스 신규 EUV라인을 활용해 생산량을 증대하고, 국내 신규 라인 투자도 지속 추진할 계획이다.

삼성전자는 또 기술경쟁력 강화를 위해서 시스템 반도체 R&D 및 제조 전문인력 1만 5천명을 채용할 계획이다. 삼성전자의 이 같은 계획이 실행되면 2030년까지 연평균 11조원의 R&D 및 시설투자가 집행되고, 생산량이 증가함에 따라 42만명의 간접 고용유발 효과가 발생할 것으로 예상된다. (Samsung Newsroom, 2019.4.24)

7.1 기업에게 자금은 사람에게 혈액과 같은 것이다

자금을 조달하고 운용하는 관리활동이 재무관리이다

인간은 하나의 시스템이다. 전체가 유기적으로 연결되어 있다. 혈액은 체내의 각 조직을 끊임없이 순환하며 영양분과 산소를 공급하고 노폐물을 배출시켜서 생명 유지에 핵심적인 역할을 한다.

기업에게 있어서 혈액과 같은 역할을 하는 것이 자금(fund), 즉 돈이다. 자금과 관련된 활동을 크게 구분하면, 자금을 어떻게 조달할 것인지와 그 자금을 어떻게 투자하면서 운용할 것인지로 나눌 수 있다. 기업활동에 있어서 자금을 어떻게 조달[자본조달결정]하고 운용[투자결정]할 것인가를 다루는 분야가 재무관리(financial management)이다. 즉 재무관리는 기업의 자금흐름과 관련하여 기업활동에 소요되는 자금의 조달과 운용에 관한 활동을 계획・조정・통제함으로써 기업목표를 달성하려는 일련의 활동을 말한다.

재무관리에서 이루어지는 주요 의사결정에는 크게 투자결정, 자본조달결정, 그리고 이들 두 가지가 동시에 이루어지는 혼합의사결정이 있다.

투자결정

기업경영을 위하여 어떤 투자사업을 수행할 것인가, 얼마만큼의 자금을 어느 자산에 투자할 것인가에 관한 의사결정을 말한다. 기업경영을 위한 자산취득, 즉 자산에 대한 투자는 단기성 자산에 대한 투자와 장기성 자산에 대한 투자로 나눌 수 있다.

단기성 자산은 투자자금이 단기간(통상 1년 이내)에 회수되거나 현금화할 수 있는 자산을 말한다. 장기성 자산은 투자자금이 장기간 묶이고 그 영향이 장기간 지속되는 자산을 말한다.

자본조달결정

투자에 필요한 자금을 어떻게 조달할 것인가에 관한 의사결정을 말한다. 투자에 소요되는 자금은 자기자본과 타인자본(부채)으로 조달하게 된다. 따라서 기업은 투자에 필요한 자금을 자기자본과 타인자본 중 어느 자금원에서 얼마를 조달할 것인가를 결정해야 한다.

혼합의사결정

자금의 투자와 조달이 동시에 이루어지는 의사결정을 말한다. 예컨대 어떤 기업을 인수하려 할 때에는 인수에 필요한 자금을 조달하여 자금을 지불해야 하는 한편 인수로 인하여 자금이 들어오게 된다.

기업의 목표와 재무관리의 목표는 궁극적으로 같다

재무관리의 목표는 궁극적으로 기업의 목표를 달성하는 것이다. 기업의 목표, 즉 재무관리의 목표는 '기업가치의 극대화' 또는 '주주 부의 극대화'이다. 과거에는 '이익의 극대화'가 재무관리의 목표라고 주장하기도 하였으나 이는 다음과 같은 이유 때문에 옳지 않다.

'이익극대화' 목표의 문제점

- 이익 개념의 불명확성 : 이익에는 영업이익, 순이익, 주당이익 등 이익이라는 용어 자체에 다양한 개념이 있다. 또한 같은 순이익이라 하더라도 회계처리방법에 따라 이익규모가 달라질 수 있다. 예를 들면 재고처리방법에서 후입선출법을 사용하면 선입선출법을 사용할 때보다 이익이 줄어든다.
- 시간가치의 무시 : 1월의 이익 100원과 12월의 이익 100원은 그 가치가 다르다. 그럼에도 회계적 이익에서는 동일한 것으로 보아 1년의 이익을 계산할 때 200원으로 본다.

그렇다면 기업의 가치는 어떻게 계산하는가? 기업의 가치는 기업이 미래의 각 기간에 벌어들일 미래의 현금흐름을 적절한 할인율로 할인하여 현재가치로 환산한 후 이를 합산한 것이다. 기업의 주인은 주주이다(주식회사의 경우). 기업가치, 즉 기업의 부(wealth)가 커지면 주주의 부도 증대된다. 결국 기업가치가 극대화되면 주주 부도 극대화된다. 따라서 기업가치의 극대화 목표는 곧 주주 부의 극대화 목표와 같다.

7.2 자금 운용에 관한 투자결정을 하자

투자는 위험을 안고 현재의 소비를 미래로 미루는 행위이다

우리는 살아가면서 투자라는 말을 일상적으로 사용한다. 투자란 무엇일까? 투자대상이 무엇이든 관계없이, 투자가 이루어질 경우 투자행위는 다음과 같은 특성을 지닌다.

첫째, 투자에 대한 반대급부로 얻어지는 투자수익(return)은 일정한 시간적(time) 틀 안에서 얻어진다. 투자는 현재(오늘) 이루어지는 반면 투자수익은 현재가 아닌 미래(내일) 어느 시점에서 얻어진다. 현재가 아닌 미래의 보다 큰 이득을 위해 현재 소비의 일부를 희생(유보 또는 연기)하는 것이 투자이다.

둘째, 투자가 이루어질 때 현재의 희생은 확실(certain)하나, 미래의 투자수익은 불확실(uncertain)하다. 정도의 차이가 있을 뿐 미래투자수익은 기대했던 것만큼 실현되지 않을 가능성이 얼마든지 있다. 미래의 기대수익이 불확실하다는 것은 그 수익의 실현에 있어 위험(risk)이 동반된다는 뜻이다.

이러한 특성 때문에 "투자(investment)는 확실한 현재의 소비를 희생하여 이에 대한 보상으로 불확실한 미래의 이득을 바라는 행위"라고 정의할 수 있다.[1] 희생은 현재 이루어지고 확실한 것이지만, 이에 대한 보상은 미래에 이루어지며 그 크기가 불확실하다는 특성을 지니는 것이다.

인건비는 전형적인 경상적 지출의 예이다. (자료 : unsplash)

기업의 투자의사결정을 분류해보자

기업경영을 위한 자금지출은 경상적 지출과 자본적 지출로 구분할 수 있다. 경상적 지출은 원자재 구입비, 인건비 등의 지급처럼 반복적 지출로서 그 지출의 효과가 단기간에 걸쳐 나타나는 지출을 말한다. 반면에 자본적 지출은 신규사업투자, 시설투자, 연구개발투자와 같이 지출규모가 대단위이고 지출의 효과가 장기간에 걸쳐 나타나는 지출이다.

1) 투자라는 말은 다른 의미로 정의되기도 한다. 경제학적 의미에서는 소득에서 소비를 차감한 크기를 투자로 정의한다.

기업의 자금지출 (투자의사결정)

- 경상적 지출 : 반복적이고 일상적인 지출. 단기적 효과 (예 : 원자재 구입비, 인건비 등)
- 자본적 지출 : 대단위의 일회성 지출. 장기적 효과[=자본예산] (예 : 신규사업투자 등)

장기성 투자의사결정 : 자본예산

(1) 자본예산의 의의

자본예산(capital budgeting)이란 1년 이상 효과가 지속되는 자본적 지출에 대한 총괄적인 계획을 수립하는 활동을 말한다. 자본적 지출은 대규모의 현금유출을 필요로 하기 때문에 기업의 자금 사정, 유동성에 큰 영향을 미친다. 또한 기업의 장기적인 수익성과 위험도에 큰 영향을 미쳐 기업의 미래가치를 좌우하게 된다. 즉, 자본적 지출에는 일반적으로 중장기적으로 대규모의 자금투자가 수반되기 때문에 자본예산이 잘못되어 기업의 투자가 실패했을 경우에는 기업의 존립을 위태롭게 할 수도 있는 것이다.

(2) 자본예산의 과정

자본예산을 수립하고 수행하는 과정은 다음과 같다.

투자목적의 설정

자본예산을 수행하기 위해서는 먼저 투자목적을 설정한다. 기업 내외의 환경을 분석·평가하여 투자목적을 자기자본이익률 10% 달성과 같이 구체적으로 세운다.

투자대안들의 물색

다음으로 투자목적을 달성할 수 있는 투자대안들을 물색한다. 투자안에 대한 아이디어를 얻는 원천으로는 기존 고객, 시장조사, 연구개발부서, 경쟁업체, 생산부서, 제안제도 등이 있다. 각 아이디어 차원의 투자안에 대하여 시장성을 검토하고 기술적 타당성을 검토하여 경제성 분석을 할 만한 가치가 있는 투자대안들을 추려낸다.

투자안의 분류

투자안은 분류기준에 따라 다양하게 분류할 수 있다. 투자안의 상호관계에 따라 분류하면 〈표 7-1〉과 같이 분류할 수 있다.

표 7-1
투자안의 분류

투자안	의 의	특 징	보 기
독립적인 투자안	투자안 채택시 서로 영향을 주지 않는 투자안	A, B 두 투자안이 있을 때 투자안 A의 선택 여부는 투자안 B의 선택 여부와 관계없음	음료회사가 광고업과 건설업에 진출하려고 하는 경우
상호 배타적인 투자안	한 투자안이 선택되면 다른 투자안은 당연히 기각되는 투자안	투자안 A가 선택되면 B는 무조건 폐기됨	서울-평양 간 고속도로 건설안. 한 노선이 선정되면 다른 노선은 폐기됨
보완적 투자안	한 투자안에 대하여 다른 투자안이 보완적으로 선택되는 경우	투자안 A를 선택한 후 투자안 A에 보완적인 투자안 C를 추가로 선택하는 경우(C안은 투자 안 해도 됨)	노래방에서 반주기에 녹음기, 녹화기를 도입하고자 하는 경우
종속적 투자안	한 투자안이 선택되면 이와 관련된 다른 투자안이 반드시 채택되어야 하는 경우	투자안 A가 선택되면 이에 종속된 투자안 D도 반드시 선택되어야 하는 경우	신규로 휴대전화서비스에 가입하는 경우. 이동통신회사에도 가입해야 하지만 전화기도 사야 함

현금흐름의 추정

각 투자안들의 현금흐름(cash flow)을 추정한다. 주의해야 할 것은 이익을 추정하는 것이 아니라 '현금흐름'을 추정한다는 사실이다. 회계적 개념인 '이익'은 투자로 인한 가치변동이 없는 상태에서도(즉, 투자를 했을 때 객관적으로 존재하는 현상은 한 가지임에도 불구하고) 회계처리방법을 바꾸면 그 크기가 달라지기 때문이다. 또한 이익보다는 현금흐름을 중시해야 하는 다른 예로, 매출의 100%를 외상으로 하는 기업이 있다고 가정해보자. 장부상으로는 이익이 날 수 있지만 현금회수가 안 되어 정상적인 기업활동이 불가능할 것이다.

투자안의 경제성 평가

현금흐름이 추정되면 각 투자안의 경제성을 평가한다. 투자안의 경제성을 평가하는 구체적인 방법(예 : 순현가법)은 뒤에서 설명하기로 한다.

■ 최적투자안의 결정, 시행, 재평가 및 통제

투자안의 경제성 평가결과에 근거하여 최적투자안을 결정하고, 투자를 시행한다. 투자안을 시행하는 과정 및 결과에 있어서 당초의 계획에 부합되는지를 수시로 평가하고, 여건 변화 등이 있을 경우에도 기업가치 극대화를 기할 수 있는 방향으로 투자안을 통제한다.

(3) 투자 여부의 결정과 선택

투자안을 평가하는 방법에는 여러 가지가 있으나 여기에서는 가장 합리적이고 정확한 의사결정을 도와주는 순현재가치법에 대해서 살펴보기로 한다.

순현재가치법을 이해하기 위해서는 먼저 현재가치 개념을 알아야 한다. 미래의 금액을 현재의 금액으로 환산하는 것을 현재가치 계산이라고 한다. 현재가치를 계산하는 방법을 한 예로 설명해보자.

이자율이 5%일 때 2년 후의 미래가치 100만원은 현재가치로 얼마일까? 그림으로 그리면 다음과 같다.

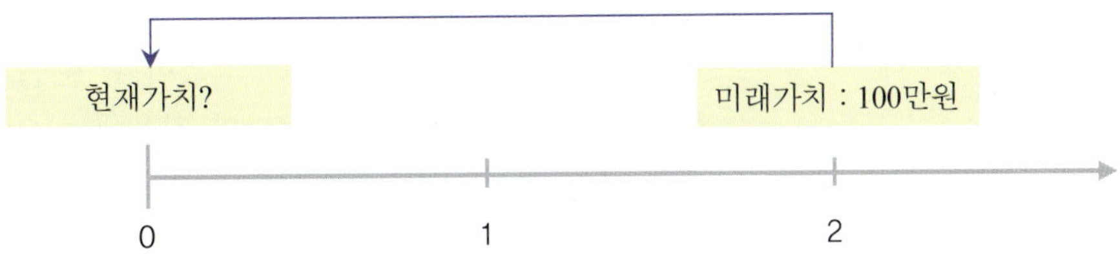

2년 후의 가치가 100만원이므로 현재시점에서의 가치는 100만원보다는 적을 것이다. 이자율이 높을수록 그 가치는 더 적어질 것이다. 이는 다음과 같이 계산한다. 이자율이 5%일 때 2년 후의 미래가치 100만원은 현재가치로 환산하면 90.7만원이 되는 것이다. 현재가치는 줄여서 현가라고도 부른다.

$$\begin{aligned}\text{현재가치} &= \text{미래가치} / (1+\text{이자율})^{\text{기간}}\\ &= 100/(1+0.05)^2\\ &= 100/1.1025\\ &= 90.7(\text{만원})\end{aligned}$$

이제 다음과 같은 상황을 보자. 은행에서 이자율 5%로 90만원을 빌려서 투자하면 2년 후에 100만원이 회수된다고 한다. 투자할 것인가?

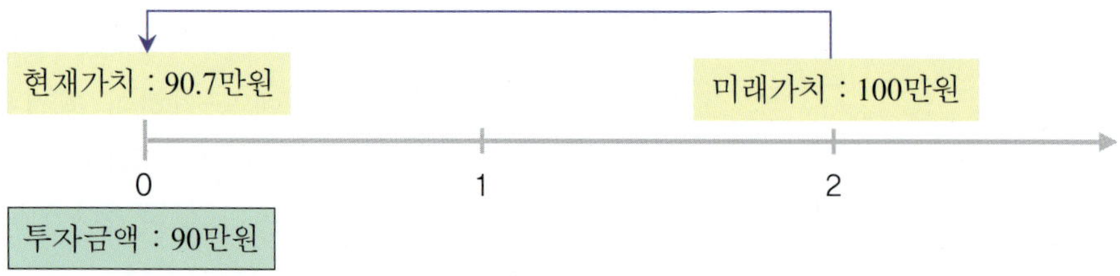

위 사례를 정리하면 지금 투자하는 금액, 즉 현금유출의 현재가치는 90만원이고 이 투자의 결과로 2년 후에 회수되는 100만원의 현재가치, 즉 현금유입의 현재가치는 90.7만원이다. 현재시점에서 볼 때의 현금유입이 현금유출보다 0.7만원 많으므로 당연히 투자해야 할 것이다. 이때의 현금유입의 현재가치에서 현금유출의 현재가치를 차감한 금액을 순현재가치, 줄여서 순현가라고 한다.

순현가(NPV) = 현금유입의 현재가치 − 현금유출의 현재가치

순현가법은 투자로 인하여 기대되는 미래 현금유입의 현재가치에서 현금유출의 현재가치를 차감한 순현재가치(NPV : net present value, 줄여서 순현가)에 근거하여 투자결정을 하는 방법이다. 순현가가 양수(+)이면 투자안을 시행할 수 있으며, 투자안이 여럿인 경우에는 순현가가 양수인 투자안 중 순현가가 가장 큰 투자안을 선택한다.

단기성 투자의사결정 : 운전자본관리

기업이 자금을 투자하는 두 번째 항목은 일상적이고 반복적인 단기성 자산에 투자하는 것이다. 단기성 자산에 투자한다는 의미는 영업활동을 위하여 그 자산을 보유한다는 것이다. 단기성 자산 중 재고자산을 생각하면 이해하기 쉽다. 재고를 유지한다는 것은 재고에 자금이 묶인다는 것이고 이는 곧 재고자산에 자금이 투자되어 있다는 뜻이 된다.

단기성 자본투자는 주로 운전자본이 대상이 된다. 운전자본(working capital)이란 기업의 자산 중 유동자산을 말한다. 운전자본관리의 목표는 유동성과 수익성의 조화이다. 유동성을 높이기 위하여 유동자산을 지나치게 많이 보유하면 수익성이 저하되며, 지나치게 수익성을 추구하면 유동성이 악화되어 단기부채 지급능력이 떨어진다.

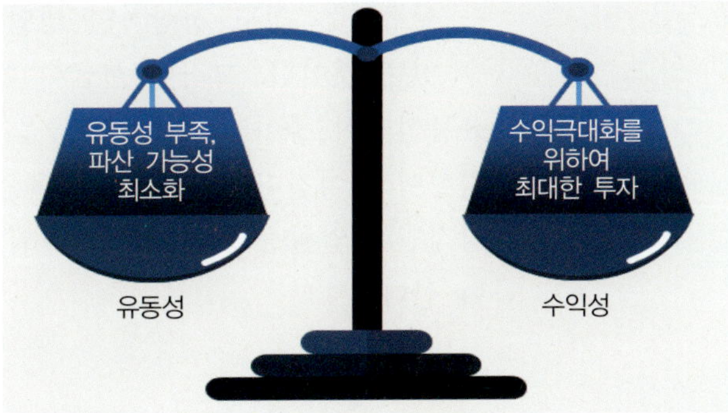

매출채권관리

매출채권(accounts receivables)은 현금매출이 아닌 신용판매로 발생하는 채권이다. 외상으로 물건을 판매하여 발생하는 매출채권을 투자로 보는 이유는 다음과 같다. 기업이 외상으로 물건을 파는 까닭은 외상거래가 지극히 정상적인 영업활동의 하나이기 때문이다. 물론 외상거래를 하지 않을 수도 있지만 이때에는 매출감소를 각오해야 한다. 즉 매출채권은 매출을 올리기 위한 수단인데, 이는 공장을 지어 매출을 올리려는 것과 같은 이치로서 외상에 자금이 묶이면 마치 매출채권 자체에 자금이 투자되는 것과 효과가 같기 때문이다.

일반적으로 매출을 늘리기 위해서는 신용판매를 늘려야 하나 신용판매가 늘어나면 현금회수가 늦어져 자금이 묶이고 대손이 발생할 가능성이 커진다.

재고가 없으면 판매기회손실과 신용하락 등의 재고부족 비용(shortage cost)이 발생한다. (자료 : USA Today)

재고자산관리

재고자산(inventory)은 판매목적으로 보유하고 있는 자산이다. 재고자산이 많으면 예상하지 못한 수요증가에 충분히 대응할 수 있는 반면 자금이 묶여 수익성이 저하되고 재고유지비용이 발생한다. 제품이 진부화되기도 한다. 반면 재고가 부족하면 제때에 물건을 팔 수 없게 된다. 이러한 재고의 양면성이 고려된 재고자산관리정책이 필요하다.

현금관리

현금관리에서 현금(cash)은 화폐뿐만 아니라 자기앞수표와 같은 통화대용증권, 요구불예금 등을 의미한다. 현금을 보유하는 것 역시 자금이 묶이는 것이므로 현금에 대한 투자라고 볼 수 있다. 현금을 보유하는 것도 정상적인 영업활동을 위한 것이므로 투자활동이라고 할 수 있는 것이다. 그러나 현금이 매출증대에 기여하는 것은 전혀 없다. 다만 유동성만이 좋아진다. 즉, 현금을 많이 보유할수록 유동성은 높아지지만 수익성이 떨어진다. 반대로 현금을 너무 적게 보유하면 유동성이 떨어지고 정상적인 기업활동을 하기가 어려워진다. 따라서 적정한 수준의 현금을 보유해야 한다.

Self Q&A

업종에 따라 재고자산관리의 중요성이 달라진다. 재고자산관리가 중요한 업종에는 어떤 것이 있을까?

7.3 자본을 조달하는 방법

기업은 금융시장에서 주로 자본을 조달한다. 누구나 자본을 사용하면 그 대가를 지불해야 한다. 금융시장에는 어떤 것이 있고, 자본 사용의 대가는 어떻게 지불하는가? 어떻게 자본을 조달하는 것이 기업에 유리한가? 이하에서는 이러한 내용에 대하여 구체적으로 알아보고자 한다.

금융시장은 자금(돈)이 오가는 시장이다

(1) 금융시장의 의의

금융시장(financial market)이란 자금수요자와 자금공급자 사이에 자금의 유통이 이루어지는 시장을 말한다. 일반적으로 국가경제시스템에서는 기업은 자금을 필요로 하는 자금수요자이고, 가계는 자금을 공급하는 자금공급자이다. 금융시장이 존재함으로써 여유자금이 있는 경제주체는 자금을 투자할 수 있는 기회가 생기고, 자금이 필요한 경제주체는 자금을 융통할 수 있는 것이다.

(2) 금융시장의 종류

금융시장은 여러 가지로 구분할 수 있으나 자금의 유통이 이루어지는 경로에 따라 직접금융시장과 간접금융시장으로 크게 구분할 수 있다.

□ 그림 7-1
금융시장의 분류

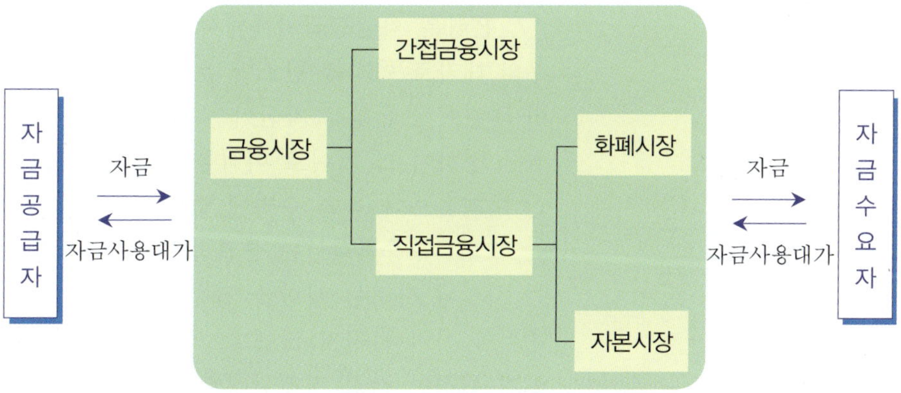

직접금융시장

직접금융시장은 자금중개기관을 거치지 않고 자금수요자와 자금공급자가 증권을 직접적으로 매매함으로써 자금의 유통이 이루어지는 시장이다. 직접금융시장은 거래되는 증권의 만기에 따라 다시 화폐시장과 자본시장으로 나누어진다.

화폐시장	만기일이 1년 이하인 금융상품이 거래되는 시장 화폐시장 금융상품(예 : 단기국공채, 신종기업어음 등)
자본시장	장기성 증권이 거래되는 시장 자본시장 금융상품(예 : 주식, 국공채, 채권 등)

간접금융시장

자금의 수요자와 공급자 사이에 금융중개기관이 개입하여 자금의 유통이 이루어지는 시장을 말한다. 상품으로는 요구불예금, 정기예금, 수익증권 등이 있다.

금융기관은 모두 중개기관인가?

직접금융시장과 간접금융시장의 구분은 중개기관의 개입 여부이다. 한 가지 유의할 점은 이들 중개기관의 '중개'라는 개념이다. 간접금융 역할을 하는 대표적인 금융기관인 일반 시중은행과 직접금융 역할을 하는 증권회사를 비교하여 이 개념을 살펴보자.

은행은 자금공급자에게서 저축을 모아 자금수요자에게 대부해주고, 대부의 대가로 이자를 받으며 은행에 저축한 자에게 저축에 대한 이자를 준다. 이 과정에서 은행은 자신이 주체가 되어 수신(저축) 이자율과 여신(대출) 이자율을 정하여 그 차이로 이익을 발생시킨다. 그래서 언제나 여신 이자율이 수신 이자율보다 높을 수밖에 없다.

그러나 증권회사는 증권의 거래형성에만 관여한다. 즉 주식을 팔고자 하는 사람과 사려는 사람을 연결해주고 수수료만 받는다. 자신이 주체가 되어 주식을 사거나 팔지 않는다. 만일 증권회사가 없다면 사람들은 주식을 사고 팔기 위하여 직접 거래상대방을 찾아다녀야 할 것이다. 물론 증권회사가 자신의 이름으로 직접 증권을 매매하기도 하지만 이는 투자활동의 개념이지 금융중개에 의한 영업행위는 아니다.

결론적으로 은행은 금융중개기관이지만 증권회사는 아닌 것이다.

(3) 우리나라의 금융시장과 금융기관

앞서 설명한 화폐시장, 자본시장, 간접금융시장 등은 모두 추상적인 개념이다. 이를 우리나라에 실재하는 기관명과 연결시켜보자.

우선 자본시장이 구체화된 시장으로는 주식, 옵션, 선물을 총괄하는 한국거래소가 있다.

한편 추상적인 개념의 금융시장 기능이 이루어지도록 해주는 것이 바로 금융기관으로서, 현재 우리나라의 금융기관은 크게 은행, 비은행예금취급기관, 금융투자업자, 보험회사, 기타 금융기관으로 구분할 수 있다. 우리가 언론을 통해 흔히 듣게 되는 제1금융권은 은행만을 말하며, 나머지 금융기관은 제2금융권으로 본다. 제1, 2금융권을 제도권금융이라고 한다. 정부의 공식적인 관리제도하에 있다는 의미이다.

제3금융권이라는 용어도 있다. 대부업체나 사채업체가 이에 속한다. 그런데 제3금융권이라는 용어는 정식 용어는 아니며, 제1, 2금융권에 대비하여 비공식적으로 사용되는 용어이다. 제3금융권은 사금융이라고도 하며 제도권금융에 속하지 않는 나머지 금융 역할(주로 대출)을 하는 업체를 통칭한다. 이들은 금융'기관'이 아닌 대부업을 영위하는 일반 회사들이다. 최근 언론에서는 '소비자금융'이라고 표현하기도 하는데, 이 용어에 주의할 필요가 있다. 마치 소비자들을 위한 금융기관인 것으로 오해할 수 있기 때문이다.

표 7-2
우리나라 금융기관의 종류와 기관 수

구 분			기관 수	비 고
은행	일반은행	시중은행	8	
		지방은행	6	
		외국은행지점	38	점포 수 47
	특수은행	한국산업은행	1	
		한국수출입은행	1	
		중소기업은행	1	
		농협은행	1	
		수협은행	1	
비은행 예금취급 기관	상호저축은행		79	
	신용협동기구	신용협동조합	898	
		새마을금고	1,315	
		상호금융	1,358	농축임협 1,131/ 수협 90/산림조합 137
	우체국예금		1	
	종합금융회사		1	
금융투자 업자	투자매매중개업자	증권회사	55	외국사 지점 11 포함
		선물회사	5	
	집합투자업자		215	
	투자일임자문업자		179	역외사 192
	신탁회사	은행/증권/보험/부동산신탁	56	19/20/6/11
보험회사	생명보험회사		25	외국사 9 포함
	손해보험회사	손해보험회사	19	외국법인 4, 외국사 지점 4 포함
		재보험회사	10	외국사 지점 9 포함
		보증보험회사	3	외국사 지점 1 포함
	우체국보험		1	
	공제기관		3	새마을공제, 수협공제, 신협공제
기타 금융기관	금융지주회사	은행지주 비은행지주	7 2	지방은행지주 포함
	여신전문금융회사	시설/카드/할부금융 등	97	카드사 8개
	벤처캐피털회사	중소기업창업투자회사 신기술사업금융	120 42	

기업이 자본조달하는 방법에는 크게 두 가지가 있다

기업이 자본을 조달하는 방법은 여러 가지가 있다. 자본제공자가 누구냐에 따라서는 크게 자기자본에 의한 조달과 타인자본에 의한 조달로 나눌 수 있다.

자기자본과 타인자본의 가장 큰 차이점은 전자는 기업이 갚을 필요가 없는 자본인 반면 타인자본은 반드시 갚아야 한다는 점이다. 이는 원금뿐만 아니라 자본 사용에 대한 대가도 마찬가지이다. 즉 주식을 발행하여 자본을 조달했을 경우(자기자본) 기업은 그 주식을 소유한 투자자에게 주식을 되사주지 않는다. 주식을 소유한 주주가 주식을 현금화하고자 한다면 다른 사람에게 주식을 팔아야 한다. 기업은 주주들에게 배당을 주지만 이 또한 강제조항이 아니다.

그러나 타인자본, 예를 들어 기업이 회사채를 발행하여 자금을 조달(타인자본, 즉 부채)했다면 약속된 이자를 제때 주어야 하고 부채의 만기가 되면 반드시 원금을 갚아야 한다.

자본비용의 의의

기업은 자본을 조달하여 사용하고 자본제공자에게 자본 사용에 대한 대가를 지불한다. 이것이 자본비용(cost of capital)이다. 자본조달방법으로 자기자본과 타인자본에 의한 방법이 있듯이 자본비용도 자기자본비용과 타인자본비용이 있으며 이 둘을 모두 고려하여 계산하는 기업 전체의 자본비용이 있다.

- 자기자본비용 : 자기자본비용은 자기자본을 제공하는 자에게 지불하는 대가이다. 자기자본인데도 왜 비용이 발생하는가? 그 이유는 기회비용(opportunity cost)으로 설명할 수 있다. 즉 자기자본을 가지고 있는 사람이 직접 투자하지 않고 다른 곳에 투자한다면 투자수익을 얻을 수 있다. 그 투자수익을 얻을 수 있는 기회를 포기하고 자기자본으로 제공할 때에는 최소한 포기한 만큼의 수익(또는 수익률)을 기대하고 요구할 것이다. 자기자본비용의 계산은 기업이 실시하는 배당이나 이익의 크기를 이용한다.
- 타인자본비용 : 기업이 타인자본 이용의 대가로 지급하는 지급이자로서 일반적으로 부채의 이자율을 말한다.
- 기업 전체의 자본비용 : 기업이 조달하는 자본은 자기자본과 타인자본을 합한 것이다. 따라서 기업 전체의 자본비용은 자기자본비용과 타인자본비용을 전체적으로 고려한 것이다.

Self Q&A

기업마다 자본비용이 다른 경우가 많다. 그 이유는 무엇일까?

자본구조의 의의

기업이 필요한 자본을 어떻게 조달했느냐에 따라 기업의 자본구조가 결정된다. 자본구조(capital structure)란 기업의 총자본에 대한 자기자본과 타인자본의 구성비율을 말한다. 예를 들어 어떤 기업의 총자본(=자기자본+타인자본)이 100억원이고 이 중 자기자본이 20억원이라면 이 기업은 자기자본비율이 20%(=자기자본 20억원/총자본 100억원)인 자본구조를 가지고 있다고 말한다.2)

최적자본구조란 앞서 설명한 자본비용을 최소화하는, 그래서 기업가치를 극대화하는 자본구조를 뜻한다.

이익을 배당과 내부유보로 나누는 것을 배당정책이라고 한다

배당정책의 의의

배당정책(dividend policy)이란 기업의 이익을 배당금과 유보이익으로 나누는 결정을 말한다. 기업이 경영활동을 통하여 이익을 창출했을 때 주주는 경영활동을 위하여 자본을 제공한 사람들이므로 이익이 발생하면 이익의 일부는

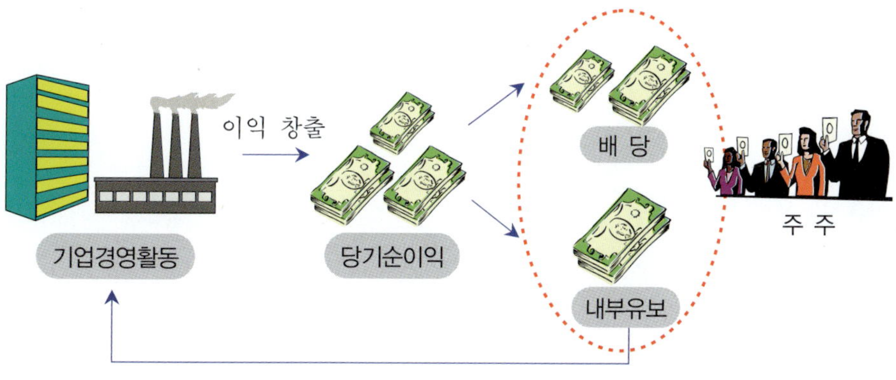

주) 점선 부분이 배당정책임

2) 부채비율이 400%(=타인자본 80억원/자기자본 20억원)라고도 할 수 있다. 동일한 자본구조에 대해 자기자본비율은 자기자본을 초점으로, 부채비율은 부채, 즉 타인자본을 초점으로 말하는 것이다.

당연히 주주 몫으로 배당받기를 원한다. 한편 이익의 전부 또는 일부를 기업 내부에 남겨 놓으면 향후 기업의 사업확장이나 손실이 발생했을 때 유용하게 활용할 수 있다. 이러한 목적으로 사내에 유보시키는 이익을 유보이익이라고 한다. 그런데 배당을 늘리면 유보이익의 크기가 줄고 유보이익을 늘리면 배당이 줄어들 수밖에 없다.

따라서 기업가치를 극대화한다는 관점에서 배당을 기대하는 투자자들의 기대와 미래의 기업활동에 대비하기 위한 유보이익의 크기를 적절히 조화시키는 것이 배당정책의 주요한 과제가 된다.

배당의 특징과 종류

기업이 주주들에게 배당을 하지 않는다고 하더라도 법적으로는 문제가 없다. 타인자본 제공자에게는 자본제공 대가인 이자를 반드시 지급해야 하지만 자기자본 제공자인 주주들에게는 꼭 배당을 해야만 하는 것은 아니다.

배당을 하지 않는 것이 주주의 입장에서 언제나 불리한 것인가? 아니다. 기업에게 유리한 투자기회가 있어 자금이 필요한 경우, 배당을 하지 않고 그 자금으로 투자를 성공적으로 수행하면 장기적으로 회사의 가치가 증대되고 주가가 올라 주주의 입장에서는 당초 받을 수 있었던 배당금보다 더 많은 주가상승차익을 얻을 수도 있기 때문이다.

마무리 사례

"빚투가 어때"… 청춘이 위험하다

서울 영등포구 한 원룸에서 자취하는 직장인 A씨(30)는 아파트로 이사하기 위해 주식투자를 시작했다. 종잣돈을 불려 보증금을 마련하겠다는 포부였다. 3개 종목에 2,300만원을 나눠 담았지만 한 종목은 반토막이 났고, 나머지 두 종목도 40% 안팎이다. 손실금액만 1,100만원에 달한다. A씨는 "오피스텔에서 아파트로 옮기려고 무리해서 투자했는데, 이사는커녕 부모님 집으로 복귀하게 생겼다"고 씁쓸해했다.

청년들이 빚을 지는 적지 않은 이유는 투자 실패다. 주식 · 코인 호황기에 고수익을 노리고 '빚투'(빚내서 투자)했더니 고금리와 경기 둔화라는 복병을 만나면서다. 조금 더 나은 미래를 꿈꿨지만 현실의 재테크 벽은 높았다. 무엇보다 투자에 대한 관심에 비해 금융 이해력이 높지 않은 점이 청년들을 투자 실패로 이끈 요인으로 꼽힌다.

8일 한국은행 · 금융감독원이 2022년 공동으로 진행한 '전 국민 금융 이해력 조사'에 따르면 우리나라 만 18~79세의 금융 이해력 점수는 66.5점이다. 연령별로는 30대가 69.0점으로 가장 높았다. 40대(68.9점), 50대(67.0점)도 평균 이상이었다. 청년 비중이 높은 20대(만 18~29세)의 금융 이해력은 65.8점이었다. 60대(64.4점)와 70대(61.1점)보다 나았지만 하위권이다. 20대는 '금융 지식'과 '금융 태도' 점수가 평균 이하로 나타났다. 청년 상당수는 주변의 추천에 의존해 투자하고 있었다.

금융 이해력 부족은 청년들을 빈곤의 늪으로 이끌고 있다. 가정에서 독립해 자산을 형성할 시기에 저축을 하지 않거나 투자에 실패하면서다. 특히 코로나19 팬데믹 이후의 주식 · 코인 투자 열풍은 청년층을 위험자산 투자에 깊이 빠트린 계기가 됐다. 2020년 증권사 신규 계좌를 개설한 투자자의 절반 이상이 2030세대였다. 이들은 가상자산 시장에서도 2021년 하반기 기준 전체 투자자(558만명)의 55%를 차지한다. 그렇지만 공교육 필수 교육과정에 제대로 된 금융 교육은 없다.

(국민일보, 2024.1.9)

핵심용어

- 재무관리
- 혼합의사결정
- 운전자본관리
- 자기자본비용
- 배당정책
- 투자결정
- 자본예산
- 금융시장
- 타인자본비용
- 자본조달결정
- 현재가치
- 자본비용
- 자본구조

요 약

- 기업의 자금흐름과 관련하여 기업활동에 소요되는 자금의 조달과 운용에 관한 활동을 계획, 조정, 통제하는 관리활동을 재무관리라고 한다.
- 주요 재무의사결정으로는 투자결정, 자본조달결정, 그리고 혼합의사결정이 있다.
- 1년 이상의 장기적인 투자에 관한 계획을 자본예산이라고 하는데, 순현가법을 활용하여 투자 여부를 판단한다. 단기성 투자에서는 운전자본관리, 매출채권관리, 재고자산관리, 현금관리 등이 이루어진다.
- 금융시장은 자금수요자와 자금공급자 사이에 자금의 유통이 이루어지는 시장을 말한다. 직접금융시장과 간접금융시장으로 나뉜다. 자금은 자기자본과 타인자본으로 조달할 수 있는데, 자본을 조달하면 그 대가로 자본비용을 지불해야 한다.
- 배당정책은 기업의 이익을 배당금과 유보이익으로 나누는 결정을 말한다.

연습문제

1. 재무관리에서 이루어지는 주요 의사결정에는 무엇이 있는가?
2. 순현재가치법이 무엇이며, 투자의사결정시 어떻게 활용되는가?
3. 금융기관에 대해서 설명하라
4. 기업의 자본조달수단의 종류와 특징을 설명하라.
5. 배당정책의 의의를 설명하라.

미니 프로젝트 대규모 투자 실패 사례를 찾아서 그 원인을 정리해보자.

우리에게도 널리 알려진 중화권 배우 장쯔이가 출연한 와호장룡의 포스터. 장쯔이는 거액의 부동산투자 실패를 한 것으로 알려졌다. (자료 : plex)

CHAPTER

8 제품 및 서비스의 생산과 판매

현대건설기계 마하라슈트라주 푸네(Pune) 조립공장 (자료 : 현대건설기계)

8.1 제품 또는 서비스를 생산한다
8.2 생산 · 운영관리활동은 시스템의 구축과 운영으로 나누어진다
8.3 제품 및 서비스를 판매한다

생산공정 혁신 통해 2025년 글로벌 톱5 진입

"어떤 회사도 넘볼 수 없는 효율적인 생산체계를 통해 HD현대건설기계와 HD현대인프라코어를 합쳐 2025년까지 글로벌 건설기계 분야에서 톱5에 진입하는 게 목표입니다."

최철곤 HD현대건설기계 사장의 말이다. 최 사장은 한국 건설기계 역사의 산증인이다. 공정 혁신을 이끈 선구자로도 통한다. 그는 거치는 회사마다 '일일 결산제' '공정 일정표' '생산라인 합리화' 등 아이디어를 냈다. 실제 생산성 증가로도 이어졌다. 그 덕분에 승진과 이직을 거듭했다. 볼보건설기계 재직 시절엔 주문부터 납품까지 걸리는 기간을 3개월에서 3주로 줄였다. 이를 기반으로 당시 회사의 유럽시장 점유율을 4%에서 14%까지 끌어올리며 업계에서 '스타'로 떠올랐다.

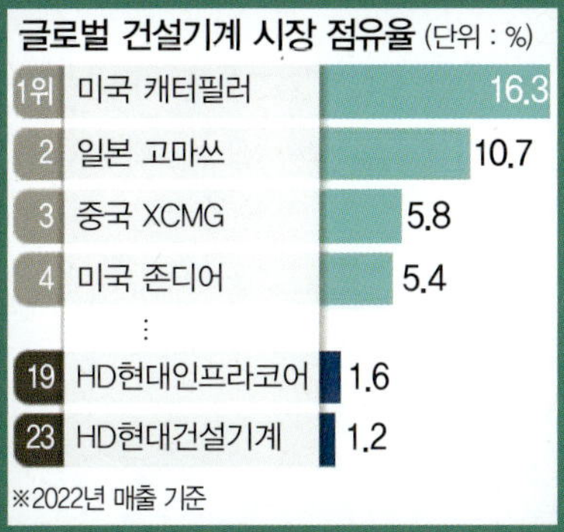

(자료 : 영국 건설중장비 전문지 KHL)

최 사장은 HD현대건설기계로 자리를 옮긴 후 한 달 만에 울산공장에 2,000억원 투자를 결정했다. 그는 "울산공장에 가보니 당시 두산인프라코어 인천공장보다 생산성이 낮았다"며 "그동안 한국의 주요 건설기계 회사에서 익히고 습득한 모든 생산공정 혁신을 쏟아붓겠다고 임직원들과 약속했다"고 말했다. (한경, 2023.6.11)

8.1 제품 또는 서비스를 생산한다

생산 · 운영관리란 무엇인가?

생산 · 운영관리는 유형의 재화(제품)와 무형의 재화(서비스)를 생산하는 시스템을 관리하는 활동을 말한다. 과거에는 '생산'이라고 하면 주로 공장, 기계설비 등에 의한 생산, 즉 제조 중심의 생산을 생각하였고 당연히 이러한 시스템을 관리하는 기능을 '생산관리'라고 하였다. 그러나 산업구조가 2차산업인 제조업 중심에서 3차산업인 서비스업 중심으로 옮겨감에 따라 서비스를 창출하는 조직에 대한 관리가 중요한 관심사가 되었다.

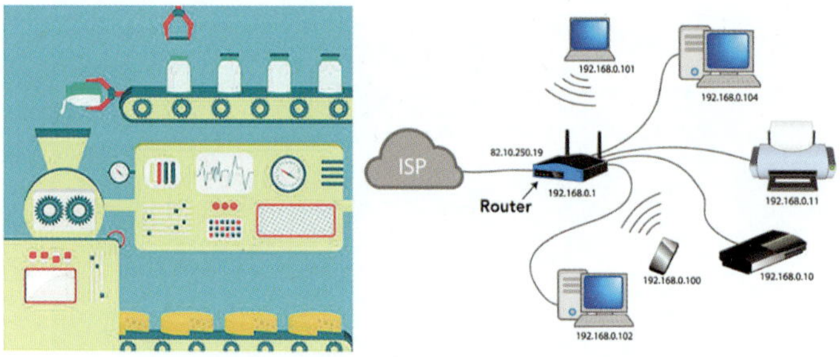

▌그림 중 왼쪽은 '제품의 생산'을, 오른쪽은 '서비스의 생산'을 보여주고 있다.

물류, 운송, 보험, 은행 심지어 정부 등과 같은 조직은 어떤 유형의 물건을 생산하는(제조하는) 것이 아니라 그들의 조직을 '운영'함으로써 서비스를 창출하며 그러한 서비스의 관리가 조직의 성공 여부를 결정짓기 때문에 조직의 '운영관리'가 중요해지게 되었다.

그래서 제조 중심의 '생산관리' 개념은 서비스 조직의 '운영관리'까지를 포함하여 '생산 · 운영관리'로 확대되었다. 여기서 주의할 부분은 '서비스'에 대한 개념이다. 우선 머리에 떠오르는 것으로, 어떤 물건을 샀을 때 부수적으로 제공하는 것이 있다. 예컨대, 고가의 대형 TV를 구입했을 때 작은 TV 한 개를 추가로 무료 제공한다거나 전자회사가 TV 운반은 물론 설치 후 방송 시청이 가능하도록 지원해주는 경우가 있다. 이런 부분도 서비스라고 한

□ 그림 8-1
생산 · 운영관리 개념의 변화

구분		
산업구조의 변화와 중심	2차산업 : 제조업 →	3차산업 : 서비스업
산출물의 형성방식	제조, 생산 →	조직운영, 서비스창출
산출물	제 품 →	서비스
관리개념의 변화	생산관리 →	운영관리

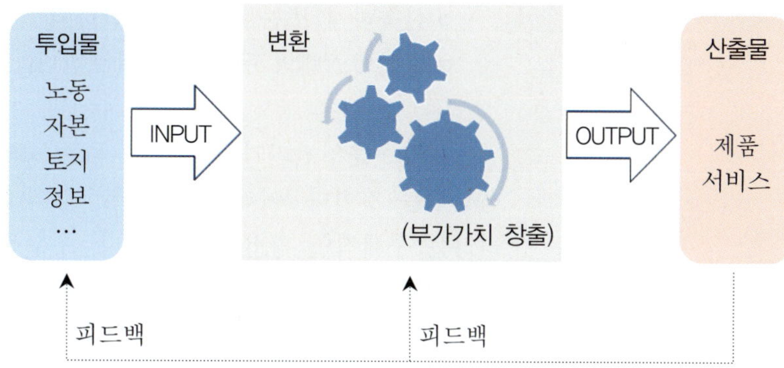

□ 그림 8-2
생산 · 운영관리의 의의

다. 다만, 이렇게 부수적으로 제공하는 것은 생산 · 운영관리에서 다루는 부분이 아닌 판매, 즉 마케팅 정책과 관련된 것으로 본장의 뒷부분에서 다룬다. 생산 · 운영관리 중 운영관리에서 대상이 되는 서비스는 제품에 대응되는 개념으로, 물질적 재화 이외에 그 자체가 경제적 가치를 가지는 모든 경제활동을 의미한다. 예컨대, 이동통신 서비스는 제품은 아니지만 우리는 요금을 내고 이용을 하고 있다. 학원 강의도 제품은 아니지만 강의료를 지불하고 교육서비스를 이용하고 있는 것이다.

생산 · 운영관리가 무엇인지를 알기 위해서 먼저 생산의 정의를 내려보자. 생산(production)이란 여러 투입요소들—원자재, 설비, 인력, 자금, 시간 등—을, 변환과정을 거쳐 제품 또는 서비스라는 경제적 가치를 산출하는 과정이라고 할 수 있다. 따라서 생산 · 운영관리(production & operation management)란 일반적으로 제품이나 서비스를 생산하는 데 필요한 자원을 최적의 상태로 관리하는 일, 그리고 그러한 기능을 수행하기 위하여 의사결정을 하는 것이라고 정의할 수 있다.

제품이나 서비스를 생산하는 데 필요한 자원, 즉 생산 · 운영관리의 대상이 되는 자원은 크게 원자재(material), 설비(machine), 인력(man), 작업방법(method) 등으로 분류할 수 있다. 이들의 머리글자를 따서 4M이라고 부른다.

생산 · 운영관리의 목표는 네 가지로 요약된다

생산 · 운영관리의 목표는 다음과 같이 네 가지로 요약할 수 있다.

- 소비자가 원하는 좋은 품질의 제품을
- 저렴한 가격에

- 신속하게 또는 적시에 생산하되
- 생산시스템의 유연성을 확보한다.

생산·운영관리가 추구하는 목표 중의 첫 번째는 품질이 우수한 제품을 생산하는 것이다. 이러한 목표달성을 위하여 생산·운영관리에서는 품질관리라는 구체적인 방법을 사용한다. 우수한 품질의 제품은 제품 자체의 가치를 향상시키는 것뿐만 아니라 제품생산시 불량률을 감소시켜 품질의 균등화를 이루는 것까지 포함한다.

둘째, 같은 제품이라도 싸게 만들어야 하는데, 이는 원가관리라는 수단을 통하여 이루어진다. 제조원가를 인하해 경쟁력을 갖추면 이익의 증대는 물론이고 가격의 인하가 가능해져 판매를 더욱 증대시킬 수 있다. 원가절감을 위해서는 원자재의 절감, 작업시간의 단축, 가동률 향상 등의 노력이 지속적으로 이루어져야 한다.

셋째, 저렴하지만 우수한 품질의 물건을 제때 또는 빨리 만들어야 한다. 이를 위해서는 일정관리를 잘해야 한다. 일정관리를 잘하면 생산소요기간을 단축시킬 수 있다. 또한 정시에 고객에게 제품을 납품함으로써 신용의 확보라는 부수적인 효과도 얻을 수 있다.

마지막으로, 유연성 있는 생산시스템을 확보·유지해야 한다. 생산시스템의 유연성이란 생산량을 시장수요에 따라 조절하는 것뿐만 아니라 동일

□ 그림 8-3
생산·운영관리의 목표

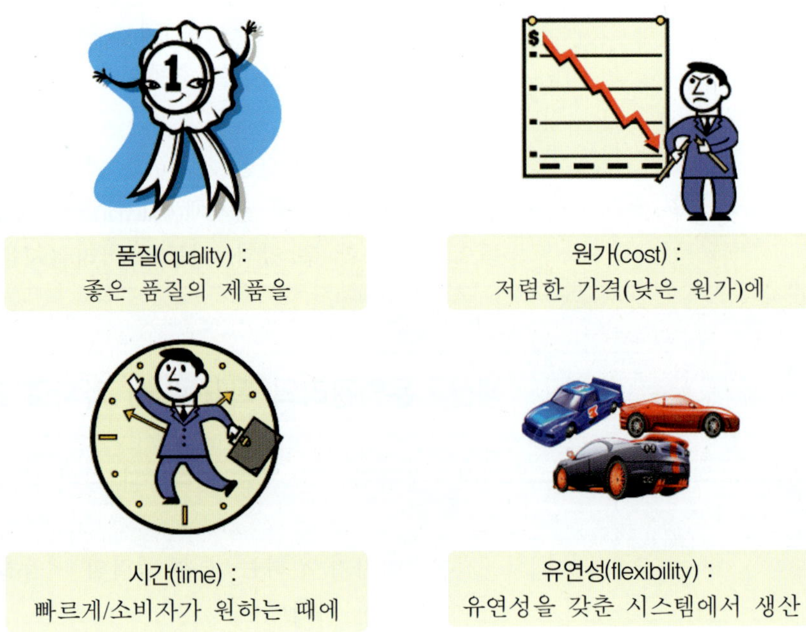

생산라인에서 다양한 제품을 생산하는 것도 포함한다. 예를 들어 TV를 생산하는 두 기업이 있는데, A기업은 31인치, 45인치, 52인치 TV를 모두 한 조립라인에서 생산할 수 있는 반면, B기업은 세 개의 조립라인에서 각각 생산한다면 A기업의 생산시스템의 유연성이 더 크며 당연히 시설의 효율성도 높아진다.

물론 이러한 생산·운영관리의 목표를 달성하기 위해서는 공장의 제조부문뿐만 아니라 기술, 판매, 구매, 재무 등 기업의 모든 부문이 적극 협력하지 않으면 안 된다.

생산·운영방식은 상황에 따라 달라진다

생산·운영방식에 따라 생산·운영시스템을 관리하는 방식에는 많은 차이가 난다. 생산·운영방식은 구분기준에 따라 몇 가지로 나눌 수 있다.

(1) 수요자와의 관계에 따라

계획생산

불특정 다수의 소비자를 대상으로 하여, 제품을 판매하기 이전에 미리 제품을 만들어놓는 생산방식을 계획생산이라 하며 시장생산이라고도 한다.

주문생산

고객의 주문을 받아서 제품을 생산하는 것을 주문생산이라고 한다. 일반적으로 제품이 고가일수록, 대형일수록, 제조에 시간이 소요될수록, 생산제품이 소량일수록 그리고 제품에 다양한 옵션이 부가될수록 주문생산방식을 취하는 경향이 있다.

(2) 생산공정상의 자재흐름 특성에 따라

개별생산

주로 고객의 주문에 따라 소량을 생산하는 방식이다. 통상 특정제품의 생산은 주문에 의해서만 이루어지기 때문에 동일한 제품을 계속 생산하는 경우는 많지 않다. 주문이 있기 전까지는 자재소요량 예측이 불가능하다. 조선업,

보잉항공사 미국 시애틀 공장. 항공기제작은 전형적인 주문생산이면서 개별생산으로 진행된다. (자료 : Boeing)

공작기계 제조업 등의 산업에서 볼 수 있는 생산방식이다.

로트생산

단일제품의 생산량이 개별생산방식보다는 많지만 대량생산은 아닌 생산형태로서 로트(lot), 즉 덩어리 또는 묶음으로 생산하는 방식이다. 제품이 비교적 규격화되어 있으며 주기적으로 일정량을 생산한다는 특징이 있다. 가구제조업, 구두제조업 등에서 볼 수 있다. 수요예측에 근거하여 생산을 하므로 자재흐름에 대하여 어느 정도 예측 및 통제가 가능하다.

대량생산

표준화된 제품을 대량으로 생산하여 불특정 다수에게 공급하려고 하는 생산방식이다. 로트생산의 경우보다 수요예측의 실패에 따른 비용부담이 훨씬 크기 때문에 보다 정교한 수요예측이 요구된다. 자재흐름에 대한 정밀한 통제기법이 동원된다.

Self Q&A

의류업의 경우에는 로트생산방식과 대량생산방식이 병존한다. 왜 그럴까 생각해보자.

생산 · 운영관리의 3S

합리적인 생산 · 운영관리가 이루어지기 위해서는 표준화, 단순화, 전문화가 이루어져야 한다. 이들 세 가지의 원칙의 영문 머리글자를 따서 3S라고 하고 생산 · 운영관리의 합리화원칙이라고도 한다.

표준화

표준화(standardization)는 제품의 규격, 치수, 원재료 등을 일정한 규격으로 통일하고 필요한 표준을 정함으로써 대량생산을 가능하게 하고 생산 및 유통에 소요되는 비용을 절감하는 것이다. 표준화의 대상은 규격이나 형(type), 종류, 품질과 같은 물리적인 요소, 작업방법이나 작업조건 등과 같은 방법적인 요소, 경리나 회계 또는 판매 등과 같은 관리적인 요소 등도 포함된다.

단순화

단순화(simplification)란 제품과 부분품의 낭비를 막기 위하여 불필요한 제품 종류, 품목, 크기 등의 품종을 줄이는 것이다. 단순화의 결과는 제품의 구성 품목이 줄어드는 것으로 나타난다. 이 경우 단순화는 일종의 품목의 표준화라고도 할 수 있다. 생산수단뿐만 아니라 방법도 단순화할 수 있는데, 단순화가 이루어지면 생산과 관련된 각종 비용이 절감되고 작업자의 숙련도가 향상되며 생산기간이 단축되는 효과가 있다.

전문화

전문화(specialization)란 특정제품을 전문적으로 생산하는 의미로 사용되기도 하고 다시 특정제품 생산에 있어서 작업내용의 분화, 즉 분업에 의해서 생산성 향상을 추구하는 것을 의미하기도 한다. 전문화가 이루어지면 숙련도가 높아지고 생산성이 향상된다. 그러나 전문화가 가능하기 위해서는 표준화가 먼저 이루어져야 하며, 특히 원가절감 목적으로 분업이라는 전문화 방식에 의해 대량생산을 추구하는 경우에는 단순화가 먼저 이루어지면 그 효과가 배가된다.

Self Q&A

표준화가 언제나 바람직한 것은 아닐 수도 있다. 어떤 경우에 그럴까 생각해보자.

생산성은 생산 · 운영관리의 핵심 지표이다

기업간뿐만 아니라 국가간의 경쟁력 비교시 생산성이라는 지표가 종종 사용된다. 생산성(productivity)은 재화나 서비스를 생산하기 위하여 투입된 요소가 얼마나 효율적으로 사용되었는가를 나타내는 지표이다. 기본적으로 생산성은 다음 식과 같이 투입물 대비 산출물의 비율로 계산한다. 동일한 투입물에서 산출물이 많을수록, 또는 동일한 산출물에 대하여 투입되는 투입물이 적을수록 생산성은 높아진다.

$$\text{생산성} = \frac{\text{산출물(output)}}{\text{투입물(input)}}$$

위 식에서 투입물이나 산출물에 구체적으로 어떤 값을 사용하느냐에 따라 생산성은 다양한 모습이 된다. 산출물을 생산량으로 하는 경우와 금액으로 하는 두 경우를 중심으로 구분하여 몇 가지 예를 들면 다음과 같다.

- 산출물이 생산량인 경우

$$\text{생산성} = \frac{\text{산출물(output)}}{\text{투입물(input)}} = \frac{\text{생산량}}{\text{종업원수, 작업시간, 원료투입량, 기계대수 등}}$$

- 산출물이 금액인 경우

$$\text{생산성} = \frac{\text{산출물(output)}}{\text{투입물(input)}} = \frac{\text{부가가치 또는 매출액 등}}{\text{종업원수, 작업시간, 투자자본, 기계대수 등}}$$

인터넷전문은행 K뱅크는 2023년 상반기 1인당 이익 기준의 생산성이 가장 높았다. (자료 : 지디넷코리아)

위에서 예시한 투입물 변수와 산출물 변수를 조합하면 생산성 지표가 한두 가지가 아님을 알 수 있다. 1인당 생산량, 1인당 부가가치, 1인당 매출액, 1시간당 생산량, 1시간당 매출액 등과 같은 식이다. 한 예로 은행의 생산성은 1인당 총자산, 예수금, 대출금, 순이익 등의 지표로 측정한다.

이러한 사례에서 보듯이 '생산성' 하면 일반적으로 노동생산성을 지칭하는 경우가 많다. 노동생산성은 투입물 중 인적자원 요소인 종업원수나 작업시간 등을 이용하여 측정하는 '노동자의 생산성'이라고 할 수 있다.

8.2 생산 · 운영관리활동은 시스템의 구축과 운영으로 나누어진다

생산 · 운영관리활동은 크게 생산시스템의 설계 · 구축과 생산시스템의 운영 · 통제로 나눌 수 있다. 생산시스템의 설계 · 구축은 제품생산을 위한 준비과정이며 시스템 구축이 끝난 후에는 그 시스템을 가동(운영)하여 제품을 생산하게 된다. 따라서 생산시스템 설계 · 구축 관리활동은 불연속적이지만 생산시스템의 운영 · 통제 활동은 연속적이고 계속적으로 이루어지는 활동이다.

먼저 생산시스템을 설계하고 구축한다

생산시스템의 설계·구축에서는 제품설계, 공정설계, 생산능력 결정, 입지선정, 설비배치, 작업설계와 작업측정 등이 이루어진다.

(1) 제품설계

본격적인 생산관리활동의 첫 단계라고 할 수 있는 제품의 설계단계에서는 시장조사와 수요예측 결과에 근거하여 먼저 어떤 제품을 만들 것인지를 결정하며, 이어서 이를 제조하기 위한 제품설계를 하게 된다.

(2) 공정설계

생산하고자 하는 제품의 결정과 설계가 끝나면 공정을 설계한다. 제품의 설계가 '무엇을 생산할 것인가'를 결정하는 것이라면, 공정설계는 그 제품을 '어떻게 생산할 것인가'를 결정하는 것이다. 효율적인 공정을 설계하기 위한 방법으로 제품의 구조와 특징 등 제품에 대한 종합적인 자료에 근거하여 공정분석(process-flow analysis)을 하게 된다. 이러한 공정분석은 신제품을 생산할 때뿐만 아니라 기존 제품의 생산량을 크게 늘리거나 성능을 개선하기 위하여 기존 공정을 재배치할 때에도 이루어진다.

제품 및 공정의 설계는 제품의 품질과 원가에 직접적으로 영향을 미치기 때문에 중요한 생산과정의 하나라고 할 수 있다. 과거에는 제품을 설계한 후 공정을 설계하는 것이 일반적이었으나 오늘날에는 이러한 과정이 동시에 이루어지는 '동시공학' 기법이 활용되기도 한다.

□ 그림 8-4
생산시스템 설계·구축의 단계

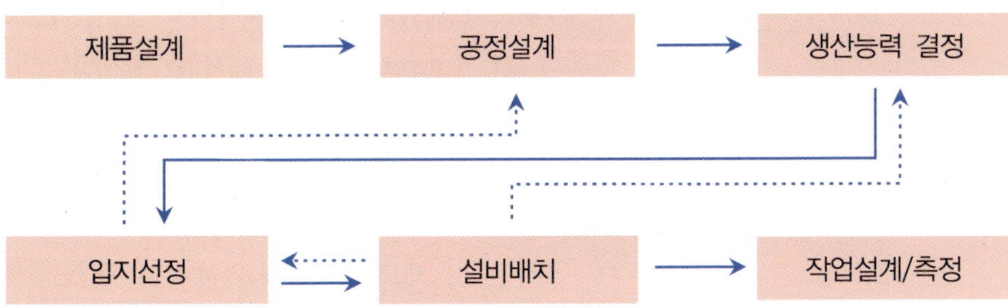

주) 실선은 단계를 나타낸다. 그러나 점선과 같이 뒤 단계의 결정이 앞의 단계에 영향을 미치기도 한다.

(3) 생산능력 결정

생산능력이란 일정기간 동안 어떤 조직체가 만들어낼 수 있는 최대 생산량을 말한다. 생산능력을 측정하는 예로서 어느 일정기간 동안(일간, 월간, 분기 또는 연간)에 대하여 자동차회사는 생산가능한 대수, 전기회사는 발전용량, 식당은 수용가능한 손님수, 학교는 학생수 등을 들 수 있다.

(4) 입지선정

최근 한국과 일본의 물류비용을 비교한 한 조사에 의하면 GDP 대비 물류비 비중이 일본은 12.7%인 반면, 한국은 17.3%로 상당한 수준으로 높았다. 물류비용의 비중이 크면 그만큼 비용상승요인이 되어 경쟁력 저하를 가져온다. 물류가 현대 기업경영의 중요한 비용구조요소가 되면서 공장의 입지선정 역시 중요한 주제로 다루어지고 있다.

테슬라 상하이 공장. 테슬라는 인구밀집지역 중심으로 공장을 짓는 것으로 알려져 있다. (자료 : Global Times)

[그림 8-4]에서 보았던 것처럼 입지선정은 생산능력 결정 다음에 이루어지기도 하지만 공정설계나 생산능력 결정, 설비배치, 심지어 수요예측 결과를 동시에 고려하면서 결정하는 경우도 많다.

(5) 설비배치

설비배치는 제품생산을 위한 자재의 흐름, 고객에게 서비스를 제공하기 위한 업무흐름에 따라 시설을 배치하는 것을 말한다. 전체 라인에서 먼저 기능 중심으로 부서(department)의 위치를 정하고 이에 따라 시설을 배치하며, 다시 그 부서 내에서 설비를 배치한다.

효율적인 생산을 위해서는 인적자원과 물적자원의 이동을 최소화하고 간편화해야만 한다. 따라서 불필요한 자재의 이동 및 작업을 제거하기 위하여 공정유형, 제조기술, 기계설비의 구조, 작업흐름, 부품저장, 작업자수, 활동공간 등의 요소들을 종합적으로 고려한 설비배치를 해야 한다.

(6) 작업설계와 작업시간의 측정

생산시스템이 구축된 후에 이를 실제로 운용하는 주체는 사람이다. 생산시스템의 정상적인 가동 여부는 이를 운용하는 사람이 얼마나 잘하느냐에 달려 있다. 공정설계가 생산시스템에서 각 공정별 작업내용을 정하고 각 작업내용 간의 관계를 정하는 것이라면 작업설계(operation design)는 각 공정 내에서 개별작업 하나에 대하여 작업내용과 작업방법을 결정하는 것이다. 각 작업은 '고개를 든다', '물건을 집는다' 식으로 미세동작으로 구분하게 되는데, 이는 나중에 작업표준시간을 추정하는 데 이용된다.

생산시스템을 운영하고 통제한다

생산시스템의 설계(구축)가 끝나면 이제는 본격적으로 이 시스템을 가동하여 운영에 들어간다. 생산시스템의 설계는 일회성이지만 시스템의 운영・통제 활동은 쉬지 않고 계속적으로 이루어진다.

생산시스템의 운영・통제에서는 총괄생산계획, 주생산계획, 자재소요계획, 일정계획, 재고관리, 품질관리 등의 활동이 이루어진다. 이들의 관계는 [그림 8-5]에 나타나 있다.

□ 그림 8-5
생산시스템의 운영・통제

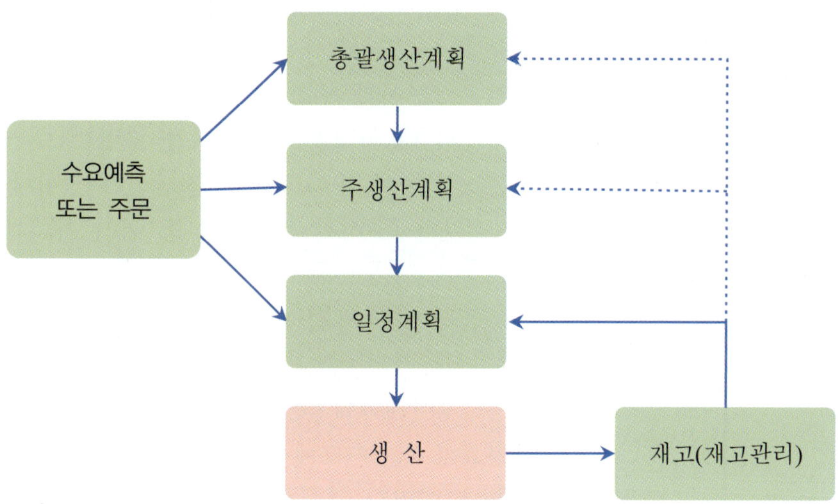

주) 점선은 상대적으로 간접적으로 영향을 미친다는 의미임.

(1) 총괄생산계획

생산시스템의 운영에서 첫 번째로 하는 일은 총괄생산계획을 세우는 일이다. 총괄생산계획은 일반적으로 2개월에서 1년까지의 기간에 대하여 기업 전체의 총괄적이고 개략적인 생산계획을 세우는 것이다.

대부분의 기업은 다양한 품목의 제품을 생산한다. 또한 기업의 가용자원은 한정되어 있으며 생산의 기초가 되는 수요예측도 그 기간이 중장기적일수록 정확도가 떨어진다. 이러한 상황에 총괄생산계획이 필요하다. 총괄생산계획은 각 제품에 대한 상세한 생산계획이 아닌 제품과 생산공정의 특성에 따라 소수의 제품그룹을 중심으로 수립되는 생산계획이다. 즉 총괄생산계획은 총괄적인 생산에 필요한 자원의 획득에 관한 계획이라고 할 수 있다. 총괄생산계획이 수립되면 월별 및 제품그룹별로 월별 생산량, 재고수준, 작업인력 등이 결정된다.

어느 주스 회사의 예를 들어보자. (주)쭉쭉주스는 다음과 같은 종류의 주스를 생산하고 있다.

오렌지 주스 : 355cc 병, 500cc 캔, 500cc PET, 1,000cc PET, 1,500cc PET
사 과 주스 : 355cc 병, 500cc PET, 1,000cc PET, 1,500cc PET
포 도 주스 : 355cc 병, 1,000cc PET, 1,500cc PET

(주)쭉쭉주스가 주스 생산을 위한 총괄생산계획을 세우는 것은 주스 제품 12종 각각에 대하여 생산계획을 세우는 것이 아니라 제품그룹별, 즉 오렌지 주스, 사과 주스, 포도 주스로 구분하여 생산계획을 세우는 것이다. 규격이 다른데 어떻게 생산계획을 수립할 수 있을까? 그래서 총괄생산계획에서는 생산물에 대한 공통 측정단위가 있어야 한다. 공통 측정단위로는 노동시간, 기계사용시간, 톤, 갤런 등 여러 가지가 있다.

(2) 주생산계획

총괄생산계획에 의하여 전반적인 생산계획과 자원획득계획이 확정되면, 이 자료와 단기수요예측 결과에 근거하여 각 개별제품의 단기생산계획을 수립한다. 이러한 생산계획을 주생산계획(master production schedule)이라고 한다. 총괄생산계획이 개략적인 중기생산계획이라면 주생산계획은 단기의 구체적인 생산계획이다. 주생산계획 수립시에는 생산의 우선순위(priority)와 생산능력

(capacity)을 고려하여 어떤 제품을 언제, 얼마나 생산할 것인지에 관한 구체적인 계획을 담기 때문에 기업에서 생산계획이라고 말할 때에는 일반적으로 주생산계획을 지칭하는 경우가 많다.

(주)쭉쭉주스의 경우 총괄생산계획에서는 매월 오렌지 주스 그룹에 대해 전체적으로 몇 갤런 생산할 것인가를 정한 후 이에 근거하여 주생산계획에서는 오렌지 주스 각각의 제품, 즉 355cc 병, 500cc 캔, 500cc PET, 1,000cc PET, 1,500cc PET를 매월 얼마나 생산할 것인가를 정한다.

(3) 자재소요계획

지금까지 설명한 수요예측, 설비계획, 총괄생산계획, 주생산계획이 아무리 잘 되어 있다고 해도 자재가 원활하게 공급되지 못하면 소용이 없다. 따라서 적절한 시간과 적절한 장소에 자재가 공급되는 것이 중요한데, 이러한 목적으로 개발된 방법이 자재소요계획(MRP : Material Requirements Planning)이다.

생산시스템은 끊임없이 진화한다

적시생산(JIT)시스템

적시생산(JIT : just in time)시스템은 생산에 필요한 요소를 제때에 투입함으로써 재고가 없는 생산시스템을 말한다. 이 시스템이 추구하는 근본적인 목적은 재고 최소화와 공간절약을 통한 비용절감, 품질향상을 통한 이익과 투자수익의 극대화이다.

JIT시스템은 일본 도요타자동차에서 처음으로 시작되었다. 일본은 국토가 좁고 천연자원이 부족하기 때문에 공간을 절약하고 재료의 낭비를 줄이는 것을 중요하게 생각한다. 그래서 이들은 재고를 줄이기 위해 적시적소에 필요한 만큼의 원자재를 공급하는 JIT 시스템을 개발한 것이다. 이 시스템은 대량의 반복생산체제에 적합하다. 그러나 이 시스템은 유통망의 장애를 전혀 고려하지 않는 치명적 약점이 있다. 유통상의 장애로 부품이나 재료가 제때에 공급되지 않으면 생산시스템 전체가 멈추어야 한다.

JIT시스템을 잘 보여주는 그림. 상품을 만드는 재료 또는 부품 공급자에서 시작된 흐름이 소비자에게 판매될 때까지 중단 없이 바로 진행되고 있다. 당연히 재고는 보이지 않는다. (자료 : mexdiaries.blogspot.com)

유연제조시스템(FMS) 또는 혼류생산시스템

소비자들은 개성 있고 다양한 제품들을 원한다. 즉 다품종 소량생산을 요구한다. 그러나 이는 비용(가격)을 상승시킨다. 반대로 기업 입장에서는 단일제품의 대량생산으로 비용을 절감하고자 한다. 이러한 상충되는 요구사항을 동시에 충족하려는 시도가 유연제조시스템이다. 이를 혼류생산시스템이라고도 한다.

유연제조시스템(FMS : flexible manufacturing system) 또는 유연생산시스템은 기존의 개별적인 자동화기술 및 시스템을 하나의 생산시스템으로 통합하여 다품종 소량생산방식에 있어서의 융통성과 대량생산에서의 높은 생산성을 동시에 달성하고자 하는 제조시스템이다. 유연제조시스템 기술을 가장 효과적으로 적용할 수 있는 분야는 자동차 분야이다. 완성차 회사는 한 개의 생산라인에서 얼마나 다양한 차종을 생산해낼 수 있는가 하는 것이 하나의 경쟁력 척도로 인정되고 있다.

공급체인관리(SCM)

부품을 공급하는 업체와 이를 구입하는 업체를 유기적으로 연결하여 하나의 기업처럼 움직이는 생산시스템을 공급체인관리 또는 공급망관리(SCM : supply chain management)라고 한다.

SCM이 추구하는 목표는 유통업체 및 판매업체 또는 생산업체가 정예의 공급업체를 선별한 후 이들에 대해서 지속적인 투자와 친밀한 관계를 맺음으로써 고품질의 부품 또는 제품을 공급받고, 그 결과 좋은 품질의 제품을 제조·판매한다는 것이다. SCM이 활성화되면 기업은 시장에서의 수요변화에 최대한 신속하고 경제적으로 대응할 수 있어서 경쟁력 강화에 도움이 된다. 반면에 수요자는 좋은 품질의 제품을 적시에 공급받을 수 있어 만족도가 향상된다.

컨커런트 엔지니어링(CE)

제품을 생산할 때 계획, 개발, 생산, 판매 등의 관련업체들이 서로 긴밀한 관계를 유지하면서 예측되는 문제점들을 서로 의논하며, 전부문의 업무를 동시에 병렬적으로 수행하는 생산방식이 있다. 즉, 설계 및 제작 부문과 부품메이커, 고객이 함께 동시에 제품개발에 참여하는 전략이다. 이것을 컨커런트 엔지니어링(CE : concurrent engineering) 또는 동시공학이라고 한다. 관련업체들이 긴밀한 관계를 맺고 있다는 점에서는 앞에서 소개한 SCM과 비슷한 성격을 가진다. 그러나 SCM에서 한 단계 발전하여 전업무가 병렬적으로 실행된다는 것이 이 시스템의 가장 큰 특징이다.

컴퓨터통합생산(CIM), 스마트 팩토리

JIT시스템을 비롯하여 많은 생산시스템은 자동화 및 대량생산을 목표로 하고 있다. 이러한 자동화·대량화의 추세에 맞추어 대부분의 기업들이 컴퓨터 기술을 활용하여 공장자동화(FA : factory automation)를 추진해 왔다. 공장자동화는 제조부문의 자동화를 추구하는 것으로 여기에서 한 발 더 나아가 자재소요계획, 제품설계, 제조, 유통, 판매 등 모든 분야를 컴퓨터를 이용하여 통합한 전체적인 생산시스템이 등장했는데, 이를 컴퓨터통합생산(CIM : computer integrated manufacturing)이라 한다. 기업의 모든 분야를 통합할 수 있었던 것은 최근에 급속하게 발달하고 있는 정보기술과 정보통신기술에 힘입은 바 크다.

근래에는 스마트 팩토리(smart factory)가 급부상하고 있다. 스마트 팩토리란 공장 내 설비와 기계에 센서를 설치하여 이를 사물 인터넷망으로 연결하고 데이터를 실시간으로 수집·분석, 공장 내 모든 상황들이 일목요연하게 관찰되고(observable), 이를 분석해 목적된 바에 따라 스스로 제어되는(controllable) 공장을 말한다.

현장사례 금속제품 최적 설계, AI가 알아서 '척척'

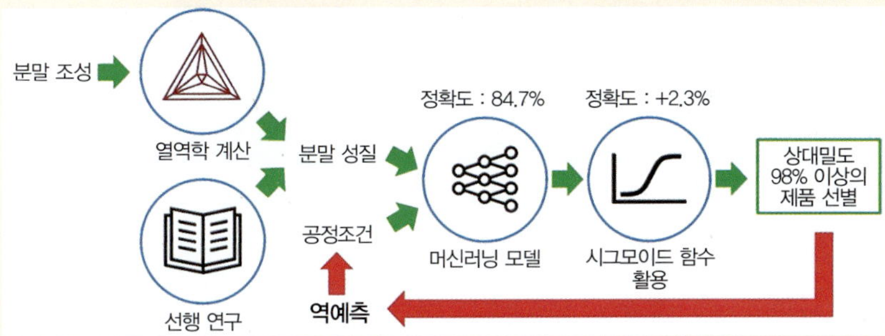

국내 연구팀이 최적의 설계조건을 알려주는 인공지능(AI) 모델을 개발했다. 금속 종류에 관계없이 적용가능해 금속제품 생산효율을 크게 높일 전망이다.

포항공과대학교는 우수한 품질의 금속제품을 생산할 수 있도록 설계조건을 알려주는 인공지능 모델을 개발했다고 22일 밝혔다. L-PBF(Laser powder bed fusion) 공정은 분말 형태의 금속을 녹였다가 얼리는 과정을 반복하며 여러 금속층을 쌓아 제품을 생산한다. 이 공정은 재료 선택 제한이 적지만 공정 중 구멍이 생겨 제품의 품질을 떨어뜨린다.

이 문제를 해결하기 위해 연구팀은 머신러닝(machine learning) 기술을 선택했다. 선행 연구 데이터를 활용해 다양한 금속 특성과 공정조건을 AI로 분석한 것이다. 이를 통해 제품의 상대밀도가 98% 이상이 되도록 공정조건을 설계하는 머신러닝 기반 방법론을 만들었다.

연구팀이 출력값으로 선택한 상대밀도는 기공과 반비례해 상대밀도가 높을수록 기공이 적고 품질이 우수한 제품임을 나타낸다. 연구팀은 이 모델로 상대밀도 98% 이상의 제품을 생산하는 데 성공했다. (헬로디디, 2023.11.22)

특히 최근에는 인공지능(AI) 기술이 급속도로 발전함에 따라 인공지능 기술을 이용하여 제품을 설계하거나 인공지능 기술이 적용된 스마트 팩토리 등의 건설이 관심을 받고 있다.

8.3 제품 및 서비스를 판매한다

마케팅관리란 무엇인가?

라면을 좋아하는 사람이 많다. 슈퍼마켓의 라면 진열대에 가보면 라면 종류도 무수히 많다. 새로운 라면이 계속 출시되는 한편으로 슬그머니 모습을 보이지 않는 라면도 적지 않다. 사람들은 어떤 기준으로 라면을 살까? 어떤 요인이 특정라면을 사게 할까?

뉴욕 타임스퀘어에서 BTS가 한 삼성 광고 전광판 (자료 : Manila Bulletin)

우리는 매일 TV나 라디오, 신문, 잡지, 인터넷 홈페이지 등에서 많은 광고를 본다. 거리에서도 독창적이면서도 다양한 간판을 볼 수 있고 자동차에 부착된 광고판을 보기도 한다. 회원으로 가입한 기업으로부터 광고성 e-mail이나 우편을 받는 것이 일상이 되었으며, 잘 모르는 낯선 회사에서 서비스 가입을 유도하는 전화나 e-mail을 받기도 한다. 기업들은 상품을 '판매'하기 위하여 온갖 노력을 기울인다. 새로이 상품을 구입한 후나 서비스를 받은 후 상품이나 서비스가 만족스러운지를 확인하는 전화를 받기도 한다.

이러한 현상들은 기업이 마케팅관리활동을 수행함으로써 볼 수 있는 것들이다. 마케팅(marketing)이란 상품이나 서비스가 여러 경로를 통하여 생산자에서 소비자로 이전되는 데 있어서 상품의 소유권 이전과 관련된 일련의 활동이다. 미국마케팅학회의 정의는 보다 구체적인데, 그들에 의하면 마케팅은 개인과 조직의 목적을 만족시키기 위한 교환활동을 위해 수행하는 '제품과 서비스의 생산', '가격결정', '경로' 및 '촉진' 과정이다. 마케팅관리(marketing

□ 그림 8-6
마케팅활동이 지향하는 중심점

management)는 조직의 목표를 수립하고 이를 달성하기 위한 마케팅활동의 계획을 수립하고 수행하며 통제하는 관리활동이라고 할 수 있다.

여기에서 보면 마케팅의 핵심이 되는 요소는 크게 네 가지, 즉 제품(product) 또는 서비스(service), 가격(price), 유통경로(place), 촉진(promotion) 등으로 이들을 4P라고 부른다. 마케팅전략은 이들 4P를 중심으로 전개된다.

한편 마케팅활동이 추구하는 지향점은 [그림 8-6]과 같이 변화되어 왔다.

제품에 대한 수요가 공급을 초과할 때에는 기업이 생산하는 제품은 쉽게 판매된다. 기업은 자신의 입장만을 생각하고 많이 생산하여 판매함으로써 이익극대화를 추구한다. 기업중심의 경영활동이 전개되며 이러한 상황에서는 사실 마케팅이라는 개념이 별로 중요하지도 않다.

그러나 경쟁이 치열해지면 이젠 기업이 주체가 되어 제품을 생산하는 것만으로는 제대로 판매활동을 하기가 어려우며, 소비자의 욕구를 파악하고 그 욕구를 만족시킬 수 있는 제품을 생산하여 판매해야 한다. 즉 마케팅관리활동의 중심이 기업에서 고객으로 바뀌는 것이다. 이제 기업은 '고객만족'이라는 대명제가 충족되는 전제조건하에서 이익을 도모해야 한다.

고객이 만족하는 제품이면 언제나 바람직한가? 언제나 그렇지는 않다. 예컨대 세척력을 강화시킨 강력한 합성세제가 계속 개발되어 소비자들은 당장은 세탁을 보다 효율적으로 하게 되었지만 이는 장기적으로 환경오염문제를 야기시켰다. 이처럼 사회 전체적인 측면에서 마케팅활동을 전개할 필요성이 대두되었다. 특히 소비자활동이 활발해지면서 사회중심의 마케팅활동은 더욱 중요해지고 있다.

마케팅관리활동의 전체적인 전개과정

기업이 수행하는 마케팅관리활동은 [그림 8-7]에서 보는 것처럼 [마케팅목표 설정-시장기회 분석-STP전략 수립-마케팅믹스 개발-마케팅활동 실행-조정 및 통제] 순으로 이루어진다.

□ 그림 8-7
마케팅관리의 과정

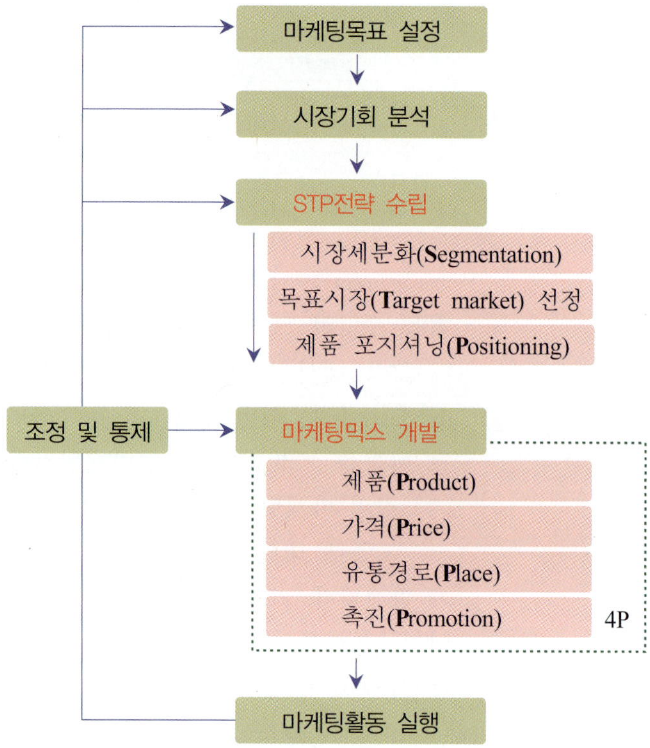

마케팅활동을 전개하기 위해서는 가장 먼저 마케팅목표를 설정한 후 현재의 시장상황에 대한 분석을 함으로써 시장에 어떠한 기회가 있는지 파악한다. 다음으로 STP전략을 수립하는데, 이는 구체적으로 시장을 다양한 기준으로 세분화하고 그중 특정 목표시장을 선정한 후, 투입할 제품이나 서비스에 대하여 포지셔닝을 한다. 이어서 이러한 전략을 수행할 마케팅믹스, 즉 제품, 가격, 유통경로, 촉진 전략을 수립한 후 이를 실행한다. 마지막 단계로서 마케팅관리활동의 결과를 계획과 비교하여 조정 및 통제를 가하며 그 결과를 향후 마케팅관리활동에 반영하게 된다.

(1) 마케팅목표의 설정

마케팅목표로 어떤 지향점을 두고 설정하느냐는 실제 전개되는 마케팅활동에 영향을 준다. 기업목표는 물론이고 마케팅목표를 설정하기 위해서는 다음과 같은 질문을 기업 스스로에게 해볼 필요가 있다.

- 우리의 주고객은 누구이며 그들의 욕구는 무엇인가?

- 우리가 그 욕구를 만족시키는 것은 가능한가? 가능하다면 어떻게 할 것인가?
- 우리를 둘러싼 환경은 어떠한가?

마케팅부문은 기업조직 전체의 한 부문이므로 마케팅부문의 목표는 우선 조직 전체의 목표와 일관성을 갖는 것이어야 한다. 또한 마케팅부문의 각 세부적인 활동에 목표를 수립할 때에는 가능하면 구체적인 수치로 기간이 명시되는 것이 바람직하다. 예를 들면 '최고의 소비자만족 추구'라는 추상적인 목표보다는 '제품판매 후 1년 동안 불만족고객 비율이 전체고객 대비 0.5% 미만'이라는 구체적인 목표를 설정하는 것이다. 전자의 목표는 마케팅 활동 일선부서의 목표라기보다는 기업 전체의 경영목표로 하는 것이 옳다.

(2) 마케팅정보의 수집과 시장기회 분석

마케팅정보의 역할

본격적인 마케팅관리활동에서 가장 먼저 해야 할 일은 마케팅정보를 수집하여 현재의 시장상황을 분석하는 일이다. 시장상황을 분석하는 목적은 현재의 시장에 마케팅활동을 전개할 기회가 있는지 파악하는 것이다.

마케팅정보는 마케팅정보시스템을 활용하거나, 시장조사, 환경분석, 소비자행동을 조사·분석함으로써 얻을 수 있다. 이들 활동이나 기능은 서로 중첩되기도 한다. 마케팅정보시스템(marketing information system)은 경영정보시스템의 하부 정보시스템으로서 마케팅부문의 자료를 수집, 가공, 분석하여 마케팅 관련 의사결정에 유용한 정보를 제공하는 정보시스템이다.

(자료 : Ocean Gaming Consult)

시장조사

시장조사(market research) 또는 마케팅조사(marketing research)는 마케팅 의사결정에 도움을 주는 정보를 의사결정자에게 제공하기 위하여 관련 자료를 수집, 분석하는 것을 말한다. 시장조사의 절차는 [그림 8-8]과 같다.

조사문제의 정의단계에서는 해결해야 할 마케팅 의사결정문제가 무엇인지를 분명하게 정의한다. 조사계획 수립단계에서는 수집해야 할 자료의 종류와 수집방법, 수집된 자료의 분석방법 등에 대한 계획을 수립한다.

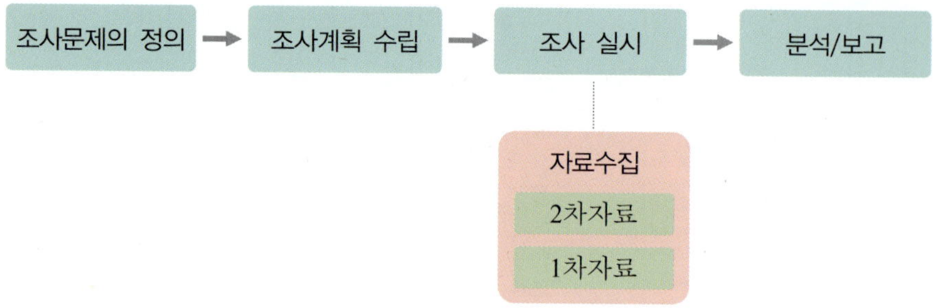

□ 그림 8-8
시장조사의 절차

수집할 자료는 크게 2차자료와 1차자료로 구분된다. 일반적으로 수집해야 할 자료가 정해지면 2차자료를 먼저 수집하고 나서 1차자료를 수집한다.

▸ **2차자료**

원래 다른 목적으로 수집되어 기업 내외에 산재해 있는 자료로서 새로운 시장조사에 활용될 수 있는 자료를 2차자료라고 한다. 이미 자료화되어 있어 수집이 용이하고 시간과 비용 면에서 경제적이다. 예컨대 기업 내부자료로 각종 재무제표, 시장 관련 자료(시장점유율, 고객 등)가 있으며, 외부자료로는 정부가 발표하는 각종 통계자료, 간행물 등이 있다. 각종 문헌이나 인터넷에서의 검색도 큰 도움이 된다.

▸ **1차자료**

1차자료는 이번 조사문제와 직접 관련이 되는 자료로서 조사자가 의도적으로 조사하는 자료이다. 1차자료를 수집하는 방법에는 관찰법, 설문법, 실험법 등이 있다.

환경분석

기업의 마케팅활동에 영향을 미치는 각종 마케팅 환경요인을 분석한다. 정치, 경제, 사회, 문화, 기술, 인구통계학적 요인 등과 같은 거시적인 마케팅 환경요인에 대한 분석과 소비자, 경쟁기업, 유통기관 등과 같은 미시적 환경요인에 대한 분석 그리고 당해회사 자신의 경쟁력이나 강·약점 등에 대한 분석이 이루어지게 된다. 환경을 분석할 때에는 환경요인을 통제불가능요인과 가능요인으로 구분해보는 것도 필요하다. 통제불가능한 요인을 가능한 것으로 보아 시장기회를 잘못 파악할 수도 있기 때문이다. 예를 들어 부모의 동의 없는 미성년자의 신용카드 가입은 원칙적으로 무효이다. 신용카드 회원을 늘리기 위하여 고등학교 학생을 목표로 하는 마케팅은 잘못된 것이다.

소비자행동

제품이나 서비스의 최종 구매자는 소비자이다. 따라서 현실적으로 마케팅의 최종 대상은 소비자이다. 소비자가 하는 행동의 동기는 무엇이며, 그들이 어떠한 의사결정과정을 갖는지를 이해하는 것은 마케팅에 있어 핵심이 된다.

▸ 소비자의 의사결정과정

소비자가 제품이나 서비스를 구매하는 것은 단순한 구매행동 그 자체만은 아니다. 〈표 8-1〉에서 보는 바와 같은 의사결정과정을 거친다. 〈표 8-1〉은 배가 고픈 사람의 의사결정과정을 보인 예이다.

표 8-1
소비자행동, 의사결정과정의 보기

단 계	의 미	예
문제의 인식	자신에게 주어진 문제가 무엇인지 인식한다.	"배가 고프다. 뭘 먹어야겠다."
정보의 탐색	그 문제를 해결할 수 있는 정보를 탐색한다.	"가까운 식당이 있나? 배달가능한 음식은 무엇이 있나?"
대안의 평가	몇 가지 대안을 평가한다.	"자장면, 냉면 중에 하나를 먹어야지. 개운한 냉면이 좋겠다."
구매행동	실제로 행동한다.	냉면을 구매하여 먹는다.
구매 후 평가	자신의 행동을 평가한다.	"어이 개운해. 잘 먹었다."

▸ 소비자행동에 영향을 미치는 요인

소비자의 행동을 결정하는 요인은 무엇일까? [그림 8-9]에서 보는 바와 같이 이들 요인은 크게 외적 요인과 내적 요인으로 나눌 수 있다.

- 외적 요인 : 소비자행동에 영향을 미치는 외적 요인은 다시 사회·문화적 요인과 마케팅믹스 요인으로 구분된다. 후자는 별도로 자세히 설명되므로 여기에서는 전자인 사회·문화적 요인만을 간단히 보기로 한다.

  사회·문화적 요인으로는 다음과 같은 것들이 있다.

  ① **문화** 소비자가 속한 사회가 지니고 있는 가치관, 관습, 태도 등

  ② **사회계층** 한 사회 내에서 비슷한 수준의 사회적 지위와 경제력을 가진 사람들 집단. 주로 소득이나 재산, 직업, 교육수준 등에 의하여 결정되며, 동일 사회계층 내에서는 관심사나 가치관, 사고방식 등이 유사하다.

□ 그림 8-9
소비자행동·의사결정의 과정과 이에 영향을 미치는 요인

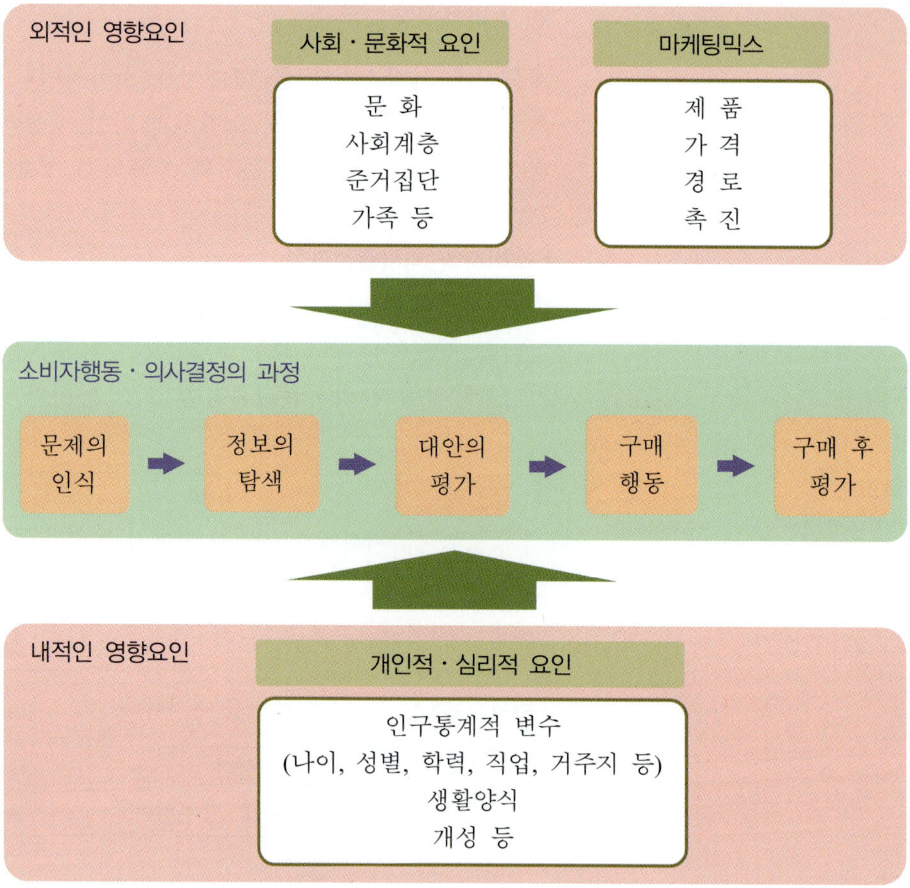

③ **준거집단** 개인의 태도나 행동에 영향을 미치는 집단. 가족이나 친척, 친구, 동료회사원, 친목회 등이 있다. 사람들은 스스로 준거집단(reference group)에 속한 다른 사람과 유사하게 행동하거나 그 집단에 의하여 유사하게 행동하라는 압력을 받기도 한다.

④ **가족**

- **내적 요인**: 내적 요인은 개인적·심리적 요인을 말하는 것으로 주로 나이, 성별, 학력, 직업, 거주지 등과 같은 인구통계적 변수, 생활양식(life style), 개성 등이 있다.

Self Q&A

각자의 구매행동에 영향을 미치는 준거집단에 대하여 생각해보자.

(3) STP전략의 수립

STP전략 1, 2단계 : 시장세분화와 목표시장 선정

마케팅관리활동의 다음 단계는 시장분석을 통하여 식별된 기회를 활용하기 위하여 STP전략을 수립하는 단계이다. 마케팅 관련 전략은 사실상 STP전략과 다음에서 설명하는 마케팅믹스전략 두 가지가 전부라 해도 과언이 아닐 정도로 이 두 가지는 중요하다.

(자료 : Bokas Tutor)

STP전략이란 시장분석 이후 이루어지는 [시장세분화(market Segmentation) → 목표시장(Target market) 선정 → 제품 포지셔닝(Positioning)]의 각 단계 영문자 머리글자를 딴 것이다.

먼저 시장세분화에 대해서 알아보자. 시장 조사 및 분석에서 좋은 시장기회가 발견되었다 하더라도 그 시장에 무작정 진입을 시도할 수는 없다. 예를 들어 어떤 승용자동차 제조회사가 있다고 가정하자. 이 회사는 새로운 모델 개발을 고려중이다. 시장에 승용자동차 수요가 있다고 하여 모든 사양의 승용자동차를 동시에 개발하는 것은 쉬운 일도 아니고 바람직하지도 않다.

[그림 8-10]은 일반 승용자동차 시장을 잠재적 고객의 소득과 연령에 따라 나눈 것이다. 이처럼 하나의 시장을 특성에 따라 나누는 것을 시장세분화(market segmentation)라고 하며, 세분화된 시장 중에서 마케팅활동을 전개할 가장 매력적인 시장을 선정한다. 이렇게 선정된 시장을 목표시장(target market)이라고 한다.

시장을 세분화하는 데 사용하는 기준은 여러 가지가 있다. 대표적인 것만을 나열하면 다음과 같다.

- 지리적 변수 : 지역(서울, 부산, 제주 등), 지역의 규모(인구 또는 넓이), 인구밀도, 기후 등

□ 그림 8-10
승용자동차 시장을 세분화하여 목표시장 선정하기

		연간소득		
		3,000만원 이하	3,000~5,000만원	5,000만원 이상
연령	20~30대	[목표시장]		
	40대			
	50~60대			

- 인구통계적 변수 : 연령, 성별, 가족규모 및 형태, 소득, 직업, 교육수준, 종교, 인종 등
- 심리적 변수 : 사회계층(하층, 중산층, 상층) 등
- 행동적 변수 : 구매빈도(규칙적, 예외적), 사용자 위치(사용자, 비사용자, 잠재적 사용자, 과거 사용자 등), 상품에 대한 충성도, 사용정도(적게 사용, 많이 사용) 등

STP전략 3단계 : 제품 포지셔닝

목표시장이 선정되었으면 제품을 포지셔닝(positioning)한다. 제품 포지셔닝이란 소비자로 하여금 "이 제품은 어떤 제품이다"라고 인식시키는 활동이다. 성공적인 포지셔닝으로 생기는 제품 포지션(position)은 경쟁제품과 비교하여 소비자가 느끼는 제품의 상대적 위치이다.

기업이 의도한 대로 포지셔닝이 성공하면 그 상품은 성공할 가능이 높다. 이 때문에 기업들은 많은 고민을 한다. 포지셔닝에 대해서는 많은 사례를 볼 수 있다. 독일의 폭스바겐(Volkswagen)그룹은 아우디(Audi), 벤틀리(Bentley), 부가티(Bugatti), 포르쉐(Porche), 람보르기니(Lamborghini) 등의 자동차 회사(브랜드)를 소유하고 있는데, 이 중 폭스바겐은 가장 대중적인 차량을 생산하는 것으로 소비자들에게 포지셔닝되어 있다. 즉 폭스바겐은 가격 대비 성능이 우수하고 경제적인 차량으로 알려져 있다. 이 회사가 생산하는 차량 중 가장 고가의 자동차는 페이튼(Phaeton)인데 사양에 따라 1억원 내외에 이른다. 그러나 이 차량은 크게 성공하지 못했다. 이유는 국민차 이미지의 회사에서 생산한 고급차였기 때문이다.

에이스침대 광고. 에이스침대 창업자는 대진(썰타)침대, 큰 아들은 에이스침대, 작은 아들은 시몬스침대를 경영하고 있다.
(자료 : acebed.co.kr)

반면 풀무원은 성공한 사례로 인용된다. 아직까지도 음식료품에 대한 불신이 존재하는 시장에서 풀무원은 처음부터 '깨끗함, 자연, 프리미엄'으로 포지셔닝하였고 실제로 여러 조사에서 소비자들은 풀무원 식품에 대해서 믿을 수 있는 회사로 인식하고 있다.

'아모레 설화수(雪花秀)'라는 화장품은 태평양화학에서 생산되는 화장품 중 최고급품으로 포지셔닝하였고, 에이스침대는 '가구가 아닌 과학'이라는 개념으로 포지셔닝하는 데 성공하였다.

Self Q&A

여러분 각자는 주위 친구들에게 어떻게 포지셔닝되어 있는지 생각해보자.

(4) 4P를 중심으로 마케팅믹스전략을 개발한다

목표시장이 선정되었으면 마케팅목표를 달성하기 위한 구체적인 마케팅관리 전략이 필요하다. 이 전략을 마케팅믹스(marketing mix)전략이라고 한다. 기업이 실제로 수행하는 마케팅활동 내용은 어떤 제품(product)을, 어떤 가격(price)에, 어떤 유통경로(place)로, 그리고 어떻게 촉진(promotion)할 것인가로 요약할 수 있다. 이들 네 변수를 4P라 부르는데, 결국 마케팅믹스전략이란 마케팅목표를 달성하기 위하여 4P를 어떻게 적절히 배합(mix)할 것인가에 관한 전략인 것이다.

제품전략

마케팅믹스전략에서 첫 번째로 수립해야 할 전략은 제품전략이다. 제품전략에서 제품(product)이란 눈에 보이는 유형재뿐만 아니라 서비스, 사람은 물론이고 심지어 아이디어 등 기업이 소비자에게 대가를 받고 그들의 욕구충족을 위하여 제공하는 모든 것을 말한다.

제품전략의 수립과정은 [그림 8-11]에서 보는 바와 같이 먼저 제품믹스를 결정하고, 상표를 결정하며, 이어서 포장 및 서비스를 결정한다.

□ 그림 8-11
제품전략의 수립과정

▸ 제품믹스 결정

제품믹스(product mix)란 판매자가 소비자에게 판매하는 제품구색을 의미한다. 예를 들어, 위생용품 제품믹스를 고민하는 경우를 보자. 현재 치약과 칫솔, 비누 제품군을 보유하고 있는데, 제품군 범위를 얼마나 넓힐 것인지 판단이 필요하다. 샴푸만 추가할 것인지 샴푸와 린스, 바디샤워까지 늘릴 것인지에 관한 전략적 고려가 필요한 것이다. 이처럼 제품군의 범위에 관한 것을 '제품의 넓이'라고 한다.

▌그림으로만 본다면 콜게이트 치약의 제품 깊이는 3이다.
(자료 : depositphotos)

한편 치약제품에서 '어린이 치약', '소금 치약'을 생산하고 있다면 두 개의 치약제품을 갖고 있는 것이며 이러한 상황을 '제품의 깊이'가 2라고 한다. 추가로 '알로에 치약' 제품을 고려한다면 제품의 깊이가 3이 된다.

▸ 상표 결정

제품을 결정했으면 그 제품에 상표를 붙여야 한다. 상표(brand)란 하나의 제품이나 서비스를 식별하고 다른 것과 구분하기 위한 명칭, 용어, 기호, 상징, 디자인 또는 이들의 결합을 말한다. 법적 보호를 받는 상표를 특히 등록상표라 한다.

상표충성도(brand loyalty)란 소비자가 특정의 상표를 애용하고 선호하는 심리를 말한다. 특정상표에 대한 충성도가 높은 소비자는 그 상표를 선호하고 반복하여 구매하기 때문에 기업들은 소비자의 상표충성도를 높이기 위하여 다양한 노력을 기울인다. 상표충성도 경향은 특히 기호품에서 자주 볼 수 있다.

▸ 포장 결정

오늘날에는 포장(packaging)의 중요성이 매우 강조되고 있다. 잘된 포장은 기업 및 제품 이미지 제고는 물론이고 제품의 가치까지도 증대시켜준다. 이런 측면에서 포장은 좋은 마케팅 수단의 하나가 되고 있다.

사진과 같은 아파트에 에어컨을 설치한다면 어느 정도까지 서비스 수준을 제공할 것인지에 대한 전략적 고려가 필요하다.
(자료 : 아파트관리신문)

▸ 서비스 결정

제품전략 수립시 결정해야 할 서비스는 생산·운영관리 대상인 제품에 대응되는 개념의 서비스가 아니다. 제품에 대응되는 서비스는 서비스 그 자체로 하나의 상품이 되는 것을 말한다. 여기서 말하는 서비스 결정이란 제품판매와 함께 구매자에게 부가적인 형식으로 제공되는 서비스 수준을 어느 정도로 할 것인지를 결정하는 것이다. 에어컨 판매시 판매로 끝날 것인지 완전가동까지 책임져 줄 것인지에 따라 '서비스 요소'가 달라지게 되고, 구매자가 어느 정도의 만족을 느끼게 할 것인지에 따라 '서비스 수준'이 달라진다.

가격전략

가격(price)이란 제품구매자나 서비스 이용자가 그 대가로 지불하는 화폐액이다. 가격은 다른 마케팅믹스 요소인 제품, 유통경로, 판매촉진과는 성격이 다르다. 가격은 다른 세 가지 요소에 종속되어 있다. 즉 다른 마케팅믹스 요소의 변경은 곧 가격변동을 불러오며, 세 가지의 마케팅믹스 수단이 경쟁수단으로서 효율성이 없다고 판단될 때 비로소 가격을 경쟁수단으로 활용하는 경우가 많다.

가격수준을 결정할 때에는 고려해야 할 요소(가격결정기준)가 많이 있으나 실제로 가격을 결정하는 전략은 크게 세 가지로 구분할 수 있다.

▸ 가격결정전략

크게 세 가지가 있다. 먼저 원가기준형으로, 이는 비용에 근거한 가격결정전략이다. 그리고 수요를 고려한 가격결정전략인 수요기준형이 있으며 마지막으로 경쟁을 고려한 가격결정전략인 경쟁기준형이 있다.

▸ 가격의 조정

가격정책에 의하여 정해진 가격을 확정가격으로 하여 바로 시장에 적용하기도 하지만 종종 소비자의 관심을 끌거나 매출증대를 목적으로 가격의 일부를 조정하기도 한다. 가격의 조정은 다양한 방법으로 이루어지는데, 그중 소비자 심리에 근거한 가격조정방법으로 단수가격, 관습가격, 준거가격 등이 있다.

▌단수가격의 예 (자료 : Business Insider)

먼저 단수가격(odd price)이란 가격을 십진수 단위체계보다 통상 한두 단위 낮춘 단위체계로 책정하는 것이다. 예를 들어 100만원짜리를 99만 9,000원으로 하는 식이다.

관습가격(customary price)은 특정제품의 가격수준이 오랫동안 고정되어 있었기 때문에 관습적으로 생각하는 가격을 말한다. 가격을 올리려 해도 이런 관습가격으로 인한 소비자의 저항 때문에 상당한 어려움을 겪는다. 이때에는 식품의 경우 내용량을 줄이는 식으로 가격을 올리곤 한다.

준거가격(reference price)이란 소비자들이 어떤 제품의 가격수준을 평가할 때 사전에 가지고 있는 자기 나름대로의 가격기준을 말한다. 준거가격은 사람들마다 다르다. 예를 들어, 사람들은 각자 '컴퓨터는 얼마 정도일 것이다'라고 생각하는 수준이 있는데 이 가격이 준거가격이다.

유통경로전략

유통경로(place=marketing channel)란 제품이나 서비스가 소비자에게 전달·유통되는 길, 즉 경로를 말하며, 마케팅경로 혹은 판매경로라고도 한다.

유통경로는 생산자와 소비자가 직접 연결되는 직접유통경로와 중간상이 개입되는 간접유통경로로 크게 구분할 수 있다. 중간상이 없는 직접유통경로가 무조건 바람직한 것으로 알고 있는 사람이 많으나 반드시 그런 것만은 아니다. 우선 중간상이 개입되는 간접유통경로는 생산자와 소비자 간의 총거래수가 직접유통경로보다 작기 때문에 마케팅비용이나 관리비용 등에서 효율적이다.

예를 들어 생산자가 3명, 소비자가 3명 있다고 가정하자. 중간상이 없다면 생산자와 소비자가 직접 대면해서 거래가 이루어지므로 총거래수는 9회(=3×3)가 된다. 그러나 중간상이 있는 경우의 거래수는 생산자와 중간상 간의 거래 3회, 중간상과 소비자 간의 거래 3회, 합계 6회로 줄어든다. 개인 한 사람 입장에서 보면 3번의 거래를 1회로 줄일 수 있다. 이는 최종소비자에게도 해당되지만 제품을 공급하는 생산자에게도 똑같다.

또한 중간상은 생산자가 생산한 제품을 소비자가 원하는 장소에, 원하는 시간에 소비자가 원하는 형태로 가공하여 제공하는 순기능도 갖고 있다.

생산자가 아파트 단지로 찾아와 직거래 장터를 열고 있다.
(자료 : 농촌여성신문)

그러나 중간상이 적어질수록 중간이익이 배제되기 때문에 소비자에게 보다 저렴한 가격에 제품을 공급할 수 있다. 따라서 근래에는 많은 기업들이 직접유통경로를 이용한 마케팅을 전개하거나 중간상을 최소화한 유통경로를 이용한다. 특히 컴퓨터나 인터넷 등 정보기술의 발달로 많은 기업들이 기업 홈페이지를 이용한 직접유통경로를 활용하고 있다. 또한 대형마트의 경우와 같이 간접유통경로를 이용하더라도 중간상을 최소로 줄인 유통경로를 구축하고 있다.

촉진전략

기업들이 상품 및 기업에 대해 소비자가 가지는 이미지를 관리하기 위하여 상품, 나아가 기업에 관한 정보를 소비자에게 의도적으로 전달하고자 하는 시도를 촉진(promotion)이라고 한다. 촉진의 궁극적인 목적은 판매를 촉진하는 것이다. 촉진은 판매자와 소비자 간의 원활한 의사소통으로 가능하기 때문에 마케팅 커뮤니케이션(marketing communication)이라고도 한다.

촉진수단에는 광고, 홍보, 인적판매, 판매촉진 등 네 가지 종류가 있다.

광고는 확인가능한 광고주에 의해 상표(제품), 서비스, 아이디어를 제시 또는 촉진하되 사람이 아닌 방법에 의해 대가를 지불하고 수행하는 촉진수단이다. 반면, 홍보는 광고주가 대가를 지불하지 않은 상태에서 제품이나 서

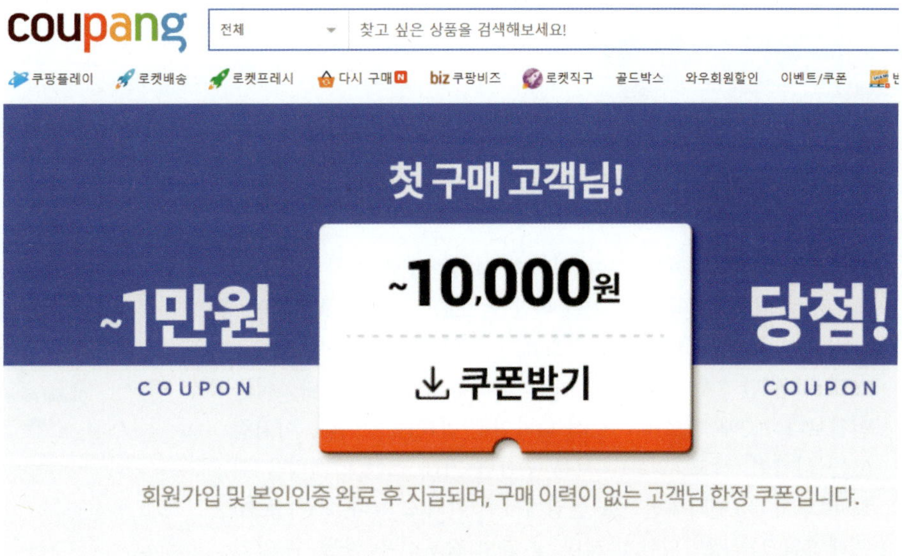

쿠폰은 판매촉진 수단 중의 하나이다. (자료 : 쿠팡)

비스, 기업에 관한 내용을 매체(신문, TV 등)에 기사 형식으로 게재함으로써 촉진효과를 보는 방법이다. 인적판매는 사람(판매원)이 사람(소비자)과 접촉하여 직접 상품을 제시하는 활동이다. 마지막으로 판매촉진은 목표시장이 빠르고 강력하게 반응하도록 하기 위하여 단기적으로 시도되는 촉진수단으로, 앞서 설명한 광고, 홍보, 인적판매를 제외한 모든 촉진활동을 말한다. 판매촉진을 줄여서 판촉이라고도 하는데, 판촉은 촉진의 한 종류임을 기억할 필요가 있다.

마무리 사례

마케팅 & 광고 분야 혁신하는 AI, 두드러진 성장세

인공지능(AI)은 마케팅 분야 혁신의 아이콘으로 등극하고 있다. AI를 사용하면 예측분석을 통해 마케팅 절차를 더 빠르게 수행할 수 있고 AI 기반 마케팅 소프트웨어는 효과적인 홍보 방식과 고객 솔루션 제공에 도움이 되기 때문이다.

AI 기반 그래픽 디자인 소프트웨어인 '알리바바 루반(Alibaba Luban)'은 단 1초 만에 8,000개의 배너를 만들 수 있다. 이는 인간보다 100배 빠르게 시각적 디자인을 만드는 것이다. 이처럼 AI는 디자인, 광고, 영화 홍보를 포함한 거래 또는 마케팅을 위해 미디어 및 엔터테인먼트 산업에서 구현되고 있다. 스마트 AI 프레임워크는 광범위한 마케팅 및 광고 솔루션을 만들 수 있기 때문이다.

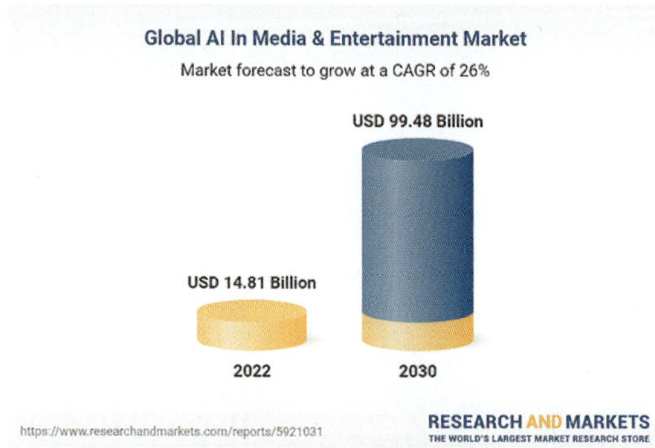

전 세계 미디어 및 엔터테인먼트 분야의 AI 시장은 2023년부터 2030년까지 연평균 성장률(CAGR) 26%를 기록하며 2030년까지 994억 8천만 달러에 이를 것으로 예상된다. 시장조사 전문기관인 RAM(Research And Markets)은 '전 세계 미디어 및 엔터테인먼트 분야의 AI 시장 분석과 전망, 2023~2030년' 보고서를 통해 이처럼 전망했다.

AI 기술 제공 업체들은 방송사와 협력해 프로그래밍 시간표를 최적화하기 위해 AI를 통합하고 있다. BBC는 AI를 적용해 콘텐츠 관리를 최적화하고 자동화하기 시작했다. 이는 실시간 방송을 통해 구현됐으며 이후 추가로 논의되고 있다. 이러한 프로젝트는 제작과 배포에 드는 시간과 비용을 절감하는 워크플로 개선을 목표로 한다.

영화 스튜디오와 TV 쇼에서 AI 기반 가상제작 인프라의 사용이 증가함에 따라 향후 몇 년 동안 모션 캡처 워크스테이션, 가상 카메라, 시뮬레이션 카메라 및 기타 가상제작 하드웨어에 대한 수요가 급증할 것으로 예상된다. 영화와 비디오 게임에서 사실적인 가상 요소와 3차원 디자인의 인기가 높아짐에 따라 컴퓨터 그래픽 카드에 대한 수요도 증가할 것으로 보인다.

솔루션을 기반으로 한 서비스 부문은 예측기간 동안 상당히 성장할 것으로 예상된다.

애플리케이션을 기준으로 보면, 판매 및 마케팅 부문이 2022년 가장 큰 시장점유율을 차지했다. AI는 미디어 및 엔터테인먼트 분야의 디자인, 광고, 프로모션을 포함한 거래나 마케팅 측면에 사용된다. 스마트 AI 작업 프레임은 창의적인 마케팅 및 광고 솔루션을 개발할 수 있다.

지역별로는 북미지역이 시장을 장악할 것으로 예상된다. AI 프로젝트와 관련 R&D 활동에 막대한 투자가 이뤄지고 있어 산업 확장을 위한 상당한 기회를 제공할 것으로 보인다. (지티티코리아, 2024.1.11)

핵심용어

- 생산 · 운영관리
- 로트생산
- 3S
- 생산성
- 공정설계
- 설비배치
- 총괄생산계획
- 주생산계획
- 자재소요계획
- 마케팅관리
- 시장세분화
- 목표시장
- 마케팅믹스
- 제품(product)
- 가격(price)
- 경로(place)
- 촉진(promotion)

요 약

- 생산 · 운영관리는 유형의 재화(제품)와 무형의 재화(서비스)의 생산을 관리하는 활동을 말한다. 생산관리의 목표는 소비자가 원하는 좋은 품질의 제품을, 저렴한 가격에, 신속하게 또는 적시에 생산하되, 생산시스템의 유연성을 확보하는 것이다.
- 합리적인 생산 · 운영관리가 이루어지기 위한 생산 · 운영관리의 합리화 원칙에는 표준화, 단순화, 전문화가 있다.
- 생산 · 운영관리활동은 크게 생산시스템의 설계 · 구축과 생산시스템의 운영 · 통제로 나눌 수 있다. 생산시스템의 설계 · 구축은 제품생산을 위한 준비과정이며 시스템 설계가 끝난 후에는 그 시스템을 가동하여 제품을 생산하게 된다.
- 마케팅관리는 상품이나 서비스가 여러 경로를 통하여 생산자에서 소비자로 이전되는 데 있어서 상품의 소유권 이전과 관련된 일련의 경영활동을 말한다. 마케팅관리활동은 마케팅정보의 수집과 시장기회 분석, 시장세분화 및 목표시장 선정, 제품 포지셔닝, 마케팅믹스 개발, 마케팅활동의 조정 및 통제 순으로 이루어진다.
- 마케팅목표를 달성하기 위한 구체적 마케팅관리전략을 마케팅믹스전략이라고 하는데, 어떤 제품(product)을, 어떤 가격(price)에, 어떤 유통경로(place)로, 그리고 어떻게 촉진(promotion)할 것인가로 요약할 수 있다. 이들 네 변수를 4P라 부른다.

연습문제

1. 생산 · 운영관리의 목표를 구체적인 제품의 실례를 들어 설명하라.
2. 생산 · 운영관리의 합리화 원칙이란 무엇이며 왜 그런 원칙이 생겼을까 생각해보자.
3. 새로운 제품을 생산한다고 가정하고 이 제품을 어떻게 최종적으로 제품화할 것인지 생산 · 운영관리활동 중심으로 체계적으로 정리해보자.
4. 소비자행동에 영향을 미치는 요인을 설명하라.
5. 마케팅의 STP전략에 대하여 설명하라.
6. 마케팅믹스의 네 가지 요소에 대해서 설명하라.

미니 프로젝트 박물관이나 편의점 또는 패스트푸드 음식점과 같이 주위에서 흔히 볼 수 있는 장소를 하나 골라 시설의 배치가 적절한지 사례로 연구해보자.

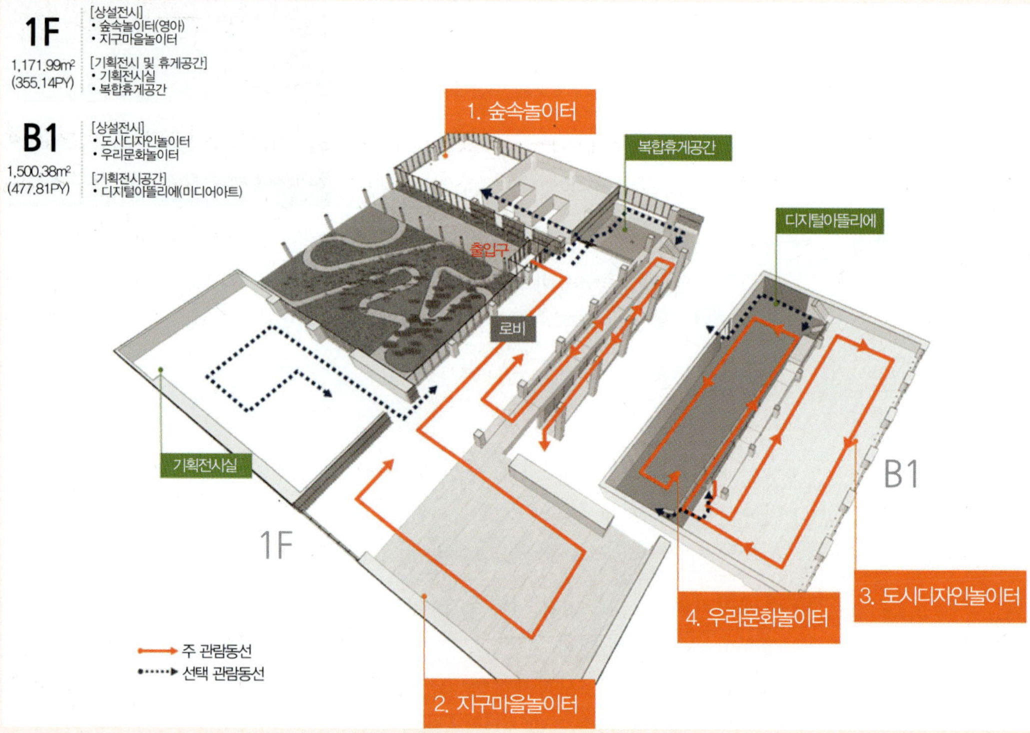

▌세종시의 어린이박물관 동선 (자료 : 세종의 소리)

PART

Ⅳ 경영의 프로세스

CHAPTER

9 계획의 수립

정부가 예산계획을 세울 때에는 세수 수입을 예측한 후 이를 반영하여 세출계획을 세운다. (자료 : 더리포트)

정부, 세수 부족에 코로나 때보다 돈 더 빌려 썼다

정부예산을 총괄하는 기획재정부 (자료 : 뉴시스)

정부가 법인세와 소득세를 줄이면서 세수가 부족해지자 지난해 한국은행에서 120조원에 육박하는 돈을 빌려 쓴 것으로 확인됐다. 2023년 한 해 정부가 한은에서 일시대출한 누적 금액이 총 117조 6,000억원으로 집계됐다.

연간 기준 역대 최대 규모다. 코로나19 여파로 정부 지출이 확대했던 2020년 당시 대출액 102조 9,130억원을 크게 웃도는 액수다. 정부는 회계연도 중 세입과 세출 간 시차에 따라 발생하는 일시적 자금 부족을 메우기 위해 대정부 일시대출제도를 활용한다. 개인으로 보면 마이너스 통장(신용한도 대출)과 비슷한 개념이다. 마찬가지로 한도가 정해져 있으며 매년 금융통화위원회에서 결정한다.

한은에 따르면 연간 기준 정부의 일시대출금과 이자액 모두 역대 최대 규모를 나타냈다. 대출이 급격하게 증가하면서 정부가 한은에 지급한 지난해 이자만 1,506억원에 달했다. 다 갚지 못하고 다음 해로 넘어간 연말 잔액도 2012년 말(5조 1,000억원) 이후 11년 만에 가장 많았다.

정부가 버는 돈보다 쓴 돈이 더 많은 셈이다. 지난해 10월까지 정부 수입을 보면 국세 수입(305조 2,000억원)이 50조 4,000억원 빠졌다. 법인세(-23조 7,000억원)와 소득세(-14조 6,000억원)가 급감했다.

(더리포트, 2024.1.8)

9.1 계획수립을 하는 이유가 있다

계획수립이란 무엇인가?

"나는 여행을 가더라도 계획을 세우지 않는다. 그때그때 하고 싶은 대로 한다"라고 주장하는 사람이 있다. MBTI가 P이기 때문이라는 말을 덧붙이기도 한다. 정말 계획을 세우지 않은 것일까? 아니다. 차를 직접 운전해서 간다거나 버스를 타고 이동한다면 그것까지도 이미 생각(계획)하고 실행에 옮기고 있는 것이다. MBTI를 근거로 인용하는 것이 타당한지는 논외로 하고, 아무런 계획 없이 여행을 할 수는 없다. 계획이 얼마나 구체적인가에 차이가 있을 뿐이다. 엄격하게 말하면, "이번 여행은 가능하면 구체적인 계획을 최소화하고 매 상황마다 마음 가는 대로 하자"라고 하는 것 자체가 매우 유연성 높은 계획을 세우는 것과 같다. 그리고 여행이 끝나면 당초 본인 세웠던 계획대로 여행이 진행되었는지 스스로 판단하고 평가할 것이다.

개인은 물론이고 특히 모든 조직은 계획을 세운다. 조직의 크기가 크든 작든, 단순하든 복잡하든, 영리조직이든 비영리조직이든 관계없다. 학교는 학생들을 어떻게 교육할 것인지에 대한 계획을 세우고, 회사는 회사 전체의 계획을 세운 후 이에 근거하여 각 부문의 세부계획을 수립하게 된다.

계획을 세우는 행위는 이러한 공식화된 조직뿐만 아니라 우리의 일상생활에서도 쉽게 볼 수 있다. 친구들과 함께 여행을 가거나 가족끼리 외출을 할 때에도 우리는 계획을 세우고, 심지어 쇼핑을 하러 갈 때에도 계획을 수립하는 경우가 있다. 왜 계획을 세울까?

계획수립(planning)이란 조직의 목표를 달성하기 위하여 언제 어디서 어떤 일을 어떻게 할 것인가를 결정하는 과정을 말한다. 즉 계획수립은 미래에 예견되는 다양한 기회를 분석하고, 평가하며, 선택하는 과정을 통하여 조직의 목표를 달성할 수 있는 행동계획을 체계적으로 개발하는 것이다.

계획수립활동의 결과물은 **계획**(plan)으로 나타난다.

계획수립은 관리의 순환과정상에서 출발점이다

계획수립은 조직화 활동, 지휘활동, 통제활동에 선행하는 관리활동의 출발점이자 가장 근본적인 활동이다. 계획수립이 된 후에야 비로소 조직을 만들고 거기에 사람을 배치하는 조직화 활동, 과업성취를 위하여 조직구성원을 고무하고 이끄는 지휘활동, 목표달성을 유도하고 그 여부를 확인하는 통제활동이 이어지는 것이다. 이러한 관계는 [그림 9-1]에 잘 나타나 있다.

계획수립과 각 관리활동이 이러한 관계에 있기 때문에 계획수립이 잘되면, 이는 향후의 조직활동에 강력한 토대가 된다.

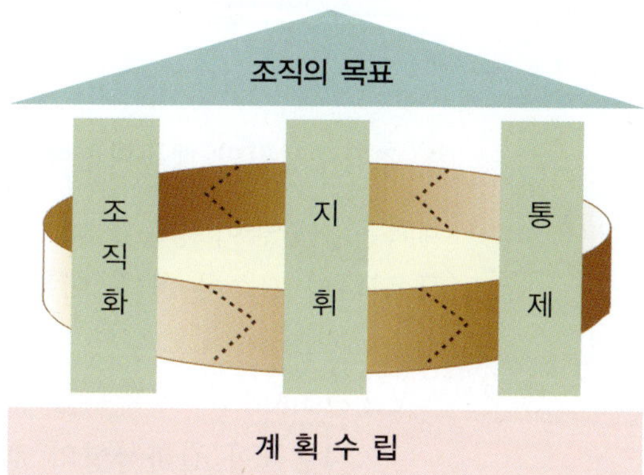

□ 그림 9-1
후속되는 관리활동과 계획수립의 관계

계획수립은 여러 이점을 제공한다

집중도를 높이고 유연성을 향상시켜준다

계획수립은 조직과 조직구성원의 집중도(focus) 및 유연성(flexibility)을 높여준다. 계획수립이 잘되면 미래에 해야 할 일이 분명하게 정해지기 때문에 조직의 역량이 분산되지 않고 집중도가 커진다. 계획수립이 잘된 조직에서는 어떤 것이 최선을 다하는 것인지 알며, 고객이 무엇을 필요로 하는지, 어떻게 하는 것이 그들에게 잘하는 것인지를 알고 있다.

한편 잘된 계획에는 미래의 환경변화에 따라 당초의 계획이 변동될 가능성에 대비한 내용도 담기게 된다. 유연성 있는 계획을 가진 조직은 환경변화에 대응하고 그 자신을 변화시킬 수 있는 능력을 갖추게 되는 것이다.

그림 9-2
계획수립이 제공하는 이점

조직구성원의 행동지침이 된다

계획은 사람들이 행동할 때 조직의 목표를 달성하는 방향으로 행동할 수 있도록 하나의 지침이 된다. 이는 구체적으로 다음과 같은 방식으로 이루어진다.

- 결과지향 : 계획수립시 달성해야 할 성과를 사전에 결정하기 때문에 사람들이 결과지향의 행동을 하게 한다.
- 우선순위에 기초한 행동 : 어떤 일에 우선적으로 관심을 가져야 하는지 지침을 제공한다.
- 이익지향 : 모든 자원이 회사의 이익(advantage)을 극대화하는 방향으로 사용되도록 한다.
- 변화지향 : 계획수립시 미래의 기회와 문제점을 예측하고 이에 효과적으로 대응할 수 있도록 행동하게 해준다.

조정을 돕는다

조직 내에서는 많은 개인, 집단, 하부조직이 각기 다양한 업무를 동시에 수행한다. 이들이 자신의 목적을 추구하더라도 그 결과는 최종적으로 조직 전체의 목표를 달성하는 데 기여해야 한다. 계획수립이 잘 이루어지면 한 조직 내에서 조직 전체의 목표와 하부의 각 세부조직(또는 개인이나 집단)의 목표가 일관성을 갖게 된다. 조직 전체를 최상위로 볼 때 최상위단계에서 목표가 정해지면 다음 하위단계에서는 최상위단계의 목표에 근거하여 목표를 수립한다. 이어지는 그 다음 하위단계에서도 이러한 일은 반복된다.

전체 목표에 부합되도록 하위단계의 목표를 정하는 이러한 계획수립 활동은 한편으로는 각 세부조직간의 목표에도 조화가 이루어지도록 한다. 만일 하부조직간에 갈등이 발생할 때에는 전체 목표에 근거하여 조정이 이루어질 수 있다. 계획수립이 잘되면 결국 조직 상하간, 하부조직간의 조정을 사전에 하고 있는 셈이며, 사후적인 갈등이 발생할 때에도 그 해결의 근거가 되는 것이다.

시간을 관리할 수 있게 해준다

계획수립이 제공하는 또 하나의 이점은 시간관리를 돕는다는 점이다. 조직구성원은 누구나 주어진 많은 책임이 있고 한편으로 많은 기회가 주어진다. 책임을 다하는 한편으로 기회를 적절히 활용하기 위해서는 제한된 시간을 적절히 분배해야 하는데, 이는 결코 쉬운 일이 아니다. 예를 들어 시험공부를 할 때 과목별로 시간을 배정하는 데 어려움을 겪은 경험은 누구든지 있을 것이다. 시험공부를 해야 하는데 꼭 해야 할 다른 일이 생긴다면 어려움은 가중될 것이다. 계획수립이 잘 이루어지면 시간을 어떻게 배분하여 활용할 것인지 준비되어 있기 때문에 시간관리를 용이하게 할 수 있다.

샐러리닷컴(salary.com)의 조사에 의하면 응답자의 89%가 매일 시간을 낭비하고 있다고 답했다. (자료 : MichaelPage)

통제의 근거가 된다

통제활동은 애초에 수립된 계획에 근거하여 이루어진다. 따라서 계획수립이 잘되면 성과의 측정 및 평가 활동, 그리고 이에 대한 보상/처벌 활동이 합리적으로 이루어진다. 성과가 계획에 미치지 못하면 통제과정에서는 ① 목표를 달성할 수 있도록 행동을 수정하거나 ② 계획수립시 세웠던 목표를 수정한다. 물론 둘 다일 수도 있다. 이러한 측면에서 계획수립과 통제는 매우 밀접한 관계를 갖는다. 계획수립 없는 통제활동은 업무가 얼마나 잘 수행되었는지를 측정하고 업무수행결과를 개선하기 위해서 무엇을 해야 하는지를 파악할 체계가 없는 셈이다. 또한 통제활동 없는 계획수립은 당초 의도한 대로 업무수행이 잘되었는지를 보장할 후속장치가 없는 것이나 마찬가지이다.

계획을 수립하기 위한 단계가 있다

계획수립의 출발은 조직이 나아갈 길을 정하는 것이다. 또는 이미 정해진 방향이 있다면 이를 확인하는 것이다. 이러한 조직의 방향은 미션/비전 체계나 미션 선언문(mission statement)에서 확인할 수 있다. 조직의 방향 설정에 대해서는 제13장에서 별도로 자세히 다루므로 해당부분을 참조한다.

계획수립은 [그림 9-3]에서 보는 바와 같이 크게 6단계로 이루어진다.

□ 그림 9-3
계획수립의 단계

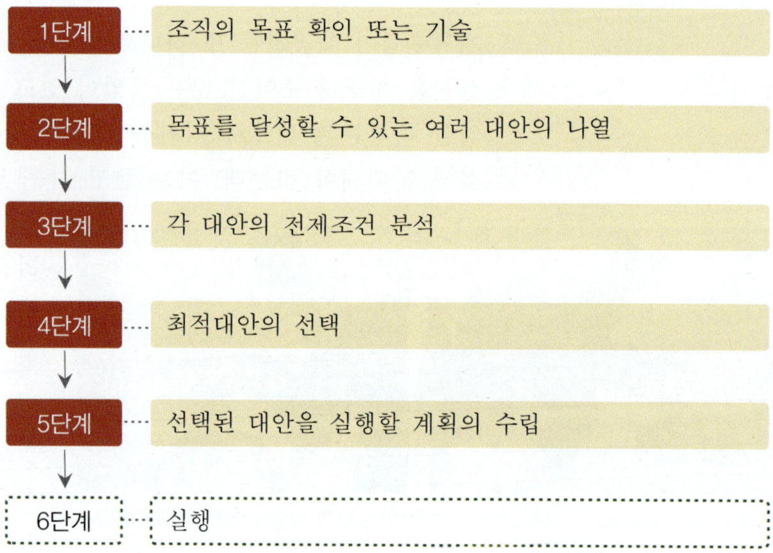

1단계 : 조직의 목표를 기술

계획수립은 조직의 관리시스템이 어떻게 하면 조직의 목표를 달성할 것인지에 초점이 맞춰져 있기 때문에 계획수립활동이 시작되기 전에 가장 먼저 조직의 목표가 분명하게 정리되어야 한다. 즉, 조직의 목표는 계획수립활동의 단초가 되는 것이다. 조직의 목표는 조직이 만들어질 때 이미 정해진다. 따라서 1단계에서는 새로 계획을 수립함에 있어 조직의 목표를 다시 확인하는 것으로 보면 된다. 물론 조직에 명시적인 목표가 없거나 애매한 경우에는 이 단계에서 조직의 목표를 재정리할 필요가 있다.

2단계 : 목표를 달성할 수 있는 여러 대안의 나열

조직의 목표가 명확하게 기술되면 그 목표를 달성하는 데 기여할 수 있는 가능한 한 많은 대안들을 찾아 나열한다.

3단계 : 각 대안의 전제조건 분석

어떤 대안이 조직의 목표를 달성할 성공가능성은 그 대안이 가지고 있는 전제조건이나 가정에 좌우된다. 아무리 좋아 보이는 대안이라 하더라도 전제조건이나 가정이 까다로우면 대안으로서의 효용가치가 떨어진다. 예를 들어 조직의 목표가 이윤을 증대시키려는 것이며 이를 달성할 수 있는 A, B 두 가지의 대안이 있다고 가정하자. A안은 현재 생산중인 제품의 매출액을 늘리는 방안이고 B안은 전혀 새로운 제품을 생산·판매하는 방안이다. 두 안을 비교해보면 A안은 기존 시장에서 시장점유율을 높여야 하는 반면 B안은 신제품 출시 후 새로운 시장에서 지명도를 높여야 하는 전제조건이 수반된다.

4단계 : 최적대안의 선택

여러 대안이 물색되고 각 대안의 전제조건이 분석되면 최적대안 선정을 위한 의사결정을 해야 한다. 전제조건 중에는 실현 불가능하거나 타당성이 떨어지는 것들이 있다. 이러한 조건이 붙어 있는 대안부터 제외시키다 보면 실현가능성이 높은 대안을 선택할 수 있다.

5단계 : 선택된 대안을 실행할 계획의 수립

대안이 선택되면 이를 실행할 장단기 전략적·전술적 계획을 수립하게 된다. 이러한 내용은 뒤에서 구체적으로 설명한다.

1단계~5단계가 계획수립에 해당된다. 1~4단계를 거친 후 최종적인 계획수립은 5단계에서 이루어진다.

6단계 : 실행

계획이 아무리 잘 수립되어 있다 하더라도 중요한 것은 이를 실제로 실행하는 것이다. 실행을 해야만 목표를 달성할 수 있다. 이 단계는 계획의 후속단계로서 엄격히 본다면 계획수립의 한 활동이라고 볼 수는 없다.

9.2 계획도 위계가 있다

계획을 분류해보자

계획수립의 결과물이 계획(plan)임은 앞서 말한 바 있다. 그렇다면 계획은 어떻게 분류할 수 있을까? 기준에 따라 몇 가지로 나눌 수 있다.

- 계획의 적용 범위에 따라 : 전략적 계획, 전술적 계획, 운영계획
- 계획의 시계(time horizon)에 따라 : 장기계획, 중기계획, 단기계획
- 계획의 반복 여부 또는 사용빈도에 따라 : 일시적 계획(single-use plans)과 지속적 계획(standing plans)

그런데 여러 분류방법에 의해 분류되는 각 계획들은 전체적으로 보면 조직 내에서 계층구조에 따라 적용된다. 조직의 목표를 달성하기 위하여 먼저 장기계획인 전략적 계획을 수립하고 이에 근거하여 중기계획인 전술적 계획을 수립한다. 이어서 단기계획인 운영계획을 수립하는 것이다. 운영계획은 다시 처리되는 업무가 반복업무이면 정책 및 절차로 이어지고, 비반복적인 업무이면 예산 또는 프로젝트로 이어진다. 이를 정리하면 [그림 9-4]와 같다. 이제 각각의 계획유형에 대하여 살펴보자.

□ 그림 9-4
계획의 계층구조

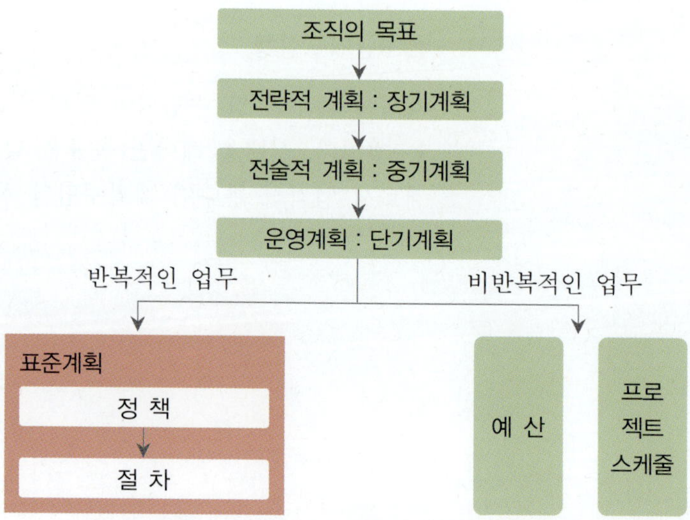

장기계획, 중기계획, 단기계획 순으로 수립한다

조직은 미래의 시계(time horizon)상에 다양한 계획을 준비해야 한다. 일반적으로 단기계획은 1년 이하의 기간을 대상으로 하는 계획을 말하며 중기계획은 1~2년간의 계획을, 장기계획은 3년 이상의 기간을 대상으로 하는 계획을 말한다.

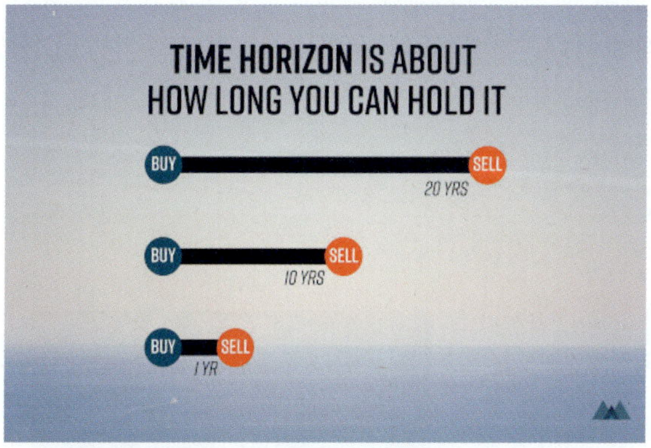

시계(time horizon)를 설명하는 그래픽. "얼마나 오래 유지하는지에 관한 것"이라고 말하고 있다. (자료 : Money Sherpa)

최고경영자는 주로 장기계획 수립에 관여하며 하위 단계로 내려갈수록 중기 · 단기계획을 수립한다. 각 시계상에 대한 계획을 수립할 때 주의할 것은 조직의 모든 계층에서 장기계획을 제대로 이해하고 있어야 한다는 점이다. 그래야 각 계층에 맞는 계획을 수립할 때 장기계획과 일관성 있는 계획을 수립할 수 있기 때문이다.

관리자를 연구하는 쟈크(E. Jaques)에 의하면, 사람마다 미래에 대하여 생각하고, 계획을 세우고, 업무를 수행하는 시계상 능력이 다르다고 한다. 즉, 대부분의 사람들은 겨우 3개월 정도만의 시계를 갖고 있으며, 소수의 사람들은 1년 정도를 그리고 수백만 명 중 한 명 정도만이 20년 이상을 내다볼 줄 안다고 한다. 이는 장기계획을 세우는 것이 얼마나 어려운지, 결과적으로 최고경영자의 역할이 얼마나 중요하고도 어려운지를 시사하는 것이다.

시계상으로 구분하는 계획은 계획의 범위와도 관련이 있다

앞서 시계상으로 조직을 구분하면 장기계획, 중기계획, 단기계획으로 나눌 수 있었다. 그런데 이들 계획을 그 범위에 따라 구분하면 전략적 계획과 전술적 계획, 운영계획으로 나눌 수 있다. 시계상으로 구분한 계획들과 범위에

표 9-1
계획의 구분

계획의 구분		시간적 범위 (유동적임)	관리자
시계에 따라	범위에 따라		
장기계획	전략적 계획	3~5년	최고경영자
중기계획	전술적 계획	1~2년	중간관리자
단기계획	운영계획	1년 이하	하위관리자

따라 구분한 계획들의 관계는 〈표 9-1〉과 같다. 시간적 범위는 다소 유동적이다. 중기계획을 2~5년, 장기계획을 5년 이상으로 보는 경우도 있다. 기업 특성에 따라 10년 이상을 장기적 계획에서 접근하는 경우도 있다.

이제 범위에 따른 각 계획을 살펴보자.

먼저 전략적 계획(strategic plans)은 장기적인 관점에서 조직이 나아갈 방향을 정하는 것이다. 최고경영자는 전략적 계획수립단계에서 조직의 목표를 설정하고 이를 달성하기 위한 자원의 조달과 배분, 그리고 그 수행방안을 결정한다. 전략적 계획은 포괄적인 계획이다. 예를 들어, 섬유산업이 주력이었던 선경그룹이 (주)유공(인수 당시에는 대한석유공사)을 인수하면서 한국의 에너지산

하나 더 성공적으로 커리어를 관리하는 10가지 원칙

▌카렌 도우드(Karen Dowd). 노틀담 대학(Notre Dame)의 MBA 경력개발 수석관리자인 그녀는 최근까지 엠파워 그룹(The Empower Group)에서 200여 개가 넘는 기업의 컨설턴트로 일해 왔다.

- 원칙 1 : 너 자신을 알라=각자가 처해 있는 형편이나 여건 변화에 상관없이, 자신이 원하는 인생을 살아가고 또 이에 필요한 커리어를 쌓기 위해서는 먼저 자아성찰과 같은 근본적인 자기진단 과정이 필요하다.
- 원칙 2 : 실패를 딛고 일어서라=자신만의 분명한 커리어를 획득하기 위한 두 번째 원칙은 자신의 실수나 실패의 원인이 무엇이었는지 학습하고, 미래의 학습곡선을 지속적으로 그려나가는 일이다. 지속적 학습은 일과 삶의 질을 개선해 나가는 데 도움이 되는 새로운 기술과 경험, 통찰력을 계속적으로 획득해 나가는 과정이다.
- 원칙 3 : 예측된 위험을 감수하라=자신의 삶과 커리어를 분명히 하기 위해서는 때로는 위험을 감수할 줄 알아야 한다. 우리는 위험이 닥쳤을 때 적극적으로 위험에 맞서 싸울 수도 있고 그 위험을 회피할 수도 있기 때문이다.
- 원칙 4 : 돈에 관한 균형 잡힌 사고를 가져라=자신에게 적합한 커리어가 무엇인지를 밝히는 네 번째 원칙은 돈이란 어떤 의미이며 얼마나 많은 돈이 있어야 충분하다고 생각되는지 이해하는 것이다. 돈이란 우리가 이루려고 하는 삶과 커리어를 성취할 수 있도록 해주는 수단, 즉 도구에 불과하다.
- 원칙 5 : 사람을 소중하게 생각하라=성공적인 커리어를 구축하는 다섯 번째 원칙은 삶에서 만나는 사람들을 잘 활용하고 또 그들에게 도움을 제공하는 것이다. 사람들간의 상호의존 관계가 무엇이며 왜 그것이 중요한지 살펴보다 보면 우리의 삶을 풍요롭게 하는 데 다른 사람의 역할이 얼마나 소중한지를 다시 한번 깨닫게 될 것이다.
- 원칙 6 : 지금 당장 계획을 세워라=커리어 관리를 위한 여섯 번째 원칙은 계획을 수립하는 것이다. 계획수립의 중요성은 아무리 강조해도 모자란다. 계획을 수립하는 과정에서 가장 중요한 것은 변화를 위해 준비하는 것이다. 변화 계획에 있어서 첫 번째 단계는 자신을 준비시키는 것이고, 그 다음이 당신의 변화에 영향을 받을 수 있는 사람들을 준비시키는 것이다.
- 원칙 7 : 삶을 즐기며 자신의 커리어를 유지하라=자신만의 분명한 커리어를 갖는 일곱 번째 원칙은 오랜 기간 유지될 수 있는 커리어를 통하여 삶을 발전시켜 나가면서 인생을 즐기는 것이다.
- 원칙 8 : 휴식기간을 가져라=자신이 원하는 커리어를 갖추기 위한 여덟 번째 원칙은 커리어를 추구해 가는 과정에서 한 번 이상의 휴식기간을 갖는 것이다.
- 원칙 9 : 지금 바로 시작하라=성공적인 커리어를 구축하기 위한 아홉 번째 원칙은 직장 선택이나 커리어 변화와 관련하여 수립한 전략과 계획을 행동으로 옮기는 것이다.
- 원칙 10 : 자신만의 커리어를 소유하라=커리어 관리를 위한 마지막 열 번째 원칙은 자신만의 고유한 커리어를 소유하는 것이다. 커리어는 동계올림픽에서 얼마나 높이 올라갔으며, 우아하게 그 경사를 타고 다시 내려왔는가를 가지고 채점을 하는 스노보드 경기와 비슷하다.

(카렌 O. 도우드 외의 저서 『나만의 커리어를 디자인하라』에서)

업을 대표하는 기업 중의 하나가 된 후 다시 (주)SK텔레콤(인수 당시에는 한국이동통신)을 인수하면서 통신업계의 강자가 된 것은 전략적 계획의 일환으로 볼 수 있다.

전술적 계획(tactical plans)은 전략적 계획에 근거하여 작성하는 중기적 계획이다. 전략적 계획이 다소 추상적 · 장기적이며 최고경영자가 행하는 의사결정으로 외부환경의 중요성이 강조된다면 전술적 계획은 보다 구체적 · 중기적이며 중간관리자가 행하는 의사결정으로 내부환경 의존적이라고 할 수 있다.

한편 운영계획(operational plans)은 전략적 계획을 실천하기 위한 구체적인 활동이 담긴 계획을 말한다. 주로 단기간에 이루어지는 계획으로서 그 기간이 1년 단위일 수도 있고 짧게는 1주 단위일 수도 있다. 운영계획에는 조직이 실제로 활동하는 데 필요한 계획이 담기게 된다. 운영계획의 전형적인 예로는 다음과 같은 것들이 있다.

- 생산계획 : 제품의 생산량과 생산시기, 재고수준 등에 관한 계획
- 재무계획 : 영업활동을 지원하기 위한 자금조달계획
- 마케팅 계획 : 제품과 서비스의 판매, 물류에 관한 계획
- 인적자원계획 : 사람의 채용, 선발, 배치 등에 관한 계획

정책과 절차

대부분의 조직에서는 표준화된 어떤 계획을 실정해 놓고 반복해서 업무를 수행할 때에는 이를 기초로 하는 경우가 많다. 이러한 계획을 표준계획(standard plans)이라고 하며 이에는 정책과 절차가 있다. 정책 및 절차와 같은 표준계획은 언제 어떤 상황이 발생하더라도 사람들이 거기에 일관성 있게 따르도록 하는 하나의 방향타와 같은 역할을 한다.

정책(policy)은 특정한 상황에서 의사결정과 행동의 광범위한 가이드라인이 되는 표준계획이다. 정책의 한 예로 인사정책을 보자. 어느 기업에서 신입사원 채용시, 출신대학이나 학교의 성적을 따지지 않는 블라인드(blind) 방식으로 진행하되, 자체의 시험성적과 면접만으로 채용을 하는 것을 인사정책으로 정했다고 하자. 이러한 정책이 결정되면 채용담당 직원이 계속 바뀌더라도 일관성

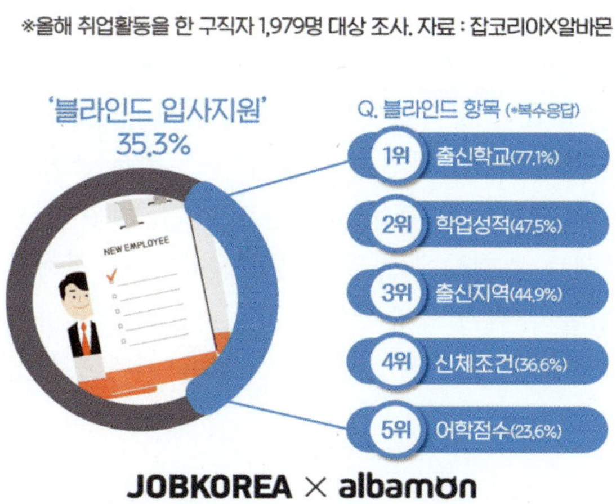

구직자 블라인드 항목 체감도 (자료 : 경북일보)

있는 신입사원 선발정책을 유지할 수 있을 것이다.

절차(procedures) 또는 규칙(rules)은 특정한 상황에서 어떤 행동을 해야 하는지를 세세하게 규정한 것을 말한다. 절차나 규칙은 정책에 근거하여 보다 구체적인 행동방식이나 과정을 나타낸 것이다. 이러한 절차나 규칙은 통상 매뉴얼이나 핸드북 형태로 만들어져 있어서 업무현장에서 손쉽게 활용된다.

예를 들어 요즘 여러 회사에서 종종 문제가 되는 것 중의 하나는 직장 내 성희롱이다. 어느 회사가 성희롱에 대하여 남녀간, 계층간을 막론하고 엄중 처벌하도록 하는 정책을 수립했다고 하자. 이러한 회사의 방침에 근거하여 이 회사에서는 성희롱의 종류에 따라 이 사안을 어떤 과정으로 어떻게 처리하며, 어떤 징계를 할 것인가를 절차 또는 규칙으로 자세히 문서화해 놓게 되는 것이다.

예산과 프로젝트 스케줄

정책과 절차가 표준계획으로서 반복성을 갖는다면 예산과 프로젝트 스케줄은 일회성을 갖는 계획이다.

예산(budgets)은 자원을 각종 활동이나 프로젝트, 프로그램에 배분하는 내용이 담긴 것이다. 예산은 제한적인 자원을 서로 사용하려고 하는 여러 부서간에 적절히 배분해주는 강력한 도구이다. 유능한 관리자는 조직이 필요로 하는 예산을 조달하여 지원해줄 수 있는 관리자이다. 또한 유능한 관리자라면 책정된 범위 내의 예산만을 사용하면서 목표를 달성할 수 있어야 한다.

프로젝트 스케줄(project schedules)은 특별한 과업 성취를 목적으로 수립되는 일회성 계획이다. 이때 과업은 비교적 큰 규모의 과업을 말한다. 새로운 성능을 가진 자동차 개발, 중국시장 전문인력집단 양성과 같은 것이 프로젝트라고 할 수 있으며, 이의 스케줄을 수립하는 것이 계획수립의 한 유형이다. 이러한 프로젝트들은 반복되는 성격의 과업이 아니다. 프로젝트 스케줄에서는 과업의 구체적인 목표, 수행해야 할 활동의 내용과 시기, 자원 소요내역 등이 포함된다. 좋은 프로젝트 스케줄에는 일의 우선순위가 잘 정해져 있다. 프로젝트에 참여하는 사람들이 각기 무슨 일을 해야 하는지뿐만 아니라 어떤 순서로 해야 하는지도 나타나 있어서 전체 프로젝트를 제때에 마칠 수 있다.

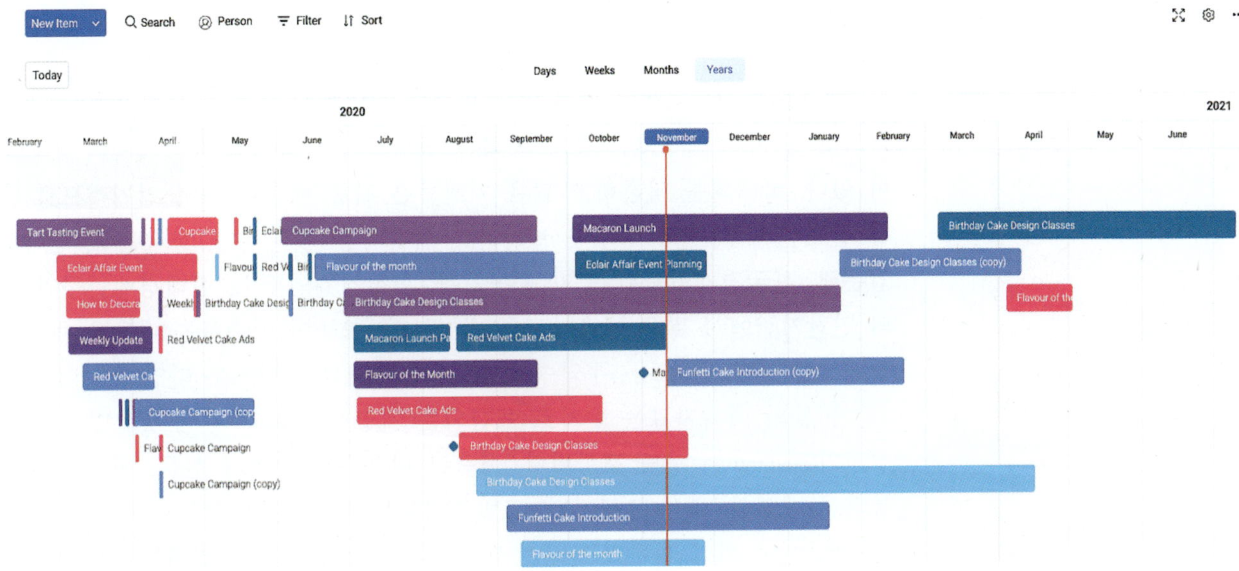

프로젝트 스케줄의 예 (자료 : Mondayblog)

9.3 계획수립기법

계획수립은 경영의 순환과정에서 성공의 핵심적인 요소이다. 당초 수립한 계획대로 활동이 이루어져 목표의 달성가능성을 높이려면 사람들이 계획을 쉽게 이해할 수 있어야 하고 계획수립시 타당한 근거가 있어야 한다. 계획수립에 이용되는 기법(technique, tool)으로는 상황대응 계획법, 시나리오 계획법과 같은 예측법, 벤치마킹, 참여적 계획수립법 등이 있다. 예측법은 미래에 대한 예측에 기반을 두고 있으며, 벤치마킹은 외부조직에서, 참여적 계획수립법은 내부의 구성원으로부터 계획수립의 기초가 제공된다.

계획수립자료의 기반	계획수립기법
예 측	–예측법 상황대응 계획법 시나리오 계획법
외부조직	–벤치마킹
내부구성원	–참여적 계획수립법

예측법

예측(forecasting)은 미래에 어떤 일이 발생할 것인지에 관한 가정을 만드는 과정이라고 할 수 있다. 모든 좋은 계획은 명시적이든 묵시적이든 예측이 포함되어 있다. 국내외를 막론하고 많은 기관들은 각종 예측을 하여 정기적으로 이를 발표한다. 국내의 경우만 보더라도 기획재정부, 통계청, 한국은행, 한국산업은행, 한국경제연구원 등의 공공기관, 삼성경제연구소, 현대경제연구원 등의 민간기관에서 많은 예측자료를 내놓는다. 그들이 예측하는 내용은 미래의 경제상황, 이자율, 고용, 무역수지 등 경제 내외를 넘나드는 다양한 분야이다.

이들의 예측자료는 숫자로 표현되는 계량적인(quantitative) 것뿐만 아니라 질적인(qualitative) 것도 포함된다. 예측된 내용은 방송이나 신문, 세미나 등을 통하여 대부분 세상에 공표된다. 발표내용은 종종 큰 반향을 불러일으켜 특정 산업이나 기업의 주가를 급변시키거나 은행과 같은 채권자들에게 영향을 미치기도 한다.

예측은 전문가의 의견이나 정교한 계량모형에 근거하지만 당연히 오류가 포함될 수밖에 없다. 따라서 경영자는 계획수립시 외부의 예측자료를 있는 그대로 활용할 것이 아니라 하나의 자료로서 참고하여 자신의 계획수립 내용에는 자신의 예측내용을 담아야 한다. 또한 당연히 계획수립시에는 미래가 예측된 대로 전개되었을 경우 조직에서는 어떻게 대응할 것인지도 담겨야 한다.

예를 들어 General Electrics(GE) 가전사업부의 경우를 보면, 이 회사는 외

□ 그림 9–5
예측법을 이용한 계획수립

국의 신규시장에 진출할 때에는 기획자 회의를 열어 신규시장에서 전개될 수 있는 어떤 상황도 무시하지 않고 철저히 논의한다. 이후에야 비로소 투자 계획이 수립되어 제품이나 마케팅 계획을 현지 사정에 맞게 수립한다. 즉 현지국가에서 전개될 상황을 예측하고 거기에 맞는 조직의 대응행동을 결정하는 것이다.

상황대응 계획법

계획수립은 미래에 대한 예측을 근거로 이루어진다. 따라서 미래 환경의 불확실성이 커질수록 당초 계획수립시의 가정이나 예상, 의도 등이 빗나갈 가능성이 커진다. 예상하지 못했던 문제나 사건들이 발생하는 것인데, 계획을 수정해야 할 경우도 생긴다.

상황대응 계획법(contingency planning)은 환경변화로 인하여 당초 계획이 부적절한 것으로 판단되었을 때 새로운 환경에 적절히 대응할 수 있도록 대안을 찾아 행동을 수정하는 과정이다. 이를 위해 조직을 둘러싼 환경이 당초 계획수립시점과 달라지고 있는지의 여부를 수시로 확인해야 하며, 변화의 식별시점은 빠를수록 좋다.

회사에 따라서는 이러한 일—기존의 계획이 더 이상 바람직하지 않을 만큼 환경이 심각하게 변화했는지 파악하는 일—을 자문단이나 관리자 중 일부에게 맡기기도 하고, 아예 계획수립시점에서 최악의 상황에 대비한 계획을 별도로 준비하기도 한다.

시나리오 계획법

시나리오 계획법(scenario planning)은 미래에 전개될 여러 시나리오를 예측하고 각 시나리오에 대응되는 계획을 수립하는 것을 말한다. 상황대응 계획법이 상대적으로 단기간의 예측기법이라면 시나리오 계획법은 장기간의 예측기법이다. 다양한 시나리오를 준비하면 미래 환경변화에 유연하게 대응할 수 있다. 석유회사 로열 더치 셸(Royal Dutch Shell)은 오래전부터 시나리오 계획법을 시행해오고 있다. 이 회사는 유가가 안정적이던 1965년에 이스라엘과 중동 산유국 간의 미래 분쟁에 대비한 시나리오를 작성했다. 1973년에 실제로 중동전쟁이 터지고 오일쇼크가 일어나면서 시나리오를 준비했던 이 회사는 당시 업계 7위에서 단숨에 1위에 오르게 된다. 이 회사는 "석유 공급이 끝난 후에는 우리 회사는 무슨 일을 해야 하는가?"의 물음에 대한 답으로 시나리오 계획법을 활용하고 있다.

피터 슈워츠(1946~)는 미래 전략 및 시나리오 계획을 전문으로 하는 기업전략 회사 Global Business Network의 공동설립자이자 미래학자이다.

피터 슈워츠가 시나리오 계획법을 제시하면서 예로 든 것이 유럽의 가스회사였다. 만약 유럽에 공급하고 있는 러시아 천연가스 공급안정성이 깨질 경우 어떻게 대응할 것인지 시나리오 계획법으로 준비해야 한다고 했던 것이다. 러시아의 우크라이나 침공을 사실상 미리 예견한 것이니 대단한 학자가 아닐 수 없다. (자료 : Conversation)

시나리오 계획법은 피터 슈워츠(Peter Schwartz)에 의해서 체계화되었다. 물론 시나리오 계획법이 미래의 모든 발생가능한 상황에 대한 대비책을 준비할 수 있도록 해주는 것은 아니다. 그러나 시나리오 계획법은 사람들이 미래에 대하여 한 번 더 생각하게 해주고 미래에 충격적인 변화가 발생하더라도 의연하게 대처할 수 있게 해주는 이점이 있다. 시나리오 계획법에서 관심이 되는 분야는 주로 기후 변화, 개발의 한계, 인간의 권리, 생물학적 다양성 등이다.

Self Q&A

시나리오 계획법은 원래 장기적인 시계를 갖는 예측기법이다. 각자 자신의 미래를 시나리오 계획법에 의거하여 생각해보자.

벤치마킹

벤치마킹(benchmarking)은 현재의 성과를 비교하고 미래에 취할 수 있는 행동을 식별하는 데 외부적인 비교기준을 활용하여 도움을 받는 것을 말한다. 벤치마킹의 목적은 다른 사람이나 조직이 어떻게 잘하고 있는지를 파악하고 이를 자신에게 어떻게 이롭게 활용할 것인가 하는 것이다. 벤치마킹이 되는 대상은 조직의 성격이나 크기에 관계없다. 같은 업종 내에서 경쟁자나 우량기업을 벤치마킹하기도 하지만 전혀 관계없는 이질적인 조직을 벤치마킹하기도 한다. 벤치마킹하는 내용의 범위도 인사정책이나 정보시스템처럼 단일 사안부터 전체적인 조직운영 방식까지 제한이 없다. 단지 우월한 성과를 보이고 있는 모든 사람이나 조직이 대상이 된다.

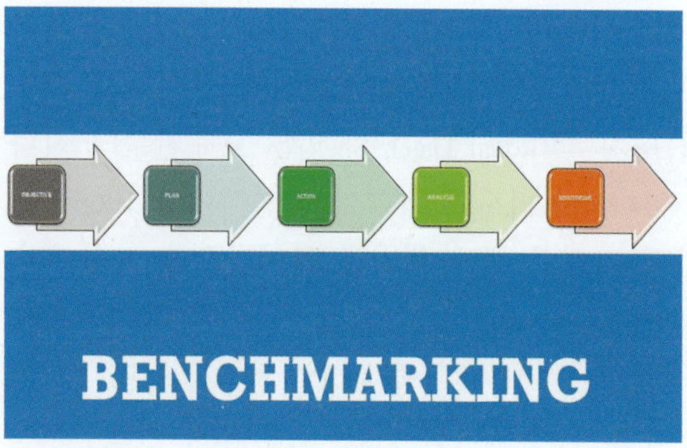

벤치마킹은 프레젠테이션 작업에도 효력을 발휘한다. (자료 : Marketing Psycho)

이 기법은 최근에 크게 각광을 받고 있는 분야이다. 한 연구에 의하면 벤치마킹 기법을 활용한 결과 성장은 69% 빨라지고 생산성은 45% 개선되었다고 한다.

참여적 계획수립법

참여(participation)는 계획수립과정에서 핵심적인 것이다. 참여적 계획수립법(participatory planning)이란 수립된 계획에 영향을 받고 또한 이를 수행해야 하는 사람들이 계획수립과정에 참여하는 것을 말한다. 이러한 방법은 조직에 많은 효익을 가져다준다. 계획수립시 다양한 계층의 사람들이 많이 참여하면 활용가능한 정보의 양이 많아지고 창조성이 향상된다. 또한 최종적으로 확정된 계획에 대한 이해도, 수용도, 몰입도 등을 높여준다.

따라서 계획수립시에는 다양한 분야의 사람들이 참여하여 공헌하게 함으로써 그들의 능력과 이점을 활용하고 책임감을 부여할 필요가 있다. 이는 최고경영자의 몫이라고 하는 전략적 의사결정의 경우도 예외가 아니다. 전략계획수립에 보다 많은 단계의 사람들이 참여할수록 그리고 참여의 정도가 강할수록 조직의 목표를 달성하기 위한 조직구성원의 몰입 정도가 커진다.

이 방법의 단점은 계획수립시 시간이 많이 소요된다는 점이다. 그러나 이 방법이 효율적으로 사용되기만 한다면 일반적으로 시간의 지연으로 발생하는 비용의 크기보다 참여적인 계획수립법 자체가 제공하는 효익이 더 크다.

9.4 목표관리는 매우 유용한 관리기법 중의 하나이다

목표관리기법은 유용한 계획수립 및 실행방법이면서 통제방법이다. 즉 목표관리기법은 계획수립에서 출발하여 그 수행과정, 통제과정이 모두 포함되는 독특한 특성을 가지고 있다. 경영의 순환과정 중 실행은 제10장과 제11장, 통제에 관하여는 제12장에서 설명하겠지만 계획수립이 목표관리의 시작이므로 목표관리기법을 여기에서 살펴보고자 한다.

목표관리란 무엇인가?

계획수립과 통제는 마치 동전의 양면과 같은 성격을 가지고 있다. 목표관리기법은 매일매일의 업무수행과정에서 계획수립과 통제활동을 통합하는 매우 유용한 기법이다. 목표관리(MBO : management by objectives)란 상급자와 하급자가 함께 목표를 설정하고 실행한 후 이를 평가하는 과정을 말한다. 즉 감독자(상급자, 리더)와 부하직원(하급자, 팀원)이 함께 목표를 설정하고 성취된 결과를 평가하는 일상적인 의사소통과정이다.

MBO에서는 감독자와 부하직원이 다음의 내용을 공식적으로 합의한다.

감독자와 부하가 합의하는 내용

- 특정기간 동안 부하직원이 달성해야 할 목표
- 목표가 성취되어 가는 과정에 대한 계획
- 목표가 달성되었는지를 평가할 때 판단할 성과표준
- 성과를 평가하는 절차

목표관리의 과정은 간단하다

MBO의 과정은 [그림 9-6]과 같이 정리할 수 있다. 그림에서 보는 것처럼 상사와 부하는 먼저 계획수립단계에서 상사의 일방적 목표제시가 아닌 상사와 부하가 함께 공식적으로 목표를 설정하고, 업무를 수행할 일정, 업무수행 후 결과를 비교 평가할 표준도 설정한다.

목표를 세울 때에는 다음의 네 가지 기준을 충족하는 목표를 세우는 것이 바람직하다.

- 구체적일 것 : 추상적인 아닌 핵심사항 중심으로 이해하기 쉽고 구체적인 목표를 설정한다.

□ 그림 9-6
MBO의 과정

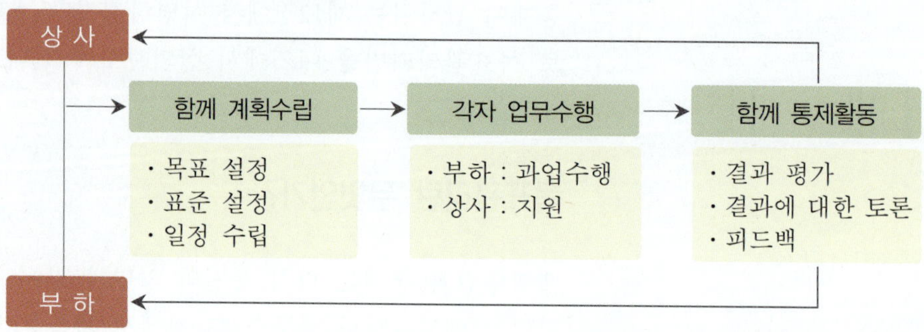

- 시간이 명시될 것 : 목표달성시기를 구체적으로 명시한다.
- 도전가능할 것 : 실현가능하여 도전의지를 가질 정도의 목표를 설정한다.
- 측정가능할 것 : 가능하면 숫자로 측정가능한 목표가 바람직하다.

목표관리에 대해 찬반양론이 뜨거웠다

MBO가 드러커(Drucker)에 의해 모습을 드러낸 이후 오랫동안 이 기법에 대해서는 찬반양론이 뜨겁게 전개되어 왔다. 이러한 찬반 논쟁은 역설적으로 MBO기법을 채택할 때 어떤 점에 관심(장점)을 기울여야 하고 어떤 점은 조심(단점)해야 하는지를 알게 해줌으로써 이 기법의 장점을 극대화할 수 있도록 해준 면도 있다.

MBO기법을 활용할 때 피해야 할 대표적인 문제점으로는 쉬운 목표를 설정하는 것, 서류작업을 과도하게 요구하는 것, 감독자가 부하에게 자신이 생각하고 있는 목표수준을 단순히 말하는 것만으로 자신의 본래 의무를 다 했다고 생각하는 것, 단기간의 목표만을 지나치게 강조하는 것 등이 있다.

이러한 점만 극복이 된다면 MBO는 [그림 9-7]과 같이 많은 이점을 준다.

□ 그림 9-7
목표관리(MBO)가 주는 이점

부하에게는	가장 중요한 과업을 수행하고 목표를 달성하기 위하여 노력해야 할 업무가 무엇인지 알 수 있게 해준다
상사에게는	부하와의 합의하에 설정한 목표달성을 위하여 부하를 어떻게 지원해야 하는지를 분명히 알 수 있게 해준다
조직에는	상사와 부하가 직접 얼굴을 맞대고 협의하기 때문에 상하간의 관계형성에 도움을 준다
	부하는 자신에게 영향을 미치는 업무의사결정에 직접 참여할 수 있는 제도화된 기회를 갖는다
	이로 인해 부하는 외부적인 통제에 의해서 움직이기보다는 자신이 스스로 하려는 의지를 갖게 된다
	당연히 설정된 목표를 달성하려는 의지 또한 강해져 조직 전반에 큰 기여를 하게 된다

마무리 사례

미 경제학자들 예측 실패 반성… 미 경제 연착륙 전망, 인플레이션 재반등 우려도

1년 전 경기침체를 예상했던 미국 경제학자들이 자신들의 예측이 틀렸음을 인정하면서 미국 경제가 연착륙하고 금리도 떨어질 것이라는 전망을 내놨다. 인플레이션이 재반등할 우려가 있다는 경고도 나왔다.

7일(현지시간) 블룸버그통신과 월스트리트저널(WSJ) 등의 보도에 따르면, 지난 5일부터 이날까지 사흘 동안 텍사스주 샌안토니오에서 진행된 전미경제학회(AEA) 연차총회에 참석한 경제학자들은 팬데믹 이후 자신들이 경제 전망에 실패했다는 점을 시인했다.

AEA 2024 연차총회 안내 웹사이트 (자료 : AEA)

앞서 팬데믹 이후 인플레이션이 수십 년 만에 최고치로 치솟을 것이란 사실을 예상하지 못했던 경제학자들은 지난해 루이지애나주 뉴올리언스에서 열린 AEA 연차총회에서 인플레이션을 잡기 위해서는 높은 실업률과 경기침체가 불가피하다고 전망한 바 있다. 그러나 미국은 현재 경기침체 없이 인플레이션이 둔화하고 있다. 미 연방준비제도(Fed · 연준)가 선호하는 물가지표인 개인소비지출(PCE)은 2022년 7.1%에서 지난해 11월 2.6%로 떨어지며 연준의 목표치인 2%에 근접하고 있다.

이와 관련해 이번 AEA 연차총회에 참석한 경제학자들 사이에서 자성하는 분위기가 나타났다고 블룸버그는 전했다. 미시건대의 제임스 하인즈 교수는 "우리는 애초 인플레이션이 급등한 이유를 제대로 이해하지 못했기 때문에 인플레이션이 예상보다 빨리 둔화한 데 대해서도 놀라지 말아야 할 것 같다"고 말했다. 그는 미국의 회복세가 다른 선진국보다 더 강한 것은 미국이 팬데믹 긴급 지원의 대부분을 기업이 아닌 개인에게 제공했기 때문이라고 설명했다.

제니스 에벌리 노스웨스턴대 교수는 학자들이 기존의 경제 데이터를 토대로 구축한 컴퓨터 모델에 지나치게 의존한 바람에 예측에 실패했다고 말했다. 100년 만의 팬데믹이라는 예외적인 상황에 직면했는데 1970년대의 데이터를 기계적으로 적용해 고물가에 이어 경기침체가 찾아올 것이라고 예측했다는 것이다. 에벌리 교수는 "모델은 지나친 단순화"라면서 "우리 모델을 신뢰하지 말았어야 했다"고 말했다.

5일(현지시간) 미국 뉴욕 맨해튼의 한 신발 매장에서 사람들이 쇼핑을 하고 있다. (자료 : AFP연합뉴스)

마틴 우리베 콜롬비아대 교수는 이번 총회에서 발표한 논문을 통해 컴퓨터 모델이 다루는 범위를 팬데믹 이후 잦은 인플레이션이 발생했던 2차 세계대전 이전으로까지 확대해야 한다고 제안했다고 WSJ는 전했다.

이번 연차총회에 참석한 경제학자들은 올해 미국 경제가 연착륙하고 인플레이션 압력이 낮아지면서 연준이 금리를 낮출 것이라고 전망했다. 모건스탠리 이코노미스트 엘렌 젠트너는 "연준이 올해 금리를 인하할 것"이라면서 "다만 인내심을 가질 필요가 있다"고 말했다. 젠트너는 연준의 첫 금리 인하가 6월에 시작될 것이라고 예측했다.

장기 전망이 밝지 않다는 지적도 나왔다. 장기 성장을 위해서는 지속적인 생산성 향상을 통해 인구 고령화, 글로벌 분쟁, 세계 무역의 블록화 현상 등 심각한 역풍을 넘어서야 하는데, 현재의 상황은 그와 거리가 멀다는 것이다. 이번 총회에서 발표된 한 논문에 따르면 최근 수년 동안 미국 투자자들이 중국을 외면하고 동맹국을 선호하는 '프렌드쇼어링' 현상이 나타나고 있다고 WSJ는 전했다. 에벌리 교수는 미국 경기가 팬데믹 이전 추세로 회복되는 듯 보이지만, 이는 결국 일회성에 그칠 수 있다고 지적했다.

(경향신문, 2024.1.8)

핵심용어

- 계획수립
- 계획
- 시간관리
- 단기계획
- 중기계획
- 장기계획
- 전략적 계획
- 전술적 계획
- 운영계획
- 정책
- 절차
- 예산
- 프로젝트 스케줄
- 예측법
- 상황대응 계획법
- 시나리오 계획법
- 벤치마킹
- 참여적 계획수립법
- 목표관리

요 약

- 계획수립(planning)은 미래에 예견되는 다양한 기회를 분석하고, 평가하며, 선택하는 과정을 통하여 조직의 목표를 달성할 수 있는 행동계획을 체계적으로 개발하는 것이다. 계획수립활동의 결과물은 계획(plan)으로 나타난다.
- 계획을 세우면 집중도를 높이고 유연성을 향상시켜주며, 조직구성원의 행동지침이 된다. 조직의 조정과 시간관리를 도울 뿐만 아니라 통제의 근거가 된다.
- 계획을 수립할 때에는 먼저 조직의 목표를 확인한 후 목표를 달성할 수 있는 여러 대안을 나열해본다. 각 대안의 전제조건을 분석하여 최적대안이 선택되면 이를 수행하기 위한 계획을 수립하는 것이다.
- 계획은 시계에 따라 장기계획, 중기계획, 단기계획 등으로 나누고 범위에 따라 전략적 계획, 전술적 계획, 운영계획으로 구분되며, 계획수립의 빈도 여부에 따라 일시적 계획과 지속적 계획으로 분류된다. 운영계획은 다시 처리되는 업무가 반복적인 업무이면 정책 및 절차로 이어지고, 비반복적인 업무이면 예산 또는 프로젝트로 이어진다. 이처럼 계획은 계층구조를 가지고 있다.
- 계획수립에 이용되는 기법으로는 상황대응 계획법, 시나리오 계획법 등의 예측법, 벤치마킹, 참여적 계획수립법 등이 있다. 예측법은 예측에 기반을 두고 있으며, 벤치마킹은 외부 조직에서, 참여적 계획수립법은 내부의 구성원으로부터 계획수립의 기초가 제공된다.
- 목표관리기법은 상급자와 하급자가 함께 목표를 설정하고 실행한 후 이를 평가하는 과정을 말한다. 목표관리기법은 계획수립에서 출발하여 그 수행과정, 통제과정이 모두 포함되는 독특한 특성이 있다.

연습문제

1. 계획수립을 하는 이유는 무엇인가?
2. 계획을 분류하라.
3. 계획수립의 제 단계를 설명하라.
4. 계획의 계층구조를 설명하라.
5. 계획수립 제 기법의 특징을 설명하라.
6. 참여적 계획수립 기법의 장·단점을 설명하고 단점을 극복할 수 있는 방안을 제시하라.
7. 목표관리의 장단점을 설명하고 일상생활에서 이를 어떻게 응용할 수 있겠는지 생각해보자.

미니 프로젝트

여러분 각자는 자신에게 있어서 어떤 목표를 세우고 그 목표를 달성하기 위해 MBO 방법에 따라 학기 중 일정기간 동안 진행해보자. 이때 감독자는 부모님이나 교수님 또는 선배, 친구 중 한 명으로 한다.

▌토익 스피킹을 준비하면서 MBO를 활용해볼 수도 있겠다.
(자료 : 한국TOEIC위원회)

CHAPTER

10 조직 구축과 개선, 운용

우리나라 제1의 차량공유업체 쏘카. 최근 조직을 정비하고 개편하기로 했다. (자료 : 쏘카)

쏘카 대표 박재욱 "일하는 방식과 조직 정비, 그에 맞는 평가제도 도입할 것"

(자료 : 쏘카)

박재욱 쏘카 대표이사가 회사의 전략을 잘 구현할 수 있는 쪽으로 조직을 개편하고 이에 맞춘 보상제도도 도입하겠다는 뜻을 보였다.

박 대표는 8일 오전 개인 블로그에 '쏘카의 2023년을 보내며 정리한 10가지 배움'이라는 제목으로 올린 글에서 "기본적으로 조직은 회사의 전략을 잘 수행할 수 있는 모습으로 꾸려져야 하고 성과를 기반으로 평가받고 보상과 연동되는 것이 중요하다고 생각한다"며 "2024년에는 회사가 가장 중요시하는 전략에 맞춰 일하는 방식과 조직을 정비하고 그에 맞는 평가제도를 도입하고자 하고 있다"고 말했다.

그는 상장사 대표로서 온전히 1년을 보낸 2023년을 돌이켜보며 조직체계를 업그레이드하기 위해 이런 조치가 필요하다는 결론을 냈다는 취지로 설명했다.

박 대표는 "기존의 스타트업 정신과 문화를 유지하면서 상장사로서 의무를 다하기 위한 체계와 시스템을 갖춰나가는 것은 상당히 난이도가 높은 작업이었다"며 "조직체계의 업그레이드와 일하는 방식의 혁신이 있다면 더 지속가능한 회사로서 모습을 갖추는 데 한걸음 다가가지 않을까 싶다"고 말했다. (비즈니스 포스트, 2024.1.8)

10.1 조직화 : 조직을 설계하고 구축, 개선하며 운용을 한다

우리 모두는 어떤 조직에 속해 있다. 한 가족에 속해 있기도 하고 학생이라면 학교의 구성원이 된다. 동아리와 같은 친목단체에 소속되어 있을 수도 있다. 그런데 이러한 각 조직을 들여다보면 구성원 각자가 해야 할 일이 있고 서로간의 관계도 설정되어 있다.

동호회 조직을 중심으로 이를 좀더 구체적으로 살펴보자. 동호회가 정상적으로 활동을 하기 위해서는 제1장에서 배운 바와 같이 동호회의 목표가 있고 그 목표가 달성되어야 한다. 목표달성을 위해서는 동호회원 중 누군가는 회장으로서 모임을 이끌어야 하고 누군가는 실제적인 운영업무를 하는 총무 역할을 해야 한다. 동호회원 모두가 회장이나 총무가 될 수는 없는 것이며 또한 모두 회원 상태로만 있으면 조직이 제대로 굴러가기 어렵다.

동호회에 회장과 총무를 두기로 했다면 두 직위에서 행해질 권한과 책임을 정하고 두 직위간의 관계도 정립한다. 예컨대 총무가 회장에게 보고해야지 그 반대는 자연스럽지 않다. 그 다음에는 회장과 총무를 어떤 사람이 맡을 것인지를 정한다. 물론 현실에서 조직(모임)을 만들 때 회장과 총무를 바로 선임하는 것처럼 보일 수 있지만 이는 이미 구성원간에 회장과 총무라는 직위의 기능과 관계에 대한 사전적이고 암묵적인 합의가 있기 때문에 가능한 것이다.

조직화(organizing)란 위의 동호회의 예에서 보는 바와 같이 조직체의 목표를 달성할 수 있도록 조직구성원 각자의 직무와 상호간의 관계를 규정하는 것을 말한다. 즉, 조직화를 할 때는 누가 무엇을 하는가, 누가 누구에게 보고하는가, 누가 할 일인가 등에 대해서 구체적으로 결정함으로써 조직구성원의 직무범위를 결정하고 그에 따르는 권한과 책임을 부여한다.

하나 더 조직화는 반복적으로 일어난다

조직화의 정의를 보면 조직화가 조직을 처음 만들 때만 해당되는 것으로 오해할 수 있다. 신규로 조직화를 할 때에는 본장에서 배우는 것 등을 활용하여 조직을 설계, 구축한 후에 실제로 운용을 한다. 이후 개선의 필요성 등에 의하여 조직은 언제든지 변경될 수 있다. 그때마다 역시 본장에서 배우는 것 등을 활용하여 조직을 (재)설계하고 (재)구축한 후 변경된 내용에 따라 계속해서 조직 운용이 이루어지게 된다.

□ 그림 10-1
조직화의 단계

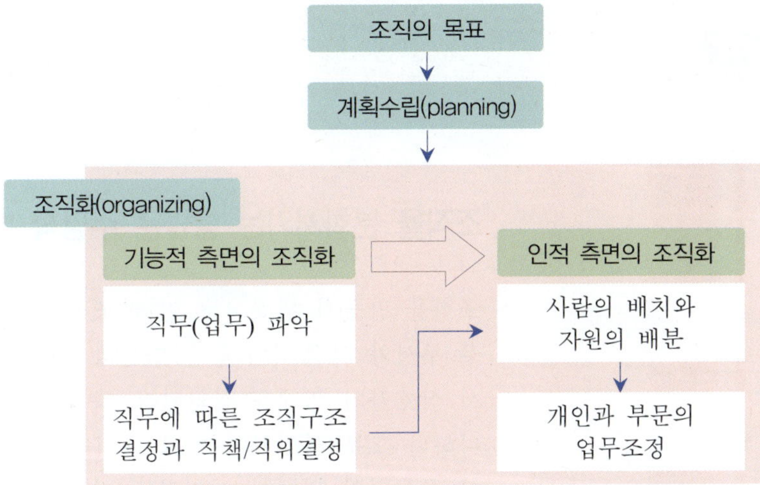

조직화의 주요한 목적은 업무를 가장 효과적으로 수행하는 데 필요한 제 요소, 즉 인원 · 방법 · 자재 · 자금 등을 합리적으로 배분하고 조정하는 데에 있다. 이러한 조직화는 [그림 10-1]과 같은 단계에 따라 이루어진다. 그림에서 볼 수 있는 것처럼 조직화를 할 때에는 직무를 먼저 결정하고 난 후 거기에 적합한 사람을 결정한다.

앞서 예를 든 동호회와 같은 친목단체를 만든다고 가정하고 이를 자세히 살펴보자. 친목단체를 만들기 위해서는 어떤 과정을 거치게 될까? 가장 먼저 해야 할 일은 친목단체에서 이루어져야 할 일을 정리하는 것이다. 예컨대 '① 단체를 이끌고 대표하는 것, ② 회비를 걷고 각종 연락을 하는 등의 실무적인 업무, ③ 회비를 내고 단체에 적극 참여할 일' 등이 있을 것이다.

할 일이 정리되었으면 각 일에 적당한 사람을 배치하게 된다. 위의 세 가지 일 중에서 첫 번째 일은 가장 상위개념의 업무이며 이 일을 하는 사람에게는 회장이라는 명칭을 붙이는 것이 타당하다. 두 번째 일은 회장의 지시를 받아 총무라는 직책을 가진 사람이 수행할 업무이며, 세 번째 일은 일반 회원들의 몫이다. 이를 간단히 정리하면 먼저 친목단체에서 행해질 일, 즉 업무내용을 파악하여 조직의 구조와 직책을 결정한 후 각 직책에 적당한 사람을 뽑는 순서를 밟는 것이다.

친목단체 조직화 방식은 사실 조직을 새로 만들고자 하는 모든 상황에 동일하게 적용된다. 즉, 조직화는 [그림 10-1]에서 보는 바와 같이 크게 보아 ① 기업의 여러 부문의 경영기능이 효율적으로 수행되고 효과적으로 조정되도록 하는 '기능' 측면에서의 조직화에 이어, ② 가장 능률적인 조직활동이 전개될 수 있도록 조직구성원의 '인적' 측면에서의 조직화의 두 단계로 이루어진다.

10.2 직무가 파악되면 그 직무를 근거로 조직을 분화시킨다

조직을 분화시키는 방법은 수평적 분화와 수직적 분화가 있다

조직을 만들기 위해서는 먼저 조직에서 수행될 업무를 파악하고 이를 근거로 부서와 직책/직위 등을 만든다. 만들어진 부서는 상하관계가 설정되고 부서 상호간의 관계도 정의된다. 즉 어떤 조직이 수행해야 할 업무 전체를 하나하나 모두 파악하여 이를 유사하거나 상호관련이 있는 것끼리 묶은 다음 이 묶음간의 관계를 설정하는 것이다. 이를 조직의 분화(departmentalization)라고 한다.

[그림 10-2]는 조직의 분화가 어떻게 이루어지는지를 보여준다.

어느 회사에서 조직을 만들기 위하여 먼저 조직에서 수행될 업무를 분석해보았더니 8개의 업무가 파악되었다(①단계). 이들 업무를 묶을 때에는 어떤 기준이 있어야 하는데, 그림에서는 두 가지의 기준을 보여주고 있다. 먼저 업무를 색이나 무늬를 기준으로 분류하였더니(②단계) 백색, 청색, 무늬, 흑색으로 나누어졌다. 이들 각각의 집단에 대하여 부서(단위조직)의 명칭을 붙일 수 있다. 그림에서는 각각을 백색부(部), 청색부, 무늬부, 흑색부로 명명

□ 그림 10-2
조직의 분화

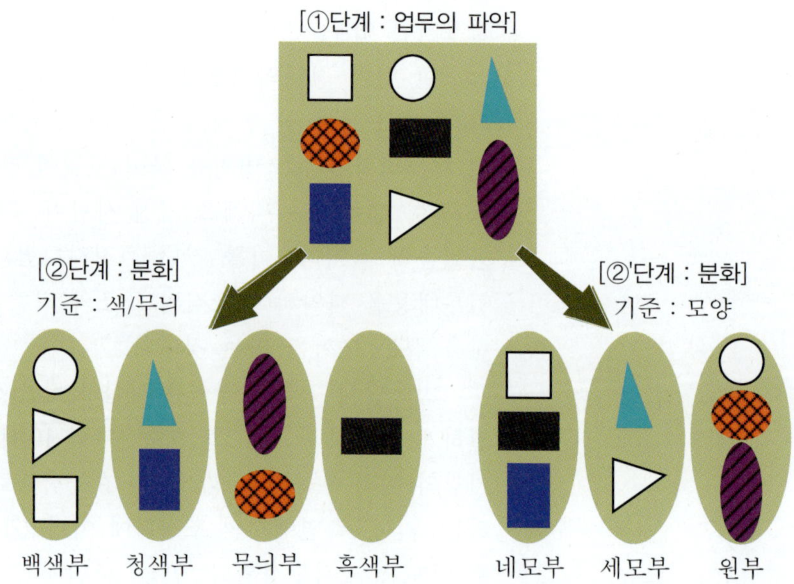

표 10-1
조직 분화방법의 분류

분화의 방향	분화 기준	예 시
수평적 분화	조직의 기능	제주특별자치도개발공사 : 기획총괄, 마케팅총괄, 생산총괄, 도시사업총괄
	제품	삼성전자 : IM부문, CE부문, DS부문 등
	지역	나이스신용정보 : 서울지역, 경인지역, 충청지역, 영남지역, 호남지역, 강원 · 제주지역
	고객	기업은행 : 기업고객그룹, 개인고객그룹 등
	업무의 과정	뷰티화장품 : 제조실, 물류팀, 겔 생산반, 팩 생산반, 포장반 등
수직적 분화	조직의 위계	사장-이사-부장-과장-대리-사원

하였음을 알 수 있다. 한편 모양을 기준으로 전체 업무를 분류하면(②'단계) 그림에서 보는 바와 같이 새롭게 분류할 수 있다. 각 부서의 명칭은 회사 상황에 따라 부(部) 외에 과(課)나 팀으로도 명명할 수 있음은 물론이다.

조직의 분화에는 수평적 분화와 수직적 분화가 있다.

수평적 분화

수평적 분화란 조직의 업무 중에서 상호 대응되는 수준의 업무단위를 묶어 분화하는 것을 말한다. 수평적 분화의 기준이 되는 것은 기능, 제품, 지역, 고객, 업무과정 등이 있다.

기능에 의한 수평적 분화

기능(function)에 의한 수평적 분화는 [그림 10-3]처럼 조직에서 수행되는 기본 기능을 중심으로 분화하는 것이다. 보통의 기업들은 인사, 생산, 마케팅, 재무 및 회계 등의 기능을 갖는다. 대부분의 일반 기업체는 기능에 의한 수평적 분화로 형성된 조직을 가지고 있다. 물론 각 부서의 명칭은 약간씩 다를 수 있다. 예를 들면 인사업무는 총무부(과) 명칭을 가진 부서에서 하는 경우가 많고 마케팅 업무는 영업부라는 명칭을 가진 부서에서 수행하는 것이 일반적이다. 그러나 그 수행되는 기능은 본질적으로 인사, 생산, 마케팅, 재무 등에 속하는 것들이다.

[그림 10-3]은 제주특별자치도개발공사의 조직도 중 일부를 보인 것이다. 공사의 조직은 공사의 기능인 기획, 마케팅, 생산, 도시사업 등의 부서로 편제

□ 그림 10-3
조직의 수평적 분화 :
기능에 의하여
(제주특별자치도개발공사)

제주특별자치도개발공사
Jeju Special Self-Governing Province Development Co.

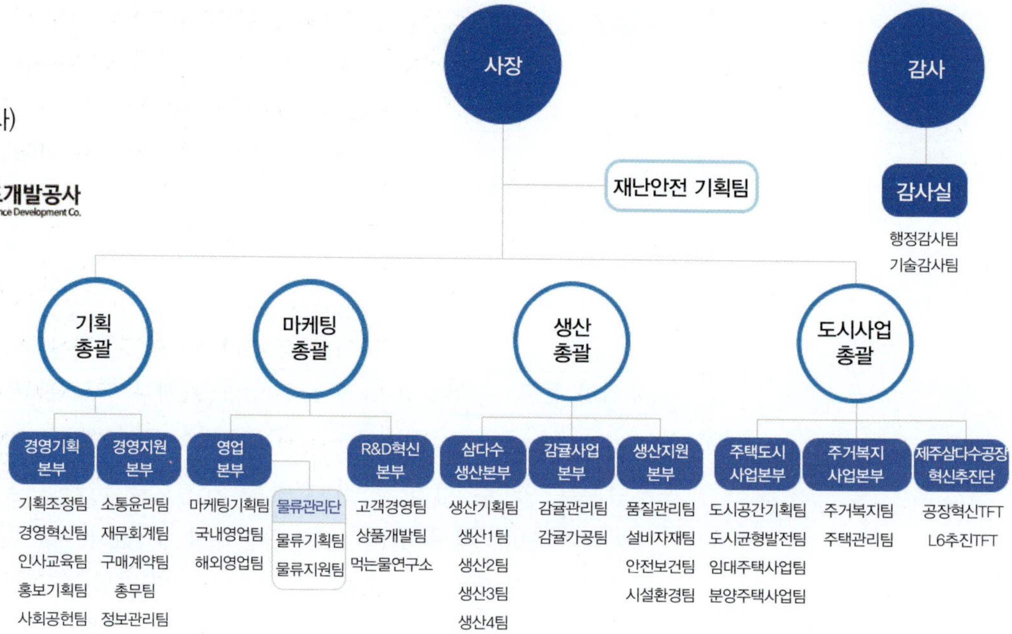

되어 있음을 알 수 있다. 기획총괄에서 인적자원관리를 수행하고 있으며, 생산총괄 산하 부서는 제주도의 특산품을 고려하여 설치한 것으로 보인다.

제품에 의한 수평적 분화

제품(product)에 의한 수평적 분화는 제품에 근거하여 분화하는 것으로서 제품 그 자체에 의하여 분화하기도 하고 제품라인에 따라 분화하기도 한다. [그림 10-4]는 제품에 의한 수평적 분화의 예로 삼성전자 조직을 간략하게 줄여서 표시한 것이다. 그림에서 볼 수 있는 것처럼 크게 IM(IT& Mobile Communications), CE(Consumer Electronics), DS(Device Solutions) 세 개의 사업부로 구성되어 있다. IM부문은 무선사업부, 네트워크사업부 등이 포함되어 있고, CE부문은 영상디스플레이사업부, 생활가전사업부, 프린팅솔루션사업부, 의료기기사업부 등이 있었는데 이 중 앞 두 개의 사업부로 재정리되었다. DS부문은 메모리사업부, 시스템 LSI사업부, 파운드리사업부, 반도체연구소, 생산기술연구소, LED사업팀 등이 포함되어 있다.

□ 그림 10-4
조직의 수평적 분화 :
제품에 의하여(삼성전자)

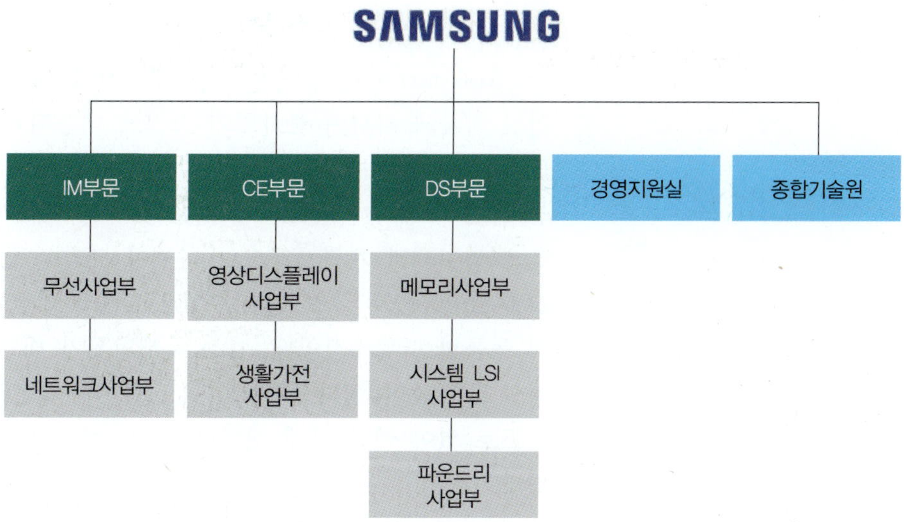

지역에 의한 수평적 분화

지역(region, area)에 의한 수평적 분화는 지리학적인 요소에 근거하여 조직을 분화하는 방법이다. [그림 10-5]는 수평적 분화의 예로서 나이스신용정보 조직도의 일부이다. 전체적으로 지원부서들을 제외한다면 대부분의 조직이 지역에 근거하여 편제되어 있다.

□ 그림 10-5
조직의 수평적 분화 :
지역에 의하여
(나이스신용정보)

나이스신용정보(주)

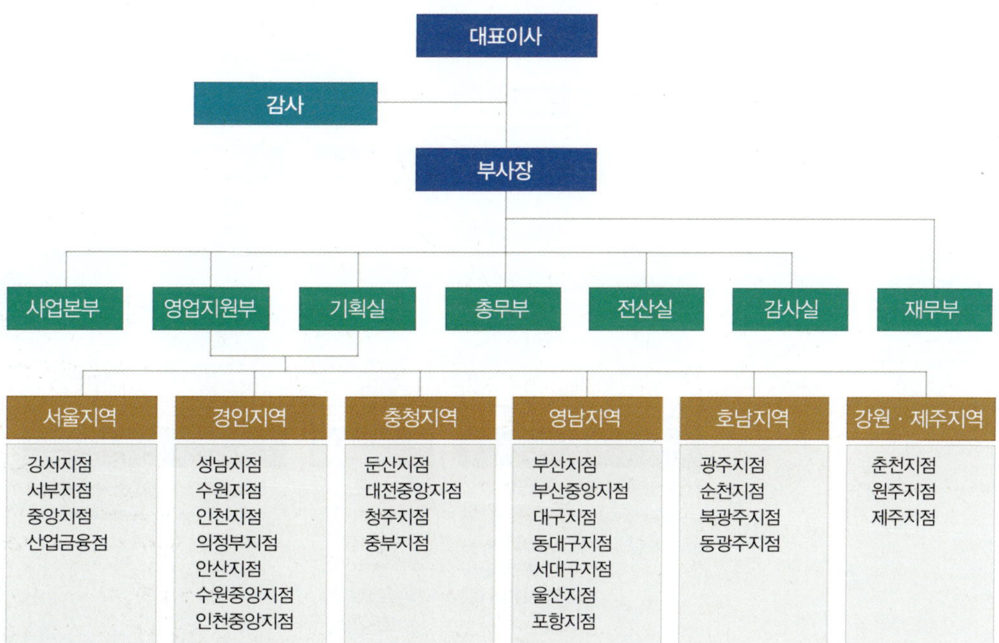

고객에 의한 수평적 분화

고객(customer)에 의한 수평적 분화는 자사 제품이나 서비스에 대한 수요자를 어떤 기준에 의하여 분류하여 그것에 대응되게 조직을 분화하는 것이다. [그림 10-6]은 고객에 의한 수평적 분화의 예로서 기업은행 조직도이다. 조직도를 보면 다양하게 편제되어 있는 것처럼 보이기는 하지만 왼쪽을 보면, 고객을 기업고객과 개인고객으로 나누어 조직을 만들었음을 알 수 있다. 디지털그룹 조직 중의 일부도 고객별로 조직이 만들어져 있다. 디지털그룹은 비교적 독특한 단위부서인데, 이는 은행업무가 대면의 비중이 줄고 온라인 및 모바일의 비중이 급격하게 커지고 있음에 대응하는 조치로 보인다. IT그룹이 별도로 있어 이 부분에 대하여 기업은행이 얼마나 신경을 쓰는지 짐작할 수 있다.

□ 그림 10-6
조직의 수평적 분화 :
고객에 의하여(기업은행)

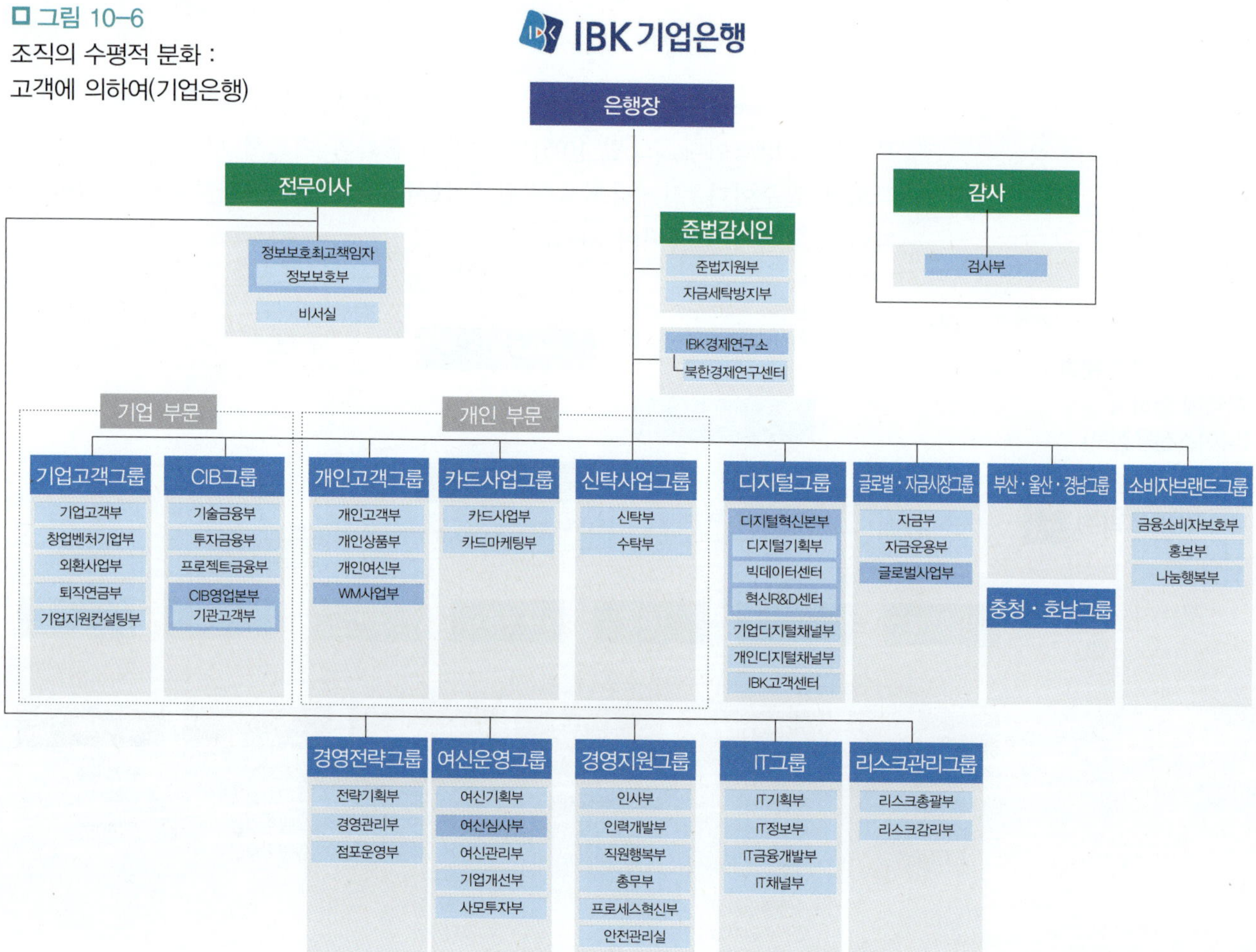

업무과정에 의한 수평적 분화

업무과정(work process)이란 상품이나 서비스를 고객에게 판매하는 과정까지의 일련의 업무순서를 말하며 업무과정에 의한 조직의 분화는 이러한 과정에서 유사한 업무를 묶어서 조직을 편성하는 것이다.

[그림 10-7]은 뷰티화장품의 조직도이다. 물류팀은 자재를 조달하여 제조실 및 각 반에 보낸다. 제조실에서는 원료를 받아 내용물을 제조한다. 겔 생산반과 팩 생산반은 각각의 제품을 만들어 포장반에 넘긴다. 생산된 제품은 물류품을 통하여 외부로 반출된다. 이처럼 공정의 각 부문들을 조직의 단위로 할 수 있는 것이다.

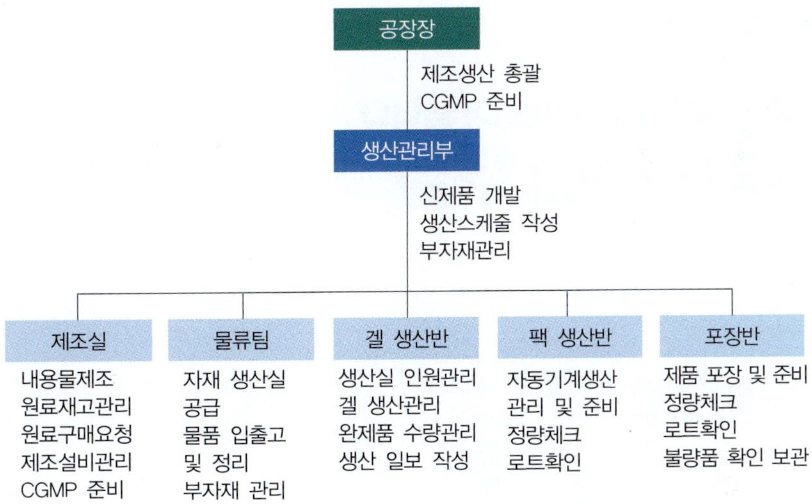

□ 그림 10-7
조직의 수평적 분화 : 업무에 의하여(뷰티화장품)

(주)뷰티화장품
Beauty Cosmetic Co.,Ltd.

지금까지 조직이 수평적으로 분화될 때의 기준으로 기능, 제품, 지역, 고객, 업무과정 등을 보았는데 이들 기준이 상호 배타적인 것은 아니다. 예컨대 기업규모가 커서 지역별로 조직을 분화시킨 후 각 지역별 조직을 다시 기능(function)별로 분화할 수도 있다.

수직적 분화

수직적 분화는 조직의 상하로 이어지는 계층의 수를 구분하는 것을 말한다. 예컨대 「사장무–부장–과장–대리–사원」과 같이 수직적으로 조직을 분화한다. 일반적으로 기업의 규모가 커질수록 수직적 분화에 의한 계층 수가 많아진다.

수직적으로 분화되는 단계가 길어질수록 의사결정의 속도가 늦어지는 등 환경변화에 적절하게 대응하는 것이 어려워지면서 근래에는 팀제 도입과 같은 조직 상하 계층의 수를 줄이려는 다양한 시도가 이루어지고 있다.

이러한 물리적인 단계 축소뿐만 아니라 조직을 형성하는 근간인 직위의 명칭 자체를 수직적인 명칭에서 업무 중심의 수평적인 명칭으로 바꾸는 사례도 늘고 있다. 롯데의 경우, 부장, 차장, 과장, 대리, 사원으로 불리던 명칭을 수석(승진연한 5년), 책임(6년), 대리(4년), 사원(3년)으로 간소화했다. 이론적으로 사원이 된 후 18년이 지나면 임원이 될 수 있을만큼 간소화됐다.

제일파마홀딩스의 직급호칭 변경 사례 (자료 : 제일파마홀딩스)

포스코는 그동안 팀장, 과장, 대리, 사원 등의 수직적으로 서열화되어 불리던 명칭을 직무 중심으로 디렉터, 시니어매니저, 매니저 등으로 바꾸었다. 현대차그룹은 2019년 9월부터 사원~대리는 '매니저'로, 과장~부장급은 '책임매니저'로 통합했다. LG는 '사원', 대리는 '선임', 과장 · 차장 · 부장은 '책임'이라고 통칭한다.

GS건설은 기존 5단계인 부장–차장–과장–대리–사원 체계를 부장과 차장은 '책임', 과장 이하는 '전임' 등 2단계로 단순화했다. 삼성물산은 선임(사원 · 주임 · 대리), 책임(과장 · 차장), 수석(부장)으로 조정했다. 전반적으로 직급체계 개선은 임원을 제외한 부장 이하 촘촘하게 이어졌던 직급을 2~3단계로 줄이는 것으로 이루어졌음을 알 수 있다.

보다 파격적인 사례들도 있다. 우리나라에서 가장 먼저 호칭제도를 바꾼 CJ그룹은 지난 2000년부터 최고경영자에서부터 말단사원에 이르기까지 상대방을 부를 때 '○○○님'이라고 부르고 있다. 심지어 회장에게도 공식석상에서 '님'만을 붙여서 '이재현 님'으로 부르고 있다. 광고회사인 제일기획의 경우는 광고회사의 특성을 반영하여 전직원을 '프로'라는 명칭으로 통일하여 부르고 있

모든 직급에서 서로를 '프로'라고 부르는 경우를 빗댄 그림 (자료 : 한국경제)

다. CJ그룹은 심지어 사장, 총괄부사장, 부사장, 부사장대우, 상무, 상무대우 총 6개였던 임원 직급을 '경영리더'라는 하나의 직급으로 통합했다. CJ그룹에는 더 이상 임원 직급이 없는 것이다.

임원 직급 파괴 및 통합을 가장 먼저 시작한 곳은 SK그룹이었는데, 2019년 8월에 사장 아래 임원 직급을 '부사장'으로 통합했다.

한편 카카오는 영어 닉네임을 공식 호칭으로 쓰고 있다. 현재 이사회 의장인 김범수는 '브라이언(Brian)'으로, 임지훈 전 대표는 '지미(Jimmy)'로 불린다. 삼성전자는 임직원간 공통적인 호칭은 '님'을 사용하되 부서 내에서는 업무 성격에 따라 '님', '프로', '선후배님' 또는 영어 이름 등 수평적인 호칭을 자율적으로 사용할 수 있게 했다. 이재용 회장은 'JY', 노태문 사장은 '태문 님' 등으로 부를 수 있다. LG에너지솔루션은 2022년부터 '님'이라는 단일 호칭체계로 바꿨다.

이러한 시도는 명칭에 담당업무를 표현하여 어떤 일을 하는지 쉽게 알 수 있게 하고 직위의 높고 낮음을 희석하여 의사소통을 유연하게 하고자 하는 목적을 가지고 있다. 그러나 우리나라의 조직문화는 오랫동안 수직적으로 직위단계가 분명한 명칭에 익숙해 있어 이러한 시도가 반드시 성공하고 있는 것은 아니다. 비교적 일찍 호칭을 파괴하여 직위에 관계없이 성명 뒤에 '님'자를 붙여 부르도록 했던 오리온은 다시 부장, 과장, 대리와 같은 전통적인 명칭으로 회귀했다. 원활한 의사소통을 위한 혁신이었으나 오히려 직원들이 아예 이름 부르는 것 자체를 회피하여 대화가 줄어들고 거래처와의 관계에서도 애매한 상황이 계속 발생했기 때문이다. KT는 2010년 1월 직급제를 전격 폐지하면서 부장이나 차장을 '~씨'로 불렀다가 2012년 2월에는 아예 호칭을 매니저로 완전히 통일했다. 하지만 승진 의욕이 떨어지는 등 문제점이 지적되자 2014년부터는 원상태로 다시 복구하는 등 원래대로 돌아간 기업도 적지 않다.

직급 비교가 어려운 점도 있다. 현대차와 LG를 비교하자면 똑같은 '책임'이지만, 현대차그룹에선 부장급일 수도 있는 반면 LG에선 과장급이어서 기업간 직급을 호칭으로만 비교하기 어려워진 것이다.

10.3 조직화를 할 때에는 지켜야 할 원칙이 있다

조직을 만들 때에는 지켜야 할 다음과 같은 몇 가지 원칙이 있다.

목적의 원칙

조직의 각 부문은 목표가 있으며 이는 전체 조직의 목적과 부합 또는 조화되어야 한다. 또한 각 부문의 목표는 공표되어야 한다.

기능화의 원칙

조직의 형성시 먼저 각 직무의 존재이유와 그 기능의 내용을 명확히 한 후 그 직무에 적합한 인력을 배치해야 한다. 즉, 조직을 구축할 때 사람 중심이 아닌 일 중심으로 접근하고자 하는 것이 기능화의 원칙이다. 그러나 지나치게 기능 자체만을 강조함으로써 이로 인한 인적 손실을 야기하고 결과적으로 조직의 안정성을 해쳐서는 안 된다.

책임 · 권한의 원칙

권한과 책임은 상호 적절히 대응해야 한다. 즉 할당된 책임수행에 필요한, 충분하면서도 일정한 권한이 주어져야 한다. 권한은 공정하게 배분되어야 하며 분명하게 표시되어야 한다.

책임 · 권한의 원칙과 관련하여 미국 하버드 MBA과정 등 세계 유수의 경영학 실무과정에서 성공사례로 연구되고 있는 기업이 있다. 전체 직원 수가 전 세계 44개국에서 14만명이 넘는 인도의 HCL그룹 계열사인 HCLT(Hindustan Computers Limited Technologies)가 그것이다. 2005년에 7억 달러였던 이 회사의 매출액은 연평균 17% 정도씩 크게 성장하여 2023년에는 126억 달러 수준까지 이르렀다. 그런데 직원 이직률은 50% 이상 감소했다. 이 회사가 특별히 관심을 받은 이유는 IT서비스를 제공하는 아웃소싱 업체이기 때문이다. 아웃소싱 업체는 일반적으로 직원들에게 실적 압박을 가하면 매출은 오를 수 있지만 이직률도 높아지는 특성이 있다. 이 회사의 성과가 이와 같이 뛰어난 것은 조직운영에 있어서 책임 · 권한의 원칙을 충실하게 수행했던 것으로 설명되고 있다. 경영진은 "현장 직원들이 내리는 소소한 의사결정 500개가

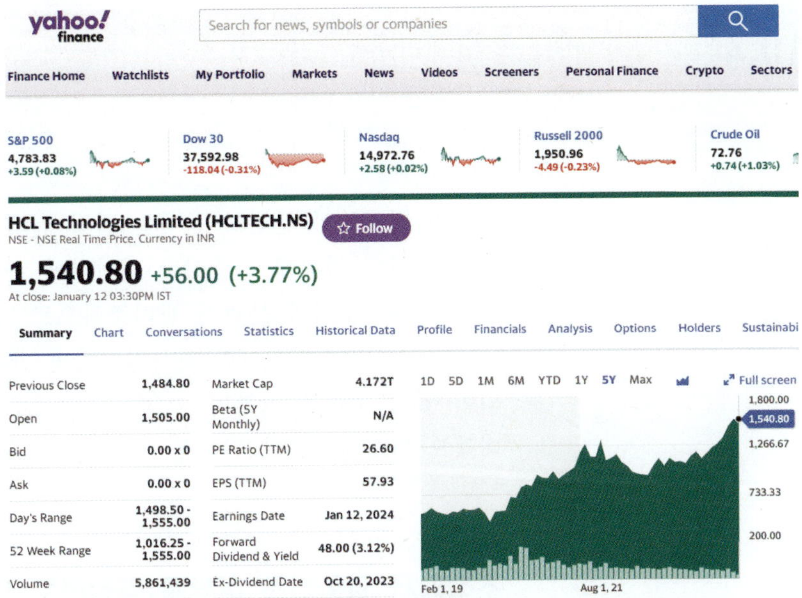

Yahoo finance에서 제공되고 있는 HCLT의 주가 관련 정보 (자료 : Yahoo)

CEO의 거시적 의사결정 5개보다 훨씬 더 중요하다"는 인식을 갖고 있었다. 현장 직원들에게 의사결정의 권한과 책임을 동시에 부여한 결과물인 것이다.

권한위임의 원칙

권한과 책임은 부하에게 위임될 수 있지만 위임한 상사는 그 결과에 대해 책임을 져야 한다. 권한위임이란 조직 내의 하위자가 매번 상위자의 지시나 명령을 받지 않고도 자신의 독자적인 판단만으로 직무를 수행할 수 있도록 상위자가 지니는 직무수행의 권한을 하위자에게 위임함을 의미한다. 상위자는 주로 일상 반복적으로 되풀이되는 상규적인 업무를 하위자에게 위임하여 폭주하는 업무가 자신에게 집중되는 것을 방지하고, 자신은 예외적이거나 돌발적·비정형적인 업무나 상황만을 처리하기 때문에 예외의 원칙이라고도 한다. 그러나 위임한 직무수행 결과는 상위자가 여전히 책임져야 하기 때문에 책임절대성의 원칙이라고도 한다.

관리한계의 원칙

한 사람의 상사가 지휘나 감독 등 관리할 수 있는 부하의 수에는 한계가 있다. 물론 그 지휘가능한 부하의 수는 관리자의 특성이나 업무종류에 따라 다르기 때문에 일률적으로 그 한계치 수준을 말할 수는 없다.

10.4 조직화를 할 때에는 권한을 어느 계층에 집중할지 결정해야 한다

조직의 집권화와 분권화 문제는 기업 전체 조직의 형태를 결정함에 있어서, 권한을 어느 계층에 집중시킬 것이냐에 관한 것이다. 권한집중 형태에 따라 집권적 관리조직과 분권적 관리조직으로 나뉜다.

집권적 관리조직이란 의사결정권과 관리통제권이 상위 특정계층에 집중되어 있는 조직을 말하며, 분권적 관리조직이란 권한위임의 원칙에 따라 상대적으로 하위계층이 권한을 행사하는 조직을 말한다.

조직에서 권한집중 여부를 결정하는 요소들이 있다

조직의 집권화 또는 분권화 수준을 결정하는 요소는 다음과 같다.

- 의사결정의 중요성 : 의사결정 내용이 중요하여 하위계층에 위임이 곤란하거나 기밀을 요할 경우에는 집권화가 필수적이며, 일상적이고 반복적이며 일반적이어서 중요도가 낮은 업무는 분권화되는 경향이 있다.
- 업무의 특성 : 업무의 특성이 동적이고 유동성의 정도가 클수록 분권화되는 경향이 있다.
- 일관성의 필요성 : 조직의 정책이나 방침에 일관성(통일성)이 요구될 때에는 집권화가 요구된다.
- 기업의 성장전망 : 성장추세의 기업은 기업규모가 계속 확대되어 관리 내용이 복잡해지므로, 전문화의 원칙이 적용되어 분권화가 되는 경향이 많다.
- 경영자의 관리능력과 교육의 필요성 : 경영자의 관리능력이 우수한 경우에는 비록 분권화되더라도 관리에 어려움이 별로 없으므로 분권화된다. 또한 관리자를 양성하고자 하는 기업은 분권화를 통하여 관리자를 교육한다.
- 소유와 경영의 분리 정도 : 그 외 소유와 경영이 분리된 기업일수록 분권화되는 반면, 한 가족이 장악하고 있는 기업은 집권화되는 경향이 있다.

표 10-2
분권화되기 위한 조건

구분 요소	조 건
의사결정의 중요성	• 중요도가 낮아질수록 • 반복적 · 정형적 의사결정일수록
업무의 특성	• 동적이고 유동성 정도가 높을수록
일관성의 필요성	• 일관성의 필요도가 낮을수록
기업의 성장전망	• 성장하는 기업일수록
경영자의 관리능력	• 관리능력이 우수할수록
소유와 경영의 분리 정도	• 분리된 기업일수록

집권적 조직이나 분권적 조직은 각각 장단점이 있다

조직의 권한이 상대적으로 상위계층에 집중되는 집권적 관리조직과 권한이 하위계층에 위임되는 분권적 관리조직 각각의 장단점을 정리하면 다음과 같다.[1)]

집권적 관리조직의 장단점

장 점

- 통일된 정책과 방침을 유지하므로 표준화의 이익을 기대할 수 있다.
- 경영자의 지식과 경험 및 기술을 최대한 이용할 수 있다.

단 점

- 최고경영층의 독재성이 강하다.
- 의존성 증대로 하위계층의 창의력 개발이 어렵다.
- 의사결정의 신속성이 결여된다.

분권적 관리조직의 장단점

장 점

- 의사결정이 신속하게 이루어진다.
- 구성원의 사기를 진작시킬 수 있다.
- 유능한 경영자를 양성할 수 있다.

1) 권한의 중앙집중 또는 분권에 대한 원리 중에는 적도집권의 원리라는 게 있다. 주로 교육행정에서 사용되는 개념이다. 집권주의는 행정능률의 제고를 위해 필요하며 분권주의는 권한의 이양과 참여기회를 보장하기 위해 필요하다. 교육행정에서는 중앙집권주의와 분권주의 사이에 적도(=최적)의 균형점(optimum balance)을 찾아 행정행위가 이루어지는 것이 중요하다고 보는데, 이 원리가 적도집권의 원리이다. 현대 민주행정의 실현에서도 이는 중요한 원리의 하나가 된다.

- 경영의 합리화를 기대할 수 있다.

◑ 단 점

- 부서간의 이해대립을 유발시킨다.
- 공동비용의 발생으로 비용증가의 가능성이 있다.

10.5 조직의 실제 형태

조직형태란 조직이 택하게 되는 구성원의 직능체계이다. 조직형태는 크게 정태적 조직형태와 동태적 조직형태로 구분할 수 있다. 정태적 조직형태로는 기능별 조직과 부문별 조직 등 두 가지 형태가 있다. 이들 기능별 조직과 부문별 조직은 조직형태의 가장 기본이 되는 조직이며, 나머지 조직은 이들 조직을 응용한 것으로 보면 된다. 따라서 다음에서 설명하는 조직의 형태는 절대적이거나 상호배타적인 것은 아니다. 즉 어떤 조직체의 조직도를 보면 그 형태가 다음의 종류 중 한 가지에 꼭 속하는 것은 아니며 심지어 어떤 조직형태에 속하는지 판단하기 어려운 경우도 많다.

한편 동태적인 기업환경에 대응하기 위하여 새로운 유형의 조직이 나타났는데, 본 책에서는 프로젝트팀 조직, 매트릭스 조직, 가상조직, 무경계조직 등을 중심으로 살펴보고자 한다.

정태적 조직	기능별 조직, 부문별 조직
동태적 조직	프로젝트팀 조직, 매트릭스 조직, 가상조직, 무경계조직 등

정태적 조직형태

정태적 조직형태 중 기능별 조직과 부문별 조직은 [그림 10-8]과 같이 앞서 설명했던 조직 분화시 수평적 분화의 기준과 연결해보면 이해하기 쉽다.

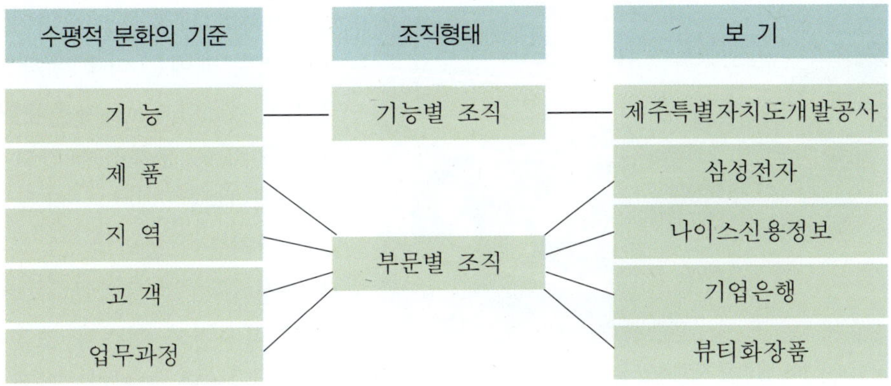

□ 그림 10-8
조직의 수평적 분화 기준과 조직형태의 관계

기능별 조직

기능별 조직(functional organization)은 업무내용이나 기능을 유사한 것끼리 묶는 조직형태를 말하는 것으로 가장 전통적이고 기본적인 조직이다. 기능별 조직의 예는 앞서 설명한 조직의 분화 중 [그림 10-3]에 있는 '제주특별자치도개발공사'를 들 수 있다. 그 부분을 참고하기 바란다. 앞에서는 기능을 중심으로 조직이 수평적으로 만들어져 가는 과정의 관점에서 설명을 하였지만 이러한 과정을 거치면서 수직적으로도 분화하면 자연스럽게 전체적인 조직이 만들어지는 것이다.

가장 많이 채택하는 조직 형태로, 기능별 조직이 갖는 장단점은 다음과 같다.

◐ 장 점

- 각 부서에 맞는 업무를 일관성 있게 배정할 수 있고, 이에 따라 당해 업무 수행능력이나 문제해결능력도 우수하다.
- 각 기능 범주 내에서 심도 있는 훈련과 기능개발이 가능하다.
- 자원의 효율적인 활용으로 규모의 경제를 기할 수 있다.

◐ 단 점

- 제품품질 불량, 비용과다, 환경변화에 대한 대응실패 등 조직 전체적인 문제가 발생했을 때 책임소재를 구체적으로 적시하기 어렵다.
- 각 기능부서간에 의사소통과 조정이 어려워 문제해결이 어렵다.
- 각 기능부서가 자기부서 이기주의에 빠지기 쉽다.
- 동일한 위계상의 부서간에 문제해결이 잘 안 되어 보다 상위단계에서 개입을 해야 하며 결과적으로 의사결정이 늦어지고 환경변화에 신속히 대응하지 못하게 된다.

▌1922년에 설립된 세계적인 명차 재규어자동차의 초기 모델. 한때 현대자동차가 인수를 검토한다는 소문이 돌았다. (자료 : 재규어)

이러한 단점들은 기업의 규모가 커지고 환경이 역동적으로 변할 때에는 더욱 부각된다. 미국의 포드(Ford)자동차가 영국의 재규어(Jaguar)자동차를 인수했을 때 이 회사는 해결해야 할 많은 문제점을 안고 있었다. 그러나 이러한 문제점들을 해결하는 데에는 당초 포드사가 예측한 것보다 훨씬 많은 어려움이 있었다. 그 이유는 다름 아닌 지나친 기능부서 중심 사고 때문이었다. 즉 자동차를 만들어내기 위해서는 각 부서간의 협력과 조율이 필수적인데 재규어자동차는 그렇지 않았던 것이다. 결국 재규어는 다시 인도의 타타자동차에 재매각되었다.

부문별 조직

부문별 조직(divisional organization)이란 동일한 제품이나 지역, 고객, 업무과정을 중심으로 조직을 분화하여 만든 조직이다. 부문별 조직의 예는 앞서 설명한 조직의 분화 내용에서 [그림 10-4]의 삼성전자 사례, [그림 10-5]의 나이스신용정보 사례, [그림 10-6]의 기업은행 사례, [그림 10-7]의 뷰티화장품 사례를 참고하기 바란다.

기능별 조직과 부문별 조직의 중요한 차이점은 부문별로 분화하여 조직을 만들었을 때 각 부문에는 기능별 조직이 다시 포함될 수도 있다는 사실이다. 예를 들어 매일유업은 평택, 광주, 경산 등 전국적으로 일곱 군데에 공장을 가지고 있다. 공장 부문은 지역에 의한 조직분화로 이루어진 셈인데, 전국의 모든 공장에 구매부서와 생산부서, 총무부서가 있다. 물론 총괄적인 업무는 본사에서 처리하지만 해당공장 현장에서 처리해야 할 일들이 있기 때문에 이러한 조직구조는 필연적이다.

▌매일유업의 특수분유 중 하나인 '소이'분유. 우유단백에 알러지가 있는 유아를 위한 제품이다. 분유는 자동화된 라인에서 만든다. 한 번 가동시 최소 2만개가 넘는 분유를 한꺼번에 생산해야 한다. 이런 특수분유는 극소수 유아에게만 필요하기 때문에 생산량의 90%. 이상이 폐기된다. 당연히 적자가 발생하게 되는데, 연 4억원 정도 된다고 한다.

부문별 조직의 장단점을 보면 다음과 같다.

장 점

- 조직의 특성상 특정의 제품, 지역, 고객에 특화된 영업을 할 수 있다.
- 기능부서간의 조정이 보다 쉽다.
- 책임소재가 명확하다.
- 환경변화에 유연하게 대처할 수 있다.

- 부서를 늘리거나 줄이기가 상대적으로 용이하다.

◉ 단 점

- 각 부문에 동일한 기능부서가 있게 되어 비용이 많이 들고 규모의 경제를 어렵게 한다.
- 각 부문조직끼리 잘못된 경쟁을 하는 경우 조직 전체적인 목표가 희생될 수 있다.

한편 기업의 규모가 커지면 사업부제를 도입하는 경우가 많다. 예를 들어 삼성전자의 경우 앞서 본 것처럼 'IM사업부', 'CE사업부', 'DS사업부' 등으로 조직을 분화한 다음 각 사업부별로 독립채산제를 실시할 수 있다. 이러한 경우를 특히 사업부제 조직이라고 한다. 삼성전자는 실제로 이들 사업부 세 개가 독립채산제로 운영되고 있다.

동태적 조직형태

프로젝트팀 조직

프로젝트팀(project team)이란 특정 과제나 목표를 달성하기 위해 구성하는 임시조직으로서 태스크포스팀(task force team)이라고도 한다. 팀은 기존 조직에서 프로젝트 수행에 적합하다고 판단되는 사람을 차출하여 구성한다. 이 조직은 정태적인 기능별 조직 또는 부문별 조직이 환경변화에 능동적으로 대처하지 못하는 문제점을 극복하기 위하여 등장한 보완적 성격의 조직으로서, 특정 경영상황에서 활동하는 한시적 · 동태적 성격의 조직이다. 구성된 프로젝트팀은 소기의 목적을 달성하면 해체되고 팀원은 원래 소속된 부서로 돌아간다.

프로젝트팀 조직의 장단점을 보면 다음과 같다.

◉ 장 점

- 새로운 고정적인 조직을 만들지 않고도 프로젝트를 수행할 수 있기 때문에 비교적 조직의 인력운영에 유연성을 확보할 수 있다.
- 프로젝트의 목표가 분명하기 때문에 목표달성 여부를 확실히 알 수 있다.

◉ 단 점

- 프로젝트팀은 일시적인 조직이기 때문에 원래 소속되어 있던 부서와의 관계 설정이 모호할 수 있다.

는 등의 정보기술적인 문제에 의하여 큰 피해를 입는 경우도 있다.

가상조직 사례의 하나로 애플(Apple)과 소니(Sony)의 사례가 있다. 애플은 우수한 컴퓨터 제조 기술을 가지고 있었고 소니는 뛰어난 전자제품 소형화 기술 및 생산시설이 있었다. 애플은 자신들이 개발한 파워북 노트북 컴퓨터(laptop computer) 생산을 소니에 아웃소싱했다. 소니는 디자인과 생산을 맡았다. 일종의 제휴 형태로도 볼 수 있는데, 첫 번째 모델인 파워북100의 판매가 종료되자 두 회사의 네트워크 역시 종료되었다.

무경계조직

무경계조직(boundaryless organization)이란 조직 내외부의 조직끼리 연계(linking)함으로써 경계를 허무는 조직을 말한다. 조직 내부적으로는 기존의 부(部)나 과(課)를 연결하는 식으로 경계를 없앤다는 의미인데, 앞서 설명한 프로젝트팀 조직과 네트워크 조직의 결합으로 보면 이해하기 쉽다. 프로젝트팀 조직이 한시적이었던 것처럼 무경계조직 역시 일시적이다. 내부 무경계조직(internal boundaryless organization)에서는 기존 조직에서 만들어진 공식적인 통로보다는 팀워크와 의사소통이 더욱 강조된다. [그림 10-13 (a)]는 평상시의 대학 조직도 일부를 나타낸 것이다. 그러나 입시 시즌이 되면 대학의 조직체제가 전면적으로 입시를 위한 준비체제가 되어 [그림 10-13 (b)]와 같이 바뀐다. 일종의 내부 무경계조직이다. 입시 시즌에는 대부분의 부서가 특정장소에 집결하거나 평소 때보다 훨씬 긴밀하게 연결되는 것이다. 그러나 입시가 끝나면 다시 원래의 체제로 되돌아간다.

외부 무경계조직(external boundaryless organization) 역시 '일시성'과 외부조직과의 '연계'를 특징으로 한다. [그림 10-14]에서 보는 바와 같이 환경변화나 필요에 의해 연계할 외부조직을 계속적으로 바꾼다. 가상조직과 외부 무경계조직은 유사한 조직이지만 전자가 외부조직과의 관계를 주로 계약관계에 중점을 둔다면 후자는 제휴관계에 더 치중한다.

□ 그림 10-13
내부 무경계조직의 예

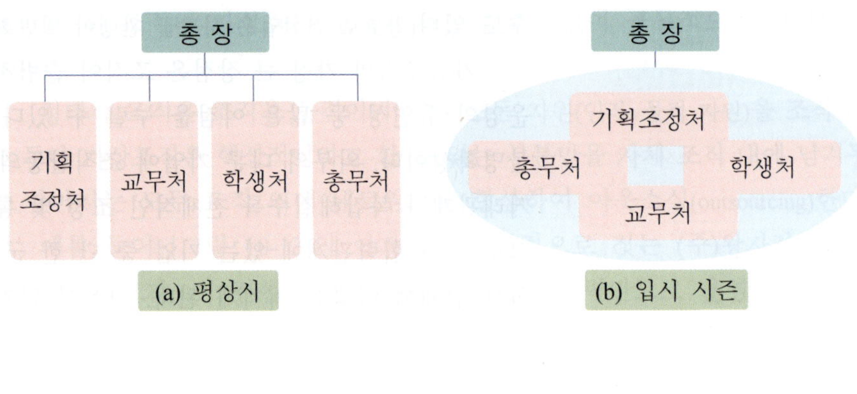

□ 그림 10-14
외부 무경계조직의 예

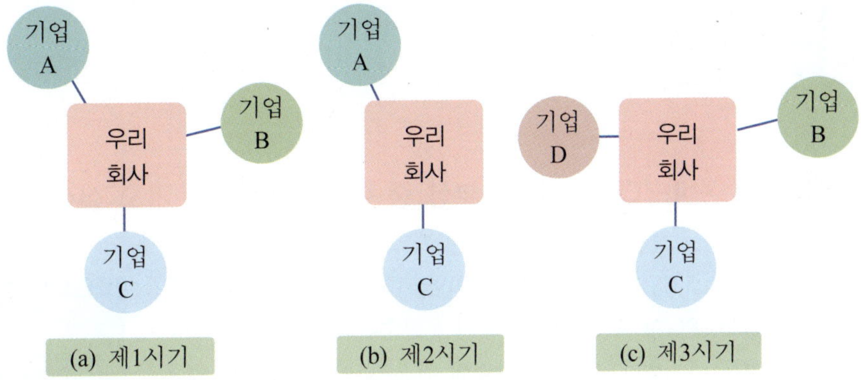

무경계조직의 특징은 기존 조직위계의 배제, 팀원에게 권한의 부여, 기술의 최대한 활용, 조직의 한시성 등이다.

전통적인 조직 분류 방식을 소개한다

과거에 기술된 일부 경영학 교과서들은 조직을 다음과 같이 분류하기도 하였다. 참고로 소개한다.

기본조직	라인조직(line organization, 수직적 조직, 군대식 조직) 기능식 조직(functional organization, 직능식 조직)

그리고 위 두 조직을 근간으로 해서 만들어지는 변형된 기본조직은 다음과 같다.

변형된 기본조직	직계참모조직(line & staff organization, 라인앤드스태프조직) 위원회 조직(committee organization)

그 외의 다른 조직은 위의 기본조직이나 변형된 기본조직을 응용하여 만들어지는 것으로 본다.

위에서 보듯이 조직의 형성과 관련하여 사용되는 용어로 라인(line)과 스태프(staff)라는 말이 있다. 라인은 수직적인 명령 및 복종, 관리책임 관계가 형성되는 관계를 말한다. 반면 스태프는 직접적인 명령권한이 없이 단지 조언, 조력, 권고 등의 기능을 한다.

마무리 사례

조직개편 · 정비, 'CIO 과제'로 부상 중… 피해야 할 몇 가지 실수

리서치 및 자문기업 가트너가 실시한 2019년 CEO 및 고위 임원 설문조사에 따르면 응답자 473명의 리더들의 우선순위 목록 중 기업 구조 개발이 3위를 차지했다. 성장과 기술에 이은 순위다. 조만간 많은 CIO(최고정보책임자)들에게 곧 구조조정 및 조직개편과 관련된 업무가 배정될 것으로 전망된다. 조직개편을 실시할 때 리더들이 범하는 보편적인 실수와 이를 피하는 방법을 살펴본다.

▶ 변화 관리 필요성 과소평가

대부분의 임원들과 마찬가지로 CIO는 구조조정 전략이 제공할 수 있는 이점과 조직 재구성 방법에 집중할 가능성이 높다. 사람들의 반응 등 조직 변화의 모호한 측면은 나중에 생각하는 경우가 많다. 따라서 요구되는 변화 관리의 필요성을 간과하는 경우가 많다. 하지만 문화적인 장애도 인식해야 한다.

▶ 잘못된 목표 설정하기

카네기 멜론 대학교의 테퍼 경영대학원 비즈니스 기술 조교수 얀 황은 적절한 목표를 수립하기 위해 CIO가 이해관계자에 집중해야 한다고 조언했다. 황 교수는 "CIO가 새로운 구조를 설계할 때, 이해관계자의 가치와 니즈를 우선시해야 한다. 이해관계자가 구조조정의 동기에 따라 고객, 파트너, 리더십이 될 수 있음을 확실히 인식해야 한다"라고 말했다.

▶ 너무 좁은 범위 또는 시야

한 부서의 변화가 해당그룹에만 영향을 주는 경우는 거의 없다. CIO를 포함한 임원들은 조직개편의 파급효과를 어디에서 어떻게 느끼게 될지 놓치는 경우가 많다. 이 때문에 IT 또는 다른 영역의 개편이 기업 전체의 직원, 부서, 기술 요건에 어떤 영향을 미치는지 예상하는 전체론적인 접근방식이 필요하다. CIO는 IT와 비즈니스 니즈가 지속적으로 빠르게 변화하기 때문에 최소한 1～2년 전에 무엇이 효과가 있을지 고려해야 한다.

▶ 문화적 변화 견인 실패

대부분의 CIO는 IT 부서에 주요 변화가 있을 때 직원을 재교육해야 한다는 사실을 알고 있으며 일반적으로 새로운 기술과 프로세스에 적응하기 위해 직원에게 필요한 교육을 잘 제공한다. 하지만 CIO는 조직운영방식을 개편하면서 문화적 변화를 성공적으로 유도하기 위해 필요한 일을 간과하는 경향이 있다. 구조조정이 성공하기 위해 CIO는 모두가 새로운 구조에 맞추도록 해야 한다. 따라서 직원에게 기술뿐 아니라 문화 변동에 대해서도 교육하는 프로그램이 필요하다.

▶ **성과 측정을 위한 지표를 설정하지 않기**

많은 조직들이 조직편제를 바꾸고 업무처리방식을 재구성하면서 정작 새로운 조직 시스템에서의 업무가치 측정 방식을 고려하지 않는 실수를 저지른다. 핵심성과지표 등을 새로운 지표가 아닌 전통적인 지표를 계속 사용하는 것이다. 조직을 바꾸면 새롭고 유의미한 지표를 설정하는 것이 중요하며, 이때 그 지표는 매출이나 고객 유지율 등 비즈니스에 실제로 중요한 것들이어야 한다. (CIOKorea 자료 요약)

핵심용어

- 조직화
- 조직의 분화
- 수평적 분화
- 수직적 분화
- 집권적 관리조직
- 분권적 관리조직
- 조직형태
- 기능별 조직
- 부문별 조직
- 프로젝트팀 조직
- 매트릭스 조직
- 가상조직
- 네트워크 조직
- 무경계조직

요 약

- 조직화란 조직체의 목표를 달성할 수 있도록 조직구성원 각자의 직무와 상호간의 관계를 규정하는 것을 말한다.
- 조직을 만들기 위해서는 먼저 조직에서 수행될 업무를 파악하고 이를 근거로 부서와 직책/직위 등을 만든다. 만들어진 부서는 상하관계가 설정되고 부서 상호간의 관계도 정의된다. 이를 조직의 분화라고 한다. 조직의 분화에는 수평적 분화와 수직적 분화가 있다.
- 조직의 집권화와 분권화 문제는 기업 전체조직의 형태를 결정함에 있어서, 권한을 어느 계층에 집중시킬 것이냐에 관한 것이다.
- 조직형태란 조직이 택하게 되는 구성원의 직능체계이다. 조직형태는 크게 정태적인 조직형태와 동태적 조직형태로 구분할 수 있다.

연습문제

1. 어떤 조직에서 해야 할 일과 그 일을 해야 할 사람을 어떻게 조화시킬 수 있을까?
2. 조직의 분화는 왜 일어나는가?
3. 조직을 만들 때 지켜야 할 원칙에는 어떤 것들이 있는가?
4. 어떤 경우에 조직의 권한을 집중하는 것이 바람직한가?
5. 각 조직형태가 어떠한 상황에서 효율적인지 설명하라.

미니 프로젝트 최근에 조직을 개편한 사례가 있는 기업을 찾아 변경 내용과 그 사유를 조사해서 발표해보자.

일간 NTN(일간NTN)

한국세무사회, '사무처 조직개편' 단행…"회원 지원 강화"

한국세무사회(회장 구재이)가 2024년 새해 변화와 혁신을 위한 사무처 조직 개편을 단행했다고 12일 밝혔다. 사무처 조직을 대외업무와 대내업무 전담...

2일 전

데일리안

용인특례시, 신성장전략국·미래산업추진단 등 조직개편 추진

용인특례시는 조직 운영의 효율성을 높이기 위해 조직이 큰 실·국을 분리하고 한시 기구를 정규화하는 등 조직개편을 추진한다고 11일 밝혔다.

2일 전

AI타임스

NIA, AI 전문기관 도약 위해 대규모 조직개편 단행

한국지능정보사회진흥원(NIA, 원장 황종성)은 국가 인공지능(AI) 전문기관으로 도약하기 위해 15일 대규모 조직개편을 단행한다고 밝혔다.

1일 전

서울파이낸스

새마을금고, 리스크관리·금고감독 기능 강화…조직 '슬림화' 개편

[서울파이낸스 김현경 기자] 새마을금고중앙회가 리스크 관리와 금고 지도감독 기능을 강화하는 내용의 조직개편을 단행했다.

1일 전

서울와이어

새마을금고중앙회, 리스크 관리 강화 조직개편...CRO 신설

[서울와이어 서영백 기자] 새마을금고중앙회가 12일 이사회를 개최하고 2024년 조직개편(안)을 확정했다고 밝혔다. 이번 조직개편은 김인 신임 중앙...

1일 전

Goooooooooooogle ›

1 2 3 4 5 6 7 8 9 10 다음

▌구글로 조직개편 사례를 검색한 화면. 조직개편 사례는 매우 많다. (자료 : 구글)

CHAPTER

11 리더십과 동기부여, 그리고 의사소통

일반적으로 내향적인 사람은 리더십이 부족하다고 생각할 수 있다. 그렇지 않음을 주장한 책이 있다. 어떻게 하면 내향성을 극복할 수 있을까? (자료 : 현대지성)

“내향인, 이미 뛰어난 리더 자질 갖췄다”[북앤북]

원저는 표지에서 보는 것처럼 'The Introverted Leader'이다. (자료 : Amazon)

내향인(內向人)은 흔히 자신의 성향이 직장 생활에 불리하다고 여긴다.

하지만 그렇지 않을 수 있다. 저자는 내향인들에게 더 이상 고민하지 말라고 강조한다. 내향성이야말로 이 시대가 원하는 리더의 재능이며, 내향인은 이미 뛰어난 리더의 자질을 갖고 있다는 것이다.

실제로 애플의 스티브 잡스, 마이크로소프트의 빌 게이츠, 메타의 마크 저커버그 등 역사에 남을 혁신을 이룬 리더들이 모두 내향인이다. 넬슨 만델라, 에이브러햄 링컨 등 탁월한 정치 지도자들도 내향형 리더였다.

저자는 책에서 내향인 맞춤형 리더십의 구체적인 성공 전략을 제시한다. 내향적인 성향을 '조용한 강점'으로 바꿔 내향형 리더십을 계발하는 4단계 전략(4P 프로세스)이다. 4P 프로세스란 준비하기(Prepare), 존재감 드러내기(Presence), 밀어붙이기(Push), 연습하기(Practice)를 뜻한다.

▲준비하기=회의를 하기 전에 회의의 목적과 필요성을 분명히 설정하고, 참석자들이 쉽게 참여할 수 있도록 환경과 분위기를 조성한다. ▲존재감 드러내기=내향인만의 방식으로 존재감을 드러내 다른 사람들과 관계를 맺는다. 목소리를 높이지 않고도 내향인만의 섬세한 관찰력과 공감 어린 태도로 사람들의 주목을 끌고 존재감을 드러낼 수가 있다. ▲밀어붙이기=꼭 필요한 행동이라면 과감하게 실행하는 단계다. 자신만의 안전지대에서 벗어나 새로운 일에 도전하는 방법을 알려준다. ▲연습하기=앞의 세 단계를 거치며 익힌 리더십 기술들을 익숙해질 때까지 꾸준히 시도해야 한다. (이코노믹 리뷰, 2024.1.14)

11.1 조직의 인적자원 중에서 리더가 가장 중요하다

"리더는 정말 중요하다." 이 말을 실증하는 사례는 우리 주위에서 너무나 쉽게 찾을 수 있다.

프랑스를 대표하는 두 개의 자동차 회사 중 하나가 PSA(푸조 시트로엥 그룹)이다.1) 프랑스의 자존심이자 잘나가던 이 회사가 2012년에는 부도위기까지 몰린 적이 있다. 당시 2년간의 누적 적자액은 7조원을 넘었다. 일부 공장은 폐쇄를 해야만 했다. 이때 투입된 경영자가 카를로스 타바레스(Carlos Tavares) 현 회장이다. 2013년 11월에 취임한 그는 "레이스로 복귀(Back in the Race)"라는 슬로건을 내세우고 기업을 바꾸기 시작했는데 불과 1년 만에 영업이익이 흑자로 바뀌었고 2015년에는 1조 5천억원에 이르는 흑자를 실현했다. 이후 전 세계적으로 자동차시장의 경쟁이 더욱 격화되었으나 이 회사는 승승장구했다. 그는 기존의 생산 차종을 45개에서 26개로 줄이고 노조를 설득하여 함께 공생할 수 있는 문화를 만들어냈다. 참고로 프랑스 노조는 세계적으로 대표적인 강성 노조로 평가받고 있다.

카를로스 타바레스는 레이스 드라이버이기도 하다. 1983년 이후 한 시즌에 줄잡아 10개 경기에 출전하고, 대상 차종은 세단에서 1인승 경주차에 이르기까지 다양하다.

파산위기에 몰려서 중국의 둥펑자동차와 프랑스 정부의 자본투자까지 받았던 PSA가 살아난 이유로 전문가들은 타바레스 회장을 주저하지 않고 인정한다. 2017년에는 GM 계열의 독일 자회사인 오펠(OPEL), 영국 자회사인 복스홀(Vauxhall)을 인수했고, 2021년에는 이탈리아·미국계 자동차업체 피아트크라이슬러(FCA)와 합병했다. 합병 후의 새로운 회사명은 스텔란티스(Stellantis)로 정했으며 초대 CEO로 타바레스가 임명되었다. 2023년 9월 말 기준 전 세계 자동차 누적판매 순위에서 타바레스가 이끄는 스텔란티스는 도요타, 폭스바겐그룹에 이어 3위에 랭크되었다.2)

1) 다른 하나는 르노그룹이다. 주요 보유 브랜드로는 르노, 알핀, 다치아, 르노코리아, 닛산, 인피니티, 미쓰비시 등이 있다.
2) 1위 도요타 790만대, 2위 폭스바겐그룹 650만대, 3위 스텔란티스 550만대, 4위 현대기아 523만대, 5위 르노-닛산얼라이언스 503만대, 6위 GM 436만대, 7위 포드 305만대, 8위 혼다 288만대, 9위 스즈키 202만대, 10위 BMW 197만대 순이다.

이처럼 리더는 한 조직의 생존을 좌우할 수 있다. 역사적으로도 보면 많은 국가에서 훌륭한 리더가 이끈 시기는 국운이 크게 융성하였음을 알 수 있다. 나폴레옹, 알렉산더, 칭기즈칸 등이 후세 사람들에게 영웅으로 기억되는 이유는 무엇일까? 그런가 하면 최근의 전 세계적인 경제위기는 그동안 성공적인 경영자나 기업가로 추앙받던 사람들을 하루아침에 몰락하게 하면서 이제는 과연 어떤 사람을 훌륭한 리더로 보아야 하는지에 대하여 많은 사람들에게 회의를 품게 하고 있다. 어떤 사람이 배울 만한 리더인가? 어떻게 해야 실패하지 않는 리더가 될까? 본장에서 이러한 질문에 대한 답을 찾아보자.

조직이 목표를 수립하고 이를 달성하기 위하여 계획을 수립(planning)하고, 조직을 만든(organizing) 후에 조직의 리더는 조직구성원들을 지휘(directing)하는 관리활동을 해야 한다. 경영관리의 순환과정에서 보았던 것처럼 계획수립-조직화 다음에 이어지는 관리활동이 지휘이다.

리더가 수행하게 될 관리활동으로는 크게 리더십, 동기부여, 팀 또는 집단 관리, 의사소통 등이 있다. 이러한 활동을 통틀어 지휘라고 한다. 지휘란 조직의 목표를 달성하기 위하여 조직구성원들에게 적절한 활동방향을 제시하는 과정이라고 할 수 있다.

[그림 11-1]에서 볼 수 있는 바와 같이 이들 네 요소는 서로 밀접하게 연관되어 있다.

□ 그림 11-1
지휘의 네 가지 구성요소

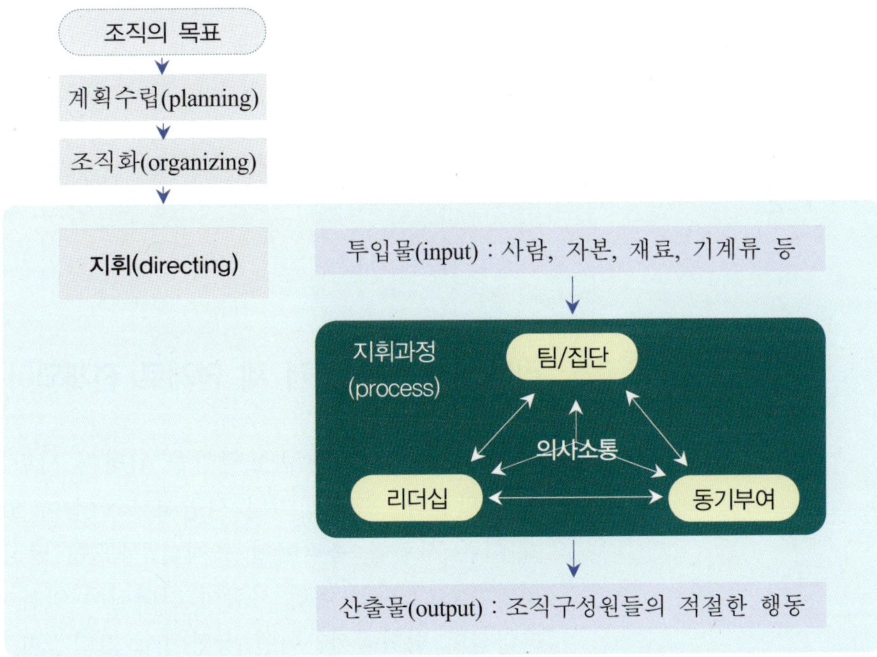

하나 더 **관리자와 리더의 차이**

효과적인 리더십 개발을 위해서는 관리자(manager)와 리더(leader)의 차이점을 이해하는 것이 꼭 필요하다. 두 역할의 책임의 균형을 맞추는 방법을 배우면 개인은 팀을 이끌고 조직의 성공을 주도하는 데 더욱 효과적으로 대처할 수 있게 된다.

▸ 관리자

먼저, 관리자의 주요 책임은 조직 내에서 특정목표를 달성하기 위해 자원을 계획, 조직화하고 통제하는 것이다. 즉 말 그대로 관리활동을 하는 것이다(관리의 순환과정을 기억하라). 관리자가 중점을 두는 것은 조직 운영이 원활하고 효율적으로 이루어지도록 사람, 프로세스 및 시스템을 잘 관리하는 것이다.

▸ 리더

그러나 리더의 역할은 조직의 목표를 달성하기 위하여 사람들에게 영감을 주고 동기를 부여하는 것이다. 리더가 중점을 두는 것은 조직 내에서 사람들간의 관계를 형성하고 신뢰와 협력의 문화를 만드는 것이다. 리더는 명확한 비전과 방향을 설정하고, 효과적으로 의사소통하며, 구성원들이 직무를 할 수 있도록 권한을 부여하는 역할을 한다.

▸ 비교

관리자와 리더의 역할 사이에는 일부 중복되는 부분이 있긴 하지만 가장 큰 차이점은 조직목표 달성에 대한 접근방식이다. 관리자는 자원을 통제하고 프로세스를 최적화하는 데 중점을 두는 경향이 있는 반면, 리더는 사람들이 조직목표를 향해 함께 일할 수 있도록 영감을 주고 권한을 부여하는 데 중점을 둔다.

11.2 리더십에 대해서 연구해보자

리더십 이론은 크게 세 단계로 전개되어 왔다

리더십(leadership)이란 목표달성을 위하여 사람들의 행동에 영향을 미치는 과정을 말한다. 우리가 어떤 사람이 리더십이 있다고 하는 것은 결국 그 리더가 다른 사람을 움직여서 조직의 목표를 달성하는 능력이 있음을 의미하는 것이다. 그렇다면 어떤 사람이 리더십이 있을까? 리더의 어떤 행동으로 인해 리더십이 발휘될까? 어떤 상황에서 리더십이 발휘될까?

리더십 이론은 이러한 세 가지 의문을 풀고자 하는 방향에서 전개되어 왔다. 초기의 리더십 연구는 "어떤 사람이 리더십이 있는가?"에 초점이 모아졌다. 즉 뛰어난 리더는 어떤 사람인가, 어떤 특성을 가진 사람이 우수한 리더인가를 연구하였다. 이러한 연구방법을 리더십의 특성이론(trait theory)이라고 한다. 만일 특성이론에 의하여 능력 있는 리더들이 갖고 있는 공통적인 특성이 파악된다면 모든 조직에서 그러한 특성을 가진 사람을 찾아 리더의 지위를 부여하면 될 것이다. 이 이론에서는 지능이나 기술, 심지어 키와 같은 신체적 조건, 나이와 같은 사회학적 요인 등이 성공적인 리더의 특성으로 논의되었다. 특성이론을 위인이론(great person theory)이라고도 한다.

그러나 이러한 특성이론은 어떤 사람에게는 맞으나 다른 사람에게는 전혀 적용할 수 없는 등 현실성이 없고 일반론적으로 적용하기에는 무리가 많았다. 그래서 뒤이어 연구되기 시작한 이론이 리더십의 행위이론(behavioral theory)이다. 이 이론은 "리더의 어떤 행동으로 인해 리더십이 발휘될까?"에 관하여 연구하는 접근방법이다. 특성이론이 리더가 '가지고 있는' 어떤 특성을 연구하는 것이라면, 행위이론에서는 리더가 어떠한 행위를 '할 때' 리더십을 발휘하는가를 연구하는 것이다. 즉 리더의 행동양식에 관심을 기울이는 것이다.

리더십의 행위이론으로도 우수한 리더와 성과 간의 관계를 일관성 있게 설명하기가 어려웠다. 그래서 시도된 연구방법이 리더십의 상황이론(contingency theory)이다. 이 이론은 "어떤 상황에서 리더의 어떤 행동이 리더십을 발휘할까?"를 연구한다. 행위이론이 리더의 행동양식 그 자체를 연구하는 것이었다면 상황이론은 조직이 처한 상황과 리더의 행동양식을 연계하여 연구한다는 점이 다르다.

□ 그림 11-2
리더십 이론의 전개과정

의 문	접근방법	리더십 이론
어떤 사람이 리더십이 있을까?	훌륭한 리더들의 공통적인 특성 파악	특성이론 (trait theory)
리더가 어떻게 행동할 때 리더십이 발휘될까?	훌륭한 리더들의 행동양식 파악	행위이론 (behavioral theory)
어떤 상황에서 리더의 어떤 행동이 리더십을 발휘할까?	조직이 처한 상황과 리더의 행동양식을 연계하여 연구	상황이론 (contingency theory)

리더십 있는 사람은 어떤 특성이 있다 : 특성이론

미국 메릴랜드(Maryland)대학 교수였던 로케는 목표설정이론으로 유명하다. (자료 : 종합)

리더십의 특성이론(trait theory)에서는 능력 있는 리더가 갖추어야 하는 많은 공통적인 특성이 제시되었는데, 그중 커크패트릭(S.A. Kirkpatrick)과 로케(E.A. Locke)가 제시하고 있는 성공적인 리더의 특성 여섯 가지를 소개하면 다음과 같다.

- 추진력(drive) : 높은 수준의 야망, 에너지, 강인함, 주도권뿐만 아니라 성취에 대한 강한 욕구를 포함한 높은 수준의 노력
- 리더십 동기(leadership motivation) : 다른 사람들을 이끌고자 하는 열망
- 정직과 성실(honesty and integrity) : 언행이 일치하고 진실할 것
- 자신감(self-confidence) : 자기 자신과 자신의 아이디어 및 능력에 대한 보증
- 인지능력(cognitive ability) : 우수한 개념이해 능력, 뛰어난 판단력, 강력한 분석능력, 전략적 및 다차원적인 사고능력 보유
- 경영지식(knowledge of the business) : 회사, 산업 및 기술 문제에 대한 높은 수준의 이해

리더십에 대한 초기 연구는 리더로 등장한 사람들이 추종자보다 더 많은 리더십 특성을 가질 가능성이 있다는 가정하에 리더와 추종자를 구별하는 특성을 찾고자 했다. 그러나 커크패트릭과 로케의 접근방식은 다르다. 그들의 이론이 의미하는 것은 여섯 가지의 특성이 없으면 리더가 될 수 없다는 것이 아니라 그 특성들을 일부라도 가지고 있으면 리더십이 있을 가능성이 더 커진다는 것이다. 따라서 리더십을 키우고 싶은 사람이 있다면 스스로 여섯 가지의 특성들을 갖추도록 노력할 필요가 있는 것이다. 마찬가지로 한 기업이 리더를 육성하기 위해서는 여섯 가지 리더십 특성을 고려하면 될 것이다.

리더십 특성에 관한 연구는 학계 및 실무계에서 꾸준히 이어지고 있다. 그중 비교적 근래에 체계적으로 접근한 연구가 있다. 미국의 방송프로그램 중 비즈니스 뉴스 부문 1위인 NBR(Nightly Business Report) 방송이 미국의 유명 경영대학원인 와튼스쿨(Wharton School)과 공동으로 지난 25년간 가장 뛰어난 리더십(lasting leadership)을 발휘한 비즈니스 리더 25명을 연구한 바 있다. 700명이 넘는 후보군에서 뽑힌 25명 중에는 버크셔 해서웨이(Berkshire Hathaway)의 워런 버핏(Warren Buffett) 및 마이크로소프트(Microsoft)의 빌 게이츠(William Henry Bill Gates III) 등이 포함되어 있다. 이 연구에 의하면 성공적인 리더는

NBR과 와튼스쿨의 리더십 연구 결과를 실은 책자

다음과 같은 특성을 가지고 있었다.

- 강력한 기업문화를 만들 수 있다.
- 진실을 말한다.
- 새로운 시장(market)을 찾고 수용할 수 있다.
- 경쟁자나 고객보다 먼저 '보이지 않는 것' – 잠재적인 승자가 누군지 또는 시장의 트렌드를 알 수 있다.
- 경쟁우위를 확보하는 데 가격이라는 수단을 잘 활용한다.
- 조직의 브랜드를 관리하고 구축하는 데 탁월하다.
- 빠르게 학습한다.
- 위험관리에 능숙하다.

Self Q&A

때로는 조직 성격에 따라 특성이론이 타당할 수도 있다. 어떤 조직에 어떤 특성을 가진 리더가 리더십을 발휘할 수 있겠는지 생각해보자.

리더의 행동에 관심을 갖자 : 행위이론

모든 조직에서는 '사람'이 '일'을 한다. 조직을 이끌어가는 리더의 입장에서 이러한 사실을 보면 관리의 초점을 사람중심으로 둘 것인지, 일중심으로 둘 것인지의 문제로 연결된다. 이러한 관점의 접근방법이 리더십의 행위이론(behavioral theory)이다.

리더십의 행위이론은 리더의 행동을 '생산에 대한 관심(조직우선, 업무중심, 과업지향이라고도 표현)' 차원과 '사람에 대한 관심(배려, 근로자중심, 관계지향이라고도 표현)' 차원의 두 가지로 구분하고 리더가 어느 차원에 더 관심을 갖는지에 따라 리더십 유형을 구분하고자 하였다.

생산에 대한 관심이 큰 리더는 업무수행, 성과달성 등 과업중심인 반면, 사람에 대한 관심이 큰 리더는 조직구성원을 신뢰하고 그들에게 따뜻하게 대하며 그들과 좋은 관계를 유지하기 위하여 힘쓰는 인간중심의 리더이다.

초기의 리더십 행위이론에서는 인간중심의 리더가 과업중심의 리더보다 성과가 우월하고 바람직한 리더 유형인 것으로 주장했으나 나중에는 과업 및 인간 모두에 관심을 갖는 리더가 우수한 리더인 것으로 바뀌었다.

□ 그림 11-3
리더십의 행위이론 :
리더십 격자이론

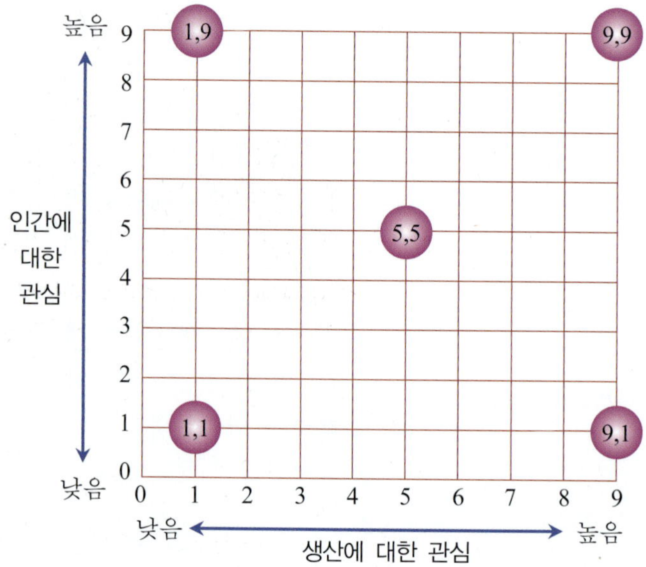

리더십의 행위이론 중 가장 널리 알려진 것은 블레이크와 모튼(R. Blake & J. Mouton)의 리더십 격자(the Leadership Grid)이론이다. 리더십 격자이론을 관리격자(managerial grid)이론이라고도 한다. 이 이론에서는 생산중심과 인간중심의 두 가지 리더십 차원을 각각 9등급으로 세분하여 전체 81개의 리더십의 종류로 나누고 있다. 이를 구체적으로 나타내면 [그림 11-3]과 같다.

[그림 11-3]에서 기본적인 리더 유형인 다섯 가지를 살펴보면 다음과 같다.

▎우리나라 유일의 LPGA 투어 대회가 열리는 서원힐스 골프장 사우스 코스 3번홀. 블레이크와 모튼은 컨트리클럽(골프장)에서 골프를 하는 사람은 일과는 거리가 멀고 인간관계만 중시하는 사람으로 생각했던 것 같다. (자료 : 서원힐스)

- [1,1] 무관심형 리더 : 조직구성원에 대한 관심과 업무에 대한 관심 모두 다 없어 과업달성에 최소한의 노력만을 하는 리더이다.
- [9,1] 능력지향형(과업형) 리더 : 부하에 대한 관심이 낮고 업무에만 관심을 두는 유형이다. 사람보다는 업무중심의 의사결정을 하기 때문에 업무능력에 관심을 두는 행태를 보인다.
- [1,9] 컨트리클럽(country club)형 리더 : 컨트리클럽에서 골프를 치면서 인간관계를 도모하는 사람들처럼 부하직원에 대한 관심은 아주 높고 조직 내 인간관계에는 많은 관심을 기울이지만 생산에는 관심이 별로 없는 유형이다.
- [5,5] 중간형 리더 : 인간과 생산에 적절한 수준의 관심을 기울이는 유형의 리더이다.

- [9,9] 팀(team)형 리더 : 생산과 사람 모두에 대한 관심이 매우 높은 유형의 리더이다. 부하직원의 적극적 참여를 유도하고 의사결정을 공유하며 높은 수준의 업무성과 달성을 위하여 필요한 팀워크를 적극적으로 지원한다. 이 때문에 팀형 리더라고 부른다.

상황에 따라 유효한 리더십이 달라진다 : 상황이론

피들러(1922~2017)는 오스트리아 출신의 미국인이다. 지도자의 특성과 개인적 특성에 관한 연구를 주로 했으며 94세까지 장수했다. (자료 : 종합)

리더십에 대한 행위이론으로도 바람직한 리더 또는 리더십에 대한 명쾌한 결론을 얻지 못하자, 연구자들은 리더의 행위 하나만을 검토할 것이 아니라 리더의 행위와 조직의 상황을 연계시켜 특정상황에서 보다 유효한 리더십 유형을 찾고자 시도하게 되었다. 이러한 리더십 연구접근방식을 리더십의 상황이론(contingency theory)이라고 한다. 상황이론에서는 "어떤 상황에서 리더의 어떤 행동이 리더십을 발휘할까?"를 연구한다.

리더십의 상황이론을 본격적으로 논의하게 한 대표적인 연구인 피들러(F. Fiedler)의 상황이론을 소개하면 다음과 같다.

상황이론에서 특정상황에 적합한 리더 유형을 결정하기 위해서는 리더가 특정상황을 얼마나 통제가능한가가 중요한 문제가 된다. 특정상황에 대하여 리더가 어느 정도로 통제할 수 있는가를 파악하기 위해서는 다음의 세 가지 상황변수를 분석해야 한다.

- 리더와 구성원 간 관계의 질(quality) : 구성원이 속한 집단이 리더에 대하여 어느 정도로 협력적 또는 지원적(supportive)인가로 측정한다. 협력 정도에 따라 두 당사자간의 관계가 좋거나 나쁜 것의 두 가지로 표현된다.
- 과업의 구조화(task structure) 정도 : 과업의 목표, 과정, 가이드라인이 얼마나 명쾌한가(즉 과업이 얼마나 구조화되어 있는가)의 정도로 측정한다. 구조화 정도에 따라 높거나 낮은 것의 두 가지로 표현된다.
- 직위가 갖는 권한(position power)의 크기 : 리더의 지위가 부하직원들에게 권한을 얼마나 갖고 있는가로 측정한다. 권한은 주로 부하직원에 대하여 어느 정도로 보상 또는 처벌할 수 있는가 하는 정도로 파악할 수 있으며 권한이 강하거나 약한 것 두 가지로 표현된다.

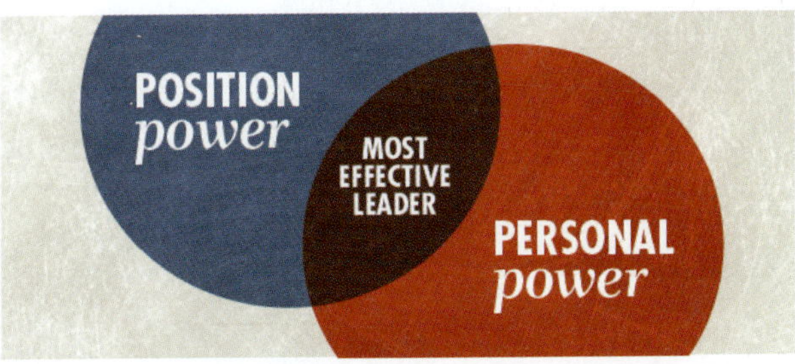

가장 뛰어난 리더는 직위에서 비롯되는 권한(position power)과 개인적인 힘(personal power) 모두를 가진 리더라고 본다.

□ 그림 11-4
리더십의 상황이론

상황변수의 조합

리더와 구성원 간의 관계	좋다	좋다	좋다	좋다	나쁘다	나쁘다	나쁘다	나쁘다
과업 구조화 정도	높다	높다	낮다	낮다	높다	높다	낮다	낮다
직위가 갖는 권한 정도	강하다	약하다	강하다	약하다	강하다	약하다	강하다	약하다
상황의 통제 가능성 정도	높다 ↔ 낮다							

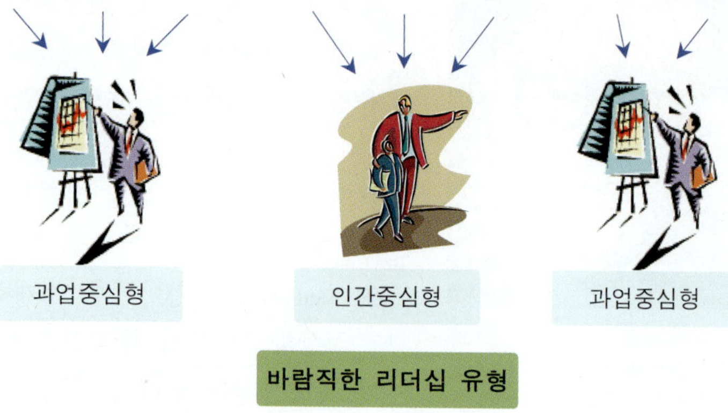

이러한 세 개의 변수를 조합하면 8가지의 상황이 도출되며 이를 리더의 통제가능성이 높은 것부터 낮은 것으로 나열하면 [그림 11-4]와 같다.

그림에서 보는 바와 같이 ① 리더와 구성원 간 관계가 좋고, ② 과업이 구조화되어 있으며, ③ 직위가 갖는 권한이 클수록 통제가능성이 높은 상황이 되며, 반대로 ① 리더와 구성원 간 관계가 나쁘고, ② 과업이 구조화되어 있지 않으며, ③ 직위가 갖는 권한이 작을수록 통제가능성이 낮은 상황이 된다.

이러한 여러 상황에 적합한 리더 유형을 정리하면 리더의 유형을 앞서의 리더십의 행위이론처럼 인간중심형과 과업중심형으로 나누었을 때, 상황의 통제가능성이 아주 높거나 낮은 극단적인 경우에는 과업중심형인 리더가 바람직하고 중간 수준의 통제가능성이 있을 경우에는 관계중심형인 리더가 리더로서의 성과가 좋다는 것이 상황이론의 핵심이다.

11.3 인간이 동기부여되게 하려면?

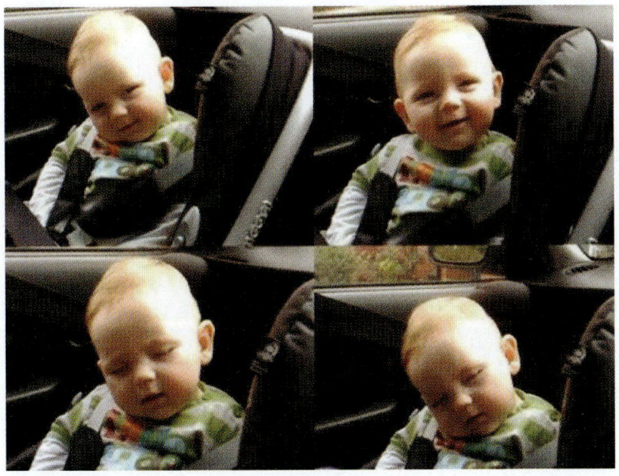

(자료 : newszum.com)

우리는 배가 고프면 우선적으로 먹을 것을 찾고 졸리면 잠을 잘 방법을 강구한다. 아무리 재미있는 영화를 볼 기회가 있더라도 하루를 굶은 사람은 영화보다는 밥을 먹으려 하고 사나흘 밤을 꼬박 새운 사람은 아무데서나 잠을 청하려 한다. 이처럼 인간이 어떤 행동을 할 때에는 그 이유 또는 동기가 있다. 그러한 동기는 보통 자신의 욕구에서 비롯된다.

따라서 조직에서 리더가 조직구성원들의 욕구, 즉 동기를 정확하게 파악할 수만 있다면 조직원들의 행동을 어떤 특정방향으로 용이하게 유도할 수 있을 것이다. 동기부여(motivation)란 이처럼 어떤 목적을 달성하기 위하여 특정방향으로 개인이 행동하도록 유도하는 것을 말한다. "어떻게 하면 내가 원하는 대로 사람(상대방)을 움직일 수 있을까?"를 연구하는 것이 동기부여이론이다.

기업에서 월급을 다른 회사보다 많이 준다든지, 승진 등 인사를 공정하게 하는 것, 업무성과에 따른 상벌을 철저하게 하는 것 등은 종업원의 동기를 부여하기 위한 방법들 중의 하나이다.

동기부여이론은 크게 내용이론(content theory)과 과정이론(process theory), 그리고 동기부여의 강화이론(reinforcement theory)으로 나눌 수 있다. 각 이론을 비교하면 먼저 내용이론은 인간의 욕구를 이해하고, 다양한 욕구를 가진 사람들 각각이 여러 상이한 업무상황에서 어떻게 반응할 것인지를 알 수 있게 해준다. 내용이론에서는 인간이 "어떤 것(what) 때문에" 동기부여되는지를 연

□ 그림 11-5
동기부여이론

동기부여이론	내용이론 (content theory)	과정이론 (process theory)	강화이론 (reinforcement theory)
의 문	어떤 것(what) 때문에 동기부여되는가?	어떤(how) 과정을 통해서 동기부여되는가?	외부환경에 의해 어떤 영향을 받았는가?
접근방법	초점을 사람에게 두고, 사람들이 왜 특정행동을 하는지를 분석		사람의 행동은 환경적인 결과에 의해 결정

구한다. 과정이론은 사람들이 보상에 대하여 어떤 의미를 부여하며, 그런 다음 다양한 업무 관련 행위에 어떻게 반응하는지에 대한 추가적인 통찰력을 제공해준다. 과정이론에서는 인간이 "어떤 과정을 통해서" 동기부여되는지를 연구한다. 강화이론은 주요한 보상원천으로서의 환경과, 그 환경이 인간의 행동에 어떤 영향을 미치는지를 연구한다.

뭔가(내용)에 의해 동기부여된다 : 내용이론

대부분의 동기부여에 관한 연구는 개인의 욕구(needs)라는 개념에서 출발한다. 욕구란 채워지지 않은 심신상의 바람(desire)을 의미한다. 사람은 자신의 욕구를 채우지 못하면 긴장을 느끼고 이 긴장은 자신의 행위나 태도에 영향을 미치게 된다. 따라서 리더는 부하직원들의 욕구가 무엇인지, 욕구의 내용이 무엇인지 파악해야 한다는 주장이 동기부여의 내용이론(content theory)이다. 사람들이 "어떤 것" 때문에 동기부여되는지를 연구하는 동기부여의 내용이론은 매슬로의 연구에서 출발하였다.

이하에서는 가장 대표적인 내용이론인 매슬로의 욕구단계론과 알더퍼의 ERG이론을 중심으로 살펴보기로 하자.

매슬로의 욕구단계론

1954년에 발표된 매슬로(A. Maslow)의 욕구단계론(hierarchy of human needs)의 출발점은 사람들이 가지고 있는 욕구는 일련의 단계가 있어서 하위단계의 욕구가 충족되어야 상위단계의 욕구를 충족시키는 방향으로 동기부여가 된다는 것이다. 따라서 하위단계의 욕구가 충족되지 않은 상황에서 상위단계의 욕구를 충족해주어도 동기부여가 되지 않는다는 것이다. 이 이론에서는 인간이 가지고 있는 욕구를 [그림 11-6]과 같이 다섯 단계로 설명하고 있다.

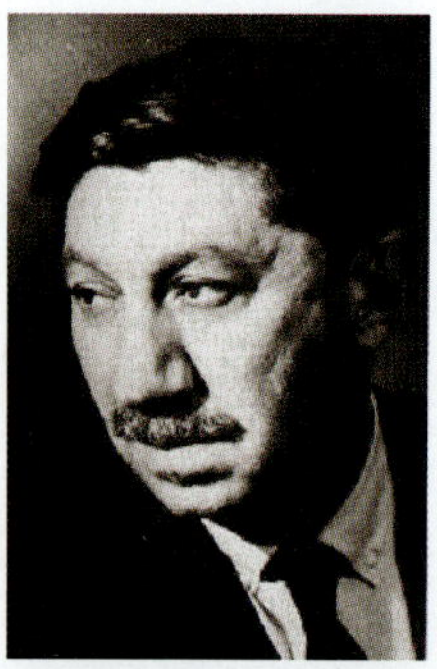

매슬로(1908~1970). 그가 주장한 욕구단계론은 다양한 학문분야에서 원용되고 있다.

- 생리적 욕구 : 음식, 물, 공기 등 인간의 생명유지에 최소한으로 꼭 필요한 욕구
- 안전 욕구 : 안정, 안전, 고통의 부재, 병이나 위협·해고 등으로부터 회피에 대한 욕구
- 사랑과 소속 욕구 : 우정, 사랑, 소속감 등에 대한 욕구
- 존경 욕구 : 다른 사람으로부터 인정을 받고 존경을 받고자 하는 욕구
- 자아실현 욕구 : 자기만족 및 자아성취에 대한 욕구

□ 그림 11-6
동기부여의 내용이론 : 매슬로의 욕구단계론

욕구단계론에서 눈여겨볼 만한 것은 하위단계에서의 욕구가 충족되어야 상위단계의 욕구를 충족하기 위한 동기부여가 된다는 것이다. 그러므로 경영자는 기업 내에서 일하는 근로자들의 욕구가 어느 단계에 와 있는지를 면밀하게 검토하여 상위단계로의 동기부여가 될 수 있도록 해야 한다. 이는 [그림 11-6]에도 잘 나타나 있다. 아래 칸을 지나야 위 칸으로 올라갈 수 있다. 그림의 각 단계는 하위단계의 욕구가 충족되어야 상위단계의 욕구충족을 위한 방향으로 동기부여가 된다는 사실을 표현하고 있다.

Self Q&A

욕구단계론에 근거하여 자신의 욕구가 현재 어느 단계에 있는지 각자 생각해보자.

알더퍼의 ERG이론

알더퍼(1940~2015)

1969년에 발표된 알더퍼(C.P. Alderfer)의 ERG이론은 인간 욕구의 단계를 3단계로 단순화하고 그 개념을 추상화한 것이다. 알더퍼가 제시한 세 가지 수준의 인간의 욕구는 다음과 같다.

- 존재 욕구(E : existence needs) : 인간이 존재하기 위하여 필요한 물질적 · 생리적 욕구이다. 매슬로 욕구단계론의 첫 번째와 두 번째 단계인 '생리적 욕구'와 '안전 욕구' 중에서 물리적인 욕구에 해당하는 욕구이다.
- 관계 욕구(R : relatedness) : 인간의 사회생활과 관련된 욕구이다. 욕구단계론의 두 번째 단계인 '안전 욕구' 중에서 타인과 관련된 욕구와 세

번째 단계인 '소속 욕구', 네 번째 단계인 '존경 욕구'의 일부에 해당하는 욕구이다.

- 성장 욕구(G : growth) : 개인의 잠재력 개발, 자아실현, 성장과 관련된 욕구이다. 매슬로 욕구단계론의 네 번째 단계인 '존경 욕구'의 일부와 마지막 단계인 '자아실현 욕구'에 해당하는 욕구이다.

ERG이론이 매슬로의 욕구 5단계론과 다른 점을 [그림 11-7]을 참고로 하여 설명하면 다음과 같다.

먼저 매슬로의 욕구단계론은 만족-진행(satisfaction - progression)의 과정만을 갖지만 ERG이론은 좌절-퇴행(frustration - regression)의 과정도 보인다. 즉 전자는 하위욕구가 만족되면서 상위욕구로 진행되어 가는 것에 초점을 두고 있는 반면, 후자는 상위욕구가 만족되지 않을 때에는 하위단계에 대한 욕구가 커진다고 본다. 또한 이러한 차이점과 연관되어, 전자는 한 사람의 욕구는 단계적으로 한 단계에 대한 욕구만 강조되나, 후자는 동시에 둘 이상의 욕구도 추구한다고 본다.

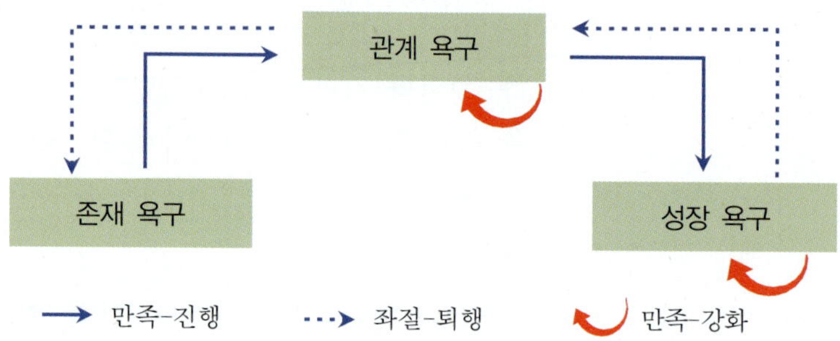

□ 그림 11-7
ERG이론

허츠버그의 2요인이론

허츠버그(F. Herzberg)의 2요인이론(two-factor theory)이란 개인의 동기를 자극하는 데 관련된 요인은 ① 만족 여부에 영향을 미치는 요인을 동기요인(motivator)으로, ② 불만족 여부에 영향을 미치는 요인을 위생요인(hygiene factor)으로 구분할 수 있는데, 불만족을 느끼는 어떤 작업자에게 위생요인을 충족시켜 주면 만족을 느끼는 게 아니라 단지 불만족의 상태가 해소되기만 할 뿐이며 이 작업자가 만족을 느끼게 하려면 동기요인을 별도로 충족시켜야 한다고 주장한 이론이다(자세한 내용은 제2장 참조).

어떤 "과정"을 거치면서 동기부여된다 : 과정이론

동료와 똑같이 열심히 일을 했는데 동료만 칭찬을 받게 되면 그런 조직에서는 일을 하기 싫을 것이다. 또한 열심히 일을 해봐야 크게 기대되는 게 없다면 굳이 열심히 일을 하려 하지 않을 것이다. 우리는 자신이 일을 한 만큼 공정한 평가를 받고 자신이 하는 일에 대하여 뭔가 기대할 만한 것이 있으면 열심히 일을 하려는 동기가 생길 것이다. 이러한 접근방법이 동기부여의 과정이론(process theory)이다. 이 이론은 사람이 "어떤 과정을 거치면서" 동기부여되는가를 연구하기 때문에 과정이론이라고 한다.

여러 과정이론 중 현실성과 타당성이 높은 것으로 인정되고 있는 공정성이론과 기대이론을 살펴보기로 한다.

공정성이론

애덤스(1925~)

애덤스(J.S. Adams)의 공정성이론(equity theory)은 비교적 이해하기 쉬운 이론이다. 이 이론에 의하면 사람은 [자신이 일한 것에 대한 대가의 비율]과 [타인의 그것]을 상대적으로 비교하여 그 결과에 따라 반응한다는 것이다.

공정성이론에 의하면 사람은 [자신의 비율]을 [타인의 비율]과 상대적으로 비교한 후 그 결과에 대하여 다음과 같이 반응한다.

- [자신의 비율] > [타인의 비율]의 경우 :
  - 자신의 투입을 늘린다.
  - 타인의 대가를 늘리도록 한다.
  - 기준인물을 바꾼다. 또는 내가 상대적으로 더 받는 것은 당연하다는 식으로 자신의 생각을 바꾼다.
- [자신의 비율] < [타인의 비율]인 경우 :
  - 자신의 투입을 줄인다.
  - 타인의 대가를 줄이게 하거나 투입을 늘리도록 한다.
  - 기준인물을 바꾸거나 내가 상대적으로 적게 받는 것이 당연하다는 식으로 자신의 생각을 바꾼다.

[자 신] [타인 : 비교기준이 되는 인물]

$$\frac{\text{자신에 대한 대가}}{\text{자신의 투입}} \quad \text{상대비교} \quad \frac{\text{타인이 받는 대가}}{\text{타인의 투입}}$$

이때 '투입'=노력, 시간, 기술 등 직무수행을 하는 데 들어간 모든 자원과 에너지
'대가'=급여, 승진, 칭찬 등을 포함한 모든 물질적·정신적 대가

기대이론

브룸(1932~2023). 예일대 교수인 그는 주로 동기부여와 리더십에 관한 100여 편이 넘는 논문과 10여 편의 저서를 남겼다.

브룸(V. Vroom)이 주장한 동기부여의 기대이론(expectancy theory)은 인간이 느낀 욕구가 행동을 유발한다는 전제하에서, 그러한 행동을 하려 하는 욕구의 정도인 '동기의 강도(motivation strength)'에 의해 동기부여 정도가 좌우된다는 것이다.

기대이론은 다음과 같은 등식으로 간단하게 설명할 수 있다.

동기의 강도=자신이 행할 행동이 가져올 결과에 대하여 인식하고 있는 가치
×그러한 결과가 실현가능할 것으로 인식하고 있는 가능성 정도

위의 등식에서도 볼 수 있는 것처럼, 이 이론에 따르면 동기의 강도는 '자신이 행할 행동이 가져올 결과에 대하여 인식하고 있는 가치'와 '그러한 결과가 실현가능할 것으로 인식하고 있는 가능성 정도'에 의하여 결정된다. 이들 두 요인이 증가할수록 동기의 강도가 커지고 어떤 행동을 할 욕구가 커진다. 인간은 장기적으로 볼 때 자신의 개인적 보상을 극대화하는 방향으로 행동하려는 경향이 있는 것이다.

예를 하나 들어보자. 돈이 필요하여 아르바이트를 하려는 대학생이 한 명 있다. 그는 악어 이빨을 청소하는 아르바이트를 제안받았는데, 악어 한 마리당 20만원씩에 10마리를 관리해야 한다고 한다. 물론 악어

입을 벌린 후 솔로 이빨 사이를 닦아내는 일은 매우 위험한 일이다. 이 학생이 이빨 칫솔질을 할 것인지 하는 동기의 강도는 다음 두 가지의 요인에 의하여 결정될 것이다. 하나는 '200만원의 가치를 어떻게 생각(인식)하고 있는가'이고 다른 하나는 '그 학생이 스스로 느끼고 있는 악어 이빨 칫솔질을 성공적으로 할 가능성'이다. 200만원의 가치를 높이 평가하고 악어 이빨 칫솔질 성공가능성이 높다고 판단할수록 이 아르바이트에 대한 욕구가 강해질 것이다.

동기의 강도 = 행동의 결과에 대한 인식가치 × 결과의 실현 인식가능성 정도

악어 이빨 칫솔질 아르바이트 동기의 강도	=	200만원의 가치에 대한 생각	×	칫솔질 성공가능성

환경에 의해 동기부여된다 : 강화이론

▌공부를 열심히 했더니 좋은 학점을 받았다면 다음에도 공부를 열심히 할 것이다. 이른바 효과의 법칙이다. (자료 : slideplayer.com)

'경영의 귀재'로 불렸던 GE 전회장 잭 웰치(Jack Welch)는 어릴 때 심한 말더듬이로 사람들의 눈총을 받았다. 하지만 그의 어머니는 늘 "네가 말을 더듬는 것은 생각의 속도가 너무 빨라 입이 그것을 따라가지 못하기 때문이야. 조금도 걱정하지 마라. 너는 자라서 큰 인물이 될 거야"라고 하면서 지속적으로 격려했다. 결국 웰치는 큰 인물이 되었다. 그의 어머니는 지금부터 설명하고자 하는 동기부여의 강화이론을 몸소 실천한 사람이었다.

앞서 살펴본 내용이론이나 과정이론은 사람들이 "왜" 특정행동을 하는지를 설명하려 한 것이었다. 반면 동기부여의 강화이론(reinforcement theory)에서는 사람의 행동이 환경적인 결과에 의하여 결정된다고 본다. 즉 전자가 동기부여나 인간의 행위를 설명하기 위하여 개인을 중심으로 연구하는 것이라면 후자는 외부적인 환경과 인간행위의 결과에 초점을 둔다. 강화이론의 기본 전제는 효과의 법칙(law of effect)이라는 것이다. 이 법칙에 의하면 어떤 행동을 했을 때 그 결과가 즐거운 것이면 그 행동은 반복될 가능성이 높다.

▌스키너(1904~1990)

스키너(B.F. Skinner)는 효과의 법칙을 응용하여 조작적 조건화(operant conditioning) 개념을 도입하였는데, 이를 경영학에서도 원용하여 조직의 행동수정(OB Mod : organizational behavior modification)이라는 용어로 쓰고 있다. 이 이론이 강화이론이다.

OB Mod의 목표는 체계적으로 조직구성원의 바람직한 행위는 강화하고 그렇지 않은 행위는 제거하기 위하여 강화의 원칙을 활용하는 것이다. 강화(reinforcement)란 같은 행동이 반복해서 일어나게 하는 것 또는 학습자가 이미 갖고 있는 느낌이나 태도, 지식을 더 견고히 해주는 것을 말한다. 강화 전략은 크게 네 가지가 있다.

긍정적 강화

긍정적 강화(positive reinforcement)는 부하가 바람직한 행동을 보일 때 주는 보상이다. 긍정적 강화는 부하가 이러한 바람직한 행동을 계속하도록 격려하는 것이다. 긍정적인 강화에서 주는 상황과 보상의 예로는 물건을 만드는 데 불량이 전혀 없으면 칭찬이나 휴가, 보너스 등을 줄 수 있다.

부정적 강화

부정적 강화(negative reinforcement)는 부하가 바람직하지 않은 행동을 하지 않을 때 주는 보상이다. 결과적으로 부하가 바람직한(좋은 방향의) 행동을 하도록 장려하는 것이다. 부정적 강화 역시 보상을 사용한다. 다만, 보상의 성격이 다르다. 주로 부하가 불쾌하다고 느끼는 것을 제거함으로써 바람직한 행동에 대한 보상을 준다.

부정적 강화의 예로, 물건을 만드는 데 불량이 없으면 그동안 했던 감시를 중단해주는 것이다. 그동안 옆에서 감시했으나 이를 중단함으로써 불쾌한 상황을 제거해주는 것이다.

처벌

처벌(punishment)은 부하의 바람직하지 않은 행동을 줄이거나 없애고자 할 때 불쾌한 자극을 주는 것이다. 예를 들어, 직장 내에서 금지된 폭력을 행사했을 경우 경고나 징계로 처벌할 수 있다.

처벌이 부정적 강화와 다른 점은 전자는 부정적인 자극을 주는 반면, 부정적 강화는 부정적인 자극을 제거해주는 것이다.

소멸 또는 소거

소멸(extinction)은 부하의 학습된 행동을 멈추게 하는 것이다. 즉, 이전에 강화되어서 하던 행동에 대해 더 이상 보상과 같은 자극을 주지 않음으로써 그 행동을 줄이거나 제거하는 것을 말한다. 예를 들어, 다른 팀원들이 일을 하

ㅁ 그림 11-8
강화전략 비교

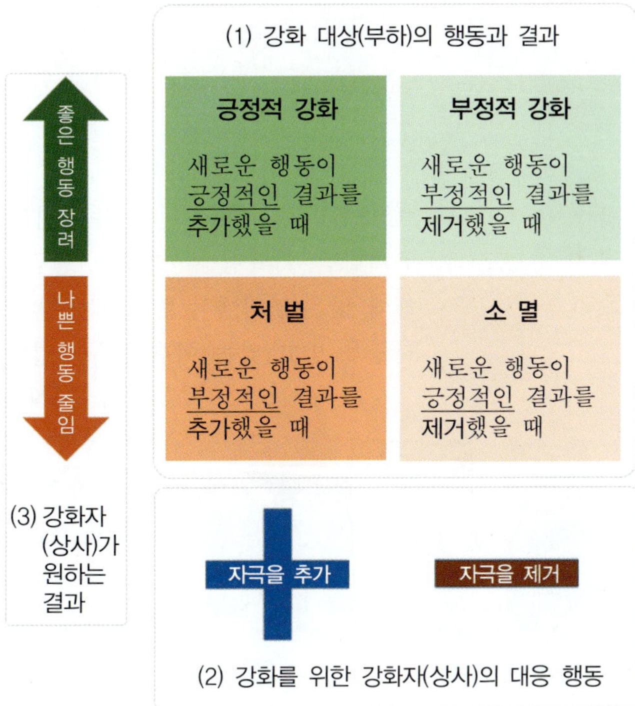

고 있을 때 조언을 한다면서 방해하는 직원이 있다고 하자. 지금까지는 팀원들이 내심 괴로웠지만 "좋은 생각이다"라고 그 직원에게 반응했다면 이 직원은 계속해서 그 행동을 했을 것이다. 그러나 팀원들이 더 이상 반응하지 않는다면 그 직원은 그 행동을 멈출 것이다.

강화요인을 제공함으로써 개인의 행동을 유발시키거나 혹은 다른 행동을 중단시키려 할 때에는 강화 스케줄(schedule of reinforcement)을 작성해야 한다. 이 강화 스케줄에는 행동이 일어날 때마다 강화를 하는 지속적 강화(continuous reinforcement)와 간헐적으로 강화를 하는 간헐적 강화(intermittent reinforcement)가 있다. 가끔 강화를 행하는 간헐적인 강화에는 고정비율 강화, 변동비율 강화, 고정간격 강화, 변동간격 강화 등이 있다.

11.4 팀으로 움직인다

"대출관리팀, 경영지원팀, 수출지원팀, 정보화지원팀, 감사팀, 연수운영팀, 상품개발팀, 기획팀……." 어느 공공기관의 부서 명칭이다. 여기에서 보듯이 근래에 많은 조직에서 팀이라는 명칭이 널리 사용되고 있다. 팀제가 이와 같이 각광을 받고 있는 이유는 무엇일까?

팀의 특징을 잘 보여주는 그림 (자료 : popevents)

조직에서 수행해야 하는 대부분의 과업은 개인 단독의 능력범위를 넘어선다. 여러 사람이 함께 일을 함으로써 목표달성이 가능하거나 쉬워진다. 이에 따라 오늘날에는 조직성공의 많은 부분은 관리자가 얼마나 팀을 잘 만들고 효율적으로 지휘하며, 팀의 활동을 잘 지원하느냐에 좌우되고 있다. 한 조사에 의하면 미국의 경우 평균적으로 60% 이상의 근로자가 팀에 소속되어 일을 하고 있다고 한다.

따라서 "어떻게 하면 개개인 모두에게 최선이 되도록 팀과 팀워크를 활용할 것인가?"가 리더의 지휘활동에서 중요한 부분이 되고 있다.

팀(team)이란 공동의 목표를 추구하면서 일상적으로 상호작용을 하는 사람들의 집단으로 정의할 수 있다. 또한 팀워크(teamwork)란 공동의 목표를 달성하기 위하여 사람들이 실제적으로 함께 일하는 과정을 말한다.

팀은 효익이 크다

팀제를 도입하는 이유는 시너지 효과로 인하여 조직을 구성하는 개개인의 단순한 합보다 더 큰 가치를 창출할 수 있기 때문이다. 즉 1+1+1=3이 아닌 5와 같은 효과를 거둘 수 있다. 팀이 일반 개인에 비하여 제공하는 효익에는 다음과 같은 것들이 있다.

① 문제해결에 보다 많은 자원을 활용할 수 있다.
② 창조성과 혁신성을 제고시켜준다.

③ 의사결정의 질을 높인다.
④ 과업에 대한 참여도를 높인다.
⑤ 집합적인 활동을 하기 때문에 동기부여가 잘된다.
⑥ 각종 업무수단의 활용과 통제가 보다 용이하다.
⑦ 개인의 만족도를 증가시킨다.

팀제에서 관리자 역할은 다양하다

팀제를 조직에 도입했을 때 관리자는 어떤 역할을 해야 하는가? [그림 11-9]는 이를 잘 설명해주고 있다. 그림에서 보는 바와 같이 관리자는 팀에 대하여 다음과 같은 역할을 수행한다.

- 감독자 : 공식적인 조직단위의 수장(head)
- 팀워크 촉진자 : 특정 업무수행을 위한 팀의 중심(hub), 팀원과 동등한 자격으로서의 리더
- 참여자 : 팀에 공헌을 하고 도움을 주는 팀원의 한 사람
- 코치(coach) : 팀에 의해 일종의 자문역으로 위촉되어 팀의 문제해결을 외부에서 돕는 외부지원자

팀의 운영과 관련하여 관리자가 알아야 할 중요한 것은 ① "어떤 상황에서" 팀을 활용하는 것이 최선인가를 파악할 수 있는 기술을 가지고 있을 것, ② "어떻게" 팀과 함께 일을 하고 관리할 것인가를 알고 있을 것 등이다.

팀이 모든 조직에서 항상 일반 개인보다 효율적이라고 말하기는 어렵다. 특히 팀워크가 문제가 있을 가능성이 있는 조직에서는 더욱 그렇다. 그러나 결론적으로 말하면 팀의 운영에 많은 어려움이 있다 하더라도 팀 운영은 그

□ 그림 11-9
팀제와 관리자의 역할

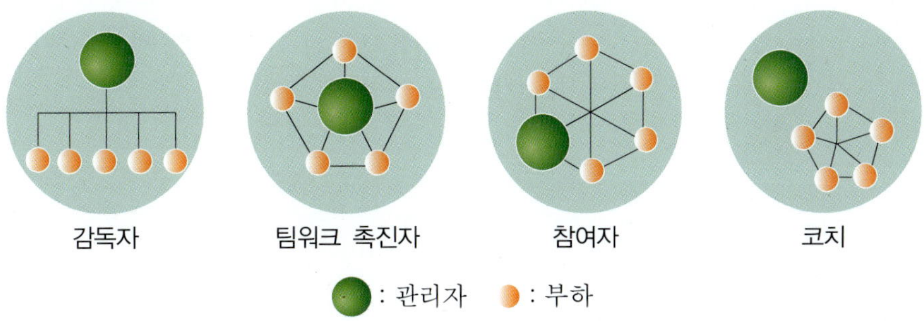

럴 만한 가치를 제공해준다.

Self Q&A

팀제를 도입할 때 어떤 문제점이 있을까 생각해보자.

11.5 지휘는 의사소통으로 완성된다

의사소통이란 무엇인가?

우리는 끊임없이 주위 사람들과 대화를 하면서 살아간다. 자주 만나는 사람들간의 일상적인 대화에서는 대부분 서로가 상대방의 뜻을 제대로 알아듣는다. 그러나 때로는 상대의 뜻을 잘못 이해하여 오해를 하는 경우도 있고 심한 경우에는 헤어지기까지 하는 남녀도 종종 보게 된다.

이러한 일들은 공식적인 조직에서도 일어난다. 상사의 뜻을 잘못 이해하여 일을 그르치는 부하직원, 부하의 말을 잘못 알아들어 의사결정을 잘못 내린 상사, 거래 상대방의 정확한 의사를 모르고 계약을 체결했다가 낭패를 보는 경우 등의 사례를 종종 볼 수 있다.

왜 이런 일이 일어날까? 결론부터 말하면 대화 당사자간의 의사소통이 효과적으로, 원활하게 그리고 정확하게 이루어지지 않았기 때문이다. 의사소통(communication)이란 사람들간에 의미가 담겨 있는 기호(symbols)를 보내고 받는 과정으로 정의할 수 있다. 조직을 지휘하는 관리자는 조직 내에서 효율적인 의사소통이 이루어질 수 있도록 많은 노력을 기울여야 한다. 의사소통 문제는 앞의 [그림 11-1]에서 본 바와 같이 관리자의 지휘활동에서 주요한 요소가 되고 있기 때문이다.

의사소통이 이루어지는 단계가 있다

의사소통이 이루어지는 주요 요소 및 과정을 그림으로 나타내면 [그림 11-10]과 같다. 이를 단계적으로 살펴보자.

① 제1단계 : '송화자(sender)'가 '수화자(receiver)'에게 전달하고자 하는 '메시지(message)'를 언어적 또는 비언어적 의미가 담긴 기호로 상징화 또는 기호화(encoding)하여 표현한다.

② 제2단계 : 송화자가 표현한 의사가 '의사소통 경로(communication channel)'를 통해 수화자에게 전달된다.

③ 제3단계 : 수화자는 송화자가 상징화 또는 기호화하여 표현한 의사의 의미(meaning)를 해석(decoding)한다. 이 과정에서 수화자가 해석한 송화자의 의사는 원래 송화자가 의도했던 의미와는 달라질 수도 있다.

④ 제4단계 : 수화자는 자신이 해석한 송화자 의사의 의미가 원래 송화자가 의미한 것과 일치하는지를 확인한다(피드백). 이 단계는 수화자가 필요한 경우에만 이루어진다.

□ 그림 11-10
의사소통이 이루어지는 과정

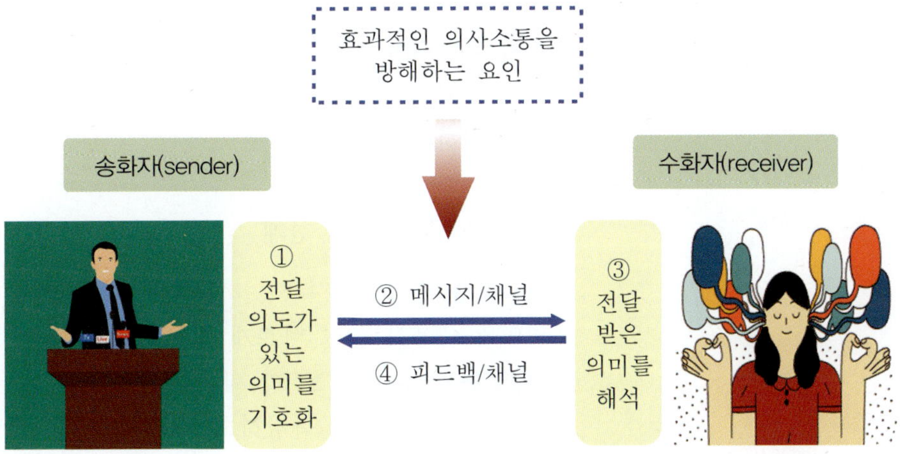

효과적인 의사소통과 효율적인 의사소통

효과적인 의사소통(effective communication)이란 송화자가 의도하는 메시지와 수화자가 해석하는 의미가 일치하는 것을 말한다. 효율적인 의사소통(efficient communication)이란 최소의 비용으로 효과적인 의사소통을 추구하는 것을 말한다.

의사소통을 하는 사람들은 모두 이러한 유효한 의사소통을 바라지만 항상 원하는 대로 의사소통이 되는 것은 아니다. 예를 들어 팀의 리더가 자신이 속한 팀에게 어떤 지시를 한다고 하자. 리더가 팀원 한 사람 한 사람의 얼굴을 마주보고 직접 지시하면 효과적인 의사소통은 이루어지지만 전체 팀원을 다 만나려면 많은 시간이 소요되어 비효율적인 의사소통이 된다. 반대로 팀원들에게 e-mail을 통하여 한 번에 지시를 하면 시간이 크게 절약되어 효율적이기는 하지만 팀원은 즉각적인 질문 기회도 갖지 못하는 등 의사가 제대로 전달되기 어렵다. 이처럼 효과적인 의사소통과 효율적인 의사소통은 상충관계(trade-off)에 있다.

효과적인 의사소통을 방해하는 것들이 있다

효과적인 의사소통을 위해서는 송화자 및 수화자 양방 모두의 의사소통 기술과 노력이 요구된다. 효과적인 의사소통을 하기 위하여 극복해야 할 사항을 정리하면 다음과 같다.

의사소통 경로의 한계

의사소통 경로 중 문서를 이용하는 경로(written channel)는 일반적으로 전달할 의미의 내용이 쉽고 빠르게 확산시켜야 할 때, 그리고 전달내용이 공식적이고 권위를 담아야 할 때 채택되는 의사소통 경로이다. 반면 구두 경로(oral channel)는 설명하기 복잡하고 즉각적인 피드백이 요구되는 상황에서 유효하며, 보다 개인적이고 감정적인 의사소통이 필요할 때 활용되는 경로이다. 그러나 실제로 조직에서 의사소통을 할 때에는 두 경로 모두를 충분히 활용하기가 쉽지 않다. 관리자는 상황에 알맞은 의사소통 경로를 적절히 활용하는 능력을 가져야 할 것이다.

■ 문서나 구두 전달방식이 갖는 한계

자신의 생각을 문자 형태로 정확하게 표현하는 일은 결코 쉬운 일이 아니다. 말로 의사를 표현하는 경우도 마찬가지이다. 우리는 주위에서 종종 의사전달이 잘못되는 사례를 보곤 한다.

■ 비언어적 신호에 대한 잘못된 해석

비언어적 의사소통(nonverbal communication)은 손짓, 발짓, 얼굴 표정, 눈짓 등 신체를 이용하는 제스처에 의한 의사소통 방법이다. 비언어적 의사소통은 때로는 큰 효과를 발휘하기도 한다. 사랑하는 연인들에게 무슨 말과 문서가 필요 있으랴!

문제가 되는 것은 비언어적 신호가 언어적인 의사표현 수단과 동시에 활용되는 경우이다. 예를 들면 회의의 분위기 때문에 어떤 안건에 대하여 말로는 동의를 하지만 얼굴 표정이 전혀 아닌 경우를 흔히 볼 수 있다. 이런 식으로 통과된 안건에 대하여 사람들이 적극적으로 지지하고 수행할 것을 기대하는 것은 어렵다.

■ 물리적인 방해

효과적인 의사소통을 방해하는 물리적 요인으로는 전화, 예상치 못한 방문객 등과 같은 요인이 있다. 중요한 대화를 하고 있는데 누가 옆에서 갑자기 끼어들면 대화의 맥이 끊긴다. 대화중에 갑자기 걸려오는 전화도 의사소통을 방해하는 대표적인 물리적인 요인이 되고 있다. 휴대전화 관리에 주의를 기울여야 하는 이유이다.

물리적인 의사소통 방해요인은 사전에 준비만 하면 충분히 극복할 수 있다. 예컨대 대화중에는 일체의 방문객을 응대하지 않음을 사전에 표시하거나 공지하면 된다. 전화 역시 사전에 꺼놓으면 된다.

■ 정보의 여과

송화자가 의도적으로 정확한 의사전달을 하지 않는 경우도 있다. 결함이 있는 신제품을 개발한 회사에서 사장에게 그 신제품의 결함을 있는 그대로 직언할 수 있는 부하직원이 몇 명이나 될까? 자신이 알고 있는 정보를 걸러서(filtering) 전달하는 것이다. 정보를 거르는 과정에서 정보를 누락시킬 수도 있고 왜곡할 수도 있다. 우리나라가 국제통화기금(IMF)의 구제금융을 받게 된

수많은 원인 중에는 당시의 경제 관료들이 대통령에게 제대로 상황을 설명하지 않았기 때문이라는 주장도 있다. 대통령이 경제에 관한 보고는 따분해 했기 때문에 이를 알게 된 관료들이 의도적으로 제대로 된 보고를 걸렀다는 것이다.

효과적인 의사소통을 위한 새로운 주장들

아트 마크만. 그는 『Smart Thinking』이라는 저서에서 3의 법칙을 주장했다.

3의 법칙

인지과학자 아트 마크만(Art Markman) 텍사스주립대 교수에 의하면 사람이 어떤 정보들을 한 번에 듣고 다시 기억해낼 수 있는 적정 수준이 딱 3개라고 주장한다. 즉, 많은 내용을 한꺼번에 들어도 기억에 남는 것은 3개밖에 없다는 것이다. 이러한 이론을 실제의 의사소통에 적용하는 법칙이 이른바 '3의 법칙'이다. 이 법칙을 가장 잘 활용했던 사람으로는 오바마 미국 대통령, 스티브 잡스 등이 있다.

카민 갈로는 CNN 앵커 등 언론계에서 오랫동안 근무했고 지금은 자신의 회사를 경영하면서 미국 유수의 대학에서 강의도 하고 있다. (자료 : carminegallo.com)

65% 대 35%

갈로커뮤니케이션(Gallo Communications Group) 대표인 카민 갈로(Carmine Gallo)에 의하면 의사소통, 특히 발표(presentation)로 상대방을 설득하기 위해서는 말하고자 하는 내용을 감정적인 요소 65% 대 논리적인 요소 35%로 구성해야 한다고 한다. 그에 의하면 CEO는 스토리를 통해 직원들을 변화시킬 수 있으며, 발표를 할 때에는 내용의 65%를 이야기와 그림 같은 감정적인 것으로 구성하고 35%는 숫자나 통계로 구성하는 것이 가장 주효하다고 한다. 스토리텔링을 잘하기 위해서는 인문학적 소양이 뒷받침되어야 하고, 발표는 반복해서 연습하고 시연해볼수록 간결해지고 매력적으로 바뀐다고 한다.

마무리 사례

아시아 지역에서 인권을 주도할 리더십이 필요하다

740페이지에 달하는 제34차 월드리포트에서 휴먼라이츠워치(Human Rights Watch)는 100여 개국의 인권 상황을 검토하고 있다. (자료 : Human Rights Watch)

휴먼라이츠워치가 발표한 2024년도 월드리포트에 의하면, 아시아 각국에서 억압이 강화되면서 국내외적으로 인권 상황에 먹구름이 드리우고 있다.

2023년에 중국 정부는 신장지구에서 지속적으로 위구르족을 비롯하여 투르크계 무슬림인들에 대한 반인도적 범죄를 자행했고, 중국 내 전역에서 폭압적인 정책과 관행이 증가했다. 북한과 베트남은 자국민에 대한 억압을 강화했다. 2024년 총선을 앞두고 있는 인도와 파키스탄, 인도네시아, 방글라데시에서는 민주제도와 법치에 대한 공격이 증가했다.

일레인 피어슨 휴먼라이츠워치 아시아 디렉터는 “아시아 지역에서 인권을 보호하고 증진할 수 있는 보다 강력한 리더십이 요구된다. 그렇지 않으면 상황이 더욱 악화될 것이다”라고 경고했다.

유럽, 아프리카, 미주 지역과 달리 아시아는 인권 기준을 보호하는 유의미한 인권헌장이나 역내 기구가 없는 실정이다. 정치기구인 아세안(ASEAN, 동남아시아국가연합)은 미얀마 사태에서 드러난 것처럼 지역의 인권 문제를 해결할 능력이 없다는 사실이 여러 차례 입증되었다.

아시아의 민주제도는 2023년 내내 공격을 받았다. 태국에서는 군부가 지명한 상원과 군부 정권하에서 개정된 헌법에 따라 수립된 여러 기구들이 5월 총선에서 최다 득표를 한 정당의 정부 구성을 가로막았다. 7월에 있었던 캄보디아의 선거는 선거라고 부를 수조차 없었다. 정부가 제1야당의 선거 참여 자격을 박탈했기 때문이다. 방글라데시 당국은 2024년 총선을 앞두고 반체제 인사와 야당 의원 10,000여 명을 체포하면서 정치적 반대자들에 대한 공격을 강화했다.

베트남과 인도 정부는 환경운동가를 포함하여 반체제 인사와 정부 비판자들에 대한 자의적 체포와 기소를 확대했다. 필리핀에서는 아직도 노조 지도자와 기자, 활동가들에게 종종 ‘빨갱이’라는 치명적인 꼬리표가 붙었다. 오랫동안 캄보디아를 통치해온 훈 센 총리는 자신의 장남인 훈 마넷에게 총리직을 물려주었는데, 훈 마넷도 계속해서 시민사회단체와 독립 언론을 엄격히 통제했다.

북한의 전체주의 정권은 국경 봉쇄를 유지하고 거의 완벽하게 주민들을 바깥세상과 차단시킴으로써 인권 상황을 더욱 악화시켰다. 아프가니스탄에서는 탈레반 정권이 인도주의 위기 상황에서 특히 여성과 여아들에 대한 억압을 늦추지 않았다.

아시아의 민주 정부들은 지역적으로나 국제적으로 인권 기준을 지지하기 위한 노력을 거의 하지 않았다. 유엔 안전

(왼쪽 상단) 2023년 11월, 아프가니스탄-파키스탄 국경지대인 토르캄에서 난민들이 파키스탄에서 아프가니스탄으로 돌아가고 있다. (오른쪽 상단) 2023년 10월, 공습과 포격으로 파괴된 미얀마 난민캠프. (왼쪽 하단) 2023년 11월, 방글라데시 다카에서 시위하고 있는 정치탄압 피해자의 친척. (하단 오른쪽) 필리핀 케손 시티에서 한 여성이 강제실종 피해자들의 사진 사이에 촛불을 놓고 있다. (자료 : HRW)

보장이사회에서 일본은 인권 문제에 대해 대체로 침묵했고, 동남아의 폭압적인 정권들에 제재를 부과하거나 기존의 제재를 강화하는 것에 반대했다. 2024~2025년도 안보리 비상임이사국으로 선출된 한국 역시 다른 아시아 국가들의 인권 상황에 맞서지 않았다. 호주는 서방의 다른 국가들에 비해 인권 유린자들, 특히 다른 국가들로부터 제재를 받은 중국 관료들에게 제재를 부과하기까지 훨씬 많은 시간이 걸렸다.

인도 정부는 미얀마, 스리랑카, 네팔 등 인접국의 인권을 지원하던 과거의 관행을 완전히 포기했다. 최근 들어 인도네시아가 보다 인권을 존중하는 국가로 부상하긴 했으나 다른 국가들에서의 인권이나 민주적 통치를 옹호하는 데까지 이르지는 못했다.

피어슨 디렉터는 "아시아, 특히 인도와 인도네시아, 일본, 한국과 같은 민주 국가들은 아시아 지역이나 전 세계에서 인권을 증진하는 리더십을 보여주지 못했다"면서 "다른 나라들에서의 억압이 자국의 인권에 영향을 끼친다는 사실을 알아야 할 것"이라고 경고했다.

(HRW, 2024.1.11)

핵심용어

- 지휘
- 리더십
- 특성이론
- 위인이론
- 행위이론
- 상황이론
- 리더십 격자이론
- 관리격자이론
- 동기부여
- 내용이론
- 욕구단계론
- ERG이론
- 2요인이론
- 과정이론
- 공정성이론
- 기대이론
- 강화이론
- 조직의 행동수정(OB Mod)
- 긍정적 강화
- 부정적 강화
- 처벌
- 소멸 또는 소거
- 팀
- 팀워크
- 의사소통
- 효과적인 의사소통
- 효율적인 의사소통
- 3의 법칙

요 약

- 지휘는 조직의 목표를 달성하기 위하여 조직구성원들에게 적절한 활동방향을 제시하는 과정이다. 리더가 수행하게 될 관리활동으로서의 지휘는 리더십, 동기부여, 팀 또는 집단 관리, 의사소통 등의 활동으로 나눌 수 있다.
- 리더십이란 목표달성을 위하여 사람들의 행동에 영향을 미치는 과정을 말한다. 리더십 이론은 특성이론, 행위이론, 상황이론으로 전개되어 왔다.
- 동기부여란 어떤 목적을 달성하기 위하여 특정방향으로 개인이 행동하도록 유도하는 것이다. 동기부여이론은 크게 내용이론과 과정이론, 그리고 강화이론으로 나눌 수 있다. 강화이론에 따른 전략에는 네 가지가 있다.
- 팀이란 공동의 목표를 추구하면서 일상적으로 상호작용을 하는 사람들의 집단이다. 팀워크란 공동의 목표를 달성하기 위하여 사람들이 실제적으로 함께 일하는 과정을 말한다.
- 의사소통이란 사람들간에 의미가 담겨 있는 기호를 보내고 받는 과정이다. 효과적인 의사소통이란 송화자가 의도하는 메시지와 수화자가 해석하는 의미가 일치하는 것을, 효율적인 의사소통이란 최소의 비용으로 효과적인 의사소통을 추구하는 것을 말한다.
- 효과적인 의사소통을 위한 새로운 연구들이 활발하게 이루어지고 있다. 그중 대표적인 주장으로 3의 법칙이 있다.

연습문제

1. 지휘라는 관리활동을 구성하는 각 세부활동에는 무엇이 있으며 이들의 관계는 어떤지 설명하라.
2. 리더십 이론의 발전과정을 설명하고 왜 그러한 발전과정을 밟게 되었는지 설명하라.
3. 동기부여이론의 종류와 구분기준, 각각의 이론이 인간을 보는 관점을 비교하라.
4. 강화이론 네 가지 전략에 대해서 구체적인 예를 들어 비교하여 설명하라.
5. 팀으로 활동할 경우의 장단점을 정리하라.
6. 효과적인 의사소통과 효율적인 의사소통의 관계를 정리하라.

미니 프로젝트 비언어적인 의사소통이라고 볼 수 있는 사례들을 찾아서 정리해보자.

각 그림의 얼굴표정은 무엇을 말하고 있는 느낌인가? (자료 : northernhighlights)

CHAPTER

12 경영통제와 그 수단

미국 라스베이거스에서 열린 2024 CES 포스터 중의 하나. 인공지능의 본격적 출현을 상징하고 있다. (자료 : CES)

12.1 통제활동은 관리의 순환과정의 마지막 단계이다
12.2 통제활동은 세 가지 유형으로, 정해진 절차에 따라 이루어진다
12.3 경영통제를 위한 다양한 기법이 있다
12.4 정보와 정보시스템은 통제활동에 크게 기여한다
12.5 경영정보시스템을 이용하여 경영통제활동을 한다
12.6 통제에 대한 저항도 관리해야 한다

CES 달군 AI, 국가경쟁력 좌우한다

지난 12일 세계 산업계를 뜨겁게 달궜던 'CES 2024'가 라스베이거스에서 막을 내렸다. 올해 CES를 어느 해보다 뜨겁게 달궜던 주제는 단연 '인공지능(AI)'이다.

삼성전자, LG전자, SK텔레콤 등 국내 정통 정보통신기술(ICT) 대기업은 물론 현대기아차그룹, 두산그룹, HD현대그룹 등이 자동차와 중공업 기업까지 가세해 AI에 초점을 맞춰 미래 기술과 방향을 제시했다.

해외 기업으로는 구글과 아마존, 인텔, 마이크로소프트 등이 CES에 부스를 마련하고 AI를 접목한 다양한 서비스를 선보였다. 구글이 노트북과 스마트폰 등을 활용한 '온디바이스 AI' 전략을 선보였고, 아마존은 자체 생성형 AI '알렉사'를 접목해 운전자와 대화가 가능한 차량까지 BMW와 함께 선보였다. 구글은 자체 개발한 차량 연결 기술인 '안드로이드 오토'의 새로운 기능을 처음으로 공개했다. 구글 지도와 실시간 배터리 정보를 공유해 목적지에 도착했을 때 예상 배터리 레벨을 제공하고 경로에 있는 충전소를 추천하는 등의 기능이 추가됐다. 인텔은 차량에서도 AI 기능을 구현할 수 있는 반도체를 공개했다.

CES는 AI가 이제 상용화를 넘어 본격적으로 산업과 실생활에 다가왔다는 신호탄이 됐다. 또 지금까지 소프트웨어 측면에서 AI 적용이 주를 이뤘다면 앞으로 하드웨어 산업 전반에 AI와 로봇의 결합이 가속화될 것임을 보여준다.

업계 전문가들은 AI의 핵심이 데이터 학습과 교육이라고 입을 모아 얘기한다. 정제된 고급 데이터가 많은 분야일수록 AI를 도입할 때 더 큰 효과를 볼 수 있다. 지식 기반 데이터가 잘 축적된 산업일수록 AI 전환 효과가 커질 수 있다. AI 활용과 기술개발은 곧 산업경쟁력이자 국가경쟁력으로 이어질 수 있다. (자료 : 한국무역협회)

12.1 통제활동은 관리의 순환과정의 마지막 단계이다

경영통제란 무엇인가?

여행을 갈 때 준비물을 꼼꼼히 챙기기 위하여 빠진 준비물이 없는지 자꾸만 확인하고 또 확인해본 적이 있는가? 약속시간에 늦지 않기 위하여 약속장소로 향하면서 계속해서 시계를 들여다본 적이 있는가? 시험성적이 나쁘다고 부모님이나 선생님으로부터 야단을 맞아본 적이 있는가?

준비물을 사전에 확인하고, 시계를 들여다보면서 뛰고, 시험성적 때문에 야단을 치는 이러한 일들은 왜 일어나는가? 이러한 행위들은 각각의 계획—성공적인 여행, 약속시간 지키기, 성적 올리기—이 예정대로 잘되도록 하기 위하여 취하는 행동들이다. 이러한 행동들을 통제라고 한다.

[그림 12-1]에서 보는 바와 같이 통제(control)란 조직의 목표를 달성하기 위하여 계획대로 되도록 하는 제반 행위를 일컫는다. 경영통제란 경영계획에 의해 실행된 업무의 성취수준이 계획에 근거한 기준 또는 표준에 도달하도록 하기 위하여 계획과 실행결과의 편차를 측정하고 그 원인을 밝히며 이를 시정하는 관리활동으로서 관리의 순환과정을 이루는 중요한 활동 중 하나이다. 따라서 통제활동은 계획수립(planning)과 불가분의 관계에 있다. 계획수립 없는 통제활동은 없다. 마치 동전의 양면과 같다.

□ 그림 12-1
통제의 개념

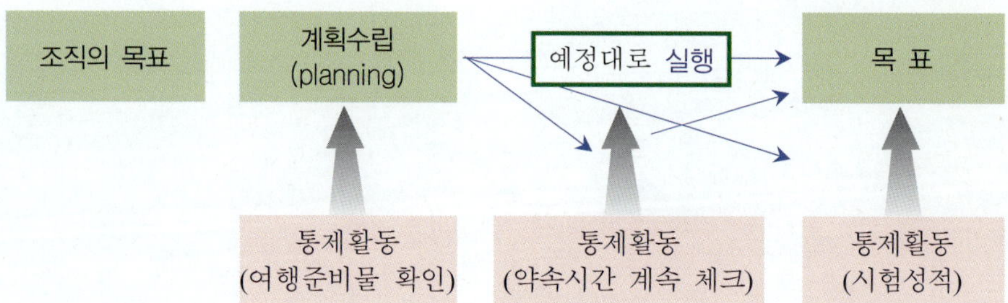

통제활동이 실패하면 파급효과가 매우 크다

자신을 적절히 통제하지 못하여 자신의 경제적 능력 이상의 과소비로 신용불량자가 되거나 파산한 사례를 우리는 주위에서 종종 보게 된다. 한 집안의 가장이 스스로를 합리적으로 통제하지 못하면 그 가정은 어려움에 처하게 된다. 기업도 마찬가지이다. 그러나 기업에서의 통제활동 실패는 이해관계자가 더 많은 만큼 파급효과가 훨씬 크다.

통제는 다음과 같은 측면에서 경영활동에서 중요한 의미를 갖는다.

첫째, 조직의 목표달성 여부를 최종적으로 확인하는 활동임과 동시에 「계획수립-조직화-지휘」에 이은 경영의 순환과정(business cycle)의 마지막 단계로서 일련의 순환과정을 마무리하고 다음 계획수립단계에 피드백하는 관리활동이다.

둘째, 생산성에 큰 영향을 미친다. 종업원들의 업무수행상의 실수나 오류를 정정함으로써 생산성을 높인다.

셋째, 현대 경영의 한 특징인 조직에서의 권한위임을 촉진시킨다. 효율적인 조직에서는 반복적이고 일상적인 업무에 대한 의사결정권한은 부하에게 위임하고 상급자는 비반복적이고 창조적인 업무에 집중한다. 그러나 권한은 부하에게 위임하더라도 책임은 상급자가 져야 한다. 따라서 위임되는 권한이 많을수록 통제활동은 중요해진다.

넷째, 환경변화에 대하여 대응할 수 있도록 해준다. 예상하지 못한 환경변화가 일어났을 경우 관리자가 조직에 적절한 대응방안을 제시함으로써 환경변화에 조직적으로 대응한다.

다섯째, 기업의 규모가 점차 커지고 있고 또한 기업업무환경이 복잡해지고 있다. 따라서 체계적인 통제활동의 중요성이 보다 강조되고 있다.

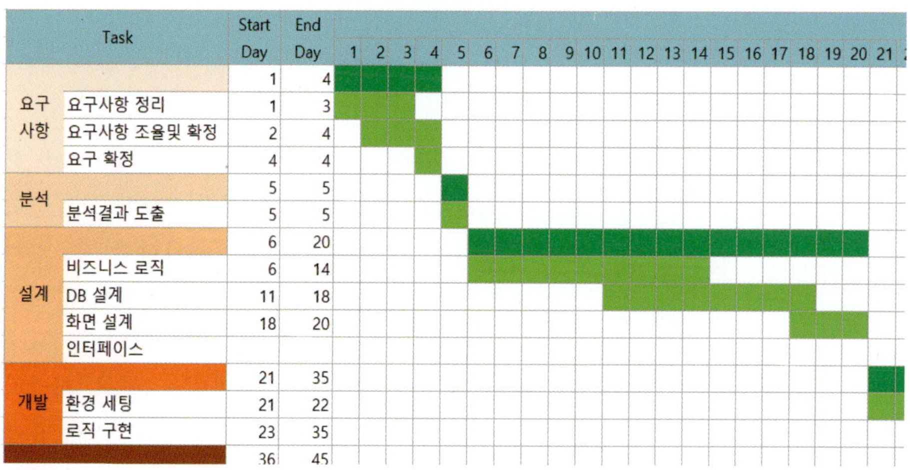

일정의 한 예 (자료 : lefigaro)

통제의 기준 : 표준

본장의 서두에서 언급했던 여행을, 어떤 경우에 성공적으로 끝마쳤다고 할 수 있을까? 또 어떤 상황이 친구와의 약속시간을 잘 지켰다고 할 수 있을까? 성적이 나왔을 때 몇 점이면 야단맞지 않을까? 이러한 대답에 필요한 것이 곧 통제의 기준(criteria), 즉 표준(standard)이다.

업무수행결과를 평가하기 위해서는 사전에 계획된 기준 또는 표준이 있어야 한다. 즉 계획단계에서 표준을 설정해야 할 뿐만 아니라 업무수행결과를 어떻게 측정할 것인지도 치밀하게 준비해야 한다. 이 때문에 계획과 통제활동은 동전의 앞뒤와 같은 것이다.

표준의 형태는 숫자로 표현할 수 있는지의 여부에 따라 다음과 같은 두 가지로 구분할 수 있다.

양적인 표준

양적인 표준(quantitative standard)이란 생산수량, 작업시간, 불량률, 매출액, 순이익, 점수 등과 같이 수치로 표시할 수 있는 표준이다. 설정하기 쉽고 측정하기 쉬운 일반적인 표준으로 조직의 위계에서 보면 상대적으로 하위계층에 많이 적용되는 표준이다.

질적인 표준

질적인 표준(qualitative standard)이란 조직의 화목, 한 개인의 신뢰도, 충성심, 관리능력, 만족도 등과 같이 계량적으로 수치화할 수 없는 표준이다. 단일의 수치로 측정할 수는 없지만 성공적인 경영을 위해서는 매우 중요한 요소이기 때문에 다양한 측정방법을 연구 개발하여 활용하고 있다. 이러한 질적인 표준 중에는 직원만족도와 같이 외부기관에서 특정조직을 평가하는 데 사용하는 경우도 있다.

직원만족도 조사

안녕하십니까? 더 만족스러운 직원근무 환경을 위해 직원 여러분의 솔직한 의견을 듣고자 합니다. 바쁘시더라도 잠시 설문에 응답해주시면 대단히 감사하겠습니다. 응답해주신 내용은 통계법 제33조(비밀의 보호)에 의거하여 개인정보에 대한 비밀이 절대 보장됩니다.

질 문		매우 만족	만족	보통	불만족	매우 불만족
병원 만족도	우리 병원의 각종 정책에 대해 긍정적으로 생각한다.					
	우리 병원은 고객의 기대에 부응하며 경쟁 병원보다 수준이 높다고 생각한다.					
	병원에 대한 우수성과 긍지를 가지고 있다.					
인사 만족도	본원의 인사 규정 및 제도가 적절하다.					
	인사평가 결과는 임금, 승진, 육성 등에 적절하게 반영되고 있다.					
근로 조건	우리 병원의 급여는 동종 병원과 비교했을 때 적절하다.					
	우리 병원의 복리후생제도는 동종 병원과 비교했을 때 적절하다.					
	근무환경은 전반적으로 적절하다.					
	직원식당 운영이 전반적으로 적절하다.					
	병원 내 사내 동호회 운영이 적절하다.					
	연차 혹은 휴가를 적절히 사용할 수 있다.					
직무 만족도	나는 내가 하는 업무에 보람을 느끼고 만족한다.					
	내게 주어진 업무가 자신의 능력과 체력에 적당하다.					
	업무수행 중 나의 의견은 충분히 반영되고 새로운 것을 배울 기회가 주어진다.					
의사 소통	병원에서 본인의 의견이나 생각을 이야기할 기회가 충분하다.					
	직원들의 의견이나 제안이 잘 전달되고 반영된다.					
	회의 및 회의결과가 직원들에게 잘 전달되어 공유된다.					
	직원 정보제공(직원게시판, 인트라넷)을 위한 매체가 활성화되어 있다.					
	부서와 부서 간의 의사소통은 원활하다.					
교육 만족도	병원에서 실시하는 교육훈련에 만족한다.					
	병원의 교육훈련이 체계적으로 운영되고 있다고 생각한다.					
	현재 받고 있는 교육이 직무에 도움이 된다.					
	현행 교육훈련 시간은 적절하다.					
상사 만족도	부서장은 리더십을 가지고 부서원들에게 업무지도한다.					
	상사는 직원들의 육성을 위해 노력하고 있다.					
	부서장에게 불만사항을 쉽게 이야기할 수 있다.					
	부서장은 불만사항에 대해 적절하게 해결한다.					

의료기관인증에서는 직원의 만족도 조사 및 그 결과에 따른 개선활동을 평가하고 있다. 자료는 만족도를 조사하는 예시이다. (자료 : 널스매니저)

12.2 통제활동은 세 가지 유형으로, 정해진 절차에 따라 이루어진다

통제의 유형에는 세 가지가 있다

관리자가 취할 수 있는 경영통제의 유형은 사전통제(pre-control), 진행통제(concurrent control), 사후통제(feedback control)의 세 가지로 나눌 수 있다. 각각을 비교하면 〈표 12-1〉과 같다.

본장의 서두에서 통제를 설명하면서 '여행할 때 준비물을 확인하는 것', '약속장소에 가면서 시계를 보는 것', '시험성적에 따른 부모님 꾸지람'의 예를 들었다. 첫 번째 예는 사전통제에 해당하는 것이고, 두 번째 예는 진행통제, 세 번째 예는 사후통제에 관한 것이다.

진행통제를 실행하는 방법 중에는 연속적으로 통제하는 방법과 불연속적으로 통제하는 방법이 있다. 예를 들어 어느 가구공장이 10일 안에 의자 300개를 만들어달라는 주문을 받았다고 가정해보자. 하루에 30개를 만들면 일정에 맞출 수 있다. 하루 30개 생산 필요량은 평소보다 약간 많은 수준이다. 따라서 관리자는 종업원들이 평소보다 더 열심히, 신속하게 일을 하는지 계속(특정시간이 아닌 계속해서) 점검해야 하는데, 이는 연속적인 진행통제활동이 될 것이다.

한편 하루에 30개씩 생산되고 있는지를 매일 확인하여 만일 이 수량을

표 12-1
통제유형의 비교

통제의 구분	의의 및 특징	보 기
사전통제	• 업무의 실행이 시작되기 전에 계획단계에서 이루어지는 통제활동 • 목표달성을 위하여 사전준비를 확인하는 통제로서 가장 바람직한 통제방법이다.	각종 통제시스템의 구축, 물적 · 인적 자원의 확인, 교육훈련 등
진행통제	• 업무가 수행되는 도중에 이루어지는 통제활동 • 사전에 구축된 시스템에 의해 이루어지는 경우에는 더욱 효과적이다. 실시간의 정보 획득이 가능하기 때문이다.	현장입회감독, 각종 정보시스템 등을 이용한 실시간 정보에 의한 확인
사후통제	• 업무가 종료된 후에 이루어지는 통제활동 • 결과의 변경이 불가능하다. 피드백만이 가능할 뿐이다.	일반적으로 많이 활용되는 통제방법

□ 그림 12-2
생산・운영에서의 통제의 유형

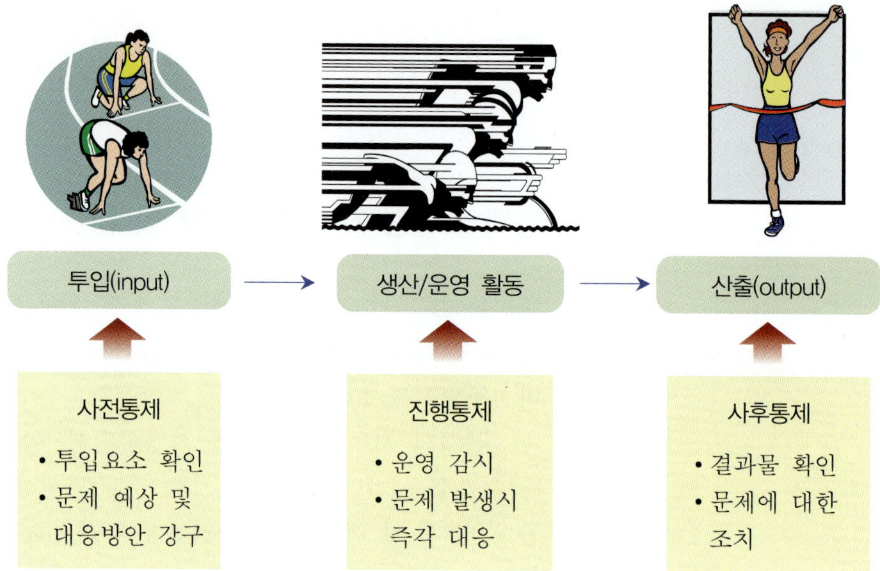

채우지 못했다면 잔업을 해서라도 채워야 전체 일정에 맞출 수 있다. 이러한 불연속적인 통제활동을 특별히 스크리닝통제(screening control) 또는 가부통제(yes/no control)라고 한다.

스크리닝통제는 다음 단계의 업무진행 여부에 영향을 미친다. 일반적으로 연속적인 진행통제활동은 많은 시간과 비용이 소요되면서도 통제효과가 불완전하기 때문에(종업원들이 의자를 열심히 생산하고 있는지 관리자가 계속 지켜보고 있는 모습을 상상해보라) 스크리닝통제는 유용한 진행통제수단이 된다.

통제활동은 절차가 있다

통제활동의 절차는 [그림 12-3]에서 보는 바와 같이 크게 성과의 측정, 표준과의 비교, 수정행동의 착수 세 단계로 이루어진다.

제1단계-성과의 측정

실제적인 통제활동의 첫 단계는 성과를 측정하는 것이다. 계획단계에서 측정방법(어떻게 측정), 측정내용(무엇을 측정) 등이 정해지긴 하지만 그 내용이 개괄적일 수밖에 없기 때문에 통제활동의 제1단계에서는 계획에서 설정해놓은 이들 내용을 보다 구체화한 후 통제활동에 들어간다.

□ 그림 12-3
통제의 절차

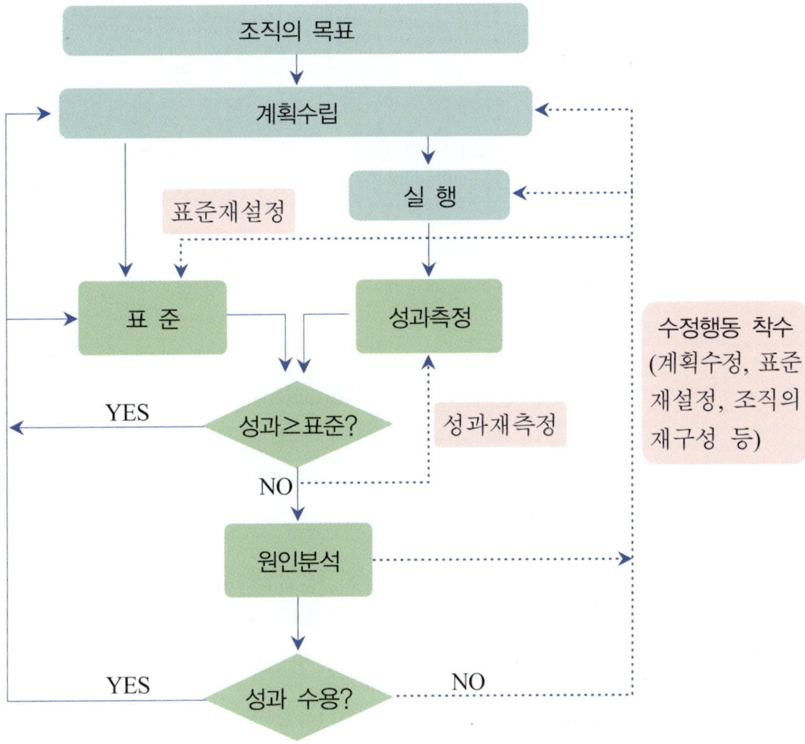

성과를 측정하기 전에는 먼저 측정단위를 명확히 해야 한다. 측정단위 결정의 용이도는 업종에 따라 다르고 동일한 업종 내에서도 업무에 따라 다르다. 운동 코치와 자동차 수리업의 성과측정을 비교해보면 전자는 선수의 입상 등수로 성과를 쉽게 파악할 수 있기 때문에 후자보다 성과측정단위 설정과 측정이 쉽다. 후자인 자동차 수리업 내에서도 관리직(사무직)인지 생산직(수리공)인지에 따라 성과측정방법이 달라질 것이며 같은 생산직 내에서도 또 달라진다.

예를 들어 자동차 수리공의 경우 수리차량 대수를 측정단위로 결정했다고 가정하자. 그러나 타이어 펑크 수리와 같은 단순한 수리를 1회 한 사람과 한 대의 엔진 전체를 분해 및 재조립 수리한 사람의 성과를 단순히 수리차량 대수만으로 비교하는 것에는 무리가 있는 것이다.

제2단계-표준과의 비교

측정된 성과는 표준과 비교한다. 표준은 계획단계에서 설정된, 달성해야 할 기준이다. 측정된 성과를 표준과 비교한 결과는 관리차원에서 다양하게 활용되기 때문에 성과측정의 방법과 내용, 표준 등은 설정단계에서 관리자 및 평가대상자의 충분한 이해와 공감을 얻어야 한다.

통제활동이 추구하는 것은 궁극적으로 조직의 목표를 달성하는 것이다. 통제활동이 시작되기 전에 통제관리활동의 이해관계자가 앞으로 전개될 통제활동의 내용을 알고 있다면 보다 용이한 통제활동이 이루어질 수 있고 결과적으로 조직의 목표달성가능성이 높아질 것이다.

제3단계-수정행동의 착수

측정된 성과와 표준을 비교하여 성과가 표준에 미달할 때에는 관리자는 수정행동(corrective action)을 취하게 된다. 수정행동은 성과가 표준에 미치지 못할 경우에 취해지기 때문에 언제나 일어나는 통제활동은 아니다.

관리자가 수정행동에 착수하기 전에 한 가지 주의할 점이 있다. 그것은 사전에 설정된 표준이 합리적이었는지, 성과측정이 타당성과 신뢰성을 확보하고 있는지를 다시 한 번 확인해보는 것이다. 표준설정이나 성과측정에 문제가 있는 상태에서 이루어지는 수정행동은 잘못된 것이기 때문이다.

수정행동을 할 때에는 표준에 미달된 상황에 대한 '문제'와 '증상'을 구별하여 대처해야 한다. 문제(problem)는 조직의 목표달성을 저해하는 요인인 반면, 증상(symptom)은 문제가 있다는 신호이다. 증상은 문제를 식별하는 데 도움이 되지만 문제에 대해서는 해결책을 찾아야 하는 것이다. 문제가 계속 반복되면 증상으로 나타난다. 해결해야 할 근본적인 문제가 있기 때문에 증상이 계속 반복되는 것이다. 반복되는 증상을 무시하기로 결정하면 결국 그 대가를 치르게 된다.

이처럼 증상을 무시하거나 특히 문제로 잘못 파악하면 수정행동에 실패하게 된다. 수정행동은 증상이 아닌 문제를 제거하는 것에 초점을 맞추어야 한다.

예를 들어 〈표 12-2〉를 보자. 어느 회사는 모든 팀의 화목을 추구하고 있다. 그런데 유독 경리팀만은 팀원끼리 식사를 같이 한 적이 한 번도 없을 정도로 서로 사이가 좋지 않은 것으로 평가되었다.

이때 팀장이나 관리자가 경리팀의 화목을 도모한답시고 자꾸 식사나 회식 자리를 마련해봐야 소용이 없다. 근본적으로 경리팀의 불화의 원인을 찾아 제거해야 하는 것이다. 문제의 분석결과 경리팀 내에서는 몇몇 사람이 자신의 업무는 제대로 하지 않으면서 상사에게 아부를 하여 좋은 평가를 받고 승진도 잘하는 것으로 밝혀졌다. 이 때문에 서로 얼굴을 붉히는 팀이 되었던 것이다.

표 12-2 증상과 문제의 해결방식 비교

성과와 표준의 비교	증 상	증상에 근거한 잘못된 수정행동	문 제	문제에 근거한 바른 수정행동
불량률이 5% 초과	종업원들의 의욕이 없다.	"왜 의욕이 없느냐(회사 관두겠느냐)" 야단친다.	경쟁기업에 비해 임금이 낮다.	임금이 낮은 이유를 납득시키거나 임금을 올린다.
경리팀의 불화	식사를 같이 한 적이 없다.	경리팀 전원의 회식자리를 자꾸 마련한다.	능력 없이 아부하는 사람이 승진한다.	잘못된 인사를 바로잡는다.

따라서 관리자는 이러한 잘못된 인사를 바로잡아 문제를 해결해야 한다. 이 예에서 경리팀이 서로 식사자리를 회피하는 것은 '문제'가 아니라 팀 내에 어떤 '문제'가 있다는 '증상'인 것이다. 그 '문제'는 바로 인사정책의 실패였던 것이다.

Self Q&A

일상생활에서도 문제를 제거하는 대신 증상에 대처하는 경우가 종종 있다. 이러한 예를 생각해보자.

12.3 경영통제를 위한 다양한 기법이 있다

경영통제의 기법에는 다양한 것들이 있다. 여기에서는 대표적인 몇 가지를 보기로 한다.

예산통제

예산(budget)이란 특정조직의 단위기간 동안의 수입과 지출에 관한 예정계획 또는 계획서이다. 예산을 이용한 통제방법은 기업의 경영활동에 필요한 모든 계획을 화폐가치로 나타낸 예산으로 수립하고 이에 기초하여 경영활동을 수행하며, 예산과 실제 실행결과의 차이를 분석하는 관리기법이다. 따라서 예산

▌예산은 수립된 범위 내에서 운용해야 하기 때문에 명확하고 강력한 통제수단이다. (자료 : Kenyan Wallstreet)

은 관리적 성과의 양부(良否)를 판단하기 위한 표준이 된다.

예산에 대한 계획을 수립하는 기능이나 예산을 실행하는 과정에서의 조정기능도 통제활동으로 보는 이유는 계획수립 내용 자체에 대한 통제가 가능할 뿐만 아니라 각 부문 간의 조정도 일종의 통제활동이기 때문이다. 즉 각각 앞서 설명한 투입통제와 진행통제의 일종인 것이다.

예산에는 수익예산, 비용예산, 이익예산, 현금예산, 자본예산 등이 있다.

내부통제

내부통제(internal control)란 경영활동을 효과적으로 통제하기 위한 조직 내부의 조직적·계통적 통제방법을 말한다. 주로 기업 내부의 영업·보관·회계에 관련된 통제제도로서, 내부견제와 내부감사제도로 나누어지며 내부견제는 다시 회계통제와 관리통제로 나누어진다.

현장사례 [2024 예산안분석] 내년 R&D 예산삭감, 정책 신뢰도에 부정적… '적정성' 재검토 필요

내년 정부의 연구개발(R&D) 예산 편성과정에서 사업의 조기종료, 과도한 삭감 등으로 일관성과 구체성이 결여돼 정책 신뢰도에 부정적인 영향을 미칠 것이라는 우려가 제기됐다. 2024년 정부R&D 예산안은 앞서 지난 6월 28일 윤석열 대통령이 국가재정전략회의에서 "나눠먹기식, 갈라먹기식 연구개발(R&D)은 제로 베이스에서 재검토할 필요가 있다"고 발언한 이후 전면 백지화된 바 있다. 이후 발표된 내년도 국가 R&D 예산은 올해 31조 1,000억원에서 16.6%(5조 2,000억원) 감소한 25조 9,000억원이 배정되며 과학기술계의 거센 반발을 샀다.

내년 R&D 예산안은 '2021~2025년 국가재정운용계획'의 2024년 투자계획(34조원)보다 8조 1,000억원 적고 직전연도 계획인 '2022~2026년 국가재정운용계획'의 2024년 투자계획(32조원)보다 6조 1,000억원 줄어든 수치다.

또, 올해 3월 국가과학기술자문회의 심의회에서 의결한 제1차 국가연구개발 중장기 투자전략(2023~2027)에 따르면 R&D 투자를 정부 총지출의 5% 수준을 유지, 5년간 170조원을 투자하기로 했는데 9월 1일 국회에 제출한 국가재정운용계획에서는 이 숫자가 145조 7,000원으로 24조 8,000억원 줄었다.

예산처는 "정부가 R&D 예산에 대한 중장기적이고 구체적인 전략을 가지고 있지 않을 뿐 아니라, R&D 투자 방향에 대한 합일된 목표와 전략이 부재하다"고 지적했다. 구체적으로는 조기종료 사업과 계속사업의 예산 감액 과다가 지적됐다.

지난해 과기정통부 소관 R&D 사업 중 2024년 예산안 편성 결과 종료되거나 통폐합된 세부사업은 총 63개 사업이다. 예산규모는 3,436억 4,800만원이다. 이 중 통폐합된 사업을 제외하고 순수하게 종료된 사업은 총 42개 사업으로, 예산규모는 1,756억 3,900만원이다.

□ 그림 12-4
내부통제와 감사

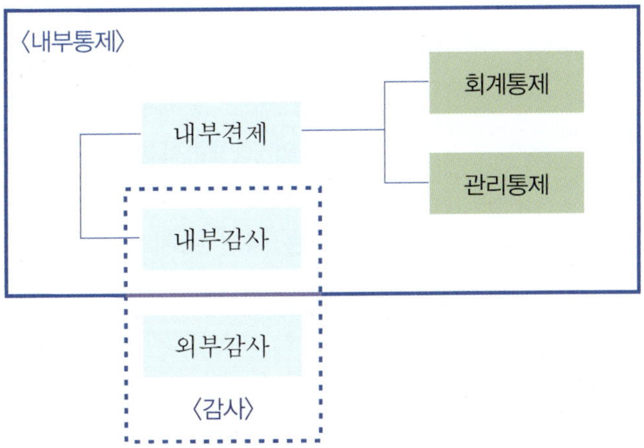

내부견제

내부견제는 회계통제와 관리통제로 구분된다. 먼저 회계통제를 통한 내부통제는 회계상의 과실이나 비위를 발견하고 방지하기 위하여 기업이 정하는 회계규칙·절차의 준수 여부를 검사하는 모든 절차를 말한다. 회계통제는 가장

R&D 계속사업의 예산 감액 과다도 문제로 지적됐다. 올해 과기정통부 소관 R&D의 사업별 예산안 증감 현황을 살펴보면, 357개 세부사업 중 63개(17.6%)는 종료 또는 통폐합됐다. 229개(64.1%) 사업은 전년 대비 감액됐다. 229개 감액 사업의 52.4%인 120개는 30% 미만 수준, 24개(10.5%)는 30%~50%, 50% 이상 감액된 사업도 85개로 전체의 37.1%를 차지한 것으로 나타났다. 이 중 2024년도 예산안이 전년 대비 90% 이상 감액된 10개 사업은 사실상 사업의 운영이 불가능한 상황으로 대부분의 사업이 폐지 절차에 들어갈 것으로 예상된다.

R&D 사업 중 당초 계획과 다르게 전년 대비 90% 이상 감액된 사업

(단위 : 백만원, %)

부처명	세부사업명	2023 예산(A)	2024 예산안(B)	증감	
				B−A	(B−A)/A
과학기술정보통신부	ICT R&D 혁신바우처 지원	40,209	1,920	△38,289	△95.2
	공공연구성과 활용 촉진	13,000	744	△12,256	△94.3
	국민공감·국민참여R&SD 선도사업	4,400	160	△4,240	△96.4
	디지털트윈 기반 스마트시티 LAB실증단지 조성	8,900	864	△8,036	△90.3
	민관협력기반ICT스타트업 육성	5,800	400	△5,400	△93.1
	연구장비산업 육성	6,461	633	△5,828	△90.2
	연구재료개발·확산 지원	4,400	296	△4,104	△93.3
	초전도도체시험설비구축	4,000	300	△3,700	△92.5
합계(8개)		87,170	5,317	△81,853	△93.9

자료 : 과학기술정보통신부 제출자료를 바탕으로 국회예산정책처 작성

ICT R&D 혁신바우처 지원 사업의 경우, 2024년도 예산안은 전년 대비 95.2%(382억 8,900만원) 감소한 19억 2,000만원이 편성되며 사실상 추진이 불가능해졌다. 이는 ICT 융합 신제품·서비스 개발을 희망하는 중소·중견기업에 혁신바우처를 지원하고, 이를 활용해 대학이나 출연연구소 등이 보유하고 있는 기술을 맞춤형으로 공급받을 수 있도록 하는 사업이다. 당초 2022~2026년 중기재정계획상 2024년 투입 계획액은 448억 3,600만원이었으나 19억 2,000만원으로 크게 줄어들면서 예비타당성조사 결과(2,320억원) 대비 70.7%의 예산이 지원된 셈이다.

또, 일부 사업은 2024년에 지급돼야 할 연구비를 2025년 이후로 순연할 계획인 것으로 나타났는데, 이는 2025년 이후 R&D 재정부담을 가중시켜 여유재원의 확보를 저해할 우려가 있는 만큼 적절성 검토가 필요한 것으로 지적됐다. (디지털데일리, 2023.10.31)

기본적이면서도 중요한 통제제도이다. 관리통제는 조직이 사전에 정한 경영 방침이나 규정, 지침 등을 지키게 함으로써 조직의 안정성을 기하고 능력을 유지하고자 하는 통제활동이다. 예를 들어 종업원들이 사용해야 하는 각종 서식, 상사의 결재, 각종 보고서 작성, 지켜야 하는 근무방식 등은 종업원들이 이미 관리통제를 받고 있음을 의미한다. 이러한 사항을 지키지 않으면 상사(관리자)는 어떤 조치를 취할 것이다.

내부감사

내부감사는 내부견제처럼 자동적으로 이루어지는 통제방식에 의존하지 않고 기업 내부의 감사인의 활동에 의해서 그 기능을 다하게 하는 경영활동을 말한다. 감사제도에 관해서는 바로 이어서 살펴보기로 한다.

감 사

감사(auditing)란 잘못된 사항의 적발뿐만 아니라 개선점이나 경영에 도움이 되는 정보를 발굴할 목적으로 시행되는 통제방법이다. 주로 사후통제에 중점을 둔다. 감사는 내부감사와 외부감사로 구분할 수 있는데, 각각의 특징을 비교하면 〈표 12-3〉과 같다.

외부감사의 대표적인 예로는 일반 기업의 외부회계감사가 있다.

표 12-3
내부감사와 외부감사의 비교

구 분	내부감사	외부감사
주체	내부 스태프, 재무담당자 등 내부 관계자	외부 전문가
내용 또는 목적	내부 경영관리, 통제목적의 업무감사	여신분석, 투자분석 등 다양
자율성수준	기업 자체의 자유의지	강제적
범위	모든 분야	주로 회계감사

12.4 정보와 정보시스템은 통제활동에 크게 기여한다

자료와 정보는 다르다

결혼을 위해 맞선을 보는 사람들이 있다. 맞선업체가 호황을 누린다고도 한다. 경제적 능력, 인간성, 학력, 직장, 상대집안 내력 등 결혼기준은 사람마다 다를 수 있다. 그래서 결혼정보회사는 가능한 한 많은 정보를 수집하여 제공한다. 배우자 선정을 고민중인 사람들 모두에게 이러한 것들은 자료(data)이다.

(자료 : 듀오)

그러나 결혼을 결정할 때 어떤 기준은 판단에 영향을 미치기도 하고 어떤 요소는 전혀 고려대상이 되지 못하기도 한다. 어떤 사람은 마음 씀씀이 하나 보고 결혼을 결정하는가 하면 어떤 사람은 배우자에 대한 수많은 자료 중 경제력을 가장 중요한 의사결정요소로 활용하기도 한다.

이처럼 의사결정에 이용되는 자료를 정보라고 한다. 배우자를 결정할 때 어떤 자료는 그 자체로는 의미가 없다. 이용자(의사결정자)의 필요에 맞게 유용한 형태로 변환되고 가치를 가져야 비로소 의미를 갖는다. 자료가 주어진 문제해결이나 상황판단에 활용될 수 있도록 적합하게 변환되고 가공(processing)되었을 때 이를 정보라고 한다. 어떤 사람에게는 자료인 것이 다른 사람에게는 정보가 될 수 있고, 반대로 어떤 사람에게 정보가 되는 것이 다른 사람에게는 단순한 자료일 수도 있다.

정보(information)란 의사결정을 하는 데 유용하게 활용되는 일련의 처리

□ 그림 12-5
자료, 정보, 의사결정의 관계

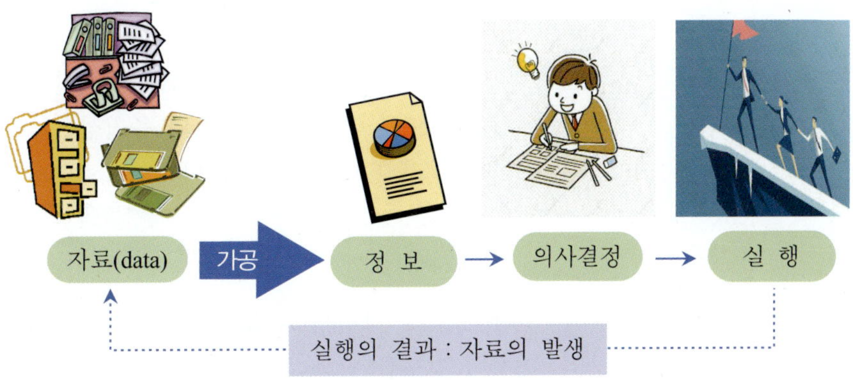

또는 가공된 자료(processed data), 가치가 증대된(value-added) 자료라고 정의할 수 있다. [그림 12-5]는 이러한 과정을 보여주고 있다. 자료는 주어진 문제해결을 위하여 가공 처리되어 가치가 증대된 새로운 유형의 정보가 되며, 이는 업무수행시의 의사결정에 유용하게 활용된다. 업무수행의 결과는 새로운 자료를 생성하며 이는 다시 정보로 가공되는 등 계속 순환하게 된다.

정보의 가치에 영향을 미치는 요인

정보는 의사결정자에게 어떠한 형태로든 도움을 주어야 정보로서의 가치가 있다. 사용자에게 실제로 가치가 있거나 가치가 있다는 확신을 주어야 한다. 여러 정보 중 어떤 정보는 다른 정보보다 더 쓸모 있고 가치 있기도 하다. 정보의 가치는 다음과 같은 요인에 의하여 결정된다.

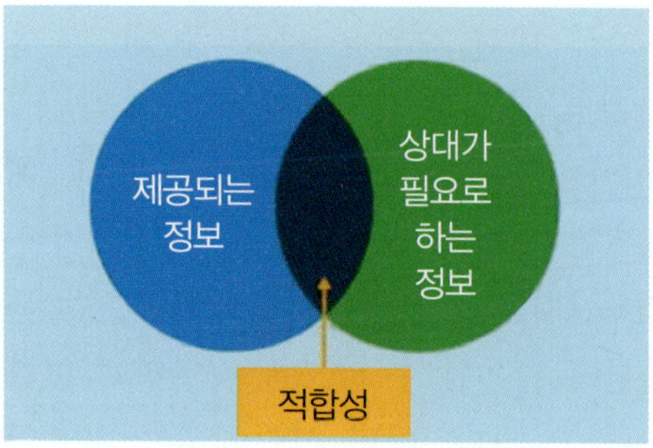

적합성

정보의 적합성(relevance)이란 관리자가 의사결정을 해야 하는 상황에서 제공되는 정보가 얼마나 적절한가, 의사결정 내용과 얼마나 연관되어 있는가에 관한 것이다. 정보의 적합성이 높아질수록 정보의 가치가 커진다. 정보의 적합성은 상황에 따라 달라지는데, 한 예로 사장의 의사결정에 적합한 정보와 영업사원의 의사결정에 적합한 정보는 분명히 차이가 있다.

정확성과 증거성

정보의 정확성(accuracy)이란 정보에 오류가 어느 정도 포함되어 있는지에 관한 것이다. 오류가 많이 포함된 정보는 정확성이 떨어져 정확한 의사결정을 내릴 수 없게 된다.

한편 정보의 증거성(verifiability)이란 이러한 정보의 정확성을 확인할 수 있는 정도를 의미한다. 정보의 증거성은 해당정보의 본래 출처를 확인하거나 이미 알려진 다른 정보와 비교함으로써 파악될 수 있다.

적시성

정보의 적시성(timeliness)이란 정보가 필요한 시기에 얼마나 제때에 공급되는지의 정도를 말한다. 아무리 현실성 있고 의사결정에 적합한 정보라 하더라도 제공되는 시기가 어긋나면 아무런 소용이 없다. 적시성 있는 정보는 일종의 시간적 가치를 갖는 셈이다.

형태성

정보의 형태성(presentability)이란 정보의 사용자, 즉 의사결정자의 요구에 정보가 얼마나 부합되는 형태로 제공되는지에 관한 정도를 말한다. 예를 들면 경리팀이 사용하는 재무보고서 양식에 담긴 정보는 재무정보 파악능력이 없는 관리자에게는 정보의 형태성이 결여되어 정보로서의 가치가 반감될 것이다.

애매한 화장실 남녀구분 표시. 두 표시가 나란히 있지 않고 따로(예컨대, 1층과 2층에 각 한 개씩) 있다면 한눈에 알아보는 데 실패할 수 있다. 형태성이 부족한 것이다. (자료 : societypages.org)

12.5 경영정보시스템을 이용하여 경영통제활동을 한다

정보시스템이 있어서 정보가 빛을 발한다

정보는 생성하는 것도 중요하지만 이를 효과적으로 관리하는 것도 중요하다. 모든 조직은 나름대로 필요한 정보를 확보하려고 한다. 근래 들어서 정보관리의 중요성이 강조되면서 생성 및 관리해야 하는 정보의 양이 급격하게 늘고 있다. 이와 같이 거대해진 정보량을 적재적소에 활용하기 위하여 관리하는 것은 쉬운 일이 아니다.

각종 정보시스템은 체계적인 정보관리를 위하여 개발된 시스템이다. 정보시스템(information system)이란 정보를 수집, 처리, 가공, 저장, 공급함으로써 한 조직의 활동과 의사결정, 통제활동을 지원하는 구성요소들의 집합이라 정의할 수 있다. 수많은 정보기술 전문기업이 정보시스템을 개발하고 그 성능을 개선하기 위하여 꾸준히 업그레이드하고 있다. 하지만 많은 기업이나 공공기관에서 정보시스템의 중요성을 인식하여 일찍이 각종 정보시스템을 도입하였으나 제대로 완성하지 못하는 사례도 많고, 정상적으로 도입은 이루어졌으나 원래의 취지대로 운영되지 못하는 경우도 많다. 이러한 사례들은 정보의 관리가 얼마나 어려운지를 간접적으로 보여주는 증거들이다.

▌영화 007의 주인공 제임스 본드가 소속된 영국의 대외정보기관 SIS. 영화에서는 MI6로 나온다. 영국 대내정보기관은 MI5이다. 정보기관의 힘이 막강하기 때문에 일반적으로 민주주의가 성숙한 국가에서는 대내와 대외 정보기관을 별도로 둔다고 한다. (자료 : 종합)

그럼에도 불구하고 정보화 수준은 기업의 경쟁력을 결정짓는 한 요소가 되고 있기 때문에 많은 공공기관이나 기업들은 정보시스템 구축에 막대한 투자를 하고 있다. 정보시스템에는 해당조직 내에서 만들어지는 정보, 조직에 필요한 내외적인 정보가 모두 집적되기 때문에 최고경영자는 정보의 통제에도 각별한 관심을 가져야 한다. 이 때문에 정보시스템 관리자의 중요성을 강조하며 "회사의 1인자가 사장이라면 2인자는 정보책임자이다"라는 말도 있다.

경영정보시스템이란 무엇인가?

경영정보시스템(MIS : management information system)의 개념은 그 범위가 시대의 흐름에 따라 조금씩 달라져 왔다. 초기에는 MIS를 경영관리층에서 필요로 하는 정보를 제공하는 일종의 정보보고시스템(information reporting system)으로 보았다. 오늘날에도 MIS를 협의의 개념으로는 이렇게 보고 있다.

한편 MIS를 광의의 개념으로 보면 경영활동이 이루어지는 현장에 구축된, 정보기술(information technology)을 기반으로 하는 시스템을 의미하는 것으로 보고 있으며 이러한 관점이 근래의 추세이다. 즉 근래에는 정보시스템(IS : information system)이 곧 MIS라고 보는 것이다.

□ 그림 12-6
경영정보시스템(MIS)의 개념 변화

초기의 MIS 개념	→	근래의 MIS 개념
경영관리층에서 필요로 하는 정보를 제공하는 일종의 정보보고시스템		경영활동 현장에 구축된, 정보기술을 기반으로 하는 모든 시스템
협의의 개념	→	광의의 개념

이러한 개념의 변화는 컴퓨터 관련기술, 정보기술의 발전과 맥을 같이한다. 기업활동에 컴퓨터를 활용하기 시작한 초창기에는 주로 단순업무, 예컨대 회계업무처리나 종업원들의 급료업무, 판매, 구매, 재고처리 등과 같은 거래처리(transaction processing) 업무 중심으로 전산화(얼마 전까지는 '정보화'라는 용어보다는 '전산화'라는 용어를 주로 사용하였다)가 이루어졌다.

따라서 자연스럽게 MIS의 개념도 이러한 범주로 이해되었다. 그러나 정보기술이 급격하게 발전하면서 기업의 거의 모든 업무, 심지어 기업의 장기적인 전략수립이나 전문분야에 대한 지원 등 경영자의 의사결정까지도 지원하게 됨으로써 MIS 개념도 이러한 부분까지를 포괄하는 시스템으로 이해되기도 한다. 이러한 모든 업무가 결국 '경영'이라는 행위에 포함되기 때문이다.

이에 따라 오늘날 대부분의 기업에서는 정보화를 위한 투자, MIS에 대한 투자가 당연한 것으로 인식되고 있다.

다양한 정보시스템들을 구분해보자

앞서 MIS의 개념에서 설명한 것처럼 광의의 MIS는 지금부터 설명하게 될 내용의 정보기술을 활용한 모든 시스템을 포괄하는 개념이지만 MIS를 일단 협의의 개념에서 보고 각종 정보시스템을 구분하면 다음과 같다.

참고로 아래에서 설명하는 정보시스템들은 정보기술이 급격하게 발달하면서 과거와 달리 그 경계가 모호해졌다. 이에 따라 관련 용어 또는 그 개념들을 과거처럼 엄격하게 구분하지 않는 것이 최근의 경향이다.

(1) 조직의 계층에 따른 구분

통상 조직의 수직계층은 최고경영층, 중간경영층, 현장경영층, 일선 종업원층으로 구분한다. 각 계층별로 의사결정의 종류, 주요 업무 및 통제활동, 정보시스템, 실제 운용하고 있는 정보시스템의 예를 정리하면 [그림 12-7]과 같다.

최고경영층은 기업의 예를 들면 회장, 사장, 이사 정도의 직위를 가진 사람들이다. 이들이 주로 하는 의사결정은 전략적 의사결정이며 따라서 이들의 활동에 대한 통제는 주로 전략적 의사결정으로 수립된 전략계획에 의한다. 전략계획(strategic planning)이란 중장기계획에 대한 수립과 통제를 말하며 사업단위 조정이나 M&A(인수 · 합병) 등이 있다. 이들의 의사결정을 돕고 점검해주는 정보시스템을 전략계획시스템이라고 하며 이러한 시스템의 구체적

□ 그림 12-7
조직 각 위계의 의사결정, 통제활동과 정보시스템

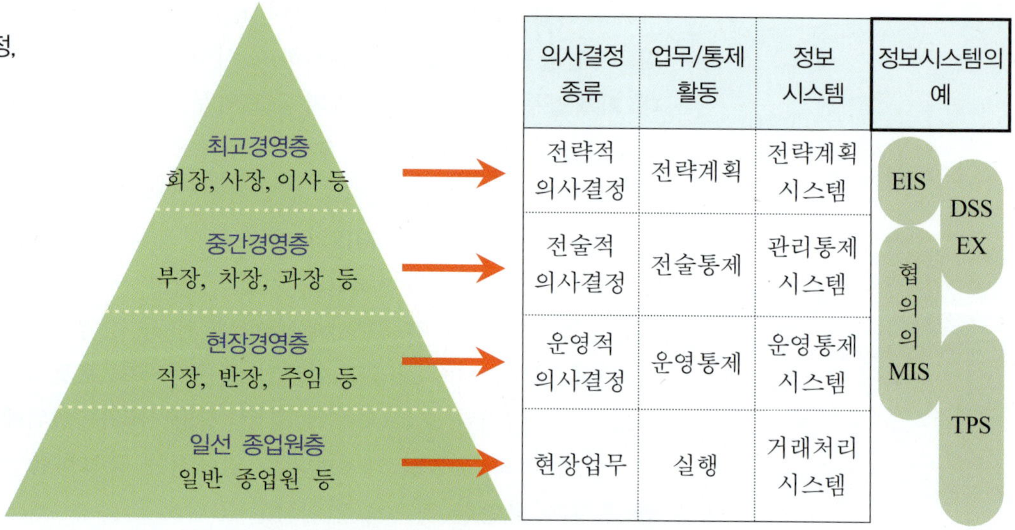

* EIS : executive information system(임원정보시스템)
DSS : decision support system(의사결정지원시스템)
EX : expert system(전문가시스템)
TPS : transactional processing system(거래처리시스템)

○ 표 12-4
조직의 각 위계에 대응되는 통제활동 및 이에 활용되는 정보의 특성

조직의 위계	주요 업무 및 통제활동		정보의 특성			
	활 동	예	원 천	범 위	정확성	집중도
최고 경영층	전략계획 (strategic planning)	중장기계획 수립·통제 : 사업단위 조정, M&A 등	외부 ↑	광범위 ↑	낮다 ↑	통합적 ↑
중간 경영층	전술통제 (tactical control)	전략계획에 따른 실행계획 수립·통제 : 연간예산, 사업단위별 평가 등	↕	↕	↕	↕
현장 경영층	운영통제 (operational control)	부서단위의 기본활동·통제 : 부서단위별 평가 등	↕	↕	↕	↕
일선 종업원	실행 (operation)	일상적 업무처리 등	↓ 내부	↓ 협소	↓ 높다	↓ 세분

인 예로는 임원정보시스템(EIS)이 있다. 의사결정지원시스템(DSS)과 전문가시스템(EX)도 최고경영층의 경영활동을 지원하는데, 이들 시스템은 중간경영층도 지원한다.

한편 조직의 각 위계에서 이루어지는 통제활동의 구체적인 예와 정보의 특성을 정리하면 〈표 12-4〉와 같다. 조직위계별 정보의 특성을 보면 최고경영층으로 갈수록 활용하는 정보의 범위가 넓고 그 원천이 외부지향적이며 통합적인 반면 정보의 정확성은 떨어진다. 이는 최고경영층이 주로 전략적인 의사결정을 해야 하는 특성 때문이다.

각 조직의 각 위계를 지원하는 정보시스템을 설명하면 다음과 같다.

전략계획시스템(strategic planning system)

기업의 중장기적인 전략계획수립과 같은 업무를 수행하는 최고경영층 또는 임원들의 경영활동을 돕는 정보시스템이다. 이들의 업무는 비반복적·비구조적이기 때문에 이 시스템은 계량적인 자료보다는 직관이나 경험에 의한 의사결정을 지원하게 된다. 내부적으로는 현재의 조직 전반적인 능력을 평가하고 과거자료를 이용한 미래예측 기능이 제공되며 외부적으로는 기업 내부의 정보와 은행 등과 같은 외부의 정보를 연결하는 기능을 제공한다. 예컨대 사업방향, 시장전략, 제품믹스 등의 경영활동을 돕는다. 전략정보시스템(SIS : strategic information system)이라고도 한다.

관리통제시스템(management control system)

중간경영층의 경영관리활동을 돕는 정보시스템이다. 약어로 MCS라고도 부르는 이 시스템은 중간관리자들의 주요 업무인 전략계획에 의한 실행계획 수립 및 시행 그리고 통제활동에 필요한 정보를 제공해준다. 즉, 조직이 설정했던 목표와 실제 결과를 비교할 수 있는 시스템이다. 비교 결과는 조직 내에서 향후 어떻게 대응할 것인지에 대한 중요한 결정을 내릴 때 영향을 미친다. MCS는 조직이 목표와 비교하여 실제 성과를 정량적으로 추적하도록 돕기 때문에 중간관리자에게 도움을 줄 뿐만 아니라 최상위 경영진이 조직의 프로세스 및 활동 개선과 관련한 중요한 결정을 내릴 수 있게 해준다.

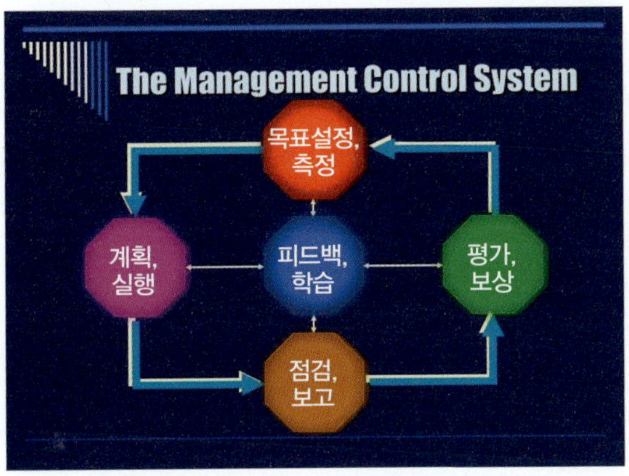

예를 들어 비교적 광범위한 업무범위라고 할 수 있는 주요 사업단위(strategic business unit)별 성과평가활동이나 연간예산수립 및 그에 따른 통제활동부터 일상적인 관리통

제활동이라고 할 수 있는 기간(연간, 분기, 월간, 주간)별 생산 및 재고, 판매 현황에 관한 정보까지 포괄한다. 구체적으로 계획 및 예산모형, 차이보고 및 문제분석모형, 의사결정모형 등을 갖추게 된다. 특히 이 시스템에서는 일상적인 관리과정에서 문제가 발생했을 때 관리자에게 사전 경고해주는 기능이 포함된다.

MCS에는 원가회계시스템이나 인적자원관리시스템처럼 공식적인 시스템과 직원들의 충성도와 같은 비공식적 시스템도 포함되어 있다.

운영통제시스템(operational control system)

현장관리자나 하위관리자 계층의 경영관리활동과 통제를 돕는 정보시스템이다. 주로 업무가 사전에 정해진 규칙과 절차에 따라 정상적으로 진행되도록 관리자를 지원하는 한편, 그러한 업무의 통제를 할 수 있게 해준다. 다음에 설명하는 거래처리시스템이 주로 업무처리만을 위한 시스템이라면 이 시스템은 거래처리시스템의 작업결과를 요약하거나 조회(query)함으로써 통제할 수 있게 해준다.

구체적으로 거래처리, 보고서처리, 조회처리 등의 기능을 제공한다. 예를 들어 거래처리시스템에서 종업원의 근무상황을 입력하면 이 시스템에서는 근무상황을 조회할 수도 있고 정리하여 보고서를 만들 수도 있다. 나아가 그 결과에 근거하여 종업원들을 관리감독하고 고과업무를 할 수 있다.

거래처리시스템(TPS : transactional processing system)

조직의 말단부에서 이루어지는 일상적인 업무처리를 돕는 정보시스템이다. 예를 들면 전표입력이나 발행, 주문접수 및 상품발송, 대금지급 등과 같은 통상의 최일선 업무를 자동화하여 처리해주는 시스템이다.

이상에서 설명한 정보시스템은 각 조직단계에서 활용하는 시스템의 통칭이다. [그림 12-7]에 제시된 바와 같이 구체적인 정보시스템 명칭을 설명하면 다음과 같다. 실제의 조직 현장에서는 위의 정보시스템 명칭은 사용되지 않고(거래처리시스템은 제외) 아래의 명칭들이 주로 사용된다.

임원정보시스템(EIS : executive information system)

최고경영자 또는 임원(중역)들이 조직의 성공적인 경영을 위하여 필요로 하는 조직 내부 혹은 조직 외부의 정보를 효과적으로 제공할 수 있는 컴퓨터기반의 정보시스템을 말한다. 요구되는 정보의 질, 사용자 인터페이스, 정보기술적 능력 등에서 다른 정보시스템과 구별되는 특징을 갖고 있다. 중역정보시스템, 경영자정보시스템이라고도 한다.

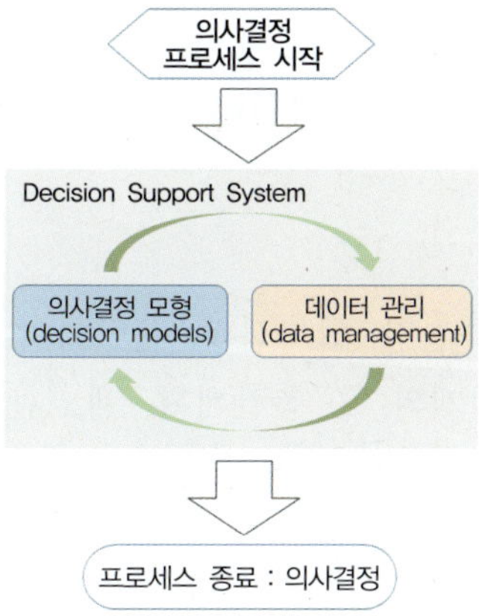

간단한 형태의 의사결정지원시스템 구조

의사결정지원시스템(DSS : decision support system)

의사결정을 보다 쉽게 할 수 있도록 하기 위해 각종 자료를 분석해주는 컴퓨터 응용시스템을 말한다. 자료를 분석하고 응용하는 측면에서 일상적인 업무 운영을 통해 데이터를 수집하는 등의 '운영시스템'과 구별된다.

예를 들어 영업이나 매출 관련 의사결정을 하고자 하는 경우 매출액 및 그 추이(여기까지는 운영시스템에서도 제공된다), 지금까지의 추세를 근거로 했을 때의 향후의 매출액 전망, 다양한 매출전략 대안에 따른 매출액 전망분석 등이 DSS에서 제공되는 것이다.

전문가시스템(EX : expert system)

전문가들의 경험과 학습에 의해 쌓인 지식 및 데이터를 컴퓨터에 저장하여 전문가 수준의 노하우를 요구하는, 특정분야의 어렵고 복잡한 문제를 해결하는 컴퓨터 프로그램을 말한다.

한편 위에서 나열한 각 정보시스템은 실제로는 명확하게 구분되지 않는 경우도 있다. 예를 들어 전문가시스템이 의사결정을 돕는 기능을 하도록 구축되었다면 이 시스템은 전문가시스템일까, 의사결정지원시스템일까? 애매하다. 또한 의사결정지원시스템의 틀 내에서 특별히 최고경영층의 경영활동을 돕도록 설계된 것이 있다면 이 역시 그 경계가 모호하게 된다. 근래 들어 정보기술이 발전하고 정보시스템에 대한 기업의 투자가 늘면서 하나의 정보시스템 안에 이상에서 설명한 각각의 시스템이 통합됨에 따라 이를 광의적으로 보아 경영정보시스템이라고 부르게 된 것이다.

(2) 경영의 부문별 또는 기능별 정보시스템

제1장에서 배웠던 것처럼 기업경영의 경우 경영의 기능(function)에는 크게 인적자원관리, 생산·운영관리, 마케팅관리, 재무관리 등이 있으며 이와 별도로 회계부문을 추가하기도 한다. 경영의 부문별 또는 기능별 정보시스템은 이러한 각 기능 분야에서 활용할 목적으로 구축된 정보시스템이다. 각각의

정보시스템 명칭을 살펴보면 다음과 같다.

인적자원정보시스템

인사정보시스템이라고도 불리는 이 시스템은 인적자원, 즉 종업원의 모집, 배치, 개발, 평가, 보상 등 인사관리기능을 지원하는 정보시스템이다. 인적자원정보시스템 개발은 통상 급여관리프로그램 개발에서 시작된다.

생산정보시스템

생산활동, 즉 ① 제품의 설계, 공정설계, 생산능력 결정, 입지선정, 설비배치, 작업설계와 작업측정 등과 같은 생산시스템의 설계와 ② 총괄계획, 재고관리, 일정계획, 품질관리 등과 같은 생산시스템의 운영 및 통제활동을 지원하는 정보시스템이다.

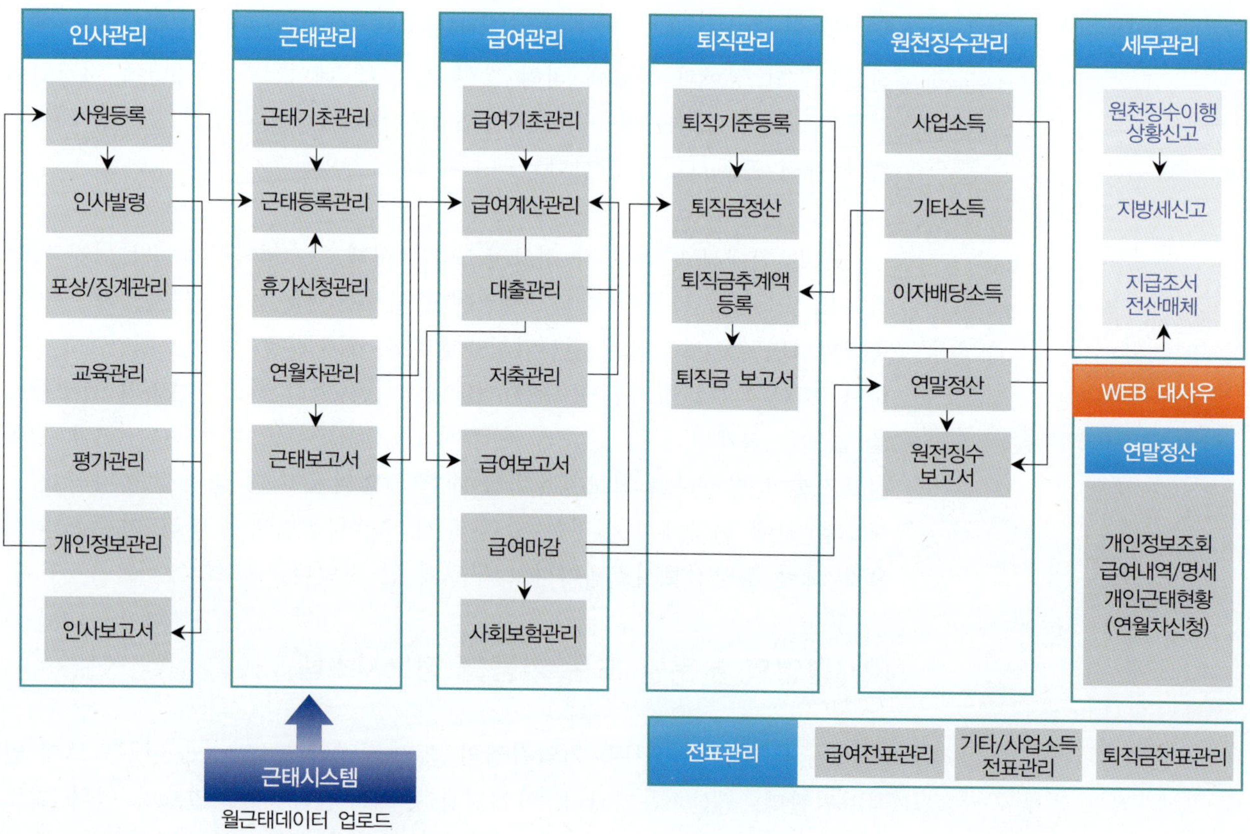

국내 기업인 더존비즈온의 ERP 중 인적자원관리 영역의 일부. 세계 1위 기업인 SAP에 이어 국내시장 점유율 2위의 기업이다. (자료 : 더존비즈온)

FA(factory automation, 공장자동화), 재고관리시스템, MRP(material requirement planning, 자재소요계획), 협의의 ERP(enterprise resources planning, 전사적 자원관리), CAD/CAM(computer aided design/computer aided manufacturing, 컴퓨터에 의한 설계·제조), CIM(computer integrated manufacturing, 컴퓨터 통합생산) 등 다양한 프로그램이 있다.

마케팅정보시스템

마케팅관리활동인 마케팅정보의 수집과 시장기회 분석, 시장세분화 및 목표시장 선정, 제품 포지셔닝, 마케팅믹스 개발, 마케팅활동의 조정 및 통제 등의 활동을 지원하는 정보시스템이다. 시장분석, 거래처리, 판매관리, 데이터베이스 마케팅, 텔레마케팅 등의 기능을 갖는다.

재무정보시스템

투자활동과 자금조달 등 재무활동을 지원하는 정보시스템이다. 현금관리, 운전자본관리, 경영분석, 자본예산, 재무계획 기능을 갖는다.

회계정보시스템

정보기술을 이용하여 분개에서 전기, 결산에 이르는 회계의 제반 업무 및 이와 관련된 업무를 처리하는 시스템을 말한다.

실제의 기업현장에 가보면 자금력이 열세인 중소기업이라 하더라도 회계와 관련된 프로그램과 인사관리프로그램(주로 급여처리)은 대부분 운영하고 있다. 이들 영역은 업종이나 기업규모에 관계없이 업무가 유사하기 때문에 일찍부터 많은 정보시스템 구축업체(프로그램 개발업체)에서 다양한 프로그램을 개발하여 저렴한 가격에 공급해왔고 기업입장에서도 시스템 구축비용에 비해 성과가 뛰어났기 때문이다.

그러나 기업의 각 활동—인사(인적자원), 생산·운영, 마케팅, 재무, 회계—이 서로 밀접하게 연관되어 있기 때문에 이들 각 활동을 지원하는 정보시스템 역시 모두 연결되어야만 진정한 정보시스템 구축에 따른 효익을 거둘 수 있다.

잘 구축된 경영정보시스템은 거의 모든 국면에서 통제활동에 활용된다

관리활동으로서 통제활동은 정보기술의 발달로 인하여 일대 전환점을 맞았다. 오늘날 관리자들은 다양한 정보시스템을 이용하여 실시간으로 통제활동을 할 수 있게 되었다. 기업 내부적으로는 예산통제나 회계통제, 관리통제, 내부감사 수단이 될 뿐만 아니라 외부자에 의한 통제활동시에도 각종 경영정보시스템 또는 시스템 산출물에 의하여 통제가 이루어지고 있다.

12.6 통제에 대한 저항도 관리해야 한다

"지렁이도 밟으면 꿈틀한다"라는 말이 있다. 통제는 조직의 목표달성을 위하여 모든 계층의 경영자들에게 주어진 꼭 필요한 관리기능이긴 하지만 그 성격상 구성원들의 저항을 유발할 잠재적 가능성이 항상 존재한다. 관리자가 아무리 명분이 있고 목표달성에 대한 의욕이 넘치더라도 지나친 통제는 구성원들의 근로의욕과 창의성을 저하시키는 등 종업원과 조직에 부작용을 초래하여 결과적으로 통제활동이 추구하는 목표달성에 실패하게 된다. 따라서 관리자는 통제에 대한 저항을 사전에 예방할 수 있는 방안을 강구해야 하며, 저항이 발생하면 그 원인을 파악하여 신속하게 문제를 해결해야 할 것이다.

〈표 12-5〉는 통제에 대한 저항이 발생할 수 있는 원인과 그에 대한 해결책을 정리한 것이다.

표 12-5
통제에 대한 저항의 원인과 해결방안

통제에 대한 저항의 원인	해결방안
달성 불가능한 표준	표준의 조정
상호 모순되는 표준	표준의 재정립
사람에 의한 과잉통제	효과적인 통제시스템 개발과 운용
부적절한 통제	타당한 통제정책
지나친 책임의 강조	책임의 적절한 분산 및 균형 유지

마무리 사례

고금리 후폭풍… 위기의 한국 기업

부동산 개발 사업의 부실로 자금난에 몰린 태영그룹이 기업구조개선작업(워크아웃)을 전격 신청하면서 우리나라 경제에 태풍과도 같은 위기가 몰려오는 것 아닌가 하는 걱정이 연초부터 생깁니다.

여러분이 방학을 유익하게 잘 보내면 다음 학기를 자신감 있게 시작할 수 있듯이 나라 경제와 기업도 마찬가지입니다. 경기가 좋을 때 부실하고 허약한 부분을 정리·수습하고 내실을 다지는 노력을 기울여야 다가올 불황을 이겨낼 힘을 축적할 수 있습니다. 금융회사들이 비 올 때(기업이 어려울 때) 우산(대출 등)을 뺏어선 안 된다는 얘기도 있지만, 부실 문제의 일차적 책임은 기업과 가계 쪽에 있지요. 국민경제의 안정을 고려해서라도 '밑 빠진 독' 신세의 기업이나 개인을 계속 지원할 순 없습니다.

태영그룹의 경영난은 최근의 전 세계적 고금리 금융긴축이 원인입니다. 국내 부동산 개발 사업에 돈을 대는 프로젝트파이낸싱(PF) 대출 잔액만 134조원에 이릅니다. 이번 사태가 금융시장 불안을 키우게 놔둬선 안 될 겁니다. 과거 부실기업 구조조정은 어떻게 진행됐고, 이번 위기의 원인은 무엇인지, 기업 부실은 어떤 치유과정을 거치는지 살펴봤습니다.

기업 부실 정리 미루면 나중엔 더 큰 부담

경제위기는 호황 때 방만하게 늘어난 돈이나 헤픈 정부 지출, 부채로 쌓아 올린 경제가 지속되지 못하고 경기하강 충격이 시작될 때 엄습하는데요, 부실기업은 이런 위기를 더 키우는 골칫덩이입니다.

1997년 국제통화기금(IMF)으로부터 구제금융을 받는 지경까지 간 우리나라의 외환위기는 기업의 문어발식 확장과 무리한 외부 차입에도 원인이 있었습니다. 당시 우리 정부는 위기를 벗어나기 위해 자동차, 반도체 등의 중복투자를 막고 핵심 사업 부문을 집중 육성하겠다며 현대·LG·대우·삼성·SK 등 5대 그룹을 모아 이른바 '빅딜(big deal)'을 추진했죠. 그러나 LG그룹은 반도체 사업에서 아쉬움을 남기며 손을 떼야 했습니다.

2008년 글로벌 금융위기와 이후 이어진 세계적 경기침체는 조선업과 해운업에 일대 위기를 몰고 옵니다. 조선업 구조조정에서는 STX조선해양, 성동조선해양 등이 법정관리에 들어갑니다. 해운업도 비슷해서, 2011년부터 세계 해운 물동량이 급감하고 선박은 초과 공급된 상태에서 경영 위기를 맞았죠. 국내 1위, 세계 7위의 국적 선사 한진해운은 결국 법정관리로 가고 파산하고 맙니다.

이번에는 글로벌 금융위기 이후 엄청나게 풀린 돈이 문제입니다. 금융위기를 극복하려고 나온 제로금리, 양적 완화가 다시 저축을 늘리고 자산 거품을 키우는 악순환이 이어졌죠. 여기에 코로나19 위기를 이겨내려고 미국을 비롯한 세계 각국이 어마어마한 규모로 돈 풀기 경쟁을 합니다. 미국 중앙은행(Fed)이 보유한 자산규모가 금융위기 이후 작년까지 15년간 9,000억 달러에서 8조 5,000억 달러로 여덟 배 이상 늘어났어요. 그만큼 시중에 돈이 많이 풀렸다는 얘기고, 이게 인플레이션을 불러왔습니다. 우리나라에서도 코로나19 팬데믹에 기업 대출 만기를 계속 연장해주며 위기를 뒤로 미뤄오다 결국 레고랜드 사태에 이어 부동산 개발 사업에서 부실 덩어리가 터져 나오고 있는 것이죠. 금융긴축에 따른 발작과 같은 경제 충격이 미국이 아닌, 한국에서 벌어지고 있는 모양새입니다.

치료법은 자율협약 · 워크아웃 · 법정관리

기업도 부실해지면 사람처럼 치료를 받고 건강을 회복할 수 있는 길이 있습니다. 주채권은행이 판단하여 부실 정도가 심하지 않다면 대표적으로 재무구조 개선약정을 맺습니다. 감기약 정도의 처방이죠. 그렇지 않고 부실이 어느 정도 진행됐다면 자율협약, 기업구조개선작업(워크아웃), 법정관리(기업회생절차) 등을 대안으로 검토합니다.

자율협약은 일시적으로 돈이 모자란 기업이 비핵심 자산 매각, 비용 절감을 약속하고 은행으로부터 자금 지원을 받는 겁니다. 기업 입장에선 이미지 훼손 우려가 적어 자율협약을 선호합니다. 하지만 STX조선이 자율협약에서 4조 5,000억원의 자금 지원을 받고도 결국 법정관리로 넘어간 사례처럼 제도 운영의 문제가 적지 않습니다.

워크아웃은 살아날 가능성이 있는 부실 징후 기업이 대상입니다. 그런데 2015년 이후로는 워크아웃으로 정상화되는 비율이 10~30%대에 불과합니다. 마지막으로 회생가능성이 없는 부실기업은 법원에 넘겨져 회생절차를 밟습니다.

산업 경쟁력을 유지하기 위해 생산성이 낮거나 발전가능성이 적은 산업에서 생산성이 높고 발전가능성이 있는 산업으로 생산요소를 이동시키는 산업 구조조정은 필요합니다. 그에 따른 기업 구조조정은 불가피하죠. 그러나 대규모 공적자금 투입과 국책은행의 출자전환을 통한 공기업화, 특혜 시비 등 정부 개입에 따른 부작용은 곰곰이 따져봐야 합니다.

(애플경제, 2024.1.15)

핵심용어

- 경영통제
- 스크리닝통제
- 내부통제
- 관리통제
- 자료/정보
- 정보의 증거성
- 정보시스템
- 관리통제시스템
- 임원정보시스템
- 통제저항관리
- 표준
- 가부통제
- 내부견제
- 감사
- 정보의 적합성
- 정보의 적시성
- 경영정보시스템
- 운영통제시스템
- 의사결정지원시스템
- 사전/진행/사후통제
- 예산통제
- 회계통제
- 내부감사/외부감사
- 정보의 정확성
- 정보의 형태성
- 전략계획시스템
- 거래처리시스템
- 전문가시스템

요 약

- 통제란 조직의 목표를 달성하기 위하여 계획대로 되도록 하는 행위를 일컫는다. 통제활동은 계획수립과 불가분의 관계에 있다. 통제를 하기 위한 업무수행결과를 평가하기 위해서는 사전에 계획된 기준 또는 표준이 있어야 한다.
- 통제의 절차는 크게 성과의 측정, 표준과의 비교, 수정행동의 세 단계로 이루어진다. 관리자가 취할 수 있는 경영통제의 유형에는 사전통제, 진행통제, 사후통제의 세 가지가 있으며, 주요 경영통제기법으로는 예산통제, 회계통제, 관리통제, 감사 등이 있다.
- 자료가 주어진 문제해결이나 상황판단에 활용될 수 있도록 적합하게 변환되고 가공되었을 때 이를 정보라고 한다. 경영정보시스템이란 좁은 의미에서는 경영관리층에서 필요로 하는 정보를 제공하는 일종의 정보보고시스템으로 보기도 하고, 넓은 의미에서는 경영활동이 이루어지는 현장에 구축된, 정보기술을 기반으로 하는 시스템 혹은 컴퓨터기반의 정보시스템을 의미하는 것으로 보기도 한다.
- 정보시스템을 조직의 계층에 따라 구분하면 전략계획시스템, 관리통제시스템, 운영통제시스템, 거래처리시스템 등으로 나눌 수 있으며 실제 각 계층별로 활용되는 시스템으로는 임원정보시스템(EIS), 의사결정지원시스템(DSS), 전문가시스템(EX) 등이 있다.
- 정보시스템을 조직의 기능별로 구분하면 인적자원정보시스템, 생산정보시스템, 마케팅정보시스템, 재무정보시스템, 회계정보시스템 등이 있다.
- 정보기술의 발달은 통제활동에 일대 전환점을 가져왔다. 통제가 효력을 발휘하기 위해서는 통제에 대한 저항을 적절히 예방하고 대응해야 한다.

연습문제

1. 모든 조직에서 통제활동은 필수불가결한 활동이다. 그 이유를 설명하라.
2. 어떤 상황에서 사전통제, 진행통제(스크리닝통제 포함), 사후통제가 적당한지 예를 찾아보라.
3. 주요 경영통제기법의 특징을 설명하라.
4. 정보의 관리가 왜 필요한가?
5. 정보에 가치가 있기 위해서는 어떤 조건을 갖추어야 하는가?
6. 조직의 각 단계별로 어떤 정보시스템이 활용되는지 설명하라.
7. 경영정보시스템이 조직경영에서 어떤 기여를 하는지 설명하라.
8. 통제에 대하여 저항하는 원인과 그에 대한 해결방안을 제시하라.

미니 프로젝트

통제는 사전통제, 진행통제, 사후통제로 이루어짐을 배웠다. 여러분 각자는 학습 또는 여행 등 어떤 활동을 하나 정하여 사전통제, 진행통제, 사후통제 각각의 단계에서 어떤 통제활동을 할 수 있는지 정리해보자.

기차를 놓치고 (자료 : depositphotos)

PART

V 전략적 경영

CHAPTER

13 전략적 경영의 실제

넥슨의 서브 브랜드 민트로켓에서 출시한 게임 '데이브 더 다이버'. 다양한 전략적 시도가 성공한 사례로 보인다.
(자료 : 민트로켓)

2022년 우리나라 게임산업 규모는 21조원, 수출 11조원

2022년 국내 콘텐츠산업 전체 매출 규모가 148조원, 수출 규모는 17조원을 넘어섰다. 게임산업은 약 11조 4,859억원의 수출 성과를 올리며 콘텐츠산업을 주도했다.

콘텐츠산업 내 분야별 수출 실적

한국콘텐츠진흥원이 지난 16일 발행한 2022년 하반기 및 연간 콘텐츠산업 동향분석 보고서에 따르면 지난 2022년 한국 콘텐츠산업 매출액은 약 148조 1,607억원으로 전년 대비 7.7% 늘어났다.

콘텐츠산업 내 분야별 비중을 살펴보면 ▲방송 17.4% ▲출판 16.7% ▲광고 15.2% ▲게임 14.3% ▲지식정보 14.2% ▲음악 7.5% ▲콘텐츠솔루션 6.2% ▲캐릭터 3.6% ▲영화 2.8% ▲만화 1.6% ▲애니메이션 0.5% 순이다. 2022년 게임산업 전체 매출액은 약 21조 1,848억원으로 집계됐다.

2022년 콘텐츠 수출액은 133억 798만 달러(약 17조 196억원)로 전년 대비 6.9% 늘어났다. 게임산업 수출액은 89억 7,338만 달러(약 11조 4,761억원)로 지난해 전체 콘텐츠 수출액 중 67.4%를 차지했다.

전체 콘텐츠 산업 종사자 수는 61만 7,122명으로 전년 대비 0.4% 늘어났다. 콘텐츠산업 내 종사자 수가 가장 많은 분야는 출판(17만 5,491명)이었으며 게임산업 종사자 수는 8만 1,631명으로 집계됐다.

(자료 : 한국콘텐츠진흥원)

13.1 전략적 경영을 위해 전략적 계획을 수립한다

기아자동차의 미래는 어떤 모습일까? 이 회사는 미래 핵심사업으로 목적 기반 자동차(PBV)를 제시하고 있다. PBV(purpose built vehicle)는 자율주행을 기반으로 이동하는 교통수단으로, 라이프스타일에 맞춰 개인화 설계를 기반으로 한 도심형 친환경 모빌리티이다. 개인화 설계를 기반으로 하기 때문에 넓은 공간의 특성을 살려 휴식 공간이나 이동형 창고, 물류 배송용 모빌리티 등으로 활용될 수 있다. 단순히 자동차가 아니라 비즈니스나 라이프스타일 제공 등이 가능하도록 하겠다는 접근이다.

기아차의 PBV 콘셉트 모델. 소형 모델인 PV1은 직각 운행, 사선 주행, 제자리 회전 등의 기술로 효율적인 공간 창출을, 대형 모델인 PV7은 넓은 공간과 주행거리에 중점을 두었다. (자료 : 기아자동차)

해당전략은 크게 전통적인 자동차의 개념을 탈피한 혁신적인 PBV 라인업 출시, 소프트웨어(SW) 기반의 최첨단 기술 적용, 파트너십 다각화를 통한 새로운 모빌리티 생태계 조성 등 세 가지로 구성된다. 이러한 전략을 시현하기 위해 중형-대형-소형으로 이어지는 PBV 라인업을 구축하고 완전한 맞춤화 제작 등을 내용으로 하는 단계별 로드맵도 제시했다.

이러한 전개는 어떠한 과정을 통하여 이루어질까? 본장에서 배울 내용이다.

전략적 계획수립(strategic planning)은 조직 전체를 대상으로 장기적인 계획을 수립하는 것이다. 전략적 계획수립과정에서는 조직 전체를 하나의 단일체로 보고 조직목표를 달성하기 위하여 장기간에 걸쳐 조직이 어떤 일을 해야 하는지를 고려한다. 장기간이라는 것은 통상 3년 이상을 의미하지만 현실적으로 기업에서 장기적인 전략은 1년 이상부터 대상이 되는 경우도 있고 5년이 넘는 기간을 대상으로 하기도 한다.

한편 전략(strategy)은 장기적인 목표를 달성하기 위하여 개발된 광범위하

□ 그림 13-1
전략적 경영의 단계

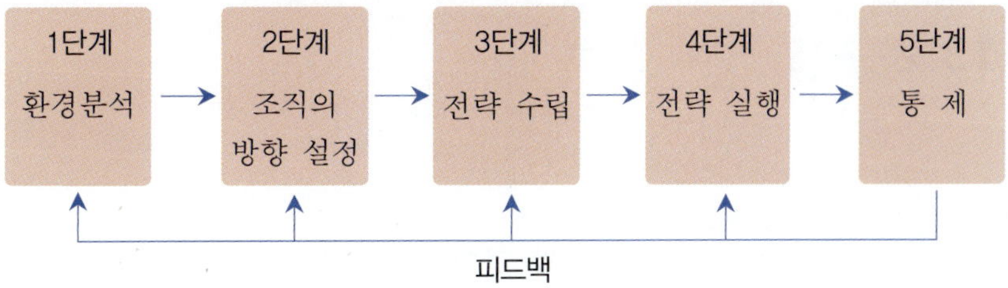

고 일반적인 계획이라고 정의할 수 있다. 즉 전략은 조직의 전 부문을 포함하는 개념으로 전략적 계획수립의 결과물이다.

전략적 경영(strategic management) 또는 전략경영(strategy management)이란 조직이 적절한 전략을 수립하고 실행함으로써 효익을 얻는 과정을 말한다. 이때 적절한 전략이란 특정시기에 해당조직의 필요에 가장 부합되는 전략, 즉 '전략적 계획수립'과정을 통하여 수립된 '전략'에 근거하여 전개되는 경영을 말한다.

그렇다면 전략은 무엇을 근거로 하는 것일까? 전략의 연원은 어디이며, 수립된 전략은 구체적으로 어떻게 실행되는 것일까? 이에 대해서는 다음에 나오는 '조직의 방향 설정' 부문에서 자세하게 설명할 것이다.

일반적으로 전략적 경영은 [그림 13-1]에서 보는 바와 같이 5단계로 이루어진다. 조직이 어떠한 방향(direction)을 지향할 것인지를 결정하기 위하여 가장 먼저 환경분석이 이루어진다.

환경분석(environmental analysis)은 조직에 영향을 미칠 수 있는 환경요인을 찾는 것이 주목적이다. 경영자는 환경분석을 통하여 조직 내외에 어떤 일이 일어나고 있는지 혹은 일어날 것인지를 분석하고 이를 조직의 방향 설정에 적절하게 반영해야 한다.

환경분석이 효율적으로 이루어지기 위해서는 기업을 둘러싼 환경이 어떤 구조로 이루어져 있는지, 어떻게 분류되는지를 파악하는 것이 중요하다. 기업환경에 대해서는 제4장에서 설명하였으므로 여기에서는 생략하기로 한다.

분석된 환경을 기반으로 하여 조직의 방향, 즉 조직의 미션, 비전 등을 설정하고 이를 달성하기 위한 전략을 수립하게 된다. 수립된 전략은 실행되고, 그 결과는 통제되며 피드백된다.

13.2 미션, 비전 설정으로 조직의 장기적 발전 방향을 정한다

전략적 경영의 두 번째 단계는 환경분석 결과에 근거하여 조직이 나아가야 할 방향을 설정하는 것이다. 조직이 나아가야 할 방향을 설정하는 체계는 [그림 13-2]와 같다. 그림에서 보듯이 가장 먼저 조직의 미션을 설정하고 이를 달성하기 위한 비전을 수립하며, 이를 수행할 전략을 수립하게 된다.

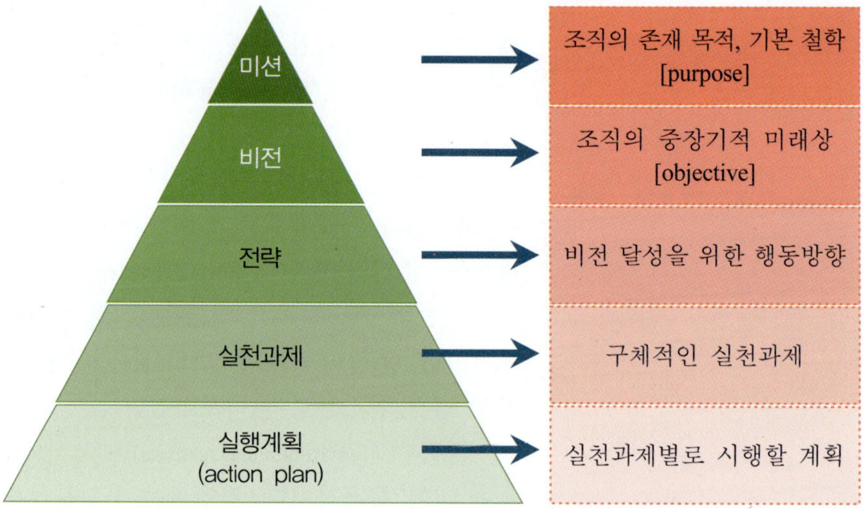

그림 13-2
조직의 방향 설정 위계 : 미션-비전-전략

가장 상위의 개념은 미션이다

조직이 나아가야 할 방향을 정하는 첫 번째 일은 조직의 사명을 결정하는 것이다. 조직의 미션(mission)이란 조직이 존재하는 목적(purpose)이나 이유, 존재 근거, 사명 또는 임무를 말한다. 미션은 50~100년을 바라보고 설정하게 되는데, 쉽게 바뀌지 않는다. 흔히 야간에 항해하는 배에 있어 별빛이나 등대, 나침반 등에 비유된다.

일반적으로 조직의 사명은 생산할 제품이나 창출할 서비스의 유형, 고객에 대한 태도, 그리고 어떻게 하는 것이 가치 있는 것인지 등에 반영되어 나타난다. 조직의 사명은 환경분석 결과에 근거하여 매우 광범위하게 기술된다.

회사	사명
월트 디즈니 (Walt Disney)	세계 최고의 엔터테인먼트 및 정보 생산자 겸 공급자 중 하나가 되는 것이다. 콘텐츠, 서비스 및 소비자 제품을 차별화하기 위해 우리의 브랜드 포트폴리오로 세계에서 가장 창의적이고 혁신적이며 수익성 있는 엔터테인먼트 경험 및 관련 제품을 개발하려고 노력한다. The mission of The Walt Disney Company is to be one of the world's leading producers...
바이엘 (Bayer)	보다 나은 삶을 위한 과학 Science for a better life
인스타그램 (Instagram)	세상의 모든 순간을 캡처해서 공유한다. Capture and share the world's moments
스타벅스 (Starbucks)	인간의 정신에 영감을 불어넣고 더욱 풍요롭게 한다. 이를 위해 한 사람, 한 잔의 음료, 우리의 이웃에게 최선을 다한다. To inspire and nurture the human spirit – one person, one cup and one neighborhood at a time

사명은 사명선언서 또는 미션선언문(mission statement)에 나타난다. 사명선언서는 기업 내외의 다양한 사람들의 의견을 참고하여 경영자가 작성하는데, 조직이 실제적으로 취해야 할 임무나 사명이 기술·설명되어 있다. 세계적인 콘텐츠 회사인 월트 디즈니, 제약회사인 바이엘과 IT회사 인스타그램, 그리고 스타벅스의 사명선언서를 보면 각각의 회사가 어떤 것을 추구하는지를 알 수 있다.

조직의 사명이 중요한 이유는 경영자가 성공적인 조직관리를 할 수 있도록 돕기 때문이다. 사명이 조직관리의 성공가능성을 높이는 것은 다음과 같은 이유 때문이다.

첫째, 경영자는 모든 사람들이 조직의 사명에 초점을 맞추고 노력을 할 수 있도록 해준다.

둘째, 조직의 사명은 조직 내 자원배분의 강력한 근거가 된다. 경영자가 어떻게 자원을 배분할 것인가를 결정할 때 사명선언서는 일반적이지만 유용한 가이드라인이 되어준다.

셋째, 사명선언서를 보면 조직 내에서 어떤 업무영역이 중요한지, 그래서 어떤 과업이 중요한지를 알 수 있다.

미션을 이루기 위하여 비전을 설정한다

비전(vision)은 조직의 미션을 달성하기 위한 중장기의 전략목표, 즉 이루고자 하는 미래상을 말한다. 조직이 전략을 통해 장기적으로 구현하고자 하는 바람직한 모습을 담는다. 비전은 용어에서도 알 수 있듯이 미션보다는 가시적(vision → visible)으로 설정한다. 통상 목표달성기간은 5~10년으로 잡는다.

조직의 미션-비전의 관계는 목적과 목표의 관계이다

미션이 조직의 목적(purpose)을 말한다면 비전은 조직의 목표(objective)를 말한다. 조직이 존재하는 목적은 사명선언서에 표현되어 나타난다. 따라서 조직의 목표는 사명선언서로부터 자연스럽게 도출된다. 조직의 목표는 개방된 시스템으로서의 조직이 지향해야 하는 지향점(target)이다. 조직의 목표에는 조직이 존재하는 목적이 자연스럽게 반영되어 있어야 하는 것이다.

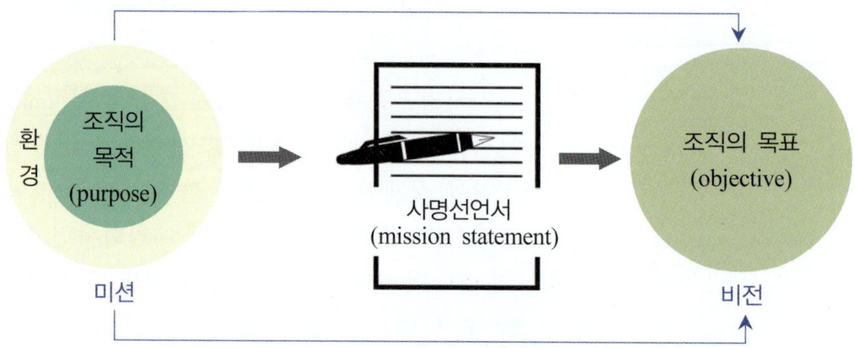

□ 그림 13-3
조직의 목적-목표와 미션-비전의 관계

비전 달성을 위해 전략과 실천과제, 실행계획을 수립한다

비전이 설정되면 이를 달성하기 위한 활동방향과 자원배분 결정이 이루어진다. 이것이 바로 전략이다. 전략이 수립되면 이를 구체적으로 실천하기 위한 실천과제를 결정하며, 이에 따라 실행계획(action plan) 또는 실천방향을 짜는 것이다. 이러한 체계는 왼쪽과 같은 정보통신기획평가원의 '미션-비전-전략'을 보면 쉽게 알 수 있다.

정보통신기획평가원의 미션-비전-전략 체계도에서 미션은 'ICT R&D 기획 · 평가 · 관리 혁신을 통한 미래 성장동력 창출'이며, 비전은 '4차 산업혁명을 선도하는 ICT R&D 전문기관'이다. 비전이 다소 직접적(visible)인 표현이라고 하기에는 약하지만 "전문"이라는 의미를 강조하고 있다고 보면 되겠다.

[그림 13-2]와 정확하게 일치하지는 않은데, [그림 13-2]는 조직 방향 설정에서 필요한 최소한의 내용을 표시한 것이기 때문이다. 큰 틀에서의 논리적 일관성은 같다.

이 체계도에서 '전략목표'는 곧 전략을 의미하는 것으로, 전략은 '4차 산업혁명 대응 ICT R&D 핵심역량 확보' 등 4개가 설정되어 있다. 각 전략목표 하단에 숫자 연번과 함께 두세 개씩 나열된 것은 실천과제라고 보면 된다. 많은 조직에서 이러한 체계도를 작성하는데, 상세 내용은 약간씩 차이가 있을 수 있으나 큰 틀은 거의 대동소이하다.

정보통신기획평가원의 미션–비전–전략 체계도 중 일부

13.3 전략수립을 위한 접근방법 : 전략의 유형

환경분석 결과에 근거하여 조직의 미션과 비전을 설정한 후에는 이를 달성하기 위한 전략을 수립해야 한다. 구체적으로 어떤 전략을 수립할 것인가를 결정하기에 앞서 전략수립이라는 활동에 어떻게 접근할 수 있는지를 알기 위해 전략의 유형(type)을 먼저 살펴보기로 하자. 본항에서 살펴볼 전략의 유형을 정리하면 [그림 13-4]와 같다.

□ 그림 13-4
전략의 유형

전략 유형의 구분기준	전략 유형
조직 위계단계별 전략	• 전사적 전략, 사업전략, 기능적 전략
성장/축소 전략	• 성장전략 : 집중화전략, 다각화전략 • 축소전략 : 리스트럭처링, 다운사이징, 영업양도전략, 현상유지전략
경쟁력 강화전략	• 전략적 제휴

조직 위계단계별로 전략의 수준이 구분된다

전략의 수준(level)에는 크게 전사적 전략, 사업전략, 기능적 전략 등이 있다. 이러한 전략의 구분은 조직이 수립할 수 있는 전략을 조직의 위계단계에 따라 구분한 것이다. [그림 13-5]는 이를 간략하게 보여준다.

전사적 전략

전사적 전략(corporate strategy) 또는 기업전략은 기업 전체의 장기적인 방향을 설정하는 전략이다. 어떤 종류의 시장 또는 어떤 산업군에 속하여 경쟁할 것인가를 결정한다. 전사적 전략의 목적은 기업 전체의 자원배분의 지침과 방향을 결정하는 것이다. 인수·합병, 새로운 사업영역 개발, 사업부의 분할·매도, 기타 사업영역을 넘나드는 기업활동에 대한 자원의 배분이 이 전략의

그림 13-5
전략의 수준

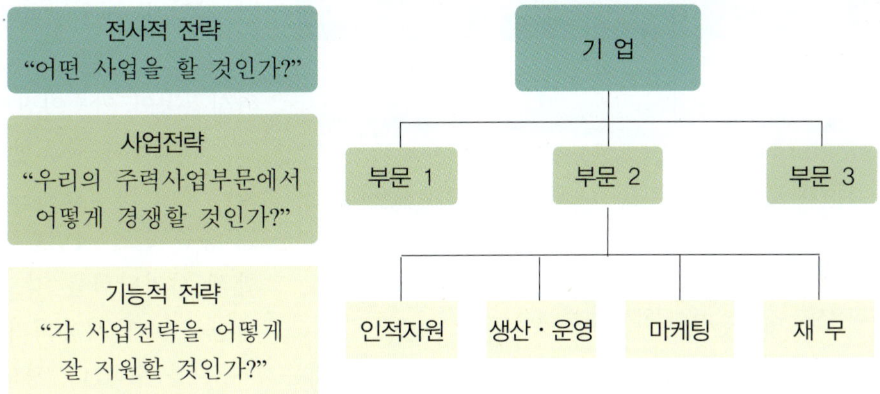

1865년 최초의 노키아 공장 (자료 : nokia.com)

노키아의 기존 로고(왼쪽)와 2023년부터 바뀐 새로운 로고(오른쪽) (자료 : 노키아)

중요한 내용이다. 특히 기업활동이 국제화되면서 외국 기업과의 전략적 제휴와 같은 국제적 사업운용전략이 관심사가 되고 있다.

전사적 전략을 역동적으로 구사하고 있는 대표적인 기업 중의 하나로 노키아(Nokia)를 들 수 있다. 이 회사는 1865년 제지업체로 출발했다. 이후 타이어, TV 등으로 사업영역을 확장하면서 승승장구하다가 회사가 어려워지자 통신장비 및 휴대폰 사업으로 대대적으로 방향을 튼다. 이후 전 세계 시장점유율 41%의 절대강자 지위였던 휴대폰 사업에서 어려움을 겪자 과감하게 매각하고 이후 알카텔-루슨트(alcatel-lucent)를 인수하는 등 통신장비 전문기업으로 방향을 바꿨다. 그 결과 화웨이, 에릭슨과 함께 세계 3강의 경쟁구도를 만들어내는 데까지 성공했다. 지금은 B2B기업의 모습이 더 강하다.

또 다른 예로, 두산도 전사적 전략을 새롭게 설정하여 그룹 성격이 완전히 바뀌었다. 원래 소비재 중심의 사업구조를 갖고 있던 두산그룹은 외환위기 이후 적극적인 기업 M&A로 그룹 사업구조를 중공업 중심으로 바꾸는 데 성공했다.

사업전략

사업전략(business strategy)은 단일의 사업단위 혹은 생산라인을 위한 전략이다. 사업전략에서는 특정산업이나 특정시장 내에서 경쟁하기 위한 전략적 의도

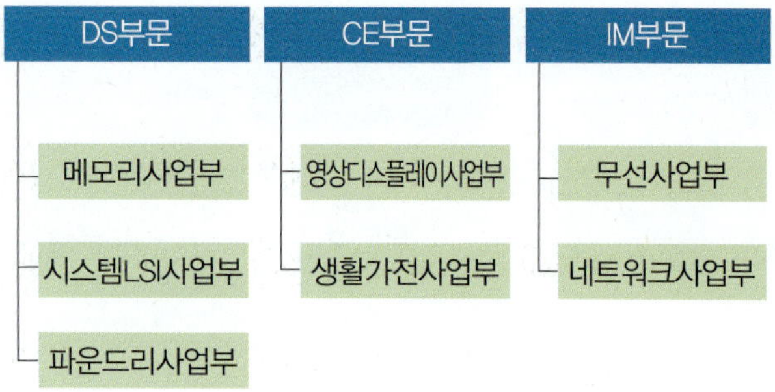

▌삼성전자 조직도. 사업단위가 잘 보인다.

가 담긴다. 사업전략에서는 주로 제품이나 서비스믹스 결정, 시설의 입지 선정, 신기술 도입 등과 같은 의사결정이 이루어진다.

기업에서 중요한 사업단위 또는 영역을 전략적 사업단위(SBU : strategic business unit)라고 하는데, SBU는 종종 단일 사업단위만을 가지고 있는 기업이나 복합적 사업단위를 갖고 있는 기업의 어느 한 분야를 지칭하는 데 사용되기도 한다. 삼성전자의 경우를 보면 전략적 사업단위는 7개로 볼 수 있다. 광의의 SBU는 DS(Device Solution)부문, CE(Consumer Electronics)부문, IM(IT Mobile)부문으로 볼 수 있으며, 협의의 SBU로는 DS부문에 3개, CE부문에 2개, IM부문에 2개 등 총 7개의 사업부가 있다. 7개의 사업부를 책임지는 사람의 직위는 통상 사장이다. 사장이 임명되어 해당부문을 책임지는 것이다.

기능적 전략

기능적 전략(functional strategy)은 사업전략의 원활한 수행을 위하여 조직의 자원을 어떻게 사용할 것인지에 대한 가이드라인을 제공한다. 이 전략의 핵심은 제한된 자원을 어떻게 하면 효용이 극대화되도록 배분할 것인가 하는 것이다.

기업의 기능분야는 [그림 13-5]에서 본 바와 같이 크게 인적자원관리, 생산·운영관리, 마케팅관리, 재무관리 등으로 정리할 수 있는데, 기능적 전략은 이러한 기능분야에 대하여 전략을 수립하는 것이다. 예컨대 경쟁력을 갖춘 인재를 어떻게 선발·육성할 것인지(인적자원관리), 최신기술을 어떻게 도입할 것인지(생산·운영관리), 새로운 광고를 어떻게 제작할 것인지(마케팅관리), 신주발행 규모를 얼마나 할 것인지(재무관리) 등의 계획을 수립할 수 있다.

성장/축소 전략

(1) 성장전략

전사적 전략이나 사업전략 차원에서 가장 일반적으로 활용되는 전략은 성장전략이다. 성장전략(growth strategy)은 현재의 영업활동 범위와 크기를 키우는 전략으로 기업이 장기적인 경쟁에서 살아남기 위한 방편으로 이용되어 왔다. 성장전략으로는 집중화 성장전략, 다각화 성장전략 등이 채택된다.

집중화 성장전략

집중화(concentration) 성장전략은 기존의 제품 또는 시장에 집중하거나 동일 사업영역 내에서의 확장을 통한 성장을 도모하는 것을 말한다. 예컨대 코카콜라나 맥도날드는 전 세계적으로 매우 강력한 성장전략을 추구하는 대표적인 기업이다. 과거 냉전 시대에는 공산권 국가에 이들 기업이 진출하면 마치 서구 문화를 받아들이는 시금석으로 볼 정도였다.

사례로, GS그룹의 GS리테일과 GS홈쇼핑을 들 수 있다. 이 회사는 편의점과 슈퍼마켓에 집중하기 위하여 백화점과 마트 부문을 매각한 바 있다. 에어비앤비도 전형적인 집중화 성장전략을 취하는 회사이다. 2008년에 출범하여 나스닥 상장으로 시가총액이 약 800억 달러가 넘지만 오직 숙박중개(공유)업만 하고 있다.

▌에어비앤비도 집중화전략으로 성공한 사례 중 하나이다. (자료 : 에어비앤비)

다각화 성장전략

다각화(diversification) 성장전략은 새로운 제품/시장이나 사업영역에 진출하여 성장을 도모하는 전략을 말한다. 다각화전략은 새로운 사업영역이 현재의 사업영역과 관련이 있는 관련다각화(related diversification)전략과, 두 영역이 전혀 관계가 없는 비관련다각화(unrelated diversification)전략으로 나눌 수 있다. 다각화전략이 성공을 거두는 것을 전제할 경우, 전자는 기업의 핵심역량과 기존의 기술능력을 잘 활용할 수 있는 장점이 있는 반면 후자는 사업위험을 분산시키는 효과가 있다.

관련다각화의 사례로는 콜라의 양대산맥 중 하나인 펩시(PepsiCo)가 있다. 오랫동안 코카콜라의 그늘에 가려 있던 펩시는 건강음료와 스낵으로 사업을 확장하여 마침내 기업가치가 코카콜라를 앞지르게 된다. 한화그룹도 한 예가 된다. 한화그룹 계열사인 한화디펜스는 우리나라의 대표적인 방위산업체 중의 하나이다. 이 회사는 기존의 탄약, 정밀유도무기 중심에서 자주포, 항공기 및 함정용 엔진, 그리고 레이더가 포함된 방산전자 부문으로 확대하고 있다.

▌펩시의 제품군과 위상을 보여주는 그림 (자료 : PepsiCo)

관련다각화의 실패 사례도 있다. 세

계적인 장난감 업체인 레고(Lego)는 장난감에서 머무르지 않고 '가족 브랜드'를 지향하면서 책, 시계, 의류뿐만 아니라 테마파크까지 진출했다. 그 결과 레고만이 가지고 있었던 차별화된 특성이 반감되어 결과적으로 큰 어려움을 겪은 적이 있다.

비관련다각화의 사례로는 1853년에 안경관련 사업을 시작한 바슈롬(Bausch Lomb)을 들 수 있다. 이 회사는 전기 칫솔, 피부 연고, 보청기 등과 같은 비관련 부문 다각화를 시도하였으나 오히려 기존 사업의 집중도를 떨어뜨리고 전체적인 경쟁력도 저하시키는 바람에 이들 부문을 모두 처분하고 말았다.

우리나라 기업의 경우에도 관련다각화나 비관련다각화 등 다양한 형태의 다각화 사례를 볼 수 있다. 우리 실생활에 깊숙이 들어와 있는 다각화 사례도 있다. 예를 들어, 소아청소년과의 경우는 다각화전략의 일환으로 일반진료 외에 청소년 비만환자를 대상으로 하는 '비만 클리닉'이나 신체 및 정신 발달 상태를 점검·진단해주는 '성장 클리닉'을 운영하기도 한다. 산부인과의 경우에는 '여성건강 토털 케어 클리닉'을 새로이 운영하는 병원도 많다. 이들 사례는 관련다각화로 볼 수 있다.

관련다각화의 사례로 볼수 있는 신경외과의 비만 클리닉
(자료 : 신나는 신경외과)

수직적 통합화전략

수직적 통합화(vertical integration)**전략**이란 제품의 생산과정상이나 유통경로상에서 공급자나 수요자(분배업자)를 통합하는 전략을 말한다. 공급자를 통합하는 **후방수직통합**(backward vertical integration)과 수요자(분배업자)를 통합하는 **전방수직통합**(forward vertical integration)으로 나눈다. 예를 들어 자동차회사는 수많은 부품을 부품공급업자에게서 공급받아 이를 완성차로 제작한 다음 이를 운송업체에 위탁하여 운송한다. 만일 자동차회사가 부품공급업체와 통합한다면 후방수직통합이 되며, 자동차 운송업체와 통합한다면 전방수직통합이 된다. 수직적 통합화전략은 일종의 다각화전략이라고 할 수 있다.

그림 13-6
전방적 통합과 후방적 통합

한편, 통합화보다는 느슨한 형태이지만 통합화가 제공하는 효율을 추구하는 다른 방안으로는 계열화가 있다. 통합화가 복수의 회사를 통합하여 하나의 회사로 합치는 것이라면 계열화는 법적으로는 독립된 회사가 매우 유기적인 관계를 맺는 것을 말한다.

성장전략의 평가

성장과 효율성을 마치 동의어처럼 생각하는 경우가 있는데, 이는 사실과 다르다. 성장전략이 사전에 치밀하게 준비되고 목표달성을 위한 관리활동이 제대로 뒷받침될 때만이 이러한 등식이 성립된다. 기업규모를 키우면 조직의 탄력이 떨어져 환경변화에 제때 대응하지 못하는 경우가 많다. 다각화로 조직이 너무 복잡해져 관리의 집중도가 떨어지기도 한다. 연구들에 의하면 지나친 비관련다각화는 경영의 효율성을 오히려 떨어뜨린다.

(2) 축소 또는 현상유지 전략

경영에 심각한 문제가 발생하거나 환경이 갑작스럽게 변화하는 등 정상적인 경영이 어려운 경우 기업은 조직의 생존을 위하여 축소전략을 활용할 수 있다. 축소전략에는 다음과 같은 것들이 있다.

조직의 재편 : 리스트럭처링

리스트럭처링(restructuring)은 주로 조직의 효율성을 높이고 성과를 개선하기 위하여 조직의 규모나 사업구조, 운용내용을 바꾸는 것을 말한다. 경영자의 입장에서 볼 때 리스트럭처링이 내키지 않을 수도 있다. 리스트럭처링을 한다는 것 자체가 자신의 경영실패를 인정하는 것일 수도 있기 때문이다. 그러나 근래 들어서 경쟁이 치열해지고 미래의 경영환경이 갈수록 불투명해지면서 경영이 매우 양호한 상태에서도 리스트럭처링을 행하는 기업이 나타나고 있다.

규모의 축소 : 다운사이징

다운사이징(downsizing)은 리스트럭처링의 한 방법으로서 비용절감과 영업효율성 제고를 기대하고 조직규모를 줄이는 것을 말한다. 가장 일반적인 다운사이징 방법은 인력을 줄이는 것이다. 그동안 다운사이징을 옹호하는 연구자들은 인력감축방법에 의한 다운사이징이 가장 성공적이었다고 주장해왔다. 핵심목표에 인력역량을 집중시킬 수 있기 때문이다.

다운사이징이 효과적이라는 주장에 반하는 연구도 있다. 이 연구에 의하면 10%의 직원을 감원한 기업의 3년 뒤 이직률 평균은 15%에 이른다. 문제는 이 15%의 질이다. 인원 구조조정을 목격한 잔류직원 중에서 상대적으로 능력이 우수한 직원들이 타 기업으로 이직을 하기 때문이다. 우리나라에서의 다운사이징 성공의 대표적인 사례는 아모레퍼시픽이다. 이 회사는 1995년경에 망하기 일보직전이었다. 당시 금융, 건설 등으로 사업을 확장했지만 회사는 더 어려워지기만 했다. 그러다가 이 회사는 '미와 건강' 부분만을 주력으로 하기로 하고 대대적인 구조조정을 했다. 10년에 걸쳐서 24개이던 계열사를 6개로 줄였다. 이러한 일종의 다운사이징의 결과로 오늘날의 아모레퍼시픽이 만들어진 것이다.

영업양도

SK매직은 경동나비엔에 가스레인지, 전기레인지, 전기오븐 등 총 3개 품목의 영업을 매매대금 400억원에 양도했다. (자료 : 양사)

영업양도(divestiture)는 비용을 절감하고 영업효율성을 개선하며, 핵심사업에 집중할 목적으로 사업의 일부를 매각하는 것이다. 지나친 다각화로 경영이 복잡해지고 문제가 발생되는 기업에서 많이 활용하는 전략으로 역시 리스트럭처링의 한 방법이다. 내부조직을 떼어내 분리 설립하는 경우도 있고(spin-off), 독립적인 영업부문을 매각하는(sell-off) 방법도 있다.

최근 들어 SK매직은 회사의 제품군 운영 효율화를 위하여 가스레인지 등 3개 품목을 경동나비엔에 400억원에 영업양도하였다. SK매직은 정수기와 공기청정기 등 주력제품의 수익성과 경쟁력에 집중한다고 한다.

현상유지전략

현상유지전략(stability strategy)은 새로운 사업진출에 따른 위험부담을 안거나 축소전략으로 인한 내부반발 등을 야기하지 않기 위하여 현재의 시장점유율을 유지하는 정도의 영업활동을 하려는 안정전략이다. 기업이 지속적으로 동일한 상태를 유지한다는 것은 현실성이 떨어지는 일이기 때문에 이 전략은 성장이나 축소 전략의 수립시행 전에 활용할 수 있는 비교적 단기성 전략이라고 할 수 있다.

Self Q&A

현상유지전략이 필요한 상황은 어떤 경우인가?

경쟁력 강화전략 목적으로 전략적 제휴가 활용된다

현대 기업경영에서 두드러진 특징 중의 하나는 기업간의 제휴가 활발하다는 것이다. 전략적 제휴(strategic alliances)는 둘 이상의 기업이 서로간의 이익을 도모하기 위하여 동반자 관계를 맺는 것을 말한다. 전략적 제휴의 형태는 다양하다. 우수한 품질의 부품이나 원재료를 원활하게 공급받기 위한 공급제휴(supplier alliances), 제품이나 서비스의 공동 생산, 판매를 위한 분배제휴(distribution alliances) 등은 그 일부이다.

대표적인 사례로 항공업계를 들 수 있다. 많은 항공사들은 복수의 항공사들이 제휴를 하고 있다. 아시아나항공의 경우를 예로 들면 스타얼라이언스(Star Alliance)라는 이름으로 각국의 항공사와 전략적으로 제휴하고 있다. 대한항공은 스카이팀(Skyteam)의 일원이다.

한때 경기침체로 힘들었던 일본의 경우, 장기적 생존을 위한 전략적 제휴 행태는 상식을 넘어선다. 유럽의 프리미엄 자동차 3사인 BMW, 아우디, 다임러 벤츠는 미래의 자동차 핵심 기술인 자율주행에 중요한 디지털지도 부문에서의 공동 협력을 위하여 핀란드 지도정보서비스업체 히어(HERE)를 공동인수한 바 있다. 일본의 세계적인 오토바이 양대 경쟁회사인 혼다와 야마하도 2016년에 전격적인 제휴를 선언했다. 당시까지 오토바이 시장에서의 두 회사는 'HY(Honda-Yamaha) 전쟁'이라고 불릴 만큼 치열했던 것을 생각하면 상전벽해에 가깝다.

최근에는 SPC그룹의 IT 서비스 및 마케팅 솔루션 계열사 섹타나인이 여가 플랫폼 기업 야놀자와 '모바일 결제 기반 고객 경험 강화 업무 협약'의 전략적 제휴를 했다. 섹타나인의 핀테크, 빅데이터 등 디지털 역량을 기반으로 양 사가 함께 사용할 수 있는 모바일 간편 결제 서비스를 개발해 SPC그룹이 보유한 매장과 야놀자 앱 등 온·오프라인을 아우르는 다양한 고객 경험을 제공하는 것이 전략이다. 유사한 전략적 제휴 사례는 무수히 많다.

13.4 실제로 구사되는 전략

경쟁에서 우위를 차지하기 위하여 활용될 수 있는 전략에는 어떤 것들이 있을까? 특정상황에서는 어떤 전략을 구사해야 할까?

먼저 전략을 수립하는 과정에서 경쟁상의 우위를 점하기 위하여 고려해야 하는 변수로는 다음과 같은 것들이 있다.

- 원가와 품질
- 새로운 아이디어를 제품화하여 시장에 내놓을 수 있는 지식(혁신능력)과 신속성
- 진입장벽
- 자본

이러한 변수들을 복합적으로 고려한 많은 전략들이 개발되어 활용되고 있다. 여기에서는 [그림 13-7]에서 보는 바와 같이 전사적 전략과 사업전략으로 구분하여 각각의 전략에서 적용가능한 대표적인 전략 몇 가지를 보기로 한다.

□ 그림 13-7
조직상의 전략수준과 적용전략

조직상의 전략수준	적용전략
전사적 전략	· 포트폴리오 방법(BCG 매트릭스, GE 사업심사법) · 점진적 조정법
SWOT 분석	
사업전략	· 포터의 본원적 전략법 · 제품수명주기 방법

전사적인 차원에서 구사되는 전략

(1) 포트폴리오 방법

단일제품이나 단일사업만을 영위하는 기업에서는 모든 자원을 한 사업부문으로만 투입할 수 있기 때문에 자원배분문제는 발생하지 않는다. 그러나 사업영역이 두 개 이상 되면 상황은 달라진다. 각 사업영역의 성공적인 수행을 위하여 제한된 자원을 어떻게 배분할 것인가가 중요한 의사결정문제가 된다. 이런 상황에서 활용할 수 있는 전략기법이 포트폴리오 방법이다. 포트폴리오(portfolio) 방법은 여러 대체적인 사업기회를 대상으로 최적의 투자조합을 구성하려는 방법이다. 대표적인 방법인 BCG 매트릭스와 GE 사업심사법을 중심으로 살펴보자.

BCG 매트릭스

BCG(Boston Consulting Group) 매트릭스(matrix) 기법은 산업이나 시장의 성장률과 점유율로 사업기회를 분석하는 기법이다. [그림 13-8]은 이를 그림으로 나타낸 것이다. 이때 분석의 대상은 전략적 사업단위(SBU)이다.

[그림 13-8]에서 보듯이 시장성장률의 높고 낮음과 시장점유율의 높고

□ 그림 13-8
BCG 매트릭스

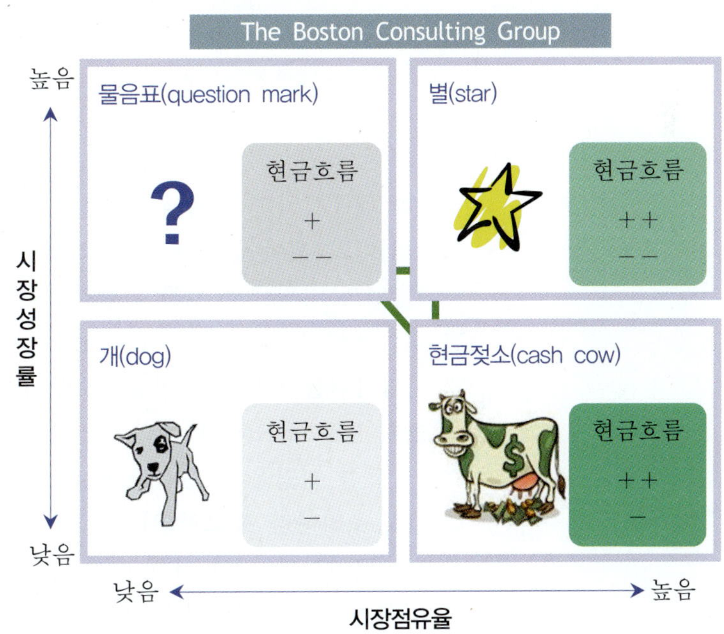

□ 그림 13-9
BCG 매트릭스 각 상황의 특징과 대응전략

별	상 황	높은 시장성장률, 높은 시장점유율
	특 징	커지고 있는 시장에 효과적으로 침투해 있기 때문에 많은 수익을 내고 있다(큰 현금유입≒큰 현금유출)
	대응전략	시장이 커지고 있으므로 성장전략이 요구되며, 따라서 많은 투자자금이 필요하다
물음표	상 황	높은 시장성장률, 낮은 시장점유율
	특 징	시장은 커지고 있으나 경쟁력이 떨어져 수익을 별로 올리지 못하고 있다(현금유입 < 현금유출)
	대응전략	시장이 성장하고는 있지만 추가적인 투자에는 위험이 상존한다. 경쟁력이 확보될 수 있는 부문에 집중투자하고 나머지는 과감한 철수를 고려해야 한다
현금젖소	상 황	낮은 시장성장률, 높은 시장점유율
	특 징	현금을 많이 벌어들이고 수익도 크게 내고 있다(현금유입 > 현금유출)
	대응전략	시장이 더 이상 커지지 않으므로 현상유지전략이 필요하다 여기에서 나오는 자금으로 별이나 물음표에 투자한다
개	상 황	낮은 시장성장률, 낮은 시장점유율
	특 징	시장이 커질 가능성도 낮고 수익도 거의 나지 않는다(작은 현금유입≒작은 현금유출)
	대응전략	사업에서 철수한다

낮음을 대응시키면 크게 4개의 상황이 생긴다. 각 상황의 별칭과 특징, 그리고 기업이 취해야 할 전략을 정리하면 [그림 13-9]와 같다.

기업의 입장에서 가장 바람직한 것은 물음표(question mark)인 사업단위를 별(star), 현금젖소(cash cow)의 단계로 이어지도록 관리하는 것이다. 즉 물음표인 사업단위를 개발하여 현금젖소에서 창출된 현금을 계속 투입, 시장점유율을 높여 별로 유도해야 이러한 선순환이 이어질 수 있다.

유모차 시장은 BCG 매트릭스 기법 적용에 있어 새로운 시사점을 제공해준다. 우리나라 유모차 시장은 연 30만대가 채 되지 않을 뿐만 아니라 출산율이 떨어지면서 더 이상 성장하지 않고 있었다. 따라서 유모차 사업부문은 업체에 따라 '현금젖소' 아니면 '개'에 속하였을 것이다. 그런데 외국산

초고가 자동차회사인 벤틀리에서 만드는 유모차. 60만원~90만원 정도이다. (자료 : 벤틀리)

유모차가 수입되면서 상황이 달라졌다. 국산 유모차는 3만원대에서 시작하여 최고급이 70만원선, 대중적인 브랜드의 가격은 10~20만원 선이었다. 그런데 100~200만원대의 고가 수입 유모차가 날개 돋친 듯이 팔리고 있다. 즉 유모차 전체적인 절대 판매대수는 감소하는 중이지만 매출액 기준의 시장성장률은 크게 높아지고 있다.

만일 국산 유모차 업체 중 '현금젖소' 위치에 있던 기업이 고가의 신상품을 성공적으로 시장에 진입시켰다면 이 상품은 '물음표'로 이동하는 것이 될 것이며, 이 상품이 유모차 시장 내에서의 점유율이 높아지면 '별'의 위치로 이동하는 셈이 될 것이다. 이때의 점유율은 경쟁업체이면서 동시에 가격대가 다른 유모차에 대한 것일 수 있다.

이러한 비슷한 방식으로 접근하고 있는 다른 사례로 가전사의 냉장고를 들 수 있다. 기술 발달로 냉장고를 한 번 구입하면 10년 이상 사용하기 때문에 냉장고 시장은 사실상 성장률이 정체된 시장이었다. 이를 타개하기 위하여 기능을 추가하면서 고급화 전략으로 수백만원에 이르는 냉장고를 출시하고 있다.

GE 사업심사법

포트폴리오를 이용한 전략수립방법의 강점은 여러 사업(또는 제품)의 강약점을 비교할 수 있다는 점이다. 그러나 BCG 매트릭스법은 이해와 적용은 쉽지만 하나의 제품 또는 시장(즉 사업단위) 각각을 대상으로 한다는 결점이 있다. 대부분의 기업은 두 개 이상의 사업단위를 가지고 영업활동을 하고 있다.

예를 들어 GE(General Electric)의 경우만 보더라도 약 150여 개 이상의 사업단위를 가지고 있다. 각 사업단위는 경쟁환경도 다르고 사업모델도 다르며, 경쟁우위요소도 다르다. 이런 GE의 기업적 특성에서 GE 사업심사법이 개발되었다.

GE 사업심사법(GE business screen) 또는 맥킨지(McKinsey) 매트릭스는 [그림 13-10]에서 보는 바와 같이 사업경쟁력 정도(경쟁상의 위치)와 산업의 매력도를 대응시켜 전략을 수립하는 방법이다. Y축의 산업의 매력도에 영향을 미치는 요인은 시장크기, 시장성장률, 소요자본 규모, 경쟁강도 등이다. X축의 사업경쟁력 정도 또는 경쟁상의 위치는 시장점유율, 기술적 우위의 정도, 제품이나 서비스의 품질, 원가, 가격경쟁력 등이 종합적으로 고려된다.

□ 그림 13-10
GE 사업심사법의 기본체계

산업의 매력도	강함	평균	약함
높음	우월한 사업 [성장 추구]	우월한 사업 [성장 추구]	물음표 [성장 추구?]
중간	우월한 사업 [성장 추구]	평균적인 사업 [계속 유지?]	실패한 사업 [철수(매각)]
낮음	수익창출사업 [계속 유지]	실패한 사업 [철수(매각)]	실패한 사업 [철수(매각)]

사업경쟁력 정도(경쟁상의 위치)

그림에서 보는 바와 같이 두 지표를 대응시켜 9개의 셀을 만들면, 각 사업단위는 해당산업 내에서 우월한 사업, 물음표, 평균적인 사업, 수익창출사업, 실패한 사업으로 분류할 수 있게 된다. 우월한 사업과 물음표 사업에 대해서는 투자가 계속되는 전략이, 평균적인 사업과 수익창출사업은 현상유지 전략이 수립되며, 실패한 사업은 철수를 고려하게 된다.

▌잭 웰치(1935~2020)

GE를 이끌었던 CEO 잭 웰치(Jack Welch)는 전략계획수립시 각 사업단위가 해당산업 내에서 1, 2위를 하지 못하고 있거나 할 잠재력이 없으면 GE의 사업포트폴리오에서 제외시키는 엄격한 룰을 적용하였다고 한다.

(2) 점진적 조정법

기업 현장의 경영활동을 보면 모든 전략이 한 번에 일괄적으로 수립되어 차근차근 실행되는 것은 아니다. 오히려 긴 시간 동안 조금씩 기존의 전략을 조정해가는 경우도 종종 있다. 이러한 전략을 점진적 조정법(incrementalism, emergent strategy)이라고 한다. 이 기법에 의하면 경영자는 장기적인 조직의 목표를 항상 염두에 두면서, 단기적으로 발생하는 문제점은 극복하는 과정에서 배우고 기회는 활용해가면서 업무환경 변화에 대응해야 한다. 그러한 경영자의 일련의 의사결정과정이 긴 시간에 걸쳐 점진적으로 이루어지면서 유연성 있는 관리를 해나가는 전략이다.

SWOT 분석법

SWOT 분석법은 조직내부의 강점(strength)/약점(weakness)을 조직외부의 기회(opportunity)/위협(threat) 요인과 대응시켜 전략을 개발하는 방법이다. 네 가지 요인의 머리글자를 따서 SWOT라고 부른다. 이 전략수립방법은 전사적 차원에서 활용할 수도 있고 사업단위차원에서도 적용할 수 있다.

외부환경을 분석하면 기업이 활용할 수 있는 기회와 기업에 위협이 되는 요인을 파악할 수 있는데, 이를 기업 자신이 가지고 있는 강점과 약점에 대응시키는 것이다. 이렇게 하면 네 가지의 상황이 도출되며 각 상황에 적합한 전략을 구사할 수 있다. 이는 [그림 13-11]에 나타나 있다.

그림에서 보듯이 SWOT 분석에서 중요한 것은 외부환경의 기회와 위협 요인, 기업내부의 강점과 약점 요인을 정확하게 파악하는 일이다. 다음에서는 이를 파악하는 데 도움이 될 만한 몇 가지 지표를 제시하였다.

외부에 기회가 있다고 판단할 수 있는 근거의 보기

- 경제 호황
- 새로운 기술의 출현
- 시장의 지속적인 성장
- 약해진 경쟁자
- 새로운 시장의 발견이나 대두

□ 그림 13-11
SWOT 분석 체계

기업 내부적 요인 \ 외부환경요인	기회(Opportunity) · 첫 번째 기회요인 · 두 번째 기회요인 · (이하 계속)	위협(Threat) · 첫 번째 위협요인 · 두 번째 위협요인 · (이하 계속)
강점(Strength) · 첫 번째 강점 · 두 번째 강점 · (이하 계속)	SO 전략 • 내부 강점을 이용하여 외부 기회 포착 [확대전략]	ST 전략 • 내부 강점은 활용하되 외부 위협은 회피 [안정성장전략]
약점(Weakness) · 첫 번째 약점 · 두 번째 약점 · (이하 계속)	WO 전략 • 외부 기회는 포착하되 내부 약점은 극복 [우회, 개발전략]	WT 전략 • 외부 위협에 약점밖에 없으므로 사업 축소, 철수 고려 [축소, 철수전략]

◑ 외부가 우리에게 위협적이라고 판단할 수 있는 근거의 보기

- 자원의 고갈
- 정부나 공공기관의 새로운 규제
- 소비자 기호의 변화
- 우월한 대체재의 등장
- 극복하기 어려울 정도의 경쟁자 출현

◑ 내부적으로 강점을 가지고 있다고 판단할 수 있는 근거의 보기

- 제조기술, 생산효율성의 우월
- 숙련된 노동자 보유
- 높은 시장점유율과 탄탄한 마케팅 조직
- 자금조달의 원활과 금융기관과의 원만한 관계
- 회사에 대한 고객의 높은 충성도

◑ 내부적으로 약점이 있다고 판단할 수 있는 근거의 보기

- 무능한 관리자
- 경쟁력 없는 기획팀
- 뒤떨어진 기술, 낮은 연구개발비 투자, 낙후된 시설
- 높은 이직률

외부 기회(O) 요인	내부 강점(S) 요인
외부 위협(T) 요인	내부 약점(W) 요인

잘못된 SWOT 분석. 각 상황에 대처할 대응전략이 없이 각 요인만 나열했다.

그런데 SWOT 분석과 관련하여 흔히 범하고 있는 오류가 있는데, 대표적인 것은 환경분석과 이에 따른 대응전략의 수립 간의 관계를 무시하거나 그 구조를 잘 알지 못한다는 점이다. 각종 제안서나 계획서를 보면 거의 대부분 SWOT 분석 결과가 포함되어 있다. 그런데 많은 경우 왼쪽 그림과 같이 외부환경요인으로 기회요인과 위협요인을 나열하고 내부환경요인으로 강점요인과 약점요인을 나열하는 데 그치고 있다. SWOT 분석은 이러한 네 가지의 요인을 나열하는 것이 목적이 아니라 본문의 [그림 13-11]과 같이 이들 네 가지 요인을 조합한 후 각 상황에 알맞은 대응전략을 수립하고자 하는 것이 목적인 것이다. 각 상황에 대처할 대응전략이 제시되지 않은 SWOT 분석은 하나마나 한 것이다.

사업단위에서 활용하는 전략

(1) 포터의 본원적 전략

마이클 포터(1947~)

포터(M. Porter)에 의하면 사업단위의 전략적 의사결정은 다음 두 가지의 기본적인 요소에 의하여 결정된다.

- 시장의 범위 : 목표로 하고 있는 시장의 범위가 넓은가, 좁은가?
- 경쟁우위의 원천 : 경쟁우위의 원천은 어떤 것인가? 저가인가, 제품의 독창성인가?

그림 13-12
포터의 본원적 전략의 체계

이들 두 요소를 대응시키면 [그림 13-12]에서 보는 바와 같이 상황에 적합한 전략을 수립할 수 있다. 각각을 구체적으로 살펴보면 다음과 같다.

차별화전략

차별화전략(differentiation strategy)은 경쟁사와는 다른 독창적인 제품을 공급함으로써 경쟁우위를 확보하고자 하는 전략이다. 이 전략은 고객들이 경쟁상품을 기피하고 우리 상품에 대한 충성도를 갖게 하고자 시도한다.

이 전략이 성공하기 위해서는 연구개발, 기술, 마케팅 등 여러 분야에서 조직이 경쟁력을 확보하고 있어야 한다. 이 전략의 성공 여부는 고객들이 제품의 독창성과 품질에 대하여 얼마나 지속적이고 우호적으로 인지하느냐에 달려 있다.

차별화전략은 제품의 독창성을 무기로 넓은 시장범위를 공략한다. 넓은 시장을 다시 작은 시장으로 세분화하여 각 시장에 적합한 제품을 공급해야 하기 때문에—다양한 제품을 소량생산해야 하기 때문에—일반적으로 원가가 높을 수밖에 없는 특성이 있다.

소품종 제품을 대량생산하는 원가우위기업에 비해서는 가격경쟁력이 떨어질 수밖에 없다. 이는 차별화전략 자체가 가지는 특징에서 기인한다. 그러나 최근에는 유연제조시스템(FMS : flexible manufacturing system) 등과 같은 새로운 생산기법이 출현함에 따라 이러한 한계점도 차차 극복되어 가고 있다.

콜게이트는 1906년에 처음으로 튜브용 치약을 개발했다. 지금은 전 세계 200여개국에서 제품이 판매되고 있다. (자료 : Fortune)

차별화는 이론과 달리 생각보다 어렵다. 앞서 설명한 다각화를 잘못 실행하여 이미 차별화되어 있던 장점을 놓친 경우도 있다. 콜게이트(Colgate) 치약이 그 사례이다. 원래 콜게이트 치약은 두 종류뿐이었다. 그런데 치약 시장 경쟁이 치열해지자 이 회사는 치아미백용, 치석제거용 등의 다양한 제품들을 내놓았다. 경쟁기업도 당연히 유사한 기능의 제품을 출시했다. 그 결과 슈퍼마켓의 진열대에는 여러 회사의 수많은 종류의 치약이 진열되었고 콜게이트 치약이 묻혀버리는 현상이 생긴 것이다.

원가우위전략

원가우위전략(cost leadership strategy)은 생산, 마케팅 등 조직 내의 모든 분야에서 원가를 낮추어 경쟁회사보다 제품의 가격을 저렴하게 함으로써 경쟁력을 확보하려는 전략이다. 원가가 경쟁력 확보의 핵심이므로 이 전략을 추구하는 기업은 매우 엄격한 비용관리를 하게 된다. 물론 이 과정에서 품질이 희생되어서는 안 된다.

최저가보상제는 1997년 5월, 이마트 분당점에 처음 등장했다. (자료 : 이마트)

진입장벽이 낮아 새로운 경쟁자가 자꾸 출현하여 경쟁이 가격경쟁 양상으로 전개될 경우 원가우위전략은 큰 힘을 발휘하게 된다. 원가가 낮을수록 가격을 많이 낮출 수 있기 때문이다.

이러한 경쟁의 대표적인 업종은 대형마트업이다. 미국의 월마트나 우리나라의 이마트, 롯데마트, 홈플러스 등의 대형마트 매장에 가보면 최저가격을 강조한 다양한 문구를 볼 수 있다. 특히 한 지역 내에서 여러 대형마트가 경쟁할 때에는 그 경쟁의 정도가 훨씬 더하다. 그러면서도 품질이나 고객만족을 유지하기 위하여 심혈을 기울이는 모습을 볼 수 있다.

집중화전략

집중화전략(focus strategy)은 시장을 세분화하여 특정시장에서 경쟁사보다 낮은 원가를 기반으로 경쟁우위를 점하거나(원가 중심 집중화전략), 제품의 독창성으로 경쟁우위를 확보하고자(차별화 중심 집중화전략) 하는 전략이다. 시장은 연령, 소득, 지역, 직업 등 여러 가지 기준에 의해 세분화할 수 있으며 집중화전략은 그중에 특정시장을 대상으로 하는 전략인 셈이다.

크지만 실체 파악이 어려운 전체 시장을 대상으로 하는 것보다 작지만 대상이 분명한 특정시장만을 대상으로 전략을 수립 시행하겠다는 기본 인식이 깔려 있는 전략이다.

(2) 제품수명주기 방법

제품수명주기(PLC : product life cycle)란 제품이나 서비스가 갖는 상품으로서의 가치(marketability)가 마치 생물의 생명과 같은 단계를 밟는다는 주장이다. 즉, 제품은 시장에 나타난 후 「도입기-성장기-성숙기-쇠퇴기」를 거쳐 시장에서 사라진다는 것이다. 제품수명주기 방법은 이러한 제품수명주기이론을 전략수립에 적용하여 각 단계에 적합한 전략을 구사해야 한다는 일종의 동적(dynamic)인 사업전략수립방법이다.

휴대전화기를 생산하는 모토로라의 아날로그 휴대전화기, 일화의 보리음료 맥콜 등 PLC 이론으로 설명가능한 현상은 아주 많다. 모토로라는 휴대전화에 디지털 신기술이 도입되고 있음에도 과거 영화를 누렸던 아날로그 방식의 전화기에 집착하다가 큰 낭패를 보았으며, 일화의 보리음료 맥콜은

□ 그림 13-13
제품수명주기

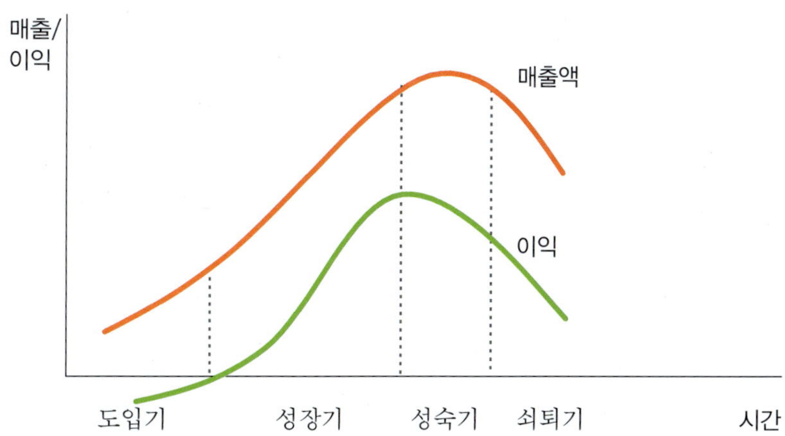

시장에 알려지면서 순식간에 큰 인기를 끌었으나 얼마 못 가서 매출이 크게 떨어져 매우 급격한 제품수명주기 변화를 보여주었다. 컴퓨터 모니터도 CRT에서 LCD, OLED로 전환되었으며 텔레비전 시장도 유사한 상황이 전개되고 있다. 백열전구는 아예 법적인 조치까지 곁들여지면서 역사의 뒤안길로 사라지고 있다. 유럽연합(EU)은 130여 년 전 에디슨이 발명하여 인류의 생활양식을 바꾼 백열전구를 에너지 소비의 주범으로 지목하고 2013년부터는 아예 판매를 금지하여 퇴출시켰다. 우리나라도 2014년부터 생산 및 수입을 금지시켰다. 시장에서는 이미 백열전구 대신 LED 등 전력소비가 적고 수명이 긴 대체품으로의 전환이 시작된 지 오래이다.

한편 제품수명주기이론에 의하면 일반적으로 제품의 수명은 [그림 13-13]에 나타나 있는 것처럼 도입기, 성장기, 성숙기, 쇠퇴기 등 4단계 주기로 변해간다. 그러나 한계점도 있다. 제품수명주기이론은 그것이 주관적이라는 점과 산업전개의 대체적인 방향에 대해서 설명해줄 뿐이지 특정산업의 수명주기가 언제 시작해서 언제 다음의 단계로 넘어가는지에 대한 설명은 하지 못한다는 중대한 결점을 갖고 있다. 더구나 제품수명주기 형태는 기업의 마케팅 전략이나 당초 예상하지 못했던 요인에 의해 달라질 수 있으므로 제품의 판매실적이 제품의 수명주기에 의해서 이루어지지 않는 측면도 있다. 즉 [그림 13-13]과 같은 S자형 수명주기 외에도 S자형이 한 번 더 반복되는 S자 주기-재주기형 수명주기도 종종 발견되며 지속적으로 성장만 하는 경우도 있다.

미국 컨슈머리포트 선정, 최고의 통돌이 세탁기 1위 LG 통돌이 세탁기. 예측 신뢰성, 세탁 성능, 물 효율성 항목에서 최고 등급을 받았다. (자료 : 연합뉴스)

예를 들어, 일반 세탁기의 경우 10여 년 전부터 드럼세탁기가 본격적으로 보급되기 시작하면서 그 비중이 계속 줄어 30%까지 떨어졌으며 시장에서는 이내 퇴출될 것으로 예상했다. 그러나 드럼세탁기의 가격이 비싸고 상대적으로 전기를 많이 소모하는 것이 알려지면서 다시 일반 세탁기의 수요가 늘어 지금은 반반 정도의 시장을 형성하고 있다.

마무리 사례

2023 유통 결산, "고물가에 소비침체"··· 부진 면치 못한 '오프라인'

올해 유통가는 고물가 · 고금리에 따른 소비침체로 성장세가 둔화되면서 오프라인 유통채널의 실적 부진이 두드러졌다. 특히 소비자들의 생활용품 구매 패턴이 온라인 업체로 옮겨가면서 백화점, 대형마트를 제치고 이커머스 업체인 쿠팡이 나홀로 성장세를 이어가는 등 유통업계 판도를 변화시켰다. 실제 오프라인 유통채널의 성장 둔화는 수치로도 나타났다. 산업통상자원부에 따르면 지난 10월 국내 주요 25개 유통업체의 매출이 작년 같은 달보다 6.4% 증가한 15조 4,000억원으로 집계됐다. 온라인 업체의 매출은 12.6% 늘어났고, 오프라인 업체 매출은 0.5%로 소폭 증가했다.

대용량 절약형 물품을 오프라인 대신 온라인을 통한 구매가 늘면서 온라인 매출은 증가했지만, 대형마트와 백화점의 매출이 각각 4.1%, 2.6%씩 떨어졌다. 오프라인 유통 중 편의점과 준대규모점포는 각각 6.8%, 3.1% 매출이 증가했다.

보복소비 특수 누렸던 백화점, 명품 매출 줄자 실적 '뚝'

특히 코로나19 기간 동안 보복소비 특수로 두 자릿수 성장을 이어오던 백화점 업계는 엔데믹 이후 급격한 소비침체로 타격이 컸다. 백화점 매출을 견인하던 명품 매출이 역신장한 데 따른 것이다. 올초 엔데믹 정착 이후 해외여행 열풍이 불며 소비 여력이 분산된 탓도 크다.

지난해 20%를 웃돌던 백화점 3사의 명품 매출 증가율은 일제히 한 자릿수로 내려앉았다. 올해 1~3분기 기준 롯데와 현대의 명품 매출 증가율은 5%대, 신세계는 1.5%에 각각 그쳤다. 백화점업계 영업이익도 일제히 감소했다.

"생필품 구매, 오프라인 대신 온라인"··· 대형마트 성장 둔화

대형마트 업계는 온라인에 주도권을 빼앗기면서 성장 둔화를 보였다. 이마트(트레이더스 · 전문점 포함)는 올해 1~3분기 매출이 12조 4,875억원으로 전년 동기 대비 1.8% 감소했고 영업이익도 1,775억원에서 1,487억원으로 16.2% 줄었다. 롯데마트도 유사하다. 대형마트의 매출 하락은 소비 심리 위축에 대량 제품 선호도가 감소하고, 온라인 쇼핑이 일상화됨에 따라 상대적으로 접근성이 떨어지는 대형마트를 방문하는 고객이 감소한 데 따른 것으로 분석된다. 또한 온라인에서 신선식품 주문시 빠른 배송이 가능해지면서 직접 마트에 방문하지 않아도 되는 점 역시 매출 하락의 원인으로 꼽힌다. 산업통상자원부에 따르면 주요 대형마트에서 9월 기준 가전 · 문화(−13.1%), 의류(−11.5%), 스포츠(−10.4%), 잡화(−7.3%) 등 비식품군 매출이 대부분 전년 동기 대비 감소했다.

이에 각사는 적자 점포 정리, 기존 점포를 식품 중심 매장 또는 종합쇼핑몰 형태로 리뉴얼, 통합 소싱 작업 등 체질 개선 작업에 매진 중이다.

국내 유통업계 매출 1위 차지한 쿠팡… 연간 흑자 달성 코앞

오프라인 채널은 악화일로를 걷지만, 쿠팡의 성장세는 가팔랐다. 신세계는 국내 유통업계 매출 1위 자리를 쿠팡에 빼앗겼다. 올 상반기 쿠팡 매출은 15조 3,749억원을 기록하며 이마트 매출 14조 4,000억원을 넘어섰다. 1~3분기 누적 흑자 규모는 3억 4,190만 달러(약 4,448억원)로 2010년 창업 이래 첫 연간 흑자 달성도 유력시된다.

이용 고객 수는 사상 처음으로 2,000만명을 돌파했다. 쿠팡에서 한 번이라도 제품을 구매한 고객 수를 의미하는 활성 고객 수도 2,042만명으로 전년 동기(1,799만명) 대비 14% 증가했다. 이는 팬데믹 이후 가장 높은 성장세다. 활성 고객 1인당 매출도 284달러에서 303달러(약 39만 7,000원)로 7% 증가했다.

쿠팡의 호실적 바탕에는 상품군 확대와 와우 멤버십 혜택 강화 등이 꼽힌다. 특히 로켓배송, 로켓그로스 등 프로덕트 커머스 부분의 상품군이 늘어나 쿠팡 이용 고객의 지출이 증가했다는 설명이다.

"근거리 장점 활용, 식품 경쟁력 강화"… 기업형 슈퍼마켓(SSM)의 진화

최근 기업형 슈퍼마켓(SSM)의 성장도 눈에 띈다. 이커머스와 대형마트 사이에서 애매한 위치로 부진했던 SSM은 코로나19를 계기로 '절약형 근거리 식품 전문 매장'으로 체질 개선에 돌입해 실적 반등의 계기가 된 것으로 풀이된다. 대형마트에서의 대량 구매는 부담스럽고, 편의점에서는 구매하기 어려운 소량 포장의 다양한 식품 구색으로 고객 수를 꾸준히 늘리는 모양새다. 이에 따라 GS리테일의 슈퍼 사업 부문인 GS 더프레시는 1~3분기 매출과 영업이익이 각각 1조 890억원, 219억원으로 지난해 동기 대비 10.8%, 23.7% 각각 늘었다.

편의점 업계 "매출 올랐지만, 투자비 증가에 수익 악화"

코로나19 이후 근거리 상권의 강자로 떠오른 편의점도 안정적인 성장세를 보였다. 초저가 PB(자체 브랜드) 상품군을 확대하며 고물가 시대에 대응하는 가성비를 앞세우는 추세다. CU는 1~3분기 매출이 6조 1,546억원으로 전년 동기 대비 8.6% 증가했고 GS25는 6조 1,795억원으로 6.7% 늘었다. 세븐일레븐은 4조 543억원으로 15% 성장, 이마트24는 1조 6,734억원으로 5.7% 신장했다. 다만, 수익성은 다소 부진했다. 편의점 4사의 1~3분기 영업이익은 CU만 2,001억원에서 2,021억원으로 1% 소폭 증가했다.

(아시아타임즈, 2023.12.27)

핵심용어

- 전략경영
- 미션
- 비전
- 전사적 전략
- 사업전략
- 기능적 전략
- 성장전략
- 집중화전략
- 다각화전략
- 축소/유지전략
- 리스트럭처링
- 다운사이징
- 영업양도
- 현상유지전략
- 경쟁력 강화전략
- 전략적 제휴
- BCG 매트릭스
- GE 사업심사법
- GE/맥킨지 매트릭스
- SWOT 분석법
- 포터의 본원적 전략
- 제품수명주기 방법

요 약

- 전략적 경영 또는 전략경영이란 조직이 적절한 전략을 수립하고 실행함으로써 효익을 얻는 과정을 말한다.
- 조직지향점의 결정은 먼저 미션을 설정하는 것으로 시작된다. 이를 기반으로 비전을 만들며, 비전을 달성할 전략을 수립하게 된다.
- 조직이 취할 수 있는 전략의 유형에는 먼저 조직 위계단계상의 전략으로서 전사적 전략, 사업전략, 기능적 전략이 있다. 성장전략으로는 집중화전략, 다각화전략이 있고, 축소/유지전략으로는 리스트럭처링, 다운사이징, 영업양도, 현상유지전략이 있다.
- 경쟁에서 우위를 차지하기 위하여 활용될 수 있는 전략에는 전사적 전략으로 BCG 매트릭스, GE 사업심사법(GE/맥킨지 매트릭스), 점진적 조정법이 있고, 사업전략으로 포터의 본원적 전략법, 제품수명주기 방법이 있으며 그 외에 SWOT 분석법이 있다.

연습문제

1. 전략경영이 왜 필요한가?
2. 미션과 비전, 전략의 관계에 대하여 설명하라.
3. BCG 매트릭스 기법과 GE 사업심사법을 비교하라.
4. 다각화전략과 수직적 통합화전략에 대하여 설명하라.
5. SWOT 분석에 대하여 설명하고 구체적으로 사례를 만들어 보아라.
6. 포터의 본원적 전략기법에 대하여 설명하라.

미니 프로젝트 각자의 인생에 있어서 미션과 비전, 전략, 그리고 실행계획을 만들어보자.

(자료 : Forbes)

찾아보기

ㅇ

ㅈ

정 기 만 성균관대학교 경영학과 졸업 | 성균관대학교 대학원(경영학 석사 · 박사) | 미 일리노이 주립대 연구교수 | 정부 공공기관사업선정 심사위원 | 취업전문기관 및 주요 대기업 입사 및 승진시험 출제 | 경영지도사 출제위원 | 국세심판원 | 한국기업경영학회 편집위원장 | 대한경영학회 부회장 겸 편집위원장 | 한국취업진로학회 부회장 | 한국전문경영인학회 부회장 | 한국기업경영학회 회장 | 한국교통대학교 평생교육원장, 인문사회대학장, 기획처장, 교무처장
현, 한국교통대학교 융합경영학과 교수(e-mail : kmjeong@ut.ac.kr)

[주요 저서 및 논문]
MZ의 재테크와 자산관리(신영사, 2023) | 생활속의 증권투자론(신영사, 2023) | 생활속의 경영학(신영사, 2021) | Excel 활용 투자관리(신영사, 2020) | 경영자의 경기전망에 대한 인식이 투자의사결정에 대한 방식과 조직에 미치는 영향(2015) | 국내외국교육기관 회계기준의 특성에 관한 연구(2015) | Kirkpatrick 등의 경영자 특성은 우리나라에서도 유효한가?(2014) 외 논문 다수

장 영 광 성균관대학교 경영학과 졸업 | University of Michigan(경영학석사) | 고려대학교 대학원(경영학박사) | 한양대학교 상경대학 조교수 | University of Wisconsin 연구교수 | University of Washington 연구교수 | 정부투자기관 경영평가위원 | 성균관대학교 경영대학원장 | 성균관대학교 경영대학장 겸 경영전문대학원장 | 한국증권학회 회장 역임
현, 성균관대학교 경영학부 명예교수(e-mail : chang446@skku.ac.kr)

[주요 저서 및 논문]
생활속의 증권투자론(신영사, 2023) | 경영분석(한빛아카데미, 2022) | 생활속의 경영학(신영사, 2021) | Excel 활용 투자관리(신영사, 2020) | 현대투자론(신영사, 2017) | 현대재무관리(신영사, 2014) | 주가와 거래량의 교호관계가 중장기 주가행태에 미치는 영향(2007) | 상호저축은행 경영실태평가지표 타당성분석 및 도산예측(2004) | 한국주식시장에서 가치투자전략의 성과와 원천(2003) | 매매거래제도의 변경과 증권시장의 운영효율성(1998) 외 논문 다수

제3판 현대경영학의 이해

2016년 1월 10일 제 1 판 1쇄 발행
2024년 2월 5일 제 3 판 1쇄 인쇄
2024년 2월 15일 제 3 판 1쇄 발행

저 자 정기만 · 장영광
발 행 인 권 영 섭
발 행 처 (주)신 영 사
경기도 파주시 심학산로 12(출판문화단지)
등 록 : 1988. 5. 2 / 제406-1988-000020호
전 화 : 031-946-2894(代)
F A X : 031-946-0799
e-mail : sys28945@naver.com
홈페이지 : http://www.shinyoungsa.co.kr

(주)신영사

정가 27,000원 ISBN 978-89-5501-854-7